REFORMS IN NEED

Exploring the Roads for Marketization Reform of the Chinese Capital Market

变革与突破

——中国资本市场发展研究（上册）

杨桦 周军◎等著

中国财政经济出版社

图书在版编目（CIP）数据

变革与突破：中国资本市场发展研究：全 2 册 / 杨桦，周军主编．—北京：中国财政经济出版社，2014.4

ISBN 978－7－5095－5077－9

Ⅰ.①变…　Ⅱ.①杨…②周…　Ⅲ.①资本市场－研究－中国　Ⅳ.①F832.5

中国版本图书馆 CIP 数据核字（2014）第 043608 号

责任编辑：耿　伟　　　　责任校对：胡永立
封面设计：田　晗　　　　版式设计：董生平

中国财政经济出版社 出版

URL：http：//ckfz.cfeph.cn

E－mail：ckfz @ cfeph.cn

社址：北京市海淀区阜成路甲 28 号　邮政编码：100142

营销中心电话：88190406　北京财经书店电话：64033436　84041336

北京财经印刷厂印刷 各地新华书店经销

787×1092 毫米　16 开　59.25 印张　990 000 字

2014 年 4 月第 1 版　2014 年 4 月北京第 1 次印刷

定价：150.00 元（上、下册）

ISBN 978－7－5095－5077－9/F·4117

（图书出现印装问题，本社负责调换）

质量投诉电话：010－88190744

反盗版举报热线：010－88190492、010－88190446

编委会成员

序

中国资本市场经过20多年的发展，在规模、效率、透明度、影响力和开放度方面都大幅提升，在基础建设、体系完善、秩序维护等多方面都取得了显著进步，为社会主义经济建设做出了重要贡献。然而，我国资本市场起步晚、发展时间短，目前与国际成熟市场仍有差距，处于“新兴加转轨”的阶段，主要体现在三个方面：一是特有的股权结构特征使得上市公司一股独大的现象比较突出，公司治理水平有待提高；二是股权文化不成熟，市场诚信机制以及投资者保护机制不完善；三是以中小投资者为主的特殊投资者结构为维持市场的整体稳定造成了一定挑战。

解决好这些问题，推动中国资本市场发展，建立起与服务全面建设小康社会相适应的高效资本市场体系，需要进行一系列的改革创新，逐步推动解决资本市场深层次的体制性、机制性问题。当前和今后一个时期，我国各领域的改革都将进入“攻坚期”和“深水区”，党的十八届三中全会也对全面深化改革做出了重要战略部署，提出要加快转变政府职能，紧紧围绕使市场在资源配置中起决定性作用来深化经济体制改革，健全多层次资本市场体系，扩大金融业对内对外开放。据此，作为资本市场监管部门的中国证监会在明确提出了中国资本市场的改革要坚持市场化、法制化、国际化的取向，力求引导和借助市场这只“无形的手”来完善资本市场基础体系，解决当前发展所遇到的问题，突破资本市场的发展瓶颈。

针对当前资本市场几个市场化改革热点问题，本书编写组由来自监管机构和市场的资深领导，深入挖掘相关理论基础，广泛借鉴国际成熟资本市场发展的经验和教训，深入思考了如何利用市场化手段有效改进资本市场的几个短板，形成了这本《变革与突破——中国资本市场发展研究》。本书对资本市场的市场化改革发展进行了较为开拓性的研究与探索，分别对推进上市公司治理、资本市场信用体系建设、发展机构投资者、开展资本市场宣传推介、资本市场人才队伍建设等领域的市场化改革创新提出了紧扣当前形势且较为实用的政策建议，并结合2013年底中国证监会开始的新一轮新股发行体制改革，分析了以上市场化改革创新的现实意义。

本书的特点是国内外相关资料较为翔实，注重对比分析和本土化研究，始终以形成市场化的长效机制为出发点，政策建议注重可操作性，对于推动资本市场的市场化发展改革具有很好的借鉴参考意义。以推进上市公司治理为例，综合了其他各方面理论，在借鉴国际有益经验的基础上，注重结合我国实际情况，探索以市场化方式推动上市公司治理发展的新路径，提出了建立公司治理联盟和公司治理评估体系的具体建议。与此类似，本书其他几个方向的研究都在综合之前理论的基础上，进行了大胆创新，提出了切实可行的市场化改革政策建议。例如，提出建立市场化运营的资本市场征信中心，以推动资本市场信用体系的完善；建议成立市场化运营的国家层面的资本市场宣传推介机构，以提升我国资本市场的国际竞争力和话语权；倡议成立适应我国资本市场发展的综合性市场化资本市场人才服务机构，促进人才事业的可持续发展。

借助十八届三中全会对全面深化改革的重要战略部署，我国资本市场的市场化改革全面起步，我们需要学习如何相信、引导和运用市场这只“无形的手”，调动市场各方积极性，真正让市场来决定市场，突破禁锢，形成一套高效的资本市场发展体系。本书的研究希望能起到“抛砖引玉”的效果，吸引更多的专家学者参与到资本市场的市场化改革中来，集思广益，争取早日形成符合新时期资本市场发展需要的市场化环境，推动中国资本市场的健康稳定和可持续发展，为我国社会经济转型提供长久动力。

上册前言

中国资本市场基础体系的市场化完善途径

我国资本市场经过20多年的发展，已经具有相当的规模。但我国资本市场目前仍处于“新兴加转轨”阶段，各项基础体系建设仍不完善，这严重制约着资本市场为社会经济的整体转型提供持续的动力。为建立起与服务全面建设小康社会相适应的高效资本市场体系，党的十八届三中全会对于资本市场的改革提出了“发挥市场在资源配置中的决定性作用，健全多层次资本市场体系，发展并规范债券市场，提高直接融资比重”等具体要求。资本市场的监管部门根据十八届三中全会精神，明确指出未来资本市场的改革要坚持市场化、法治化和国际化的方向。因此，在这个深化改革的大背景下，如何运用市场化手段完善资本市场基础设施体系建设是推动资本市场健康发展所需要考虑的重要问题。

我国资本市场基础设施体系有两个短板：一是公司治理机制的不完善，尤其是缺乏上市公司治理的外部市场化约束机制；二是资本市场诚信体系的相对落后，不论是信用征集系统的构建还是后续的信用产品、信用服务的配套都处在起步阶段。完善公司治理、提升我国上市公司的质量关系到未来资本市场发展的前途和命运；而资本市场信用体系的建立完善对于重塑投资者信心、应对互联网金融等新业态发展的新要求、发展多层次债券市场、提高直接融资比重、深化资本市场国际化改革都具有十分重要的意义。

本书上册通过大量的资料研究和国内外情况分析比较，对在新的改革形势下构建上市公司治理外部市场化约束机制、建立资本市场征信中心、发展信用增进产业进行了理论基础、现实情况和相关经验的梳理研究，并分别提出了相应的市场化改革政策建议。

目录 Contents

第一篇 推动公司治理改革的实践探索

第二篇
资本市场信用体系建设——征信中心建设探索

第三篇
发展多层次债券市场的有力举措——信用增进

第一篇
推动公司治理改革的实践探索

第一章

公司治理引言

上市公司是我国经济运行中最具发展优势的群体，是我国资本市场的基石。有效的公司治理机制则是支撑上市公司健康发展的重要保障，在提高上市公司质量的系统工程中处于中心环节。完善公司治理、提升我国上市公司的质量，关系到未来资本市场发展的前途和命运。

我国的公司治理，经过近 30 年的改革发展，已经取得了历史性的成就。但绝大部分上市公司，在公司治理方面都还明显存在着改进的余地。例如，部分上市公司缺乏现实的“独立人格”，控股股东对上市公司干预较多；有的公司内部治理机构之间缺乏真实有效的权力制衡，监督制度流于形式；市场机制对公司管理层的约束不强；许多个人投资者和机构投资者的价值投资观念比较薄弱，对上市公司的监督机制尚未建立。

究其原因，则在于我国的公司治理机制尚不完善。公司治理分为内部治理和外部治理两方面：内部治理机制主要是指股东与公司管理层之间、控股股东与一般股东之间的制衡关系；外部治理机制则是指债权人、机构投资者、中介机构和自律组织、经理人市场、公司雇员、供应商、客户、政府等利害相关者与公司管理层之间的约束关系。有效的公司治理不仅依赖于健全的公司内部治理结构，而且依赖于良好的外部治理环境和外在制度安排。公司外部治理机制与内部治理机制之间存在着一定的关联，主要表现为功能上的互补和效果上的协同。外部治理机制既可以弥补内部治理机制的不足，又可以通过协同作用中的正向辅助性服务于内部治理机制，增强对管理者的约束。同时外部治理机制的不足又会在相当程度上限制内部治理机制作用的有效发挥。

然而，由于传统公司治理理念中股东至上治理逻辑的影响，加之外部治理机制的建立和完善需要一个相对较长的过程，长期以来在我国公司治理问题的讨论中，往往将研究与实施的重心偏向于内部治理机制的构建。然而实践证明，由于外部治理机制的缺失导致有效的内部治理机制始终无法真正构建起来，反而使我国公司治理结构在遵循主流公司治理理论的情况下，陷入了内部治理结构虽然搭建起来，内部治理机制却始终无法有效运转的困境。因此，外部治理机制缺失已经成为了中国公司治理机制构建中的瓶颈。中国证监会等政府监管部门在推动公司治理改革的过程中发挥了重大作用，但市场长期以来对政府部门的监管政策和措施指责颇多。很重要的一点，是我国的上市公司治理监管体系尚不完善、市场化程度偏低，监管的责任全部落在了政府身上，市场治理作为重要的组成部分未能发挥应有的作用。市场化的外部激励约束机制未能建立，使得上市公司治理制度流于形式，投资者权益得不到有效保护。

资本市场在公司治理外部治理中的约束与促进工作主要体现在两方面：一是通过信息披露和市场评价机制，使得投资者充分了解公司经营信息，降低公司治理成本；二是通过股东投票机制和市场并购机制，对管理层构成直接约束，提高公司治理的效率。市场约束机制是对政府监管的一种补充。政府监管虽然以矫正市场失灵为重任，但它作为一种政府行为，解决市场失灵的实际效果会受到管制失灵的限制，如政府机构追求自身利益最大化而忽视了社会利益等。这种情况下，需要市场约束来弥补这些缺陷。有效的市场约束可避免监管误区，提高金融监管的效率。

因此，改善上市公司治理的一个重要途径是，完善上市公司治理的市场约束机制，以市场化的方式与行政监管手段形成互补，构建灵活高效的上市公司监管体系。本书立足于内部治理机制的构建，借鉴国际公司治理实践模式和公司治理机制构建经验，结合我国公司治理的现状和问题，探寻我国公司外部治理机制构建的突破点。

本书从投资者和上市公司两大市场参与主体出发，提出建立公司治理市场约束机制的政策思路。一方面，从投资者特别是机构投资者出发，通过推动其以积极股东的角色参与上市公司治理、规范公司运作；另一方面，从上市公司出发，建立上市公司治理评价体系，引导其完善自我约束机制，提高治理水平。

这一政策设想不仅是针对我国公司治理改革中的“顽疾”和市场发展的迫切需求对症下药，具有极强的操作性和真实内涵，也在国际公司治理改革中走在了前沿，有助于在国际公司治理标准制定中争夺话语权，对推动我国公司治理乃至资本市场发展具有积极的现实意义。

第二章

公司治理的理论前沿

第一节　公司治理的基本概念

公司治理问题的提出最早可追溯到20世纪30年代。1932年，经济学家伯利和米恩斯出版了《现代公司和私人产权》一书，他们认为：由于现代公司的所有权与经营权已实现了分离，因此管理者的行为偏离股东利益的情况就可能会出现。到20世纪80年代，由于西方特别是英国有较多著名公司相继倒闭，学术界对公司治理问题的研究开始大量涌现。2001年，美国“安然公司”财务造假被揭露并最终破产事件，再次引发了学术界对公司治理问题的大量研究。

时至今日，学术界已基本形成了公司治理的概念。概括起来，公司治理的概念包含狭义和广义两个方面。狭义的公司治理，是指公司股东对公司经理层的一种监督与制衡机制，即通过一种内部治理制度安排来合理地配置所有者与经营者之间的权利与责任关系，目标是保证股东利益的最大化，防止经营者对所有者利益的背离；广义的公司治理则涉及广泛的公司利益相关者（包括股东、债权人、供应商、雇员、政府等），通过一套包括正式或非正式的、内部的或外部的制度或机制来协调公司与所有利益相关者之间的利益关系，目标是使公司各利益相关者的利益最大化。

第二节　公司治理的主要内容

公司治理分为内部治理和外部治理。内部治理主要是指在股东之间和公司内部结构中形成一种相互制衡的机制，以及引导、督促管理层勤勉尽责的激励约束机制，统称为内部制衡机制。外部治理主要是市场（资本市场、经理人市场、产品市场）、政府（行政监管、司法介入）、新闻媒体等外部力量对公司及相关主体产生的约束作用，统称为外部约束机制。内部治理和外部治理两者相辅相成，共同构成一个完整的公司治理机制。

一、公司内部治理

公司内部治理机制是公司治理最核心的问题，主要包括两个方面：股东与公司管理层之间的关系；控股股东与一般股东之间的关系。

（一）股东与公司管理层之间的关系

实际上就是股东与董事会、董事会与经理之间的委托代理关系问题。在所有者和经理人相分离的情况下，经理人的行为可能会偏离企业所有者的目标，去追求经理人自身利益的最大化，甚至不惜损害企业所有者的利益。

为了使经理人最大程度地为股东（所有者）的利益努力工作，就需要设计企业的最优内部治理结构。具体可从聘选、激励和监督三方面着手。

科学的聘选机制是最佳内部治理结构形成的前提。竞争上岗、公开聘任管理人员是保证经理人能力、努力程度和其行为符合企业目标的重要条件。有专家指出，在董事会内部设立独立选聘委员会，有助于改进管理服务市场的效率。科学聘选机制的形成有赖于外部经理人服务市场的存在。运作良好的经理人服务市场可防止经理人员对企业进行无效运作，因为这样将使他们面临失去工作的威胁。

合理的激励机制也是实现最佳内部治理结构的关键。合理的激励机制要解决的是激励经理人工作的努力程度问题。专家们指出：管理层和董事薪资与公司业绩挂钩的薪酬体系有助于刺激他们提高公司业绩；在董事会内部设立独立薪酬委员会，通过最小化经理人员自我提薪的风险，有助于改进薪酬体系的效率。改善激励机制，主要有两种途径：一是产权改革。产权理论认为，产权明晰企业的产权人有较强的激励动机去提高企业的绩效，产权的核心是公司剩余的占有权，因此，产权改革应包括经理人对剩余利润的分享，这可以通过分红、股票激励等形式实现。二是引入市场竞争。不少经济学家认为，企业绩效主要与市场结构、市场竞争程度有关，他们认为，竞争是企业改善绩效的根本保证，激励机制只能在竞争的条件下才能发挥作用。

有效的监督机制是实现企业最佳治理结构的保证。监督机制着重解决经理人为谁工作的问题。一般的，监督机制越有效，越能使经理人最大程度地努力为股东利益工作，企业绩效就越好。

公司内部的监督机制包括股东、股东会、董事会以及监事会对经理人员的监督：

1. 股东的监督主要表现为两种形式

一是在股东会上通过投票否决各类议案，或者通过投票来替换被认为不称职的董事会成员，进而替换被认为不称职的经理人员；二是在预期公司业绩下滑时，通过股票二级市场或其他渠道转让股票/股权，从而退出企业。股东会作为公司的最高权力机构，对公司管理层的监督具有最高的权威性和最大的约束性。公司股东会有权选举和罢免公司的董事和监事，有权查阅公司的账目。但股东会作为监督机构也有其弱点，股东会不是常设机关，其监督权的行使往往交给专事监督职能的监事会或者部分地交给董事会，仅保留对公司经营结果的审查权和决定权，这就在一定程度上削弱了股东会的监督职能。

2. 董事会的内部监督职能主要表现为董事会对经理层的监督

董事会有权聘任或者解雇经理层人员，有权制定重大发展战略。董事会的这些权利能够有效约束经理层人员的行为，以保证董事会制定的发展计划能够得到公司经理层的贯彻执行，同时确保不称职的经理层人员能够被替换。

3. 监事会是公司专事监督职能的机构，监事会对股东会负责，以出资人代表的身份行使监督权

监事会以董事会和经理层人员为监督对象。监事会可以通知经营管理机构停止违法或越权行为，可以随时调查公司的财务情况，审查文件账册，并有权要求董事会提供情况，可以审核董事会编制的提供给股东会的各种报表，并把审核意见向股东会报告，可以提议召开股东会。

（二）控股股东与一般股东之间的关系

根据公司有关的理论与实践，公司股东之间应彼此负有受托责任，特别是大股东对小股东负有公平交易的责任。例如，大多数国家都对控股股东与公司的关联交易、董事关联交易规定了披露原则、无利益冲突的股东中的多数通过原则和公平性原则，即从程序上加以监督，要求董事对其进行的有关关联交易

的行为予以披露和要求无利益冲突的董事和股东对关联交易进行批准，或者由独立实体对关联交易进行公平性审查。

二、公司外部治理

有效的公司治理不仅依赖于健全的公司内部治理结构，而且依赖于良好的外部治理环境和外在制度安排，其中涉及债权人、机构投资者、中介机构和自律组织、经理人市场、公司雇员、供应商、客户、政府等利益相关者。

（一）债权人

债权人是公司借入资本即债权的所有者。理论上讲，由于债权人要承担本息到期无法收回或不能全部收回的风险，因此债权人和股东一样，在公司治理上，有权对公司行使监督权。债权人可以通过给予或拒绝贷款、信贷合同条款安排、信贷资金使用监管、参加债务人公司的董事会等渠道起到实施公司治理的目的，尤其是当公司经营不善时，债权人可以提请法院启动破产程序，此时，企业的控制权即向债权人转移。

（二）机构投资者

在成熟的资本市场，机构投资者对其所投资企业往往能施加重要影响。当一个或少数几个大股东持有公司股份达一定比例（如10% ~20%），他们就有动力去搜集信息并监督经理人员，从而避免了中小股东中普遍存在的“搭便车”现象。机构投资者是上市公司的大股东，往往能够通过拥有足够的投票权对经理人员施加压力，甚至可以通过代理权竞争和接管来罢免经理人员，有效解决代理问题。

（三）中介机构

要强化外部公司治理机制的有效性，就必须减少委托人和代理人之间的信息不对称，提高上市公司透明度。投资者通过上市公司披露的财务报告和其他信息，了解上市公司财务状况、经营成果和管理层的经营业绩，以此做出投资决策。而以管理层为主导编制的财务报告要取得公众的信任，就必须接受各类中介机构，如会计师事务所、律师事务所、资产评估机构以及投资银行等的审核，并出具鉴证意见。因此，各类中介机构，尤其是对上市公司财务会计信息进行独立审计的会计师事务所以及在上市公司新股发行中承担主承销责任的投资银行，能否充分履行诚信义务，保证财务信息的真实可靠，对提高上市公司治理水平具有重要意义。

（四）经理人市场

经理人市场是一种从外部监督公司管理层的重要机制。对于上市公司的管理层来说，经理人市场上职业经理人的供需情况，经理人市场的完善与否，直接关系到其被替代或后继者选择的可能性。经理人市场主要从以下两个方面对经营者产生约束作用：一是经理人市场本身是企业选择经营者的重要来源，在经营不善时，现任经营者就存在被替换的可能性。这种来自于外部乃至企业内部潜在经营者的竞争将会迫使现任经营者努力工作。二是市场的信号显示和传递机制会把企业的业绩与经营者的人力资本价值对应起来，促使经营者为提升自己的人力资本价值而全力以赴地改善公司业绩。因此，成熟经理人市场的存在，能有效促使经理人勤勉工作，激励经理人不断创新，注重为公司创造价值。

（五）雇员

公司的雇员是公司的人力资产。一般情况下，雇员的知识和经验具有一定的专用性。这种专用性将使雇员难以随便地更换公司，随便地更换发挥自身特长的场所。这从而有利于将雇员个人的命运与公司的命运紧密联系起来，进而起到监督作用。

（六）客户

客户是公司产品或服务的消费者。公司价值和利润能否实现，在很大程度上取决于客户的选择。客户购买公司的商品后，有权要求公司的经营者保证其所提供的商品能够保障客户人身、财产的安全，当不满意时，有权要求退换或赔偿。当客户认为公司提供的商品或服务不能满足需要时，可以随时替换厂家，从而使公司的销售面临困难。客户的这些权利在一定程度上构成了对公司的外部监督。

（七）供应商

供应商是公司各类生产资料的供给者。一般情况下，供应商与其下游客户相互依存，供应商依赖其下游客户的购买订单来生存，同时下游客户也依靠供应商所供应的生产资料来维持经营。随着经济的发展，供应商与下游客户休戚相关，供应商日益关注下游客户的发展状况。供应商已在一定程度上发展成为其下游客户的外部监督者。

（八）政府

政府也有很大的动力对公司进行监督。这首先是由于公司是吸纳就业的主要单位，大部分公司的运营状况的波动会影响社会的就业状况；其次，公司也是政府税收收入的重要来源，公司的盈利状况会影响政府的税收收入；第三，政府要运用经济、法律等政策和手段调控国民经济运行，维护正常的交易秩序，并站在公正的立场上，调解不同所有者、经营者、管理者、劳动者之间以及相互之间的矛盾和冲突。

第三节 公司治理的代表性理论及其演进

公司治理理论是构建公司治理结构、解决公司治理问题的理论基础。所谓公司治理问题，是指由于公司内部激励、约束与制衡机制失灵、外部治理市场无效、或是由于缺乏完善的有关公司治理的法律法规等产生的一系列问题，如内部人侵害股东利益、大股东侵害中小股东的利益、公司经营目标偏离股东价值最大化目标等。关于公司治理的学术理论，主要有四种观点或流派。

一、委托代理理论

（一）含义

股东与经理是委托代理关系，双方作为理性经济人具有不一致的目标函数，而且在信息不对称与未来的不确定性的状况下，无法完全通过股东与经理人之间的完美契约规定未来所有可能情况下的经理人的行为，经理人为了自己的利益而做出损害股东利益的行为。代理问题的存在将导致代理成本的发生。代理成本包括委托人的监督成本，代理人的选聘费用，对代理人的激励成本，代理人可能发生的保证成本，以及因代理人的决策偏差可能给委托人福利造成的“剩余损失”①。

（二）假设前提

委托代理理论包含了一个基本前提，即股东是公司的所有者，是公司委托代理关系中的委托人；经营者是公司委托代理关系中的代理人，有着不同于公司股东的目标函数，具有代理人的自利经济人性质和机会主义行为倾向。

（三）理论的本质分析

委托—代理理论逻辑的起点是所有权与控制权的分离。由于契约关系中存在着委托人与代理人之间信息的差距，而这种信息差异在本质上影响了投资者与经理人员所设计的双边契约。为使资源配置达到帕累托有效的程度，这类契约的设计必须能够揭示出经理人员的私人信息。而这只能通过给予代理人某种租金或委托人监督的方式来实现，但通常这类租金和监督行动对于委托人却是一种成本。这种信息成本加上技术性成本使得在不对称信息下的交易量受到扭曲。因而在契约中，配置功能与信息作用相互冲突，即为了诱使代理人说真话所必须付出的信息租金与资源配置效率相互冲突，最后导致了一个次优的契约。

（四）委托代理问题的解决方式

1. 董事会与股东的监督

通过完善的审计与信息披露制度，经理层的竞争（职业经理人市场的竞争）、债务的约束和激励等机制约束、激励经理层的行为，实现股东与公司价值的最大化。

2. 经理人自动进行信息披露

需要公司提供一些激励手段，如年薪、期权或者股权等（这些激励机制需要与经理人努力的补偿程度挂钩），当然激励合同中的边际收益需要高于经理人员从自利行为中获得的边际收益。

3. 外部约束机制

通过市场竞争传递信号，从而能够对经理人员的效率和信息进行甄别。竞

① 闫冰．代理理论与公司治理综述．当代经济科学，2006（6）。

争激励理论指的是竞争能产生一种非合同式的“隐含激励”（Implicit Incentives）。

（五）局限性

在股权分散的状况下，经理控制公司董事会，所以各种降低委托代理成本的激励机制已经为经理所控制；股票市场的投机性使得股票价格难以反映企业真实的经营效益，“用脚投票”机制已经不能再对经理人产生约束；市场本身就是不完善的，存在信息的不对称，企业的绩效更是受到多种因素影响，所以竞争激励的作用有限。

随着新经济发展理论而发展起来的利益相关者理论使得委托代理理论遇到了真正的挑战。

二、现代管家理论

（一）主要内容

20 世纪 90 年代以来，现代管家理论（Stewardship Theory）得到迅速发展，它从代理理论的对立角度揭示了经理人和委托人之间存在的另一种关系，为解决公司治理问题提供了新的思路，在一定程度上弥补了代理理论的不足。

现代管家理论认为，代理理论对经营者内在机会主义和偷懒的假定是不合适的，而且经营者对自身尊严、信仰以及内在工作满足的追求，会使他们努力工作，做好“管家”。现代管家理论认为，在经营者的自律基础上，经营者与股东以及其他利益相关者之间的利益是一致的。

总体来看，理论界对管家理论的研究主要侧重于四个方面：一是对经理人的人性分析和假设，究竟经理人是个人主义、机会主义、自利的“代理人”，还是集体主义、组织至上、值得信任的“管家”；二是在治理结构设计上，究竟是建立独立的董事会、增加外部或独立董事，以加强对经理人的监督和控制，还是将董事会主席与首席执行官（CEO）两职合一、增加内部或关联董事，以利于经理人在相互信任的环境中充分发挥其管家才能；三是在治理机制设计上，究竟是建立控制与物质激励为主的长期薪酬计划，还是建立非物质的激励计划；四是管家理论与代理理论的相互关系究竟如何？是这种理论比另一种理论更有效，还是二者都只是适用于解释某一些现象。

（二）假设前提

现代管家理论的产生主要是孕育于代理理论在实践中的失灵。代理理论植根于经济学中的功利主义，建立在一系列对经理人行为的假设基础之上，认为人都是理性的自利主义者和机会主义者，个人通过计算成本和收益尽可能谋取个人利益最大化，尽量避免受到惩罚，在经济利益方面尤其如此。管家理论则从组织心理学和组织社会学出发，认为经理人受成就需要的激励，通过完成挑战性工作、承担责任、树立权威、取得领导和同事的认可来获得内在的满足感，这是一种非物质性激励。经理人知道，即使自己没有股权，但通过雇佣关系和薪酬计划，自己的未来与公司、股东紧密联系在一起。因此，管家理论认为经理人并不是机会主义的偷懒者，对自身尊严、信仰以及内在工作满足的追求，会促使他们努力经营公司，成为公司资产的“管家”，经理人在动机方面没有天生的、普遍存在的障碍。因此，在公司治理安排上不应该仅仅依赖监督和物质激励，更应通过充分授权、协调和精神激励，发展一种相互合作、完全信任的关系。

戴维斯（Davis）、舒曼（Schoorman）和唐纳森（Donaldson）试图将代理理论和管家理论的人性假设模型整合在一起。他们从经理人的心理因素和组织的情景特征两方面进行了分析，经理人的心理因素包括激励动机、身份认同感、组织价值承诺、权力使用等因素，组织的情境特征包括管理哲学、文化背景、权力距离、长期价值取向等。他们认为具有不同心理因素的经理人处于不同特征的组织情景中，会做出不同的选择。由此，管家理论的人性假设由“决定论”转变为“选择论”。

人性假设的分歧是代理理论和管家理论的根本性分歧。不同的人性假设必然导致不同的治理结构和治理机制，产生不同的公司治理理论。

（三）评价与启示

管家理论在追求组织的长期利益方面相对于代理理论和利益相关者理论而言是更好的选择，是更好的治理模型，具有实践和理论基础，是系统、完整的管理理论和组织发展原则，在伦理方面优势更多。尽管现代管家理论的研究还处于起步阶段，研究思路还比较零散，还没有形成统一的研究框架，但管家理论无疑为公司治理研究提供了一种新的视角，开辟了一条新的路径。

长期以来，加强董事会的独立性、要求董事长与总经理分设、增加外部或独立董事、股票期权或薪酬与考核挂钩等做法被视为中国公司治理的“灵丹妙药”。事实上，这些观点即使在西方也没有得到定论，与此相反，两职合一、强调内部或关联董事的作用、弱化物质激励等做法还得到一定程度理论和实证的支持。因此，将代理理论视为中国公司治理改革的唯一理论根据，盲目效法西方的公司治理措施是不合适的。突破传统的代理理论研究假设和思路，从委托人、经理人两个利益主体的角度去分析他们之间的治理关系，对传统的公司治理研究是一个很好的补充，有利于解释公司治理实践中暴露的种种问题，有利于对传统公司治理结构和治理机制进行有益的修正。

在研究方法上，管家理论从行为角度研究管家与委托人之间的交互影响和行为结果，因此在分析方法上将主要借鉴行为博弈、组织行为学等分析工具。国内外的实证研究都是采用横截面数据和面板数据，直接分析上市公司的治理结构、治理机制与公司绩效之间的关系，但忽视了另一种更有效的研究方法，即分析公司在改变治理结构或治理机制前后公司绩效的变化。这应该是未来的一个研究方向。

管家理论与代理理论之间的对立，更多是因为经济学与管理学研究方法的差别。经济学把人视为一个整体，把管理者视为普通的人，因此具有高度的概括性和抽象性，能够抓住问题的本质和根本，但忽视了作为个体的人的独特性，忽视了管理者不同于普通人的特殊内在需求。而管理学则面对一个个活生生的人、面对作为人力资本的管理者，更为重视其具体特征和需求。因此，将管家理论与代理理论的整合，本质就是管理学与经济学研究方法的整合。如果能够找到这样的方法，无论是对经济学、管理学，还是公司治理的研究，都将具有划时代的意义。博弈论能够将人的共性与个性、个体与全体、一次性与重复性决策纳入统一的分析平台，也许是一种很好的解决方法。

三、股东治理理论

（一）基本内容

股东治理理论认为股东是企业的真正所有者，其他潜在的公司利益相关者的利益被严格限定了，“剩余”的权利——控制权和收益权两方面都是股东的。据此，这个理论有一个显然的推论：假定其他利益相关者的权利被很好地界定，则股东会使自身利益最大化，这样一来，他们就使社会效率最大化了。

这个“以股东为中心”的理论，当它明确指“剩余控制权和所有权的持有者”时，常常被称作“股东至上”或“股东主权”理论。它把股东利益放在首位，追求股东财富最大化，把经营者放在为股东打工服务的位置。

（二）股东治理理论的优点

英美国家主要采用股东治理理论。股东依靠庞大且发达的资本市场，根据公司股票的涨落，通过股票买卖方式或是“用脚投票”的机制，在实现其对公司影响的同时，掌握对公司的控制权，并以此对代理人形成间接约束。这种通过外部的控制权市场方式比较好地解决了股东与经理人的委托代理问题。而且它通过建立健全的法律体系来保护投资者的利益和保障信息的披露，使投资者与经营者由于信息不对称而使经营者产生的逆向选择和道德风险得到遏制，从而进一步解决了股东与经营者之间的委托代理关系。这样，经营者的激励与约束通过外部控制权和外部法律体系得到了强化，保障了投资者的利益，刺激了投资。从另外一个角度来说，公司由股东所有，所以公司应该按照股东的利益来管理。在有效市场理论下，公司的价值可在金融市场得到体现。根据这一理论，金融市场能够比较有效地解决代理问题。

（三）股东治理理论的缺陷

以股东利益为中心的治理观，有非常明显的优点，但股东中心理论忽略了包括政府在内的许多利益相关者的利益，把问题想象得过于简单。虽然它目前仍是英美国家的主流理论，但近几年的理论研究和企业实践已充分暴露出它的缺陷。

在股东治理模式下，公司把追求股东财富最大化作为公司目标，忽视了企业对员工、对债务人、对社会的责任，甚至促使公司管理层缺乏诚信，为追求公司利益而不择手段。安然、施乐、世通等公司发生的假账丑闻充分暴露出“股东至上”理论的重大缺陷。同时，由于此理论强调股东至上的“单边治理”，使得以资本市场、并购市场、产品市场、经理人市场为主要内容的外部治理机制功能缺失，外部治理者治理懈怠。然而，外部治理是良好的公司治理不可或缺的组成部分，缺少外部市场的监管，公司治理结构的天平就会失衡，公司治理结构的效果就会减弱。

虽然股东是公司所有者，享有公司的剩余索取权，并承担公司的经营风险，但由于公司是有限责任公司，股东只承担投入资本的风险，并不承担公司全部风险，债权人、经理人、业务合作者、员工等利益相关者都承担了公司的风险，但股东至上理论并没有赋予这些利益相关者应有的权力。

股东拥有公司股权，但公司发展到一定规模时，股权相当分散，由于信息不对称和监督收益、监督成本不对称，股东“搭便车”行为普遍存在，不能对公司实施有效的监督和管理，因此股东难以对公司实施有效的控制。因为监督收益与监督成本不对称，众多分散的中小股东没有参与公司治理的意愿和能力，大多数中小投资者都采取了“搭便车”的行为。他们只能采取买卖股票这种“用脚投票”的方式实现对企业的间接控制。在这种情况下，大股东利用手中的权力侵犯中小股东利益就成了司空见惯的现象。而无论是在企业内部，还是在企业外部，依据此种公司治理理论构建的公司治理结构都很难对大股东这种“侵略”行为有所监督和抵制。所以，“股东至上”的公司治理结构就变异为“大股东控制”的公司治理结构。

股东至上理论强调股东至上，忽视人力资本的重要作用。股东至上理论是建立在委托代理理论基础上的公司治理理论，强调资本雇佣劳动，认为股东利益至高无上，劳动者处于被动地位，只能从属于资本。企业的唯一所有者是股东，公司治理的目标就是要约束经营者侵犯股东利益的机会主义行为。在现代企业中，所有权与经营权分离后，股东变成了企业的“外部人”，企业的经营管理职能由经理人来担任，企业价值创造的重任落在了经营者的身上。企业的价值创造主要靠人力资本来推动，所以人力资本才是主动性的资本，是企业价值增值的最重要源泉。而企业创造财富只能依靠技术和管理上的创新，因此公司的技术创新者和经理人应处于公司的中心地位，而不应仅是被动激励或被雇用的对象。

四、利益相关者理论

（一）理论兴起的背景

20 世纪 80 年代并购浪潮的兴起，经理层与股东短视，忽略了其他利益相关者如客户、政府、供货商等的利益，因而学界开始提出利益相关者治理。而且，随着社会和企业的发展，职工、债权人、供应商、用户等利益相关者和企业的关系越来越紧密，其行为对企业利益的实现也产生越来越大的影响。在各主体之间多次合作博弈的情况下，只有相互真诚合作才可以使企业得到更多的好处，在长期竞争中赢得优势。为追求社会利益最大化，利益相关者理论兴起。

（二）含义

公司是由不同要素提供者组成的一个系统，他们提供的要素有许多是公司的专用资产（如专用性人力资本）。这些要素提供者是公司的利益相关者，公司经营是为利益相关者创造财富服务，而不仅仅是为股东利益最大化服务，因此应当让利益相关者分享公司所有权并参与公司治理。除了股东外，利益相关者还包括员工、银行、主要顾客和供应商、社区居民以及地方政府等。

美国学者玛格丽特·布莱尔的观点为利益相关者理论作了典型的论述，她认为，公司并非简单的实物资产的集合，而是一种法律框架结构，其作用在于治理所有在企业财富创造活动中做出特殊投资的主体间的相互关系，其中当然包括股东，因为权益资本是整体投入组合中极为重要的构成部分之一，但投入并不仅限于股东。供应商、贷款人、顾客，尤其是企业雇员往往都做出了特殊的投资，这些投资的价值在极大程度上取决于他们与公司持续长久的关系。长期雇员很可能具备了专业化的技能，这种专业化技能就是一种人力资本，这种技能对特定的公司具有特定的价值。供应商们可能在一个特殊的位置建起一家工厂，仅为了满足特定公司的需要。布莱尔认为，“认识到公司是一种治理和管理的专业化的制度安排，促使人们关注这样一个事实，即雇员、贷款人、供应商或其他人都可以（并且经常是如此）做出专业投资。”

（三）现实意义

利益相关者理论的提出，使得公司治理不再局限于公司所有者与经营者之间的委托代理关系，而成为协调公司内部管理、内部利益相关人、外部利益相关人以及其他利益集团之间关系的系统工程，大大拓宽了公司治理的范畴，推动了公司治理理念的变革。

首先，人们对公司价值的判断有了新的理解。在现代市场经济条件下，公司作为一个责任主体，不仅要实现股东财富最大化的目标，且还必须承担一定的社会责任。公司的价值不只体现在股东利益方面，还要体现在整个公司的社会价值方面。

其次，随着知识经济时代的来临，占有知识的人力资本在企业活动中的作用日益凸现。知识资源的所有者随着自己在公司地位的提高，必然会追求自己相应的权益，参与公司的治理。在实践中，职工参与公司治理日益得到各国的认可。在德国，职工在公司最高权力机关所占比例与股东相同。欧盟颁布的《公司法第五号指令（草案）》规定了职工参与的四种可选择模式。

（四）理论缺陷

如果董事会要为所有利益相关者负责，则会造成决策难问题，因为众多利益主体之间利益冲突是常态，协调成本很高。在现实操作中具体说来有以下几个方面的不足：

第一，利益相关者共同治理是建立在所有权集中分散对称配置给所有利益者的基础上的。而实际上，把企业所有权集中分散对称分配给所有利益相关者是不可能的，因为这样做企业将会面临着相当高昂的成本，从而与经济主体的本性相违背。

第二，容易导致“公有地悲剧”。企业所有权作为契约不完全的产物，其本质是一种剩余要求权，应该是每一个产权主体都应有份，但这样将会酿成公有地悲剧，将企业的所有权看成所有利益相关者都有份的公共蛋糕，而当一项产权被作为公有地，未加以明确界定时，必然会导致过度使用而无效率。

第三，企业多重目标的存在可能会使政府所关心的问题与企业所关心的问题之间产生混乱。它也可能使得那些达不到任何类似目标的公司经理仅仅追求部分目标，如企业扩张或技术改善，而忽略了这些目标与效率或价值之间的平衡。让高级经理们对所有的利益相关者都负责任相当于让他们对谁都不负责任。

第四，利益相关者治理模式忽视了治理主体的主导力量。该模式未从定量的角度去回答谁是企业真正意义上的利益相关者，因为从一个广泛的角度来看，任何组织和个人都可以看成是企业的利益相关者，从而不能给企业未来的发展提供一个比较清晰的方向。

第四节 公司治理的模式选择与制度安排

一、公司权力结构变迁：股东中心主义与董事会主义

（一）基本含义

“股东中心主义”指将股东大会规定为公司最高决策机关，它有权决定公司的一切事务，可以随时就有关公司经营的任何行为向董事会发号施令；董事会仅仅是股东大会决议消极的、机械的执行者。简单地说，它是一种以股东大会为中心的治理模式，董事会完全依附于股东大会的公司权力分配格局。

“董事会中心主义”指将董事会置于公司运营的核心，不仅作为独立的组织存在，还拥有业务执行权、经营决策权和公司的对外代表权等多项独立的权利。在这种治理模式下，董事会仍由股东大会选举产生，并对股东大会负责，但董事会的组织独立性和职权广泛性由立法得以确立并不断强化。除法律和公司章程明确规定属于股东大会的权利之外，公司内外事务的决策及执行的权利均集中于董事会。董事会不只是单纯的业务执行机关，更为重要的是作为领导和管理公司的经营决策机构而存在。可以说，在“董事会中心主义”框架内，公司维持组织稳定性和可持续发展的核心动力均来自于董事会。

（二）变迁过程

1. 20 世纪 40 年代之前：股东中心主义

这种公司权力结构于十七八世纪形成雏形，19 世纪发达国家在确立公司设立准则时，股东大会作为公司最高权力机关也被确定下来。

在所有权与经营权尚未分离情况下，股东就是公司的经营决策者，所以不存在董事会中心主义之说。即使在两权分离的状况下，如果股权结构仍较为集中，控股股东仍会是公司的控制者，公司的经营直接体现股东的意志。

2. 20 世纪 40 年代 ~20 世纪 80 年代：董事会中心主义

随着两权分离的发展以及股权结构逐步分散化，再加上“企业自体”的提出，即主张企业本身具有经济上、法律上及社会上的固有性及继续性价值，独立存在于股东之外，不因股东变更而变动，企业应视为一个独立的法益来保

护；就公司机关而言，公司的经营应从被天然自私的营利动机所驱使、不惜损害企业效率及社会职能之实现的股东之手，尽可能地移向独立于股东之外、并能自由和客观地衡量企业要求的经营机关。

在这种理论支配下，1937 年德国《股份法》率先废除了股东本位的法律结构，大大削减了股东会的权限，同时加强了董事会相对于股东会的独立性和经营权限。1965 年《股份法》进一步确认，股东大会只是“对在法律和章程中所规定的特别事项做出决议”，而“关于业务经营中的问题，只有在董事会提出要求时，股东大会才能做出决定。”在德国立法改革的影响下，大陆法各国公司法纷纷步其后尘。董事会中心主义下，董事会成为公司的实际控制人。

3. 20 世纪 80 年代至今：股东中心主义

20 世纪 80 年代以来，随着机构投资者、法人股东的增多，股东参与公司治理的情况大为改观，机构投资者不再是简单地“用脚投票”的投机者，而是通过股东议案、约谈董事会成员和代理投票等方式积极参与公司治理。

此次股东中心主义与之前相比的不同之处在于机构投资者作为积极股东参与公司治理。尽管当前两权分离与股权分散是上市公司的常态，但机构投资者的资金、人才、信息优势使得其有能力对公司治理产生积极影响。

二、各国公司治理模式的比较

划分公司治理模式的主要标志是所有权和控制权的表现形式。根据目前比较流行的划分标准，西方公司治理模式主要分为两类：外部控制模式与内部控制模式。外部控制模式又名英美法系型，以美、英两国为代表。这种模式主要特点是，公司股权比较分散，股东对公司直接控制和管理的能力很有限，主要通过发达的资本市场来实现对公司行为的约束和对代理人的选择。内部控制模式又名大陆法系型公司治理结构，以德国与日本为代表。这种模式的主要特点在于，公司股权较为集中，尤其是存在公司之间大量持股和银行对公司大比例持股，股东有条件对公司进行直接管理，对股票市场的依赖性则较小。

近年来，一些公司治理专家和学者在研究了东亚及前苏联和东欧国家的公司治理后，又归纳出“家族控制”与“内部人控制”两种公司治理模式。实际上，东亚国家的家族控制模式与德日的股东监控模式有相似之处，两者的共同特点均表现为大股东的直接监控，只不过在德国和日本，大股东主要表现为银行或大财团，而在东亚国家，大股东主要为控股家族。前苏联和东欧国家

“内部人控制”的公司治理模式的出现是由于在国家经济处于从计划经济向市场经济转型期的特殊阶段，由于市场机制发育滞后、有关公司治理的法律法规不完善引起的。

（一）英美的市场监控模式

采用英美法系的国家，如美国、英国、澳大利亚等国的公司治理模式主要以公司外部的监控为主，其特点是公司的股权高度分散，由于“搭便车”问题的存在，股东对公司经营管理的影响很弱。对经营者管理不善的惩罚通常是股东卖掉股票（“用脚投票”）以及随之而来的恶意收购。在美国，政府规定禁止银行、共同基金、养老基金和保险公司以保持资产多样化为由持有公司控制性权益。因此在这种模式中股东的利益在很大程度上是靠产品市场、公司控制权市场和经理人市场的压力以及有关信息披露、内幕交易的控制、小股东权益保护的法规等来保护的。通过这些来自公司外部的力量，促使管理层遵纪守法、努力工作、实现股东利益最大化。

为了说明英美等国公司治理机制运行原理，让我们来看一看它究竟是怎样工作的。法律上，董事会由股东选举产生，董事会作为股东的信托人，负有信托责任，是代表股东利益的。董事会选择和任免公司的高层管理人员、审批重大的投资和融资决策、监督公司的高管人员，确保他们按股东的利益行事。然而，在实际当中，人们对董事们是否能有效地维护股东的利益提出疑问。新董事是由现任董事提名的，而现任董事通常包括公司的高级管理人员。新董事的候选人几乎总是在例行的股东大会投票中被批准。从理论上讲，不满意的股东可以提出自己的候选人并且发起“代理之战”，以试图将他们自己的候选人选入董事会，但这通常成本高昂并且难以成功。因此在实际当中他们很少这样做，而代之与选择“用脚投票”，通过卖掉股份的方法来表达他们的不满。然而卖掉股份能够传递一个很强烈的信息。如果足够数量的股东卖掉股票，公司的股价就会下跌，这将损害高级管理人员的名声，并动摇他们的地位，影响他们的收入。一方面，董事会可能考虑重新聘用经理，因为活跃的经理人市场的存在使得董事会几乎总是可以找到称职的经理人员。另一方面，由于高级管理人员收入的很大一部分来自于奖金及股票期权，奖金通常和公司的净收益相联系，而股票期权则与股价挂钩，因此如果股价上升，那么股票期权将会给经理们带来很大收益，而如果股价下降，期权将一文不值。这就激励经理们尽量提高公司的收益和股票价格，因此符合股东的利益。对那些没有按股东利益行事的经理和董事们来说，恶意收购的威胁总是存在的。如果公司的股价由于管理不善和决策错误而下降到其应有的价值以下，其他公司和投资者集团就可能通过收购其股票，取得公司的控制权，然后用负责任的经理和董事取而代之，以实现公司的潜在价值。

因此，在英美等国，由于公司股东监督不足以及所有权和控制权的分离而产生的委托—代理问题通过以下四个途径得到了控制和缓解：（1）董事和高管人员具有法定职责必须按公司的所有者——股东的利益行事；（2）对高级管理人员设计合理的薪酬激励机制，将他们的收益与公司的业绩和股价挂钩；（3）产品市场和经理人市场的压力（不称职将被更换）；（4）公司控制权市场的压力（公司被其他投资者收购）。近年来，针对完全依赖外部监控模式所暴露出的一些问题，英美等国对其公司治理模式进行了一系列改革，包括制定各种公司治理的原则、指引、章程、鼓励机构投资者参与公司治理、要求公司增强董事会的独立性、在董事会内引入一定数量的独立董事等，希望通过这些措施，增强公司的内部监控力度，以弥补由于外部监控不足所造成的问题。

（二）德日的内部监控模式

与英美等国主要依靠公司外部的力量对管理层监控不同，德国和日本的公司治理模式主要以公司大股东的内部监控为主，外部市场，尤其是公司控制权市场的监控作用很小，有关信息披露、内幕交易的控制、小股东权益保护的法规也不如英美等国完善。

德国和日本公司股权结构的特点是股权相对集中，主要投资者拥有公司显著的利益或股份，管理层处于这些主要投资者——银行、非银行金融机构或其他公司——的严格监督之下。所有权的集中使得投资者既有激励又有能力对管理层进行监督和控制。在德国，三家最大的银行拥有上市公司股份的很大一部分，他们还代表其他股东投票。在日本，银行通常是公众上市公司的最大股东，公司间交叉持股的比例也非常高。

英美模式和德日模式在公司控制机制上有着明显的不同。一般来说，为了保证公司不要偏离价值最大化的行为太远，有许多机制可以使用，包括直接和间接的控制措施。著名经济学家斯蒂格利茨强调这些机制中最重要的是公司所有权的集中。如果股权集中在少数几个投资者手中，那么他们就有足够的激励去获取信息和监督公司的管理。大的持股比例也使他们有能力控制管理层。如果所有权的集中是不可能的，那就必须运用间接的监督和控制手段，这包括活跃的企业收购市场，运行良好、充满竞争的经理人市场，以及债权的集中（在这种情况下，监督的职能由债权人来完成）。在英美模式中，间接的公司控制手段被经常使用，这包括恶意收购、杠杆收购、“用脚投票”、代理之战、基于公司业绩的激励合同、内部交易及关联交易的法律禁止、对小股东权益的法律保护等。而德日模式偏重于直接控制，董事会的权力与作用较大，大股东的直接监督力强。大股东可能是金融机构、其他非金融公司或个人。恶意收购在德国和日本基本不存在，以收购来更换无效的管理层的做法在日本也不普遍。相比之下，在美国，《财富》杂志评出的美国最大的公司中也曾被恶意收购过。

由于德国和日本的公司后来居上，在全球市场上的竞争力越来越大，引起了公司治理专家对英美的外部监控模式进行反思。一些专家认为，德国和日本公司竞争力的提高得益于其有效的内部监控模式，因此，在这一时期，以内部监控为主的公司治理模式备受推崇。然而，随着以内部监控为主的公司所发生的一系列损害股东利益的关联交易、内幕交易的不断曝光，人们逐渐认识到，单纯依靠某种监控方式为主的公司治理模式都不是最佳的，只有综合两种模式的优点建立的公司治理机制，才能最有效地保护股东权益，实现公司价值的最大化。

（三）东亚的家族控制模式

在除中国和日本以外的大部分东亚及东南亚国家和地区，如韩国、中国香港、中国台湾、泰国、新加坡、马来西亚、菲律宾、印度尼西亚等，公司股权一般都集中在创业者家族手中，控股家族通常普遍地参与公司的经营管理和投资决策，公司的主要高级经营职位也主要由控股家族的成员担任，因此，主要股东与经理层是合一的。这种公司治理模式使得主要股东与经理层的利益一致，部分地消除了欧美公司由于所有权与经营权分离所产生的委托代理问题。然而，这种公司治理模式普遍存在的问题是主控股股东和经理层侵害公司其他股东的利益，因此，公司治理的核心从控制管理层和股东之间的利益冲突转变为控股大股东与经理层和广大中小股东之间的利益冲突。

（四）前苏联及东欧的内部人控制模式

内部人控制是指公司既缺乏股东的内部控制、又缺乏公司外部治理市场及有关法规的监控，从而导致公司的经理层和职工成为企业实际控制人的现象，主要发生在前苏联和东欧等转轨经济国家，在我国部分由原来的国有企业改制而来的上市公司中也有一定程度的表现。前苏联和东欧等转轨经济国家具有某些共同的特点，例如都存在着数量众多、规模庞大的国有企业需要进行重组，同时又继承了原有较为混乱的法律关系。在由计划经济向市场经济转轨的过程中，原来的国有企业普遍存在着所有者缺位的现象，而市场机制的发育还不完善，公司控制权市场和经理人市场还不能有效发挥作用，再加上法律体系不健全和执行力度较弱，无法对经理层起到有效的控制作用，导致经理层利用计划经济解体后留下的真空，对企业实行强有力的控制，在某种程度上成为企业的实际所有者。

三、公司治理模式的发展趋势及对我国的启示

治理模式最终决定的因素均是股东的结构和成分。英美模式产生的根本原因是由于股份分散，难以形成有效大股东控制，股东会亦难以行使更多更具体的公司管理事项，必须委托董事会，而没有监督的权力必然会产生腐败，在董事会中不仅设立独立董事，而且设立很多具体委员会，如薪酬委员会、审计委员会等，不仅对董事会进行了分权的设计，同时也起到了权力制衡和相互制约的目的。德日治理模式，是由于其大股东均为金融机构，容易以股东会形式对董事会产生监督，而且还设立了监事会进行补充监督。东南亚家族治理模式，也是由于其大股东为家族，且实际经营者也是大股东，其治理模式必然是类似于家族管理。东欧转轨经济国家，由于其与中国类似，有国家委托代理人在公司代为行使责任，其模式必然是行政机关式的管理，缺乏有效的监督机制。

上述四种治理模式都面临着新的挑战。采用外部监控模式的企业开始怀疑完全依赖市场监控的有效性，从而把目光转向公司内部，要求独立董事发挥更有效的内部监督作用；采用内部监控模式的企业开始重视市场因素对公司治理的有效作用；以东南亚国家和地区为代表的家族模式的企业也开始借鉴良好公司治理的成功经验，着手进行公司治理的系列改革，包括加强法律法规等制度建设、制定公司治理规范、强调公司信息披露的质量和监管、引入独立董事制

度、加强对中小股东的保护等；而以前苏联和东欧为代表的内部人控制模式存在更多的弊端，更需改进。

在我国，由于政府机关代替全体公民行使他们在公有制（全民和集体所有制）企业中的所有权，并指派相关人员来主持这些企业的经营管理事务（那些已经改制为公司的公有制企业情况在实际上也一样），因此，这些企业也像政府一样运转，或者说我们的公有制企业已经政府机关化了。而公司政府机关化的原因，则是公司各机关内部及其彼此之间缺乏有效的权力制衡，故必须选择一种最能体现权力制衡的公司治理模式。我国现在的治理模式既采用了美国治理模式之独立董事制度，又借鉴了德国治理模式之监事会制度，但实际执行的结果，均未起到有效的权力制衡的作用。综上分析，我们不难得出结论，股东结构的不同，是考虑选择治理模式的根本因素。另外，需要关注的是，学习一种制度必须知道它设计的历史，以及体会设计的目的，不应只是学形式，那样势必不易成功。我国在引进独立董事制度时，却忽略了董事会下设的各种专业委员会应发挥的作用。其实，这种常设机构，与独立董事制度协同才能起到有效监督的作用，这种设计是历史的必然。德国的监事制度，是源于德国金融机构作为主债权人或大股东，对董事会进行控制和监督的有效设计，而我国设计是将职工代表引进了，却忽略了金融机构，而金融机构由于专业水平高，对自身债权利益更加关注，更应进入监事会。东欧“内部控制人”现象和东南亚公司治理模式，便是我们从反面吸取经验和教训的素材。

第三章

国外公司治理的实践经验

公司治理分为内部治理和外部治理，两者相辅相成，共同构成一个完整的公司治理机制。针对这两个方面，国际上都制定了相应的治理准则，并且积累了诸多可借鉴的实践经验。

第一节　基于公司内部治理的国际准则

随着全球经济一体化的发展和世界经济环境的变化，许多国家与组织都清楚地认识到，良好的公司治理既需要国家通过强制性的法规对治理结构进行规定，还需要制定与市场环境变化相适应的、具有非强制性和灵活性的公司治理准则。

从根本上讲，公司治理准则是改善公司治理的标准与方针政策，也是公司管理层次的实务准则。它可以帮助政府对有关公司治理的法律制度与监管制度框架进行评估与改进，对股票交易所、投资者、公司和其他在建立良好的公司治理中起作用的机构提出指导和建议。

自1992年英国的《卡德波利（Cadbury）报告》发布以来，众多国家与组织的多种公司治理准则纷纷出台，既包括经济发达的国家与地区，也包括发展中国家与新兴的市场经济国家。其中，最受业界承认、影响力最大的公司治理准则是经济合作发展组织（OECD）、国际公司治理网络（ICGN）和英国的治理准则，下面将对这些准则进行介绍。

一、OECD 的公司治理准则

1997 年亚洲金融危机爆发，引起世界范围内对公司治理问题的关注。1998 年 4 月，经济合作发展组织召开部长级会议，呼吁经济合作发展组织与各国政府、有关的国际组织及私人部门共同制定一套公司治理的标准和指导方针。为了实现这一目标，经济合作发展组织成立了公司治理专门筹划小组，于 1999 年出台了《OECD 公司治理准则》。2002 年经济合作发展组织重新考察最新的公司治理发展状况，对准则进行重审和修改，于 2004 年公布了新版的《OECD 公司治理准则》。

《OECD 公司治理准则》旨在帮助经济合作发展组织成员国或非成员国政府，评估和提升本国公司治理的法律、制度和监管框架，为股票交易所、投资者、公司和其他在推进良好公司治理过程中发挥作用的机构提供指引和建议。

《OECD 公司治理准则》共包括六个方面的内容[①]：

（一）确保有效公司治理框架的基础

公司治理框架应当促进建立透明和有效的市场，符合法治原则，并明确划分各类监督（Supervisory）、监管（Regulatory）和执行（Enforcement）部门的责任。

第一，建立公司治理框架时应充分考虑它对整体经济绩效的影响，市场的信誉度，由它而产生的对市场参与者的激励机制，以及对市场透明度和效率的促进。

第二，在一个法域（Jurisdictions）内，影响公司治理实践的那些法律的和监管的要求应符合法治原则，并且是透明和可执行的。

第三，一个法域内各管理部门间责任的划分应该明确衔接，并保证公共利益得到妥善保护。

第四，监督、监管和执行部门应当拥有相关的权力、操守和资源，以专业、客观的方式行使职责，对它们的决定应给予及时、透明和全面的解释。

（二）股东权利与关键所有权功能

公司治理框架应该保护和促进股东权利的行使。

---

① 经济合作与发展组织．OECD 公司治理原则，张政军译．中国财政经济出版社 2004 年版。

第一，股东基本权利包括：可靠的所有权登记办法；委托他人管理股份或向他人转让股份；定期、及时地获得公司的实质性信息；参加股东大会并投票；选举和罢免董事会成员；分享公司利润。

第二，股东应有权参与涉及公司重大变化的决定，并获得充分的信息：公司规章、章程或类似治理文件的修改；授权增发股份；重大交易，包括实际上导致公司出售的全部或重大的资产转让。

第三，股东应获得有效参加股东大会和投票的机会，并得到股东大会议事规则的通知（包括投票程序）：股东应充分、及时地得到关于股东大会召开的日期、地点和议程的信息，以及将在股东大会上做出决议的全部信息；在合理的范围内，股东应被赋予向董事会提出问题的机会，包括与年度外部审计有关的问题，应有机会增加股东大会议程中的议题并提出议案；应当创造便利条件，使股东能有效参与关键的公司治理决策，如提名和选举董事会成员；股东应能够对董事会成员和主要执行人员薪酬公开发表意见；董事会成员和雇员的薪酬方案中的股权部分应得到股东的批准；股东应能亲自或由代理人投票，不论是亲自还是代理投票，都应获得同等效果。

第四，使得特定股东获得的与其股票所有权不成比例的控制权的资本结构和安排等事项应当予以披露。

第五，应允许公司控制权市场以有效和透明的方式运行。有关资本市场中公司控制权收购、较大比例公司资产的出售以及类似于合并的特别交易的规则和程序，都应清楚详细并予以披露，以使投资者理解自己的权利和追索权。交易应在价格透明和公平的条件下进行，以使各类股东的权利都受到保护。反收购工具（Anti - Take - Over Devices）不应当成为管理层和董事会规避问责（Accountability）的庇护工具。

第六，应为包括机构投资者在内的所有股东行使所有权创造有利条件

作为受托人的机构投资者，应当披露与其投资有关的全部公司治理及投票的政策，包括决定使用其投票权的现有程序。此外，对于那些可能影响其行使与其投资相关的关键性的所有者权利的实质性的利益冲突（Conflicts of Interest），应该予以披露。

（三）平等对待股东

公司治理框架应当确保所有股东（包括少数股东和外国股东）受到平等

对待，当其权利受到侵害时，应能够获得有效赔偿。

第一，同类同级的所有股东都应享有同等待遇。（1）无论其级别或类别如何，同类同级的所有股东都应享有同等权利。所有投资者在购买股份之前，都应能够获得各类各级股份应享有权利的有关信息。任何对投票权的改变，都应获得受不利影响的那些类别股份的同意。（2）少数股东应受到保护，使其不受控制性股东（Controlling Shareholders）滥用权力的行为的直接或间接侵害，并且有获得赔偿的实际手段。（3）托管人或受托人投票，应按照股份受益人同意的方式进行。（4）应消除跨国投票障碍。（5）股东大会议程和程序应使所有股东得到平等待遇，公司程序不应给投票造成不必要的困难或给投票者带来昂贵费用。

第二，应禁止内部人交易（Insider Trading）和滥用权力的自我交易（Self – Dealing）。

第三，应要求董事和主要执行人员向董事会披露，他们是否在任何直接影响公司的交易或事务中有直接、间接或代表第三方的实质性利益。

（四）利益相关者的作用

公司治理框架应承认利益相关者的各项经法律或共同协议而确立的权利，并鼓励公司与利益相关者之间在创造财富和工作岗位以及促进企业财务的持续稳健性等方面展开积极合作。

第一，经法律或共同协议而确立的利益相关者的各项权利应该得到尊重。

第二，在利益相关者的利益受法律保护的情况下，当其权利受到侵害时，应能够获得有效赔偿。

第三，应允许建立那些有利于业绩提升的员工参与机制。

第四，在利益相关者参与公司治理的过程中，他们应该有权定期及时地获得相关的、充分的、可靠的信息。

第五，利益相关者（包括个人员工及其代表团体）应能向董事会自由地表达他们对于非法或不道德行为的关注，他们的各项权利不应由于他们的此种表达而受到影响。

第六，公司治理框架应以有效的破产制度框架和债权人权利执行机制作为补充。

（五）信息披露与透明度

公司治理框架应确保及时准确地披露公司所有重要事务的信息，包括财务状况、绩效、所有权和公司的治理。

第一，应披露的实质性信息至少包括：公司财务和经营成果；公司目标；主要股份的所有权和投票权；董事会成员和主要执行人员的薪酬政策；董事会成员其他信息，包括资格、选择过程、就任其他公司董事职务、是否被董事会认为是独立董事等；关联方交易；可预见风险因素；有关员工和其他利益相关者的重要问题；治理结构和政策，尤其是其执行所依据的任何公司治理规则或政策及程序的内容。

第二，应根据会计、财务和非财务披露的高质量标准，准备并披露信息。

第三，年度审计应由独立、称职、有资格的审计师操作，以向董事会和股东提供外部的客观保证，即财务报告基本描绘了公司所有重要业务的财务状况和绩效。

第四，外部审计师应向股东负责，对公司负有在审计中发挥应有的职业审慎（Due Professional Care）的义务。

第五，信息传播渠道应使用户可平等、及时和低成本地获取有关信息。

第六，作为公司治理框架的补充，应有一种有效措施，促使分析师、经纪人、评级机构和其他机构提出与投资者决策有关的分析或建议，并避免可能影响其分析或建议公允的利益冲突。

（六）董事会责任

公司治理框架应确保董事会对公司的战略指导和对管理层的有效监督，确保董事会对公司和股东的受托责任（Accountability）。

第一，董事会成员应在全面了解情况的基础上，诚实、尽职、谨慎地开展工作，最大程度地维护公司和股东的利益。

第二，当董事会决策可能对不同股东团体造成不同影响时，董事会应公平对待所有股东。

第三，董事会在道德方面应遵循高标准，并考虑利益相关者的利益。

第四，董事会应履行以下主要职能，包括：（1）审议和指导公司战略、主要行动计划、风险政策、年度预算和经营计划；设立绩效目标；监控计划实施和公司绩效；监督重要的资本支出、并购和剥离。（2）监控公司治理实践的有效性，并在必要时加以调整。（3）选择主要执行人员，确定其薪酬，监督其业绩，并在必要时予以撤换；对继任计划进行监督。（4）使主要执行人员和董事会成员的薪酬与公司和股东的长期利益相一致。（5）保证董事会提名和选举的程序正式、透明。（6）对管理层、董事会成员和股东之间的潜在利益冲突进行监控和管理，包括滥用公司资产和不当关联方交易。（7）确保包括独立审计在内的公司会计和财务报告系统诚实可靠；确保适当的控制体系到位，特别是风险管理体系、财务和运营控制体系以及对法律和有关标准的遵守体系。（8）监督信息披露和对外交流的过程。

第五，董事会应能够在公司事务中做出客观独立的判断。对存在潜在利益冲突的任务，董事会应考虑指派足够数量的能做出独立判断的非执行董事。像这类重要的责任有：确保财务和非财务报告的诚实性、审议关联方交易、提名董事会成员、主要执行人员和董事会的薪酬。当董事会的委员会成立后，其授权、人员组成和工作程序，应由董事会做出充分的界定和披露。董事会成员应能有效地承担其职责。

第六，为了履行其职责，董事会成员应有渠道获取准确、相关、及时的信息。

二、国际公司治理网络的治理准则

（一）ICGN 准则的背景和主要内容

国际公司治理网络（ICGN）是 1995 年由国际重要机构投资者发起成立的国际组织，致力于加强投资者间的国际对话，促进国际公司治理水平的提升。国际公司治理网络从 1999 年开始便作为经济合作发展组织公司治理专门筹划小组的成员，参与《OECD 公司治理准则》的制定和修改。在此基础上，国际公司治理网络于 1999 年发布了《ICGN 国际公司治理准则》，并在 2005 年、2009 年根据国际公司治理的最新发展，对该准则进行了修订。

《ICGN 国际公司治理准则》旨在设立公司治理的国际标准，促进国际范围内公司治理水平的提升，完善董事会决策机制、管理层执行机制、风险内控机制等公司内部治理机制。该准则表明了国际机构投资者对于公司治理的期望和关注及其参与公司治理的积极承诺。该准则为国际公司治理设立了一般性的标准，在具体执行时有一定灵活性，公司可根据自身特点和市场、国家环境的不同灵活掌握，实行“遵循或说明”的自我管理。

国际公司治理网络认同《OECD 公司治理准则》，其具体规定较《OECD 公司治理准则》细致，主要包括以下几个方面①：

第一，企业目标是创造和提升长期股东价值，在最大化股东利益的同时，维护与利益相关者的关系，并注重环境、社会和公司治理（ESG）的可持续发展。

第二，董事会是公司的决策机构，为公司和股东负责，有独立的权力，思想开放与多元化，并且客观、专业。准则从权利义务、组织架构、关联交易等方面进行了细致的规定。

第三，公司要培养自身的企业文化，树立正确的价值观，包括正直守法、反腐败等。

第四，公司要注重风险管理，制定专门的风险管理计划，实时监控财务风险、运营风险、声誉风险等，并向投资者披露风险控制程序。

第五，公司应设计科学的薪酬体系，建立起有效的激励机制，在最大化企业价值的同时，平衡员工与股东的利益，并制定合理的高管股权激励政策。

第六，公司应建立稳健、独立、高效的审计流程，将外部审计和内部审计相结合，并与董事会、管理层进行良好的合作。

第七，公司应确保及时准确地披露公司所有重要事务的信息，包括财务状况、绩效、所有权和公司的治理。

第八，公司应保护和促进股东权利的行使，平等对待所有股东，并鼓励机构投资者参与公司治理。

第九，公司股东有积极参与公司治理、促进公司长期发展的义务。机构投资者要关注所投资公司的状况，积极参与公司治理。

（二）金融危机后 ICGN 准则关注的治理重点

国际公司治理网络认为公司治理问题是导致金融危机的重要原因，因此 2009 年国际公司治理网络针对金融危机期间世界公司治理的普遍问题对准则进行修订，并重点强调了机构投资者在公司治理中应扮演的角色。鉴于此，国际公司治理网络在 2009 年版准则的基础上，还专门发布了《机构股东责任规

① ICGN. ICGN Global Corporate Governance Principles. Revised, 2009.

范》，对机构投资者参与公司治理的行为进行引导和规范。

金融危机后，ICGN 准则关注的治理重点主要有以下几个方面①：

第一，保护与提升股东权利。公司治理框架应保证股东权利，使股东能有效监督董事会的行为，具体应包括：（1）股东有权决定董事的聘用和解聘；（2）平等地对待股东，实行同股同权；（3）保证股东得到有效的关于公司状况的信息披露；（4）政府部门对机构投资者行为的限制应至少保证其股东权利；（5）公司治理结构应充分保障股东权利。

第二，加强董事会建设。公司治理框架应给予机构投资者适度的权力，以保证董事会能做到以下几点：（1）董事会能保持正直诚信，且董事会有足够的能力监督公司业务、进行风险控制；（2）审计委员会必须对公司当前的状况有清晰的了解，并保证对公众进行充分的信息披露；（3）关于董事会能力与组织变动的情况，须由独立评估机构进行评价，其评价过程应向市场进行披露。

第三，提高市场的公平性和透明度。公司治理框架应保证公司在股权市场和衍生品市场上的交易价格、交易数量足够透明，并向公众公布。公司还应公开使用特定技术的限制。对于买空卖空的情况，公司应及时让股东了解。公司可由投资者参与制定一套透明且负责任的融券政策。

第四，制定独立的会计制度。公司治理框架应保证会计制度的制定不受政治干扰，且会计制度应包括：（1）需对相关及重大资产负债表外业务进行报告；（2）需进一步加强管理层讨论报告；（3）需对会计制度制定机构的治理情况进行审查，并保证相关利益者都能参与该审查过程，其中应强调机构投资者的作用。

第五，建立科学的薪酬体系。机构投资者应通过投票等方式保证董事会对其建立薪酬体系的决策负责。公司的薪酬体系应奖励业绩良好的员工，不鼓励员工承担过多风险，惩罚给公司带来损失的行为，并保证员工行为不被扭曲，真实反映员工的工作绩效。

第六，加强对公司治理评估机构的监管。机构投资者不应过度依赖公司治理评估机构。公司治理评估机构有助于提高信息披露的效果，但必须对该机构带来的利益冲突进行监管。

---

① Corporate Governance in the Wake of the Financial Crisis. United Nations Conference on Trade and Development, 2010.

三、英国的公司治理准则（UK Corporate Governance Code）

（一）准则的背景和主要内容

1991年，一系列公司倒闭事件促使英国的财务报告委员会（Financial Reporting Council，FRC）、伦敦证券交易所等机构合作成立了一个公司治理委员会——卡德波利委员会（the Cadbury Committee）。经过长达一年半时间的广泛深入调研，该委员会发表了《卡德波利报告》，对英国公司治理的现状进行了披露。公司治理的状况由此进入公众视野，此后英国相继成立格林伯瑞委员会和汉普尔委员会，以推动英国现代公司治理的改革。1998年，英国的自律组织伦敦证券交易所和英国会计师工会等在三个委员会的基础上，进一步推出《英国公司治理综合准则》（UK Corporate Governance Code）。此后，《英国公司治理综合准则》进行了多次修订，最新的版本是由FRC于2012年9月发布的。在这些修订的版本中，有许多实质性的规则、原则和规定条款是共同的、不变的，并在这些不同的版本中得以传承和保留[①]。

第一，1998年版的《英国公司治理综合准则》要求董事会成员里面至少1/3以上是非执行董事（Non－Executivedirectors），这一条款在后来的版本得到了延续。董事会的构成也必须要充分考虑到不同成分之间的平衡。对于大公司而言，非执行董事在董事会中的比例应当有所增加。他们应该“独立于公司的管理之外”，“拥有独立的品格和判断”，以及“不存在商业上或其他的关系，会实质上影响他们做出独立的判断”。

第二，在设置职位时，董事会主席（Boardchairman）和首席执行官（Chief Executive）应该要分开，但是这条不是硬性规定。《卡德波利报告》中首先指出了这一点。在写入《英国公司治理综合准则》时，加入了一个附加的条款，强调公司应该向公众解释为什么要进行这样“二合一”的职位设置。后来的《英国公司治理综合准则》版本，则强调“董事会主席和首席执行官不应该由同一人担任”，只在特殊情况下，才允许把一位首席执行官聘请为董事会主席，而且必须事先征得多数股东的同意。

第三，涉及年度报告时，应聘请资深独立非执行董事进行独立调查和撰写，以监督董事会，股东有疑问时也可进行相关咨询。

---

① 刘雪荣，林曦.《英国公司治理综合准则》述评.河北大学学报（哲学社会科学版），2009年第6期第34卷。

第四，董事会应成立提名委员会（Appointment Committee），以负责董事会成员聘请及连任的事项。该委员会的主要成员应由非执行董事组成。薪酬委员会（Remuneration Committee）的成员也必须是独立的非执行董事；对于审计委员会（Audit Committee）而言，大部分的成员应该是独立的非执行董事。

第五，《英国公司治理综合准则》强调公司要“与机构股东进行对话，就共同目标达成共识”。这条只是《英国公司治理综合准则》的指导原则（Code Principle），而非规定条款（Provision）。

（二）准则的基本特征：“遵循或说明”的自律性规范

从前面的分析来看，《英国公司治理综合准则》只在向董事和持股人传达这样一个信息：自我管理和自我约束。虽然《英国公司治理综合准则》规定了相应的规则、指导意见和条款。但是，并不硬性要求公司必须要严格遵守每一条规定，而只是要求公司在其年度报告中明示他们是否遵照了这些指导意见和条款，如果不遵照这些规定，也是允许的。也就是说，公司在参照这个《英国公司治理综合准则》的过程中，拥有较大程度的自主性。唯一的限制就是所有这些不遵照的情况都必须在年度报告中说明。再者，这个《英国公司治理综合准则》并不是一个完全由政府强制执行的规定，换言之，它不是一部严格意义上的法律。

在《OECD公司治理准则》中，也强调“公司治理关系和实践，应由市场来决定。大体而言，公司治理应该由私营部门自行决定”。因此，从本质上讲，不论是《英国公司治理综合准则》，还是经济合作发展组织（简称经合组织）的《OECD公司治理准则》，都是关于自我管理的指导性意见，而非对公司而言的如紧箍咒般的成文法规定。有学者评价说①，“自我管理的诸多准则可被看成是有必要的干预形式。这种形式进攻性弱、灵活性强，而不能被看成是强加在公司头上的硬性法律规定。这些准则，从根本上讲，是市场主体制定出来的，是否要求公司要实行某一特定条款，说白了，则完全由市场说了算”。

《英国公司治理综合准则》的这种灵活性实际上是对英国严格的公司法制度的一个有益补充，特别是最近几年在英国学界热烈争论灵活性和硬性之间的取舍问题。英国的学者认为，英国应该效仿美国，实行一个较为开明和

① Parkinsonj, Kellyg. The Combined Code on Corporate Governance. The Polical Quarterly, 1999, 70 (1): 101 – 107.

灵活的公司法制度，如此一来，既可刺激英国公司的发展，又能达到美国那种跨国公司和巨头林立的局面。与此相反，持反对意见的人士则认为，目前英国公司的治理状况已经够糟糕的了，如果再放开手脚，那么只会造成越来越严重的后果，特别是在目前经济危机的背景下。许多公司可能会通过一些非法的手段来转移资产，从而达到董事及领导层中饱私囊的目的。在这种情况下，英国不但不应该放松管制，恰恰相反，应该提高公司法对公司规定之严格程度。①

第二节 基于投资者角度的外部治理准则

一、英国管理人规范（UK Stewardship Code）

在公司治理领域，英国不仅有基于公司内部治理的《英国公司治理综合准则》，还有基于投资者的外部治理准则——《英国管理人规范》。该规范是从投资者角度，倡导机构投资者积极参与公司治理的自律规范，旨在鼓励机构投资者通过征集代理投票权和提出股东议案等方式积极地参与公司治理，促进公司的长期成功，同时实现出资人的最终利益回报。

《英国管理人规范》指出，为保护和提升归于最终受益人的价值，机构投资者应当遵循7大准则②：

（一）公开披露有关履行受托责任的内部政策

有关披露应包括：（1）将如何监管自己投资的公司，包括监控和参与公司的战略、绩效、风险、资本结构、公司治理、文化、薪酬等多方面；（2）干预策略；（3）内部安排，包括受托职责是如何与整体投资过程相结合的；（4）投票策略，代理投票策略和其他投票咨询服务，以及如何使用这些政策和服务；（5）机构投资者在投资链上的活动，以及相应的责任；（6）如果管理人活动被外包，则应解释该行为与机构投资者的管理人责任是否一致，

① 刘雪荣，林曦．《英国公司治理综合准则》述评．河北大学学报（哲学社会科学版）．2009年第6期第34卷。

② Corporate Governance in the Wake of the Financial Crisis. United Nations Conference on Trade and Development. 2010.

投资者采取了何种措施来确保外包的管理人活动是与本规范中的管理方法一致的方式实施的。

（二）针对受托职责可能引发的利益冲突制定稳健性政策

机构投资者的职责是代表其客户或受益人的最大利益。而利益冲突无可避免地不时出现，典型情况如投票表决一些可能会对母公司或客户产生影响的事务。因此，机构投资者应当制定实施、维护和公开披露其识别和管理利益冲突的政策，采取所有合理的措施将客户或受益人的利益放在首位。该政策还应当披露当客户或受益人的利益有分歧时如何处理。

（三）对其所投资的公司实施监督

有效的监督是管理工作的重要部分。监督应定期进行，整个监督过程应是可以被清晰交流并定期核查的。

在监督公司时，机构投资者应当力争：（1）跟踪了解公司绩效；（2）跟踪了解公司内部和外部的发展，关注可能影响公司价值和风险的因素；（3）确保公司的董事会和委员会结构是高效的，独立董事可以有效行使监督职能；（4）确保公司的董事会遵守英国公司治理规范，必要时可会见董事长及其他董事；（5）考虑公司财务报告的质量；（6）在条件允许时，参加主要持股的公司的股东大会。

当公司治理行为偏离英国公司治理规范时，机构投资者应当仔细考虑公司给出的解释并做出合理判断。如果他们并不接受公司的观点，则应该及时与公司进行对话。

机构投资者应致力于在早期发现可能造成投资价值显著损失的问题。如果他们表示了关注，则应当力争确保被投资公司的董事会或管理层确实意识到了这些问题。

机构投资者可能希望成为内幕知情者，也可能不希望。如果机构投资者希望成为内幕知情者，则其应当在其管理人声明中表明此意向，以及实施的机制。

机构投资者应事先与有关公司和顾问进行沟通，以确保任何可能会影响到他们投资能力的信息未经同意不得传播。

（四）建立清晰的规定，以确保可以在合适的时间以合理的方式改善其投资活动

机构投资者应当明确指出在什么情况下，他们将对公司管理进行积极干预并定期评估干预结果。在进行干预时，机构投资者不应考虑其使用的投资策略是主动还是被动的。此外，控股数额较少不应该成为其不进行干预的理由。当其对公司的战略、绩效、治理、薪酬或处理风险的方式有所担忧，或当其对公司的社会和自然环境有所担忧时，机构投资者均可以对公司行为进行干预。

最初阶段的讨论应当以机密的方式进行。但如果公司没有对投资者的干预做出积极响应，机构投资者需要考虑是否升级其干预行动，例如通过以下方式：（1）就某些具体事项同管理层举行单独会谈；（2）通过公司顾问表达关注；（3）会见公司董事会主席及其他董事；（4）联合其他投资者共同介入某些问题；（5）在股东大会之前做出公开声明；（6）提出议案并在股东大会上发言；（7）向股东大会提出申请，在某些情况下提出更换董事会成员。

（五）必要时，机构投资者应当与其他投资者协同行动

与其他投资者在适当的时候协同合作可能是参与公司活动最有效的方式。在公司面临危机或整体经济明显紧张，或面临显著风险可能损伤公司价值时，协同行动是最合适的选择。

机构投资者应公布其协同行动的相关政策，表明他们已经准备好与其他投资者在有必要时，通过正式或非正式的渠道共同参与公司活动，以确保公司意识到他们的关注。还应当说明机构投资者在何种条件下会加入协同行动。

（六）制定有关投票及投票活动披露的清晰政策

机构投资者应当寻求进行积极投票，并且不应该机械地支持董事会。如果他们通过主动对话不能达到满意结果，则应当选择缺席股东会或者投反对票。这两种方式都能提前使公司了解其反对意向和原因。

机构投资者应当公开其投票记录，并说明是否使用代理投票或投票咨询服务。如有，则应表明该类服务的范围，服务提供商，以及自己在何种程度上采纳服务提供商的意见。

（七）定期就其管理和投票活动进行报告

机构投资者应当定期向其客户或受益人就其怎样履行义务做出说明。此类报告应当包括定性和定量信息，并且遵从代理方和委托方之间的共同约定。资产所有人应当至少每年向其需要负责的人报告一次其管理人政策及执行情况。

透明度是有效管理的重要特征。但机构投资者不应当做出可能产生不适宜的后果的披露。在特定情况下保密性对于获得积极结果非常关键。

签署本规范的资产管理人应当在参与活动和投票过程中保持独立立场。有关服务内控的鉴证报告应当公开披露，并如果有投资者申请则应当提供获取渠道。

二、联合国负责任投资原则（UNPRI）

2006 年 4 月，时任联合国秘书长安南在纽约证券交易所敲钟开市，并主持了一个国际“负责任的投资原则”的签字仪式，来自 16 个国家的世界主要投资机构的负责人，在“负责任的投资原则”文本上正式签字。“负责任的投资原则”是多个国际投资机构在安南的倡议下，由联合国环境规划署“金融倡议”和联合国“全球契约”协调，花了近一年时间起草制定的，它包含了 6 个方面的原则和 35 个可以采取的行动建议。该原则旨在促使全球金融投资决策充分考虑环境、社会和企业治理方面的因素，使资金的流向有助于鼓励各公司和企业更加注重它们的社会责任和可持续发展的能力，实现全球经济与环境的可持续发展。

“负责任的投资原则”一共提出了 6 大投资原则，其中包括 35 种可以采取的行动。这 6 大原则分别是①：

（一）把环境、社会和企业治理问题包括在投资分析和决策制定过程中

对环境、社会和企业治理（Environmental, Social and Corporate Governance, 简称 ESG）可采取的行动包括：（1）在投资政策声明中解决 ESG 问题；（2）支持 ESG 相关的工具、标准和分析的发展；（3）评估内部投资经理整合 ESG 问题的能力；（4）评估外部投资经理整合 ESG 问题的能力；（5）要求投资服务提供商（如财务分析师、顾问、经纪人、研究所、评级公司）将 ESG 融合于研究及分析中；（6）鼓励有关此主题的学术研究；（7）在培训投资职业人士时倡导 ESG。

---

① The Six Principles: Principles for Responsible Investment. United Nations. 2006.

（二）成为积极股东，并将ESG问题纳入股权政策和实践中

可采取的行动包括：（1）发展及披露与本准则框架一致的积极股东政策；（2）行使投票权，如果投票外包则监督投票政策是否合规；（3）发展参与能力（直接或通过外包间接）；（4）参与政策、监管和标准的制定；（5）提起与长期ESG相关的股东议案；（6）参与公司的ESG方面的活动；（7）加入协作参与活动；（8）要求投资经理参加并报告ESG相关的活动。

（三）要求被投资公司适当披露它们在ESG方面的政策和实践

可采取的行动包括：（1）要求提供ESG问题的标准化报告；（2）要求公司年报中包括ESG问题；（3）要求公司提供关于采纳相关的规范、标准、行为准则和国际协议的信息；（4）支持促进ESG披露的股东活动和议案。

（四）推动金融投资业内接受和实施本准则框架

可采取的行动包括：（1）在招标书中包括准则框架相关的要求；（2）相应调整投资委托、监督过程、绩效指标和激励机制；（3）与投资服务提供商沟通在ESG方面的期望；（4）重新考虑在ESG方面不能达标的服务商的合作关系；（5）支持ESG融合相关的工具的发展；（6）支持使得本准则框架得以实施的监管政策的发展。

（五）共同努力，提高本准则框架实施的效果

可采取的行动包括：（1）支持、参与相关的网络和信息平台以共享工具、资源库，并将投资者报告作为学习的一个资源；（2）共同解决新近出现的相关问题；（3）发起或支持适当的集体行动。

（六）相互通报各自实施本准则框架的活动和进展

可采取的行动包括：（1）披露ESG问题如何整合在投资实践中；（2）披露积极股东行为（投票、参与、政策对话）；（3）披露与准则相关的服务提供商的信息；（4）与受益人就ESG和本准则框架进行沟通；（5）采纳“遵从或解释”的方式报告实施准则框架的进展和成绩；（6）力争形成本准则框架的影响；（7）利用报告增强更大范围的股东的负责任投资意识。

三、欧洲基金和资产管理委员会的外部治理准则（EFAMA Code for External Governance）

欧洲基金和资产管理委员会（European Fund and Asset Management Association）致力于提高欧洲地区公司的治理水平。该委员会坚信，提高欧洲公司治理水平是提振世界对欧洲资本市场信心的关键。早在2002年，欧洲地区就意识到机构投资者作为管理受托人，需要承担起监督所投公司的义务，并代替客户履行股东投票权，参与公司治理。2006年，欧洲基金和资产管理委员会发布了《欧洲投资管理行业行为准则（讨论稿）》，广泛征集欧洲投资管理行业的各方意见。2011年，欧洲基金和资产管理委员会发布了《EFAMA外部治理准则》，专门就投资管理公司如何参与公司治理，提升归于最终受益人的价值给出规范建议。

《EFAMA外部治理准则》提出，投资管理公司需要遵循以下6大原则[①]：

（一）公开披露有关履行股东职责的内部政策

具体政策应包括：（1）如何对所投资公司进行监督，必要时，与所投资公司的董事会建立对话机制；（2）如何平衡和处理利益冲突；（3）如何管理内部信息；（4）证券借出和证券回购的方法；（5）干预政策；（6）如何在合适的时候采取集体干预策略；（7）投票策略，代理投票策略和其他投票咨询服务，以及如何使用这些政策和服务。

（二）对其所投资的公司实施监督

有效的监督是管理工作的重要部分，有助于投资管理公司决定何时与董事会进行积极对话。监督应定期进行，以确保公司的董事会和委员会结构是高效的，独立董事可以有效行使监督职能。

投资管理公司应致力于在早期发现可能造成投资价值显著损失的问题。如果他们表示了关注，则应当力争确保被投资公司的董事会或管理层确实意识到了这些问题。

投资管理公司可能希望成为内幕知情者，也可能不希望。如果机构投资者

① EFAMA. EFAMA Code for External Governance. 2011.

希望成为内幕知情者，则其应当在其管理人声明中表明此意向，以及实施的机制。

投资管理公司应事先与有关公司和顾问进行沟通，以确保任何可能会影响到他们投资能力的信息未经同意不得传播。

（三）对干预策略建立清晰的规定以保护和提升投资价值

对所投资公司进行适当的干预有利于保持投资的长期价值。投资管理公司应当明确指出在什么情况下，他们将对公司管理进行积极干预，并定期评估干预结果。在进行干预时，资产管理公司可使用主动或被动的投资策略。当其对公司的战略、绩效、治理、薪酬或处理风险的方式有所担忧，或当其对公司的社会和自然环境有所担忧时，投资管理公司均可以对公司行为进行干预。此外，如有必要，从所投资公司撤资也是保护资产所有人的方法之一。

最初阶段的讨论应当以机密的方式进行，如：（1）就某些具体事项同管理层举行单独会谈；（2）通过公司顾问表达关注；（3）会见公司董事会主席及其他董事。

如果公司没有对投资者的干预做出积极响应，投资管理公司需要考虑是否升级其干预行动，例如通过以下方式：（1）联合其他投资者共同介入某些问题；（2）在股东大会之前做出公开声明；（3）提出议案并在股东大会上发言；（4）向股东大会提出申请，在某些情况下提出更换董事会成员。

（四）必要时，机构投资者应考虑与其他投资者协同行动

与其他投资者在适当的时候协同合作可能是参与公司活动最有效的方式。在公司面临危机或整体经济明显紧张，或面临显著风险可能损伤公司价值时，协同行动是最合适的选择。

投资管理公司在与其他投资者进行协同合作时，须就市场监管、利益冲突、内部信息等问题达成共识。

（五）制定有关投票的清晰政策

投资管理公司应当制定一个充分、有效的政策明确如何以及何时行使投票权。投资管理公司应当寻求进行积极投票，并且不应该机械地支持董事会。如果他们通过主动对话不能达到满意结果，则应当选择缺席股东会或者投反对票。这两种方式都能提前使公司了解其反对意向和原因。

（六）定期就其管理和投票活动进行报告，并制定外部治理披露政策

投资管理公司应当定期向其客户或受益人就其怎样履行义务做出说明。此类报告应当包括定性和定量信息，并且遵从代理方和委托方之间的共同约定。

透明度是有效管理的重要特征。但机构投资者不应当做出可能产生不适宜的后果的披露。在特定情况下保密性对于获得积极结果非常关键。

第三节 国际公司治理经验

一、英国：高标准与灵活性兼顾的领军者

虽为不同体制，但是国外的公司治理准则对我国公司治理的立法还是有借鉴意义的。英国的公司治理准则就是一个典型。

第一，这是一部“政府牵头、私营部门主导”的准立法尝试，目的在于寻求对传统模式的突破。传统上，英美国家对公司的管制框架以立法为主体，并辅助以政府强制手段。这种传统模式虽然在现代公司法和公司治理的发展过程中起过积极的作用，但是，也有一些明显的弊端。比如，在英国，公司法的执行非常严格，常被批评为僵化、缺乏灵活性。而且，公司法只是一个事后的监督，往往要等到问题暴露出来，才能启动程序进行救济，而不能够在问题稍露端倪或者尚未达到严重程度时，就开始介入，进行救济，这是事后监督广为人诟病的一个地方。

第二，英美法系重视程序正义，诉讼程序非常详细、严格，即使进入到诉讼程序之后也难以对公司治理起到有效的监督，因为诉讼程序的冗长往往导致救济不力或者救济不及时。

第三，政府的强制手段也不是正当的解决之道。在重视私营企业自主性、强调自我调节的市场经济的今天，过多的政府强制手段会被企业界认为是对其运营的不当干预 ，从而引发抵触情绪。

在这种情况下，就需要有一种替代的方式，来达到既要提高公司治理现状，又不能让政府干预过多的目的。在这种情况下，英国等国家进行了积极有效的尝试，就是由政府牵头、私营企业主导，来制定一个不是法律、但是类似

法律的准则。这个准则因为是业界自行制定的，所以会具有相对较高的公信度。而且，正因为这个准则只是指导性的，而并不要求公司刻板地遵守每一条规定，这就给公司留下一个灵活的空间，可以根据自身的情况进行调整。而且，这也给公司留出一个往上发展的空间，特别是对于中小公司而言。相比较大型公司，中小公司在资金、人员与制度上面会存在诸多不足。许多中小公司治理可能尚未达到准则里面所要求的方方面面，但是，它们都可以向准则所规定的方向努力。如此一来，既不会由于严格的规定而导致中小公司在起跑线上受到事实上的歧视，也不会让中小公司安于现状而停滞不前，而是设定了一个清晰、可努力的目标，鼓励中小公司努力改善其公司治理的状况。因此，这种灵活、发展的特性是该类准则所特有的优势。

2011 年，欧洲委员会正式确认了英国所倡导的这种“遵循或解释”的公司治理模式。这主要是针对欧盟成员国中许多国家由于解释和监督机制不足使得治理准则未能有效发挥作用。但灵活的解释机制并不代表降低对公司治理的标准。英国 FRC 指出，将高标准融入公司治理实践中仍然是个未尽的工作。董事会多元化、董事重新选举的常规化、改善问责制度、会计审计和风险控制的模式化以及薪酬机制的透明化，都是有待完善的重点问题。将上市公司治理准则与资产管理人准则相互结合，推动资产所有人、投资决策人和公司治理专家各方主体共同参与，对完善上市公司治理是非常重要及有效的方向。

对于中国而言，这种把灵活性与市场的自主性结合在一起的尝试未尝不具有借鉴意义。在改革开放 30 年之后，中国也在积极寻求一种有效的公司治理方式。推进公司法的立法改革和制度完善固然是一方面，但是，我们必须意识到，即使有一天我们能够在公司法的立法和司法制度上达到如英美法系这样一个比较完善的地步，也仍然没有解决英美国家目前所面临的事后监督的弊端。届时，这些弊端同样会在中国显示出来。因此，在公司治理方面，我们完全可以充分发挥我们的“后发优势”，可以同时进行政府立法与发挥私营部门的自主性，“用两条腿走路”，从而全面提高我国公司治理的状况。而且，在借鉴英美国家成熟的公司治理经验的基础上，我们可以少走很多弯路，同时迅速与国际接轨，在充分审视英美国家在公司治理方面的成熟经验和相关尝试的基础上，全面提高我国公司治理制度的实践和创新。

二、巴西：新兴市场公司治理改革试验的先行者

在巴西的资本市场演进过程中，以准则形式呈现的公司治理实践，及其所

代表的监管与自律相结合的公司治理框架的不断改革，起到了非常重要的推动作用。公司治理最佳实践（Best Practice）在巴西的大力倡导与应用，加速了巴西重返国际市场、私有化进程的开启以及国内市场的对外开放。

（一）成立巴西公司治理协会（IBGC）

巴西公司治理协会成立于1995年11月27日，是一个非营利性的国际范围的商业和文化实体。巴西公司治理协会一直主要负责公司治理理念在巴西的引进和传播，致力于推动公司治理领域的最佳实践的应用和发展，成为巴西在公司治理领域的权威机构。

巴西公司治理协会的主要目标是持续灌输在公司的管理活动信息披露的重要性，强调合作伙伴之间的公平性，以及阐释问责制和企业社会责任的重要性。这样的理念有助于企业更容易进入资本市场和吸引投资者，最终产生更高的企业价值。在覆盖上市公司外，巴西公司治理协会的工作对于提高非上市公司的公司治理水平也产生了积极的影响。

巴西公司治理协会的主要活动包括：举办研讨会议，出版资料，提供高管培训，鼓励专业人士组建沟通网络，以及交流关于公司治理的实践经验。在十多年里，巴西公司治理协会已为四千多名高管、企业家、董事会成员和研究人员提供个人培训课程。

巴西公司治理协会的一项著名成果就是推出《公司治理最佳实践准则》。该准则最初发布于1999年，其第四版在2009年发布，已成为巴西公司治理的主要参考资料。借助于这一系列公开出版物，巴西公司治理协会有效地宣传了其治理理念和实践做法。

巴西公司治理协会目前拥有超过1 900名专家、研究和工作人员，并因此得以保持在公司治理的前沿。通过持续的努力，巴西公司治理协会成功地确立其在国际公司治理领域的权威性。其工作成果已经获得许多顶级企业和金融机构的认可。

巴西公司治理协会每年对于在公司治理准则实践上表现突出的企业和个人授予荣誉称号。这些被选中的企业都致力于追求公司治理的最佳实践标准，通常是该行业的标杆企业。

巴西公司治理协会坚信，不断地推广公司治理理念、提高公司治理水平，最终将有助于推动企业在国内外的业务发展，以及巴西经济的进步。

(二)在交易所市场成立 Novo Mercado 版块

1999 年巴西公司治理协会发布了《公司治理最佳实践准则》，同时巴西启动了公司法的改革以推动机构投资者参与公司治理。在此背景下，2000 年巴西股交所创立了 Novo Mercado 板块，规定了更高的公司治理标准，企业自愿选择遵循此标准并在该板块挂牌。

Novo Mercado 鼓励企业学习和应用最佳治理实践。在该板块挂牌的企业需要遵循以下的公司治理规范：(1) 加强季度财务报表的披露；(2) 向巴西股交所披露关联交易情况；(3) 董事会成员不得少于 5 人，且独立董事占比不得低于 20%；(4) 董事任期不超过 2 年；(5) 财务报告需遵循国际财务报告准则 (IFRS) 和美国公认会计准则 (UA GAAP) 的要求；(6) 首次公开发行股票后，控股股东要经过 6 个月的禁售期才能出售该公司的股票；(7) 一股一票原则(如不得发行优先股)。

Novo Mercado 板块作为法律法规的一种替代，旨在以市场化的方式在提升股东权利和董事会问责方面起到示范作用。企业自愿发行无投票权的优先股，将有助于公司所有权的多元化。Novo Mercado 逐步改变了巴西公司的所有权结构，让所有权更分散化，鼓励股东积极主义，从而推动了活跃的二级股权市场的发展。同时，Novo Mercado 为私募股权投资基金提供了良好的退出机制，投资基金可通过将股权在该板块出售而实现退出。

Novo Mercado 板块有一定的市场影响力。2004 ~ 2007 年间在巴西股交所公开发行股票的 42 家公司中，有 32 家公司自愿选择在 Novo Mercado 板块挂牌，其中包括几家上市前由私募股权控制的公司。截至 2009 年 12 月，在 Novo Mercado 板块挂牌的公司市值，占巴西股票总市值的 64%。

(三)在巴西圣保罗证券期货交易所推出特别公司治理股票指数 (IGC)

2006 年 12 月，巴西圣保罗证券期货交易所 (BM&FBOVESPA) 推出了特别公司治理股票指数 (IGC)，衡量具有良好公司治理水平的公司的价值，让资产管理人和投资者了解该类公司的市场表现。

IGC 指数由 Novo Mercado 板块的 127 只股票组成，每 4 个月重新计算一次。所有在 Novo Mercado 板块的股票都有纳入 IGC 指数的资格，其中新发行的股票在第一个正常交易时段结束之后，将会纳入 IGC 指数；原来在巴西圣保罗证券期货交易所发行，并新加入到Novo Mercado板块的股票，在原板块的正常交易时段结束之后，将会纳入IGC指数。IGC指数的计算规则是，把入选的股票在自由流通的基础上按照市值加权平均，并且单只股票市值不超过入选股票总市值的20%。

从2006年推出以来，IGC指数上涨了60.5%，上涨幅度远远高于巴西圣保罗证券期货交易所综合股价指数（IBOVESPA）的12.5%。表明公司治理良好的公司在市值表现上，要明显优于其他公司。

三、国际金融公司：参与公司治理融入投资实践的成功范例

（一）国际金融公司的公司治理理念：机构投资者可提升公司治理水平

国际金融公司（IFC）是世界银行集团下属的发展性金融机构，其宗旨是：配合世界银行的业务活动，向成员国特别是发展中国家的重点私人企业提供无须政府担保的贷款或投资，鼓励国际私人资本流向发展中国家，以推动这些国家的私人企业的成长，促进其经济发展。国际金融公司是国际上推动公司治理发展的重要力量，认为机构投资者的参与可有效提升被投资企业的公司治理水平。

根据全球领先的代理投票和公司治理服务提供商ISS于2006年发表的一项研究表明，全球71%的机构投资者认为公司治理是非常重要的投资因素。公司治理的改善能够提升公司价值，给投资者带来长期的回报。

现在，有越来越多的机构投资者不再仅仅消极持有股份，而是积极参与到企业提升公司治理的进程中去。由于机构投资者拥有一些有利因素，使其可以成为推进公司治理提升的引擎之一。首先，机构投资者，特别是国际机构投资者所拥有的国际经验，使他们能够以在其他市场的成功实例向企业展示提升公司治理的价值。其次，机构投资者相较于个人投资者拥有资金、技术、人力方面的优势资源，有能力针对企业的公司治理的实际问题提出方案建议。此外，机构投资者相较于个人投资者拥有较大的投票权，在与企业的关系中拥有较大的谈判实力，使其能够在投资初始就通过谈判实现公司治理的一些变革，例如修改公司章程、指派董事、要求建立透明的财务报告制度等。

国际金融公司认为①，在中国，经常看到企业形式上采用了好的公司治理

① 林朝雯．机构投资者推进公司治理变革．证券时报．2012年11月16日。

的结构，但实质上，这些措施没有发挥作用，如独立董事制度。如何让这些在国际上被证明是有效的监督机制在中国也发挥作用，是大家共同面临的问题，机构投资者可以在其中发挥更大的推动作用。

（二）国际金融公司的投资策略：将公司治理整合到投资各阶段

在尽职调查阶段，国际金融公司的投资团队就会审查企业的公司治理结构和实践，针对企业未来的发展，提出实质性的改进意见，并将一些重要的实施建议用投资条件的方式落到实处。国际金融公司一般向董事会推荐经验丰富的董事，以推进公司治理的改善。这些具有国际经验的董事往往成为企业董事会变革的最大推进力。最近，通过对其中的五家企业进行回访调查发现，其推荐的董事获得了一致好评。

概括来说，国际金融公司董事所发挥的作用可归纳为三个方面：首先是国际金融公司推荐的董事在董事会中起到了桥梁作用；其次是国际金融公司董事很好地诠释了如何发挥董事会在决策和监督方面的作用，通过在董事会上向管理层提问，促进管理层在风险管控、精细化管理、利益平衡等方面综合考虑业务运营；还有国际金融公司董事坚持企业的健康可持续发展，果断否决损害企业长期利益的提案。国际金融公司董事在董事会上的“独树一帜”的做法，渐渐地被其他董事认可，董事会的实质作用也渐渐发挥出来。

除了推荐董事，国际金融公司在推进被投资企业公司治理方面的做法还包括与国际知名咨询机构麦肯锡共同设计培训教程，对企业的董事会和高管进行培训。国际金融公司还对企业展开公司治理全面评估，根据评估的结果给出循序渐进的改进方案，并帮助企业实施这些方案。国际金融公司要求企业修改章程以更好地保护小股东的利益，对企业的股东会召开方式提出批评建议以促进企业按照国际标准有效地召开股东会。国际金融公司还会要求企业采用国际会计准则并定期披露财务信息，对企业的董事会秘书提供长期辅导，促进董事会秘书在公司治理提升方面发挥更大的作用等等。采取了这些变革措施，企业发生的就不仅仅是表面上的变化，更多的是观念和文化层面的变化。

当然，公司治理的变革不是一夜之间能完成的，国际金融公司也面临了很多问题和挑战。例如，当国际金融公司一开始提出这些变革建议时，企业有时会将这些建议认为是对管理层缺乏信任。如果不能灵活处理，这种观念会影响国际金融公司与企业的关系，最终让这些变革无法实施。还有，部分企业把公司治理等同于合规，他们只想知道必须怎么做才能符合法律的要求，但不会主动超越这些基本要求。国际金融公司的经验表明，主动接受优秀公司治理做法和承担更多责任的公司，发展上升的空间也更为广阔，企业的价值也会不断提升。①

（三）国际金融公司的公司治理绩效：提升企业价值、改善企业融资

2010 年，国际金融公司对被投资企业改善公司治理给企业本身带来的影响做了专门的评估报告②。该报告指出，公司治理的提升可从以下几个方面为企业带来利益：

1. 提升和改变企业的外部融资能力

企业反映公司治理的改善给市场注入信心，并为投资者和债权人提供了额外的保护，从而让企业以更低的成本获得更多的外部融资。例如 CID 公司接受并实施了国际金融公司对其公司治理的改造计划，于 12 个月后获得 800 万美元的融资，并开始洽谈私募股权配售方案，一位潜在投资者由于其良好的治理水平而给出两倍于其他投资者的报价。

2. 改善企业形象，帮助企业建立良好声誉

企业反映良好的公司治理能为公司赢得在股东、投资者、客户、商业合作伙伴及其他利益相关者上的声誉，提升内部员工对公司的信心。例如厄立特里亚（Egytrans）公司 2008 年在进行公司治理改造之后，被评为公司治理成功范例，赢得了公众的信任和良好的品牌认知度。

3. 增加企业盈利

虽然影响盈利的因素有很多，难以量化公司治理为企业带来的具体利润，但有很多企业反映治理的改善可以提高企业应对风险的能力、降低营业成本、避免不必要的损失、提高组织有效性，从而增加盈利。例如瓦迪（Wadi）公司在接受了国际金融公司在公司治理方面的帮助之后，2008 年净利润增加 80%。该公司认为利润增加的主要原因是在运营组织有效性的整体提高。

4. 提高组织有效性

企业反映公司治理的改善，包括建立正式的流程和控制体系、完善管理和

---

① 林朝雯．机构投资者推进公司治理变革．证券时报．2012 年 11 月 16 日。

② IFC. Corporate Governance Success Stories：IFC Advisory Services in the Middle East and North Africa. 2010.

决策机制、明确员工职责和权利、提高自动化程度等，可大大提高组织有效性。例如保泰松（Butec）公司认为在公司治理的组织流程上的改善，能够降低重复劳动、提高生产率、减少积压的订单。

5. 提升企业应对危机的能力

企业在风险控制管理、内部控制、董事会管理等公司治理方面的改善，可提高企业决策的灵活性、风险的可控性，帮助企业更好地应对危机。例如卡拉（Kashr）贷款公司受2008年危机的影响，不良贷款率迅速飙升、商业信贷几近枯竭。在国际金融公司的帮助下，该公司进行了董事会改革、制定了危机应对策略、加强了风险管理，有效控制了贷款组合的不利影响，成功渡过危机。

6. 有助于企业实现可持续发展

企业认为公司治理水平的提升，可从战略、组织、风险控制、运营等方面为企业的持续繁荣服务，帮助企业实现更长远的发展。

国际金融公司在公司治理上取得的绩效可以用其在南欧的公司治理项目为例进行说明。该项目主要是支持阿尔巴尼亚、波斯尼亚、黑山和塞尔维亚等国家采用良好的公司治理实践。第一项目是向该市场及代表性市场机构介绍公司治理理念，第二阶段则致力于以更细致的方式帮助企业及公共机构提升其治理水平。

国际金融公司通过该项目产生了良好的效果：（1）与该地区1 365家企业、金融机构及其他单位建立了联系；（2）帮助超过77家企业改进绩效，并由于公司治理上的改善获得超过3.1亿美元的融资；（3）支持24部法律、规则和法案的实施，并在全国范围内推广公司治理工具；（4）帮助8所大学开发了研究生水平的公司治理教学项目。

四、全球公司治理的最新进展

在2008年金融危机发生之后，金融行业的风险管理不当和薪酬设计不合理成为全球危机的讨论焦点，金融业界开始深刻反思公司治理的问题，在国际范围内掀起了探讨公司治理改革的热潮。

金融危机暴露出世界范围内公司治理的问题和弱点，为将来的公司治理改革指明了方向。从国际公司治理的改革与进展来看，世界各国已逐渐意识到机构投资者对公司治理的重要作用，并有部分国家或国际组织率先发布资产管理人规范、建立公司治理评价体系，以新的方式推动公司治理进一步发展。

（一）东盟公司治理评分机制

2011 年，东盟资本市场论坛（ACMF）与亚洲开发银行（ADB）合作推出了东盟公司治理评分机制（ASEAN Corporate Governance Scorecard）。该评分机制旨在提高东盟国家上市公司治理水平，提升东盟上市公司治理方面的国际声誉及知名度，并以投资组合的形式，将东盟上市公司作为一个独立的资产类别，为境外机构投资者提供新的、可靠的投资方向。

ASEAN Scorecard 公司治理评分机制遵循《OECD 公司治理准则》，由印度尼西亚、马来西亚、菲律宾、新加坡、泰国和越南 6 个东盟国家参与设立。设立时由每个参与国委派 1 名专家，根据各自专业知识及国家治理环境与治理经验制定评分规则，以确保在符合公司治理国际典范做法的同时，适应各参与国资本市场特点。

（二）马来西亚公司治理蓝图

2011 年，马来西亚证监会（Securities Commission Malaysia）为提升本国公司治理水平，制定了公司治理蓝图（Corporate Governance Blueprint），旨在推动公司治理文化从单纯遵守规则向更积极良好的治理文化转变，深化公司和利益相关者间的信任关系。

在该蓝图中，马来西亚证监会强调了要提升机构投资者在公司治理中发挥的积极作用，并给出了两项具体建议：（1）制定机构投资者尽责规范，并推动机构投资者遵守该规范，积极参与公司治理；（2）建立机构投资者自律组织，由业界发起并管理，促进机构投资者之间的协调合作。

（三）日本管理人规范

2013 年 8 月，日本金融服务局（Financial Services Agency）宣布成立“日本管理人规范审议小组”，负责起草制定日本版的管理人规范，并计划于今年年底正式出台该规范。日本管理人规范（Japan Stewardship Code）旨在推动机构投资者积极参与公司治理，提升公司价值，实现出资人的利益回报，从而进一步促进日本的经济复苏。

该规范将参照英国管理人规范，以“遵循或说明”的自律方式实施，其对机构投资者参与公司治理的行为规范将包括以下方面：（1）监督被投资公司；（2）制定和披露投票策略；（3）及时披露对被投资公司的提案的投票情况等。

（四）欧盟公司治理行动计划

2012年12月，欧盟公布了欧盟公司治理行动计划（EU Corporate Governance Action Plan），致力于提升欧盟国家公司治理水平，鼓励长期投资者参与公司治理，提高公司信息的透明度。该行动计划提到机构投资者应当积极参与公司治理，披露投票策略和参与治理的情况，股东要对薪酬体系进行监督，公司要进行非财务状况的报告等。

（五）北美公司治理的进展

近年来北美公司治理的改革主要着眼于规范董事会的行为、设计科学的薪酬体系与提升股东权利，从监管法规与自律规范角度看并没有特别强调机构投资者的作用，但部分学者已意识到机构投资者参与公司治理的重要作用，并积极倡导推行积极股东主义。哈佛大学法学院教授、布鲁金斯研究所高级研究员戴维斯（Stephen Davis）在2013年6月的加拿大公司治理协会年会上呼吁：北美也应该加紧建立管理人尽责准则，督促机构投资者对所持资产做到尽责，将公司治理推动到新的阶段。

第四章

中国公司治理的改革与探索

第一节　中国公司治理改革的演进

自20世纪70年代末，中国经济体制改革全面启动后，伴随着国有企业改革、股份制经济的发展和社会主义市场经济体制的建立，中国资本市场应运而生并逐步发展壮大。在此过程中，建立和完善适合中国国情的公司治理模式，不仅成为国有企业改革的关键环节，同时也是资本市场保持健康稳定发展的基本前提。

由于股份制改造是中国企业走向公司制的开端，而真正意义上的公司治理则起步于现代企业制度的倡导与实践。2002年中国证监会颁布《上市公司治理准则》，中国才算有专门规范公司治理的规则。因此，我们将现代企业制度的提出和《上市公司治理准则》的颁布作为划分公司治理改革不同阶段的标志，并将改革开放30年来的公司治理改革大体划分为以下三个阶段[①]：

一、国有企业治理模式的探索阶段（1978～1992年）

在国有企业改革初期，企业的治理主要局限于政府与企业关系的调整，因此，这一时期的改革主要以“放权让利”为基本内容。1979年，国务院陆续颁布了《关于扩大国营企业经营管理自主权的若干规定》、《关于企业实行利润留成的规定》等一系列改革企业经营管理机制的规定，扩大企业自主权，调整国家和企业的分配关系。1984年，国务院发布了《关于进一步扩大国营

① 杨桦．公司治理再造：中国上市公司治理的新路径．中信出版社2011年版。

工业企业自主权的暂行规定》，扩大了企业在生产计划、产品销售、物资供应和利润留成等10个方面的自主权，初步形成了国有企业的经营责任制。1985年，国务院发布《关于增强大中型国营企业活力若干问题的暂行规定》，明确了企业的多种经营权。在这一期间，还分两步实施了“利改税”政策，首先，对国有大中型企业实行55%的利润所得税，税后利润由国家和企业分享；其次，进一步明确税种，将国有企业上缴国家的利润区分为11个税种，尝试以法律关系代替行政控制，规范国家和国有企业之间的分配关系。通过这些措施增强了企业活力，激发了企业的发展意识，将原来作为生产单位的国营企业改造为以营利为目的的经营实体，为逐步适应市场竞争初步奠定基础。随着政企分开的逐步推进，党的十二届三中全会做出了《中共中央关于经济体制改革的决定》，提出国营企业的所有权和经营权可以适当分开。在此精神指导下，1986年，党中央、国务院发布了《全民所有制工业企业厂长工作条例》等文件，明确了厂长（经理）负责制，由厂长（经理）作为企业的主要负责人，对企业全部经济活动负责；强调党组织在企业的政治思想领导地位，发挥监督保证作用；并提出发挥企业职工代表大会的作用，使职工能够参与到民主管理中，初步形成行政主导下的“老三会”（厂长、党代会、职代会）治理结构。这种治理模式其实是一种首长负责制，为后来国有控股类上市公司的内部人控制问题埋下了伏笔。

1986年，国务院颁布了《关于深化企业改革、增强企业活力的若干规定》，提出围绕企业经营机制的转换深化改革的思路，由此出现了租赁制、承包经营责任制等多种形式的企业改革探索，特别是承包制开始盛行。承包人包上缴国家利润，包完成技术改造任务，并实行工作总额与经济效益挂钩，这在计划经济向市场经济体制过渡的时期，对于保证国家财政收入的稳定增长，促进所有权和经营权的分离，调动企业职工的生产积极性具有积极作用，也有力推动了企业逐步从完成生产计划到面向市场转变。然而实践证明，承包制存在固有的缺陷，无法避免短期行为对企业长远发展的阻碍，既不能摆脱国有企业政企不分的发展困境，也无法理顺相应的产权关系并在此基础上形成有效的治理机制。

与此同时，这一时期的国有企业还开始了多种多样的股份制尝试，通过半公开或公开发行股票，股票柜台交易市场在全国各地陆续出现，但由于市场监管规则的缺失，这种自发的股份制尝试曾经一度出现严重的无序状况。为此，中央政府通过行政手段集中管理初具雏形的资本市场。1990 年 12 月和 1991 年 6 月先后成立了上海、深圳两家证券交易所，1992 年 10 月成立了国务院证券委和中国证监会，从此资本市场开始从地方性无序蔓延向全国性有序集中过渡。证券监管机构开始致力于推动资本市场一系列的规则与制度建设，这些规则与制度着重强化上市公司信息披露，明确上市公司各参与方的权利和义务，强调对中小股东利益的保护，为后来上市公司治理的规范提供了外部推动力。

二、现代企业制度下公司内部治理结构的构建阶段（1993～2001 年）

最先提出“现代企业制度”概念的正式文件，是 1993 年 11 月党的十四届三中全会通过的《关于建立社会主义市场经济体制若干问题的决定》，该文件明确提出“进一步转换国有企业经营机制，建立适应市场经济要求，产权清晰、权责明确、政企分开、管理科学的现代企业制度”，同时还指出，“现代企业按照财产构成可以有多种组织形式，国有企业实行公司制，是建立现代企业制度的有效探索。规范的公司，能够有效地实现出资者所有权与企业法人财产权的分离，有利于政企分开、转换经营机制，企业摆脱对行政机构的依赖，国家解除对企业承诺的无限责任；也有利于筹集资金、分散风险。”正是由于现代企业制度的提出，才使国有企业所有权与经营权的分离成为可能，从而产生了真正意义上的公司治理问题。

为解决现代企业制度下国有企业因所有权与经营权分离而产生的经营者监督和激励问题，1993 年 12 月颁布的《公司法》有以下几个方面的突破：（1）以实现股东利益最大化为目标来设计公司治理制度，股东是公司控制权和剩余索取权的唯一主体，在公司治理中处于绝对主导地位。（2）架构了股东会/股东大会、董事会和监事会为内容的“新三会”内部治理结构，其中股东会/股东大会是公司最高权力机关，由股东会/股东大会选举董事和监事产生组成董事会和监事会；董事会与监事会是独立平行设置的机构，分别行使经营决策权和监督权，并对股东会/股东大会负责，这种设置类似于日本、韩国以及我国台湾地区的双层制模式。（3）规定经营层为法定必设机构，负责公司的日常经营管理，职权由《公司法》具体规定，经营层同时受董事会和监事会监督。总体来看，1993 年《公司法》设计的公司治理制度以效仿英美法系的股东利益最大化模式为主，同时引入了大陆法系国家的监事会制度，但是，这一时期的监事会权力有限且缺乏履行职权的程序规则和物质保障，基本上形同虚设，其监督作用无法同大陆法系国家的监事会相提并论。

1993 年颁布的《公司法》在我国公司治理改革的过程中具有里程碑式的意义，它为公司治理的基本框架奠定了制度基础，也为国有企业沿着现代企业制度方向进行公司化改制提供了重要的法律支持。

1997 年党的十五大确定了“从战略上调整国有经济布局”的战略目标，确立了以公有制为主体、多种所有制经济共同发展的基本经济制度。一方面，开始按照建立现代企业制度的方向，积极推进国有企业改革和国有经济布局的结构调整，使企业作为市场经济的主体，真正成为自主经营、自负盈亏、自我发展、自我约束和自担风险的法人实体。另一方面，将公有制经济以外的非公有制经济在国民经济中的地位，由次级的补充成分提升至平等的重要组成部分，推动了所有制结构的多元化发展，为现代公司治理制度的构建奠定了股权基础。截至 1998 年底，已有上万家国有企业改制为股份有限公司，不少国有企业改制后纷纷上市；而以 1998 年 3 月新希望企业完成股份制改造上市为标志，民营企业进入证券市场的道路有了突破性进展，此后，民营上市公司数目呈逐年稳步递增趋势。1998 年 12 月颁布的《证券法》，以法律形式确认了资本市场的地位，形成了统一的资本市场法律规则、监管标准和监管机构体系，从此，我国资本市场进入了一个有序发展的新时期，上市公司数量快速增长，到 2002 年底，沪深两市上市公司总数达到 1 223 家。虽然这一阶段的上市公司已经按照 1993 年《公司法》规定的“新三会”治理模式开始运作，但由于股权结构不合理（大部分股份都不能上市流通）、行政干预过度和内部人控制并存、“三会”运作流于形式，上市公司仍然缺乏有效制衡的内部治理结构。

三、以上市公司为典范的公司治理全方位改革阶段（2002 年至今）

2001 年底，中国正式加入世界贸易组织，出于与国际规则接轨和参与国际经济竞争的需要，包括公司治理在内的经济法律制度进入了全方位改革时期。在此阶段，中国证监会推动的上市公司治理制度建设和实践，已经成为中国公司治理改革的典范。

（一）全面构建上市公司治理制度框架

尽管中国证监会从 2001 年起就开始致力于上市公司的制度建设，如颁布了《关于在上市公司建立独立董事制度的指导意见》，要求上市公司董事会的构成中应包括独立董事，以解决上市公司中的内部人控制问题，但全面构建上市公司治理制度框架的规则是 2002 年中国证监会与国家经贸委联会颁布的《上市公司治理准则》。为了将中国上市公司治理制度与国际公司治理最佳实践全面接轨，该准则参照《OECD 公司治理准则》，结合国内上市公司治理方面存在的问题，围绕股东权利与股东大会、关联交易、控股股东行为、董事与董事会、监事与监事会、绩效评价与激励约束机制、利益相关者、信息披露与透明度等方面，制定了一套内容全面、重点突出、清晰有效的制度体系。该准则致力于推动上市公司提高治理水平，为完善上市公司治理提供了全方位的指导。

此后，中国证监会还在社会公众股东权益保护、投资者关系管理、股权激励、股东大会等多个方面出台了多部规定，进一步完善了上市公司具体制度规则，如《关于加强社会公众股东的权益保护的若干规定》等。沪深证券交易所在中国证监会的指导下，也相应制定了《上市公司董事会议事示范规则》、《上市公司监事会议事示范规则》、《上市公司内部控制指引》等相关业务规则。这些行政规章和规范性文件以及证券交易所业务规则初步构建起较为完备的上市公司治理基础制度框架。

（二）实施股权分置改革

股权分置产生的主要根源是早期对股份制以及资本市场功能与定位的认识不统一，作为历史遗留的制度性缺陷，股权分置在诸多方面制约了中国资本市场的规范发展和国有资产管理体制的根本性变革。长期以来，由于股权分置的存在，使得上市公司治理无力，导致上市公司内部治理基础的缺失，同时抑制了外部治理机制作用的发挥。

解决股权分置问题，本质上是实现机制上的转换，即通过非流通股股东和流通股股东之间的利益平衡协商机制，消除 A 股市场股份转让的制度性差异。在整个改革过程中，市场各方遵循了“统一组织、分散决策”的工作原则与“试点先行、协调推进、分步解决”的操作思路。2005 年 4 月 29 日，中国证监会发布《关于上市公司股权分置改革试点有关问题的通知》，正式启动股权分置改革试点工作。两批试点企业完成之后，2005 年 8 月 23 日，中国证监会发布《上市公司股权分置改革管理办法》，全面推进股权分置改革，随后又出台了大量配套政策，股权分置改革陆续在上市公司中推开。2007 年 12 月 31

日，中国上市公司股改基本完成。当时，沪深两市共有1 298家上市公司完成或进入改革程序，占全部上市公司的98%。股权分置改革在一定程度上降低了非流通股股东的持股比例，改善了上市公司的股权结构，提高了大股东对二级市场股价的关注度，实现了股东的共同利益基础，给内部治理结构的完善和外部治理机制的恢复提供了契机，在相当程度上消弭了上市公司治理缺陷。

（三）清理大股东占用上市公司资金

为有效解决严重影响上市公司健康发展的大股东和实际控制人及其关联方侵占上市公司资金的问题，2006年中国证监会先后出台一系列严格限制控股股东及其他关联方占用上市公司资金的规定，实行“以股抵债”试点，会同地方政府和有关部门全面开展“清欠”攻坚战。与此同时，立足建立长效机制，防止前清后欠，推动在《刑法》中增加“侵占上市公司资产罪”，加大了对大股东和实际控制人侵占上市公司资产行为的责任追究力度。

截至2006年底，已有399家上市公司完成“清欠”或进入“清欠”程序，涉及资金390亿元，涉及资金占用问题的上市公司数量和占用资金额同比分别下降93%和84%，控股股东和实际控制人违规占用上市公司资金的问题基本解决。

（四）开展上市公司治理专项活动

为了适应证券市场全流通时代的新环境，解决上市公司治理方面遗留的各种问题，加强资本市场基础性制度建设，进一步提高上市公司质量，2007年初，中国证监会在全体上市公司范围内开展了公司治理专项活动。此次活动是对近年来上市公司治理情况的一次全面摸底调查，是新环境下促进上市公司规范运作、提高上市公司质量、维护资本市场稳定健康发展的又一项基础性建设工作。

专项活动分为“自查、公众评议、整体提高”三个阶段。在自查阶段，中国证监会要求上市公司认真查找公司治理方面存在的问题，深入分析问题产生的原因，制定整改措施，明确整改时间，落实整改责任人；为督促公司自查，中国证监会专门制定了自查事项表，设计股东状况、规范运作、独立性、透明度、激励约束机制、治理创新6大类别100多个小项，要求所有上市公司逐项对应、逐项自查。在公众评议阶段，通过投资者和社会公众对上市公司的治理情况和整改计划的分析评议，协助上市公司查找问题并完善整改计划。在整改提高阶段，中国证监会督促上市公司认真整改公司治理存在的问题，综合评价上市公司治理状况，促进公司构建治理长效机制；为确保整改效果，中国证监会坚持扶优限劣的原则，对公司治理存在问题的上市公司，在其申请再融资、并购重组、股权激励等事项时予以重点关注，对公司治理较为完善的上市公司，则在其发展各方面予以支持。

经过3年的专项活动，截至2009年底，上市公司累计整改1万个治理问题，整改比例达到98%以上，进一步促进了上市公司的规范运作，提高了透明度、增强了独立性。

（五）推动市场化并购重组

为了配合国民经济战略性结构调整和增长方式的转变，更好地发挥资本市场服务于国民经济的作用，2006年7月31日，中国证监会发布了新的《上市公司收购管理办法》，重新调整了上市公司收购制度。该办法转变监管方式，提高市场效率，启动了向特定对象发行股份认购资产的试点，推动了上市公司做优做强，鼓励上市公司控股股东将优质资产、优势项目向上市公司集中，使市场化的上市公司并购重组和企业整体上市显著增加，从而促进国民经济结构调整，服务于国民经济的作用愈加突出。

为解决早期分拆上市遗留的大量关联交易和同业竞争问题，提高大型企业集团整体上市的积极性，促使资本市场成为中国企业重组和产业整合的重要场所，2008年4月16日，中国证监会发布了《上市公司重大资产重组管理办法》，增加了重大资产重组信息管理，以防范和惩治重大资产重组过程中的内幕交易行为，同时强化了中介机构督导上市公司重大资产重组职责，借鉴发行过程中的保荐人制度，在重大资产重组过程中引入了财务顾问管理制度。这一规定是完善我国证券市场基础性制度的又一重大举措，标志着上市公司并购重组迈入了规范与发展并举的新阶段。

在中国证监会的鼓励和推动下，市场不断尝试并购重组的创新活动，上市公司收购活动从简单的非流通股协议转让，发展到二级市场竞购、要约收购、定向发行、换股合并等多种方式；上市公司的资产重组也从单纯的资产购买或出售，发展到与定向增发相结合的注资活动；从交易手段上看，并购重组从单一的现金交易，发展到债务承担、资产认购、以股份支付等多种方式。这些市场化的并购重组活动已经成为证券市场的热点和亮点。

第二节 上市公司治理的现状与主要问题

一、国内权威机构对我国上市公司治理现状的评价

（一）中国社会科学院2012年上市公司治理评价报告要点①

从整体上看，2012年度前100强上市公司治理评价呈现的问题包括：市值规模与治理情况无必然联系；监事会履职情况普遍较差；国家控股上市公司治理水平逊于非国家控股公司。

1. 股东与股权结构

中国社会科学院从股权集中度、股权制衡度和股权属性分析百强上市公司股东与股权结构状况。（1）股权集中度：2012年整理分析结果显示，股权集中度低的上市公司治理水平较高。（2）股权制衡度：股权制衡是指少数几个大股东分享公司控制权，不存在一个明显占优的控股股东。良好的股权制衡可以通过大股东之间的内部利益牵制、制衡，抑制控股股东的“侵占”行为。整理分析结果显示，股权制衡度高的公司治理评分明显高于股权制衡度低的上市公司，且从2010年至2012年，这两类不同股权制衡度的公司得分差距越来越大。（3）股权属性分析：国有企业和民营企业的公司治理水平在平均得分上基本一致；但从标准差方面来看，民营企业样本的标准差更大，说明民营企业的治理水平差异较大。

中国社会科学院认为，我国上市公司在股权结构方面存在一股独大和国有股比例过高的状况，优化股权结构是提高我国公司治理水平的基础性工作。优化股权结构在于：尽可能降低股权集中度，使股权多元化、分散化。在政府自身的治理不完善的条件下，国家在企业中的权利行使总是出现股东权利缺位和行使权利越位两种并存现象。建议适度减少固有股权比例，使股权属性适度分散化。

① 中国社会科学院世界经济与政治所公司治理研究中心．甫瀚咨询：2012年中国上市公司100强公司治理评价报告。

2. 内控体系

2012 年百强上市公司在内控体系建设和执行方面仍存在以下问题：公司治理原则缺失、公司道德准则和经营者行为规范缺失和反舞弊程序及举报系统缺失。

3. 信息披露

上市公司所披露的信息是投资者进行决策的重要依据。完备的信息披露制度能使股东在相对公平的条件下获得信息，是防止证券欺诈、内幕交易等违规行为的有效措施。随着我国资本市场信息披露相关规定、准则的完善，上市公司的信息披露质量逐年提升，但在可选择性披露和主动披露方面仍有较大的改进空间。

4. 董事会运作

总体来看，2012 年度调查结果表明，百强上市公司的董事会运作有所改善，董事会规模缩减、非执行董事增加、独立董事人数稳定，平均董事会会议次数和董事会会议出席率均有所提高，董事会下设委员会的数量和委员会的会议次数也都有所提高。但董事会运作形式上的改进不代表实质上的改进，仍须进一步完善。

5. 激励机制

纵观过去几年我国百强上市公司董事、监事和高管薪酬，呈现出一种轮番上涨态势，且这种增长与股东价值基本无关。

（二）上海证券交易所 2012 年上市公司治理报告要点

1. 一股独大现象普遍存在，中小股东权益无法得到有效保护

大多数上市公司由国有企业改制而来，在国有制占主导地位的情况下，企业所有权、经营权与政府的调控角色不清晰，许多上市公司存在所有者代表缺位，内部人控制和一股独大的问题，中小股东权益无法得到保护。一些企业控股股东为家族，这些家族企业的公司治理也存在问题，通常是控股股东或高管人员大权独揽，受到中小股东、董事会及员工的约束很小。

2. 公司运作仍不规范，治理体系尚未建立

相当多的企业是改制上市，剥离非核心业务，让核心产业上市，因此对上市公司与母公司之间的相互关系，还没有完全处理好。一些上市公司控股股东利用一系列手段掏空上市公司。很多公司的董事会独立性不强，形同虚设，监

事会只有一部分监督权，监督作用得不到切实发挥。董事会与经理层的关系不清楚，有的是受内部人控制，有的是董事会干预经理层。法律不健全，法制观念不强，上市公司没有做到完全依法运作，给投资者提供的法律保护不够。

上市公司董事和管理人员对责任和诚信义务的意识淡漠，漠视股东的权利和利益。经理人才的选拔、激励和淘汰机制没有真正建立，企业家价值和企业家市场未形成，管理层不稳定，政府随意干预公司的经营和人事。上市公司缺少公开透明、提供准确信息的传统，一些公司甚至操纵利润报表，提供虚假信息。投资决策的透明度和专业化水平不高。公司权力高度集中于内部人手中，内部盛行“人治”，内部管理未透明化。商业银行作为债权人对公司实施的监控作用很小。

二、公司治理和监管存在的主要问题

（一）政府行政主导为主，市场力量参与不足、作用有限

中国公司治理的大背景是改革开放政策及资本市场建设条件，而中国的改革开放过程是一个以计划经济为起点，以特定的社会政治制度和强有力的政府行政控制为基础，由政府主导的自上而下的渐进过程。那么，公司治理领域的改革也不无例外地以政府为主导的自上而下的强制性制度变迁作为推动力量，市场对公司治理建设的推动力有所不足。

市场力量的发挥程度和所产生的效果取决于市场发育程度和市场机制运作效率。受制于“新兴加转轨”背景下资本市场各项制度建设的不成熟，国内市场治理力量较为薄弱，市场调节能力、中介机构等社会组织能力都未能发挥强有力的作用。资本市场处于一种自我演进、缺乏监管的状态，呈现无序而混乱的市场局面，支持健全公司治理机制的市场资源相对稀缺，从而引发中央政府收权并实行强力行政控制，强势制定和实施各种严厉、广泛、繁杂、细致的行政规定和纪律，逐渐形成了资本市场与中央银行行政控制机制的全面对接，使中央政府由资本市场发展初期的旁观者，变为强势的主导者和控制者，资本市场以中央政府的行政规则和秩序为基础的运作机制和行政集中控制体制应运而生。

在公司治理法规建设和独立的执法机制等制度缺失的状态下，以政府为主导的治理模式，被迅速用来填补法律和市场组织机制上的空白，成为公司治理改革的主导力量。

（二）引进移植的公司治理制度“水土不服”、治理结构“形似神不至”

公司治理是随着以所有权和经营权分离为基本特征的现代企业而产生的，其核心内容就是解决经营者的激励和监督问题。公司治理本身也是一种文化，无论是美国、欧洲还是日本的公司治理模式，都有其各自不同的文化理念。不同国家经济政治文化孕育出不同的解决办法，因此导致世界上不同的公司治理模式。在建立现代企业制度之初，中国采取了制度移植战略——引进公司治理模式，搭建了以“新三会”为基本框架的公司治理结构，此后又陆续借鉴其他国家和地区的治理制度。然而，引进的诸多公司治理制度，其生成的文化背景和经济基础与我国现阶段的国情存在较大差异，呈现出“水土不服”的顽疾，如独立董事“不独立、不懂事”，监事会形同虚设、职工参与制流于形式等。

从我国上市公司现状来看，国有控股公司的所有者虚拟化，实际经营者以董事会或经理层的名义管理公司，并不存在明显界限；民营控股公司的大股东往往直接参与公司的经营管理，并没有理论意义上的董事会与经营层的治理结构。究其根源，在于现代公司治理的核心思想——分权制衡，与中国企业生存的文化背景相去甚远，这导致舶来的制度套用在中国公司上出现“形似神不至”的困境。重要的文化差异要求我们必须在吸引国内外治理模式的经验的同时，探寻有中国特色的现代治理路径，逐步实现中西治理理念的兼容和平衡，探索出适合我国国情的上市公司治理制度。

（三）上市公司法人治理结构先天不足，缺乏有效的自我约束机制

上市公司法人治理结构先天不足，缺乏有效的自我约束机制，是造成违规行为频发的主要诱因。据统计，近 3 年来沪深两市因违规受到中国证监会处罚的上市公司及相关机构已超过 200 家，其中 2013 年已有 120 家上市公司及相关机构受到不同程度的处罚。事实上，被处罚的上市公司相关的违规行为主要集中在欺诈发行、财务虚假、信息披露违规、内幕交易等几个方面，而上市公司内设机构不尽责、管理流程不规范、内控制度形同虚设等公司治理问题突出，缺乏有效的自我约束机制。

具体体现在三个方面：

1. 上市公司经营管理体制改造不彻底，影响到上市公司独立市场主体地位和经营真实性

我国大多数上市公司是由原来的国有企业改制而来，一些公司由于改制不彻底，上市公司与母公司存在千丝万缕的联系，而未能按照监管要求，在资产、业务、人员、财务、机构等方面与母公司真正分开，缺乏独立性。如，部分上市公司的资产尚不完整或不独立；一些公司仍存在与控股股东、实际控制人及其关联企业的同业竞争问题，或是主要业务或利润来源严重依赖关联方，存在大量的关联交易；个别公司还存在高管人员在控股股东处兼职或超期任职等问题。

2. 部分上市公司大股东行为未得到有效制衡，侵占上市公司和中小股东利益成为可能

股权分置改革完成后，大股东和中小股东的利益趋于一致，一些合规意识强的上市公司控股股东大力支持上市公司合规经营，并获取正常的投资收益。但是，也有部分合规意识差的控股股东，漠视公司治理的原则和规则，滥用其控股地位，绕过“三会”直接插手上市公司事务；甚至违背诚信和忠实义务，通过不公允的关联交易、违规担保、占用上市公司资金等方式直接或间接侵吞上市公司和中小股东的合法权益。上市公司“三会”运作和内部控制也因此流于形式。此外，目前机构投资者很多还不成熟，行为特征类似散户，妨碍了机构投资者制衡控股股东能力的提高，导致了中小股东与控股股东关系失衡，缺乏应有的外部制衡能力。因此，当前我国的公司治理还难以真正起到控股股东与中小股东相互制衡、内部董事和外部董事相互制衡、监事会和董事会相互制衡的效果。

3. 上市公司治理违规成本较低

目前上市公司治理相关规则强制性规定少、偏重指导公司自治、缺乏责任追究机制。虽然现行法律已初步规定了司法介入公司治理的依据和途径，但操作性不强，特别是在对保护投资者追究控股股东、董事、监事和高级管理人员法律责任等方面缺乏操作性较强的制度安排。此外，目前对上市公司的行政监管手段和监管资源有限，行政处罚取证定性较难，监管威慑力仍需增强。此外，从监管环境来看，还有待形成监管部门、主管部门、自律组织、各市场参与主体共同参与上市公司治理的外部环境。

三、公司治理发展与监管改革的方向

近年来，在中国证监会及相关部门的努力下，通过一系列专项活动，集中

解决了一批我国上市公司普遍存在的公司治理问题，推进完善了上市公司的基础性制度。但是，我国资本市场“新兴加转轨”的阶段性特征没有发生根本变化，影响上市公司治理的部分深层次问题难以在短期内完全解决，上市公司治理“形似而神不至”的现象仍然存在。

因此，完善上市公司治理工作具有重要性、长期性、复杂性和艰巨性等特点，不会一劳永逸，需要上市公司各当事方的共同努力，大力推动“公司自治、股东自治”的文化和机制建设，将公司治理逐步从外部要求规范转化为内部自觉规范，从而解决影响上市公司治理的关键问题；需要证券监管部门和相关各方的持续推进，在监管机制和制度建设上不断完善，在监管水平和监管方式上不断改进，着力研究解决影响上市公司治理的深层次、根源性问题。

（一）完善上市公司监管基础性规章制度，建立“行政法规”与“自律规范”互补的监管体系

推进实施监管条例等基础性规章制度，对于改善证券市场运行环境，提振投资者信心，事不宜迟。国外成熟的证券市场，对上市公司监管的主要内容是信息披露，重点关注信息的及时、准确和完整，根据强制信息披露制度，发行人首次发行的充分信息披露和上市后的持续信息披露，这也是注册制证券发行的核心。然而在监管实践中，证券监管部门意识到，切实有效地保护投资者尤其是中小投资者的权益，仅仅规范上市公司信息披露、只依靠对上市公司信息披露的事后监管是远远不够的。

要完善上市公司的法人治理结构，让上市公司产生内生性的自律意识则更为重要。应当将完善上市公司法人治理结构纳入上市公司监管法规中，规范上市公司的股东大会、董事会、监事会、经理层相关制度安排，并增加约束大股东的行为规范，使对上市公司的监管更能够体现保护投资者利益的初衷，从而有效地预防证券市场违法行为的发生。

（二）高度重视市场力量的角色和功能，充分发挥机构投资者在推动公司治理中的作用

上市公司治理水平的提高不能只靠监管部门，还要靠市场发展；不能光靠上市公司监管部门，还要靠基金、证券机构等其他监管部门的力量。在今后的监管工作中，还需要注意培育能有利于证券市场形成积极健康股市文化的机构

投资者，建立监督约束机制，进而改变董事会、监事会形同虚设的问题，使公司治理成为上市公司的自身需求。

其中重要的一个切入点是，推动长期机构投资者的发展，引导机构投资者积极参与公司治理。机构投资者在对上市公司施压影响和推动公司改善治理方面有其独特的角色。由于持有股份一般较多，机构投资者有能力要求公司管理层召开会议，就关注的问题提出质疑，讨论公司的发展战略，对不利于公司发展的行为领导股东发声进行批评和纠正。机构投资者也更容易获取较多的信息和资源对上市公司进行监督。同时，由于其资金规模大、本身机制比较健全，机构投资者对上市公司监督的动机也会比较强烈。因此，机构投资者在公司治理中扮演着非常关键和积极的角色。目前在全球范围内，“负责任的所有权”（Responsible Ownership）的概念正日益受到重视。各国普遍认识到，机构投资者不能仅仅是简单地持有股份，他们在持有上市公司股权时必须采取更长期的策略以在促进公司治理实践中发挥积极作用。机构投资者的主动参与（Active Engagement）是市场自律的核心组成部分。通过向管理层传达声音，机构投资者可引导公司塑造一种永远将公司利益放在首位的股东文化。

（三）构建上市公司治理评价体系，进一步建立和完善外部约束机制

公司治理评价，是根据公司治理的理念、原则和制度，结合各国的政治法律制度以及文化价值观念，设计与制定一系列指标，对公司治理结构与效益进行考核与评价。其在公司融资、投资者决策、公司价值增长、公司监管、公司治理战略的制订等方面均有重要的现实意义。研究公司治理评价也是对公司治理理论研究的一种发展和探索，是将公司治理理论引向公司治理实践的研究，对于公司治理理论的发展和完善有着至关重要的作用，同时，对我国公司治理的发展方向将产生重要而积极的影响。

构建上市公司治理指数，推动上市公司治理评级的发展，是从上市公司主体角度进一步建立和完善公司治理外部约束机制的重要举措。可由自律组织或市场中立机构牵头，组织有关单位进行调查研究，在此基础上制订统一的评价标准和体系。条件成熟时，可以考虑建立上市公司治理指数。

第五章

公司治理的有效手段：公司治理水平评价

公司治理与公司管理是一种相辅相成并相互制约的概念，如何在保证决策层、管理层高效运作，保持公司经营稳定、增长的情况下保护投资者、债权人、利益相关者，特别是中小股东权益是全球资本市场关注的治理焦点。

20 世纪初，为保护中小投资者利益，美国资本市场首先开始建立独立董事制度，进一步强化董事会的制衡机制，试图通过独立董事的事前把关和事中监督，对公司财务会计、董事职务行为的合法性和妥当性进行适时监督。但是，20 世纪末董事会中独立董事占据多数的美国安然、世通等大公司财务丑闻频频爆出，在这样的背景下，引发了理论界和实务界对公司治理运行状况和质量评价的关注。

近年来，全球多家知名金融服务机构纷纷针对欧洲与美国等成熟资本市场特点，建立相应的公司治理评价体系；在评价体系基础上，提供上市公司治理水平评价报告并根据历史数据编制评价指数，通过第三方评价机构这一市场化手段监督、引导上市公司提高治理水平。

另外，东盟、巴西、意大利、韩国等则采取官方组织评价模式，由所属国交易所建立公司治理评价体系对挂牌上市公司进行治理评价，并在其评分结果基础上编制相应的治理股价指数，通过将治理水平良好的上市公司纳入指数样本池，起到与市场内其他股票区分的作用，并以此激励上市公司提高治理水平。

第一节 公司治理评价体系

一、公司治理评价体系建立的意义

对公司而言，良好的公司治理评价可以减少信息不对称，降低公司的融资成本；而较低的公司治理评级可以鞭策和促进公司改善公司治理战略，提高治理水平，为股东创造更多价值。

对投资者而言，公司治理评价可以作为投资决策参考的重要依据，是资产组合调整和分配的重要考虑因素。

对监管者而言，公司治理评价可以使监管机构更进一步了解上市公司治理状况，加强对上市公司的监管，并为同其他各国或地区公司治理水平比较提供一个统一的可量化的标准，便于监管机构针对问题采取相应措施。

对公司治理理论研究而言，评价报告代表了一种研究方式的转变，标志着中国公司治理研究由过去注重规范研究向实证研究的成功转化，将使公司治理理论研究与公司治理实践有机结合，进一步提高理论对实践的指导意义。

我国资本市场迫切需要一套符合我国公司治理环境现状和上市公司特点的公司治理评价体系，在评价上市公司治理水平的同时探究不同地区治理环境、不同行业间、不同权属性质上市公司间治理问题所在。

二、治理评价模式分类及其特点

（一）评价主体差异化

不同的评价主体，因其本身的性质、职能、评价目的及评价报告受众的差异，对公司治理评价体系产生相应的侧重和倾向。全球范围内，进行公司治理评价体系研究及相关业务开展的主体主要包括官方组织、商业性机构、机构投资者、民间协会、学术化群体等。

1. 官方组织评价模式

该模式适用于资本市场基础建设仍不完善的国家和地区，官方形式的治理评价可以推动公司治理评价活动的推广、开展，有助于配套法律法规的完善以及上市公司治理准则的调整，最终加强对上市公司的监管；缺点则在于其政府背景可能会被认为是不必要的干预企业运作。采取官方组织评价模式的国家包括我国、巴西、意大利、韩国、南非等众多资本市场尚不发达的国家。

2. 商业性评价模式

此类评价机构的优点在于通常具有显著的声誉、丰富的经济经验和专业的评价人员，市场竞争和信誉机制会促进评价质量的提高和保证客观性；缺点是评价机构的商业运作模式和评价的独立性存在着一定的利益冲突。总的来说，商业性评价机构的评价更加公正、公平，对于上市公司提升自身治理水平和声誉更具意义，比如中化国际聘请标准普尔所作的治理评价一定程度提升了自身投资价值及国际知名度。国际知名的商业性评价机构包括标准普尔、戴米诺、国际金融公司、ISS 等。

3. 机构投资者评价模式

该评价模式一般为非营利性业务，更多地是为公司内部投资决策提供目标企业治理水平方面的后台支持，类似于投资分析报告。对于广大投资者而言，此类治理评价报告从投资可行性角度出发，更具参考价值。

4. 民间协会评价模式

该模式是指由非营利的民间机构从投资者保护角度出发，进行公司治理评价。这种模式的优点是在某些竞争和信誉机制不健全的外部环境下由非营利性机构操作可以提高可信度和客观性，以及避免商业机构为盈利损害评价公正性的行为；缺点在于相关机构可能缺乏进行公司治理评价的动力、资源和知识。泰国董事协会与麦肯锡咨询公司合作推出的泰国公司治理评价体系是民间协会评价模式的典型代表。

5. 学术群体评价模式

该模式以学术研究为主导目标，着重于公司治理理论研究、实践印证及治理模式机制的探索，倾向于基础性数据收集，对于引领和推动治理评价实践的发展意义重大。

（二）业务性质差异化

按公司治理评价业务性质，评价模式可分为公司委托评价和非公司委托评价。

1. 公司委托评价

公司委托评价是指评价机构应目标公司请求，对其进行治理评价，是商业性评价机构提供的一项营利性服务。评价信息来源包括公开信息、被评价公司提供资料及现场访谈调研。

2. 非公司评价

非公司评价是指评价机构或应投资者要求，或向会员客户、公众及监管层提供上市公司信息，未经公司委托，依据独立的公司治理评价体系和指标，选定单一或一批公司进行治理水平评价，结果或对外公布发表或定向提供给机构投资者。

（三）国内治理评价模式现状

国内对于公司治理评价研究的实践起步较晚，但发展迅速，且成果丰富。国内现行的评价主体大致分为三类：商业机构（如连城国际、大鹏证券）、学术群体（如南开大学公司治理研究中心、中国社会科学院公司治理研究）和官方监管机构（如上海证券交易所）。

2001 年，南开大学公司治理研究中心正式发布了《中国上市公司治理评价报告》，代表我国公司治理研究方式的转变，标志着由过去注重规范研究向实证研究的成功转化，将理论研究和治理实践相结合，被誉为国内上市公司治理状况的“晴雨表”。

随着各种官方治理评价体系及指数产品的出现，国内公司治理评价逐渐呈现权威化的特点。实质上，合理的评价主体架构，多样化的评价主体性质，体现了对公司治理评价的不同需求，促使我国公司治理评价向市场化、学术化、官方化多层次发展，并在实践检验中不断改善。

三、全球主要公司治理评价体系介绍

国内外对公司治理评价与指数的研究经历了公司治理的基础理论研究、公司治理原则与应用研究、公司治理评价系统与治理指数研究的过程，并由商业机构的公司治理评价发展到非商业性机构的公司治理评价。中外学者对公司治理评价的关注是基于满足公司治理实务发展的需要，尤其是机构投资者的需要。

国际上公司治理评价体系，从内容范围上看，有的包括对整个宏观和微观公司治理制度进行评价，如标准普尔的评价指标分为国家治理环境分析和公司治理评价两大部分，有的则仅涵盖公司层面治理水平；从指标体系形式上看，一些评价体系围绕公司治理制度安排进行设计，一些评价体系则从公司治理的原则出发，如里昂的评价体系围绕公平性、问责性、责任性和透明度等维度；从指标选取上看，一些评价体系强调纯公司治理因素，而有的体系（如里昂证券评价体系）则从考虑公司整体效率角度出发，不将公司治理和管理作明确的区分，包括一部分公司内部的管理指标。

（一）美国标准普尔公司治理评价体系（S&P）

美国标准普尔公司的公司治理评价包括国家分析（反映治理环境）和公司评价（反映公司内部治理结构和机制）。

1. 标准普尔国家治理环境分析

标准普尔国家治理环境分析主要是对法律基础、监管机制、信息披露制度和市场基础四个方面的构成因素进行分析评价，并实行三级评价制，表示该国外部环境对公司治理的影响程度：强支持表示该国的法律规则、法律实施和监管对公司治理有严格要求和约束；温和支持表示这种要求和约束的程度一般；弱支持表示公司较少受到相关法规和监管的约束。

（1）法律基础。股东登记和股份托管人；股东和其他利害相关者的权利是怎样定义的；在一个国家涉及公司治理的相关法律和不同惯例权限有哪些；董事会的职责和组成；报告与披露；在股东会上的代理权；投票程序；小股东权利；外国债权人和股东的权利；这些法律的广泛性如何；内部交易；法律事实中的司法系统的性质是什么；一个得到许可的登记员是否可以保存股东登记；股东登记是否是拥有所有权的必要条件；外部董事规定；违法是否是一种普遍现象；在促进和实施公司治理的司法实践中是否有成功案例；在法律的原则上或实践上是否缺乏有效性，是否存在负面的公司治理案例；法律过程的历史记录；事件的时间框架；法律系统在实践中的运作情况；关于公司治理争端的投资者投诉数量。

（2）监管机制。监管机构及其权限；不同的监管机制之间是否有合作或彼此冲突；市场参与者认为专业性机构是否适当；从公司治理的角度看自律组织的作用；新监管立法；是否存在机构之间监管责任重叠造成的监管缺口或领域；公告披露方面对信息和时间的要求；证券法和监管如何有效实施；监管者是否有足够的资源和业务能力实施工具以达到监管目标；是否存在证券监管机构及其存在时间；证券监管机构与其他机关机构在股票交易所的关系；监管成功和失败的案例。

（3）财务信息披露制度。外部审计人员的数量、质量和独立性；是否存在独立的财务审计部门；当地会计准则与国际会计准则；合并范围的确认；除财务数据外的经营数据披露情况；与公司和股东利益有重要联系的分支机构的财务状况；财务分布数据；单项业务的财务业绩资产估值的方法；收入、支出、利润和损失的确定；现金流情况；资金的来源和运用；负债和或有负债；关联方资金占用及欠款；披露的时间要求；是否容易获得经独立审计的财务报表。

（4）市场基础。上市公司或私人所有权的存在形式；国家所有权的普遍存在形式；能否方便地进行公开交易；和其他国有企业国家相比，存在哪些私有化方式；私有化对所有权结构的影响；机构投资者的重要性；商业银行、投资银行混业经营还是分业经营；银行是否普遍持有大量产业资本；金融财团是否普遍，财团内部企业之间关系的透明程度；市场扭曲是否以非竞争性的工业结构和政府对单个公司或部门的保护而存在；是否有关于宏观经济稳定或压力的标志性指标；政治环境的性质是否与该国公司治理实践相关。

2. 标准普尔公司治理体系

标准普尔的公司评价是在全球范围内选取 1 600 家上市公司，围绕所有权结构与影响、公司与金融相关人的关系、财务透明性与信息披露、董事会与经理层结构和运作综合得出。虽然标准普尔评价体系包括了利益相关者，但它侧重于外部投资者（股东和债权人），是为保护股东利益而设计的。标准普尔的目标是将其评价体系设计成一个全球性的公司治理评分标准，使其成为一个能衡量不同国家公司及地区治理水平和不同公司治理水平的统一标准。

标准普尔公司治理标准主要根据 OECD 的公司治理规则、世界银行的公司治理规则、TIAA – CREF① 和 CACG② 等组织的公司治理指引和规则制定，运用从各种渠道获得的信息围绕 130 个问题进行整理，再根据标准普尔公司独有的评分指引得出分值。

① TIAA – CREF（Teachers Insurance and Annuity Association – College Retirement Equities Fund），美国教师退休保险及年金协会，是世界最大的养老金协会。该组织创立至今已有 80 年历史，主要服务于教育事业和非营利性组织。

② CACG（Commonwealth Association for Corporate Governance），该协会是在 1998 年 4 月爱丁堡举行的英联邦政府首脑会议为促进公司治理水平而成立。

（1）所有权结构和影响。包括所有权结构的透明性和所有权的集中程度和影响两个方面。公司股权结构是最基本的，特别是在存在一个大股东或大股东集团时尤为重要，在存在许多名义股东的情况下也会加重分析股权结构的难度。关键在于分析大股东与公司的关系，以了解大股东是否能代表其他股东利益以及利益符合的程度，其中公司与其他存在转移价格和其他非市场交易的公司的关系相当重要，大股东或管理层与这些公司的关系对此有重要影响。

分析标准一：所有权的透明性。透明性应达到两方面要求：应当对公司的股权结构有恰当的公开披露，包括那些名义股东背后的真正股东；所有权应当是透明的，由于交叉持股、管理层控制的持股公司和名义股东造成的模糊应该使之清晰。分析透明性涉及的主要内容：股东类型、大宗持股者的身份（包括间接持股、投票控制者）、董事持股情况；间接持股情况；管理层持股情况等。

分析标准二：所有权的集中和影响。基本要求：大股东的存在不应该对其他股东产生不利影响，小股东应能得到保护；经济利益的集中和控股股东对董事会、管理层的影响不应该通过对下属营业机构和供销商进行；管理层与内部股东不应该对其他股东逃避负责。主要分析内容：股东之间的从属关系；公司与下属机构及第三方之间的商业安排。主要附属公司的公司结构、股东和管理层。主要合同和许可证的条款；内部财务和运作控制体系：管理层股东和投票控制；关于控制权转移的公司章程条款；与董事和管理层之间的合同。

（2）金融相关者关系。金融相关者关系反映公司如何对待其与金融相关者之间的关系。在一个监管和法律较弱的公司，CGS[①] 反映公司遵守或超越一般公认良好的公司治理准则的程度；在一个法律监管较强的公司，CGS 反映符合或满足这些公司治理法律监管的程度。在两种情况下 CGS 都反映公司做了什么，而不是法律、监管和管理的最低要求。

①对股东大会的管理、参与和信息。标准：股东会的程序和运作应向所有股东提供同等参加条件，应保障所有股东得到同样足够和及时的信息。分析的主要内容：股东会程序包括股东会通知，分发给股东的文件，参会信息。

②投票和股东会程序。标准：持有 10% 投票权的股东能够要求召开特别

① CGS（CorporateGovernance Score）：标准普尔公司治理评价系统的简称。

股东会，股东得以在会上向董事会提问并提出议案。股东大会应能通过保障所有股东参与的运作程序控制决策。分析的主要内容：关于召开股东会的公司章程条款；股东参会安排；以前的会议记录；关于投票程序的股东信息；任何海外上市的存券协议；代理权协议；关于投票门槛的章程条款。

③所有权。标准：应有安全的股票管理和完全转让的方法；公司的股权结构应该是清晰的，每一类股票所拥有的投票权应该是单一的和容易理解的；股东大会应能就重大事务做出决定，保障少数股东免受摊薄和其他减低价值的损害（比如通过非商业公平性的关联交易）；所有股东应该接受同样的财务待遇，比如接受同样的利润分配。主要分析内容：公司章程；股权登记的安排；股权结构——普通股和优先股的分类和权利；关于股东和董事会权利的章程条款；股东协议、分红史；股票回购和互换的案例。

（3）财务透明性和信息披露。财务透明涉及及时披露关于公司运营、财务表现和公司治理方面的信息。透明性意味着公司的财务报告要便利于对公司真实财务情况的了解，在相当程度上这意味着需要披露或有债务和关联方的密切关系。在会计制度较弱的国家，透明性意味着需要遵守国际会计准则。除了财务信息，非财务信息也很重要，比如公司运营、公司竞争地位、公司章程、决议。对董事会来说，透明性意味着需要披露董事会组成、董事薪酬及其基础以及对内部人的独立程度。

①在披露的完备性方面要达到的标准：在公开披露的数量和质量方面应当按照高标准清晰地制作和完成报告和披露。主要分析内容：财务报表和报告向股东和投资公众披露；在公司总部提供公司过往报告。

②在披露的时机和获得信息难易方面应达到的标准：所有能够提供的信息应该立即提供，并由投资公众可以自由获得。公开披露是内部透明性和有效内控制度的反映。公司章程、决议和文件应该清晰制作和提供给股东。公司应该建立一个网址用当地和英语两种文字披露公司报告、报告摘要和其他投资者关心的信息。

③分析的主要内容：向监管部门提交的财务报告；披露市场敏感信息的程序；为投资者提供的简要材料；在公司总部向所有股东提供的过往报告；向股东提交的报告；网址及网上报告。

④在审计师的独立性方面应达到的标准：审计师应该和公司董事、管理层、公司业绩和公司目标保持独立，也应该拥有较高声誉。分析的主要问题：

审计师合同；财务和控制制度，审计委员会的程序；章程有关条款；审计报告。

（4）董事会结构和运作。董事会的结构和运作主要涉及董事会的职责和独立监督管理层行为使其对股东和其他利益相关者负责的能力。负责任的董事会一般拥有比较多的外部董事，而少数大股东控制的董事会一般很难对所有股东负责，管理层占董事会多数的公司也有这个特点。另外，董事会中重要委员会的构成即外部董事和内部董事的比例也很重要。

董事会治理结构的另一个重要方面是管理层的薪酬和其他待遇是如何确定的。关于管理层和董事会成员的选择，累计投票制度能让小股东代表也进入董事会；非阶段性选举董事会保证了及时的变化，对董事会的良好治理功能也具有重要意义。此外，外部董事的提名、选举和薪酬制度也是董事会治理功能的重要体现。

①董事会结构和组成。标准：所有股东的利益都能得到公平客观的体现。分析的主要内容：董事会的规模和构成；董事会的领导作用和委员会；支持者的代表。

②董事会职能和有效性。标准：董事会应对公司表现承担总体责任。分析的主要内容：董事会职能的定义；董事会及其委员会会议议程和决议文件；管理层薪酬程序。

③外部董事的职能和独立性。标准：绝大多数外部董事应该是独立行事，独立董事应当保障所有股东的全体利益，包括考虑其他利益者的利益。外部董事应当根据透明性制度选举产生。分析的主要内容：外部董事与高级管理层之间的关系；外部董事参与公司事务的历史；外部董事参与的条件；控制性委员会的独立性和活动；清楚界定外部董事的职能；董事选举程序。

④董事和高层管理人员的薪酬评价和任免政策。标准：董事和高级行政人员应当被给予公平的薪酬和鼓励以促进公司的成功；应当清楚界定内部董事的业绩评价和更替政策。分析的主要问题：薪酬的数量和形式、业绩评价标准、薪酬确定程序、人事更替程序。

上述的公司评价和国家评价之间是一种互相补充的关系，但并不能互相决定。国家评价差并不一定意味着公司评分一定很低。国家评价高的地方其公司的评分并不一定很高。公司评价并不受国家评价的限制。这意味着公司治理评价的结果——CGS 可以在一个国家内部和不同国家的不同公司之间进行比较。

标普公司治理评价体系的优点在于：①根据《OECD公司治理准则》、美国加州公共雇员养老金公司（CalPERS）[①] 等公司提出的公司治理原则以及其他国际上公认的对公司治理要求较高的指引、规则制定评价指标体系，坚持较严格的标准；②考虑了公司治理关系最为密切的外部环境的几个方面，如法律、监管、信息、市场等因素的影响；③综合考虑了公司治理的各个方面的水平，如所有权结构、股东关系、信息披露和董事会结构，避免了单一因素导致的片面性，使得评价的结果较为全面地显示了一个公司的治理水平。

（二）戴米诺公司治理评价体系

戴米诺公司（Deminor）是欧洲第一家向机构投资者和公司提供公司治理评级服务的欧洲评级公司，于2000年12月推出戴米诺公司治理评级，现已覆盖17个欧洲国家，广受欧洲范围机构投资者认可。

戴米诺评价体系以《OECD公司治理准则》以及世界银行的公司治理指引为依据制定，重视公司治理环境对公司治理质量的影响，认为国家分析是分析公司的基准。国家分析方面侧重与公司治理有关的法律方面的分析，以及对各国公司治理的分析，反映各国蓝筹公司的公司治理实践情况。

戴米诺评价体系采取权重评级方法，根据对200多家机构投资者的问卷调查结果对评价标准指标的重要性进行排序，将机构投资者最为关注的“纯”公司治理指标，如投票权限制、投票权扭曲、董事会选举、董事会构成、董事会独立性和董事会信息披露等列为重要指标；比较关注的包括会计标准、遵守最佳治理准则、董事及管理层薪酬等；不太关注环境及社会责任等指标。

戴米诺评价体系主要包括四个方面：股东权利和义务、接管防御的范围、公司治理信息披露和董事会结构与功能（见表5-1）。与其他主要治理评价体系相比，戴米诺特别强调了接管防御措施对公司治理的影响，其涉及指标包括董事会是否可以运用毒丸条款、金降落伞、期权条款等。

---

① 加州公共雇员养老金公司（California Public Employees' Retirement System，CalPERS）：美国最大的公共雇员养老基金、世界第三大养老基金，针对加州政府雇员累积和提供退休养老金。该基金是美国公司治理运动最主要推动者之一，股东积极行动的创始人。

表 5－1 戴米诺治理体系具体指标

主要维度	二级指标	三级指标
股东权利和责任	一股一票一份红利	遵守一股一票原则
		遵守一股一份红利原则
	股东投票权	有权提出股东大会议案的范围
		参会人数要求和表决通过比例
		选举董事占董事会的比例
	股东提案	股东提案
		派生诉讼
		对损害利益事项的派生诉讼
		废除议案的行动
	投票程序和方法	召开年度股东大会的法定时间
		参加股东大会的程序
		邮件和网上投票
		代理投票
		秘密投票
		在股东大会上的投票方法
		股东大会议案执行情况
	出席率	
	维护目前股东的优先权利	
	股东权利和责任	总结
接管防御的范围	结构性接管防御安排	资本结构
		董事会不受影响
		投票权扭曲
		所有权权利扭曲
	资本接管防御安排	股票回购
		授权资本
信息披露	一般信息披露	文件的语言和信息可获得性
		会计标准
		遵守最佳做法原则
		对审计师的授权
		政治和慈善事业信息
		环境信息

续表

主要维度	二级指标	三级指标
信息披露	公司资本和股东结构信息	
	董事会信息	董事会的构成和运作
		董事会薪酬
	公司委员会信息	
	股票期权信息	
	公司治理信息披露	总结
董事会结构、运作	董事选举	一般描述
		董事选举制度
		年龄限制
		董事会规模
	董事会构成	执行董事数目
		独立董事
		多样性
		是否兼任首席执行官和董事长
	董事会的运作	董事会的运作
		内部行为
	董事会的薪酬	董事薪酬
		执行董事薪酬
		股票期权计划
	董事会下设委员会	
	董事会结构和运作	总结

（三）里昂证券（亚洲）公司治理评价体系

里昂证券（亚洲）公司从2000年开始推出新兴市场的公司治理评价体系，围绕公平性、问责性、责任性和透明度等原则，从考虑公司整体效率角度出发，不将公司治理和管理作明确的区分，关注董事会对于上市公司治理水平的影响；采取问卷评分的形式保证评分的客观性。另外，里昂证券也对国家和地区的公司治理水平进行评级，评级内容主要包括规章制度、执法、政治监管环境、制度机制和文化等四个方面。由此可见，里昂证券相信，新兴市场上市公司所处的政治、市场环境对其治理水平有着较为深远的影响。

里昂证券（亚洲）公司治理体系分为：管理层的约束、公司透明度、董事会独立性、董事会问责性、董事会的责任、公平性、社会责任 7 个方面 57 个指标（见表 5－2）。评分采用问卷设计的方式，而问卷的形式是将问题设计成明确的“是或否”问卷，以降低分析者的主观影响。评分权重方面，前 6 大项各占 15% 权重，“社会责任的认知”占 10% 权重；细分指标方面，除了“投票权容易取得”和“董事会和高管层公平对待股东”两项以外，其余指标权重均相同。

表 5－2　　里昂评分体系原则与项目

原则	项目
管理层的约束	管理层公开强调公司治理的重要性
	对管理层提高公司股价的激励
	专注核心业务
	对股权成本的合理估计
	对资本成本的合理估计
	谨慎发行股票及其他稀释性工具
	确保债务是可控制的，仅将债务资金用于有足够汇报的项目
	现金红利情况
	在年报中讨论公司治理
透明度	披露财务目标，如 3 年或 5 年的总资产或净资产收益率
	及时发布年报
	及时发布中报
	及时发布季报
	迅速披露经营成果，且在宣布前无事先泄露
	根据国际一般公认会计准则编制财务报表
	立即披露重大信息
	投资者容易接触到高管层
	及时更新公司信息的网站
董事会独立性	董事会和高层管理者公平对待股东
	董事会独立于管理层
	高管层较少担任董事，且未受大股东所支配
	审计委员会由独立董事组成
	薪酬委员会由独立董事组成
	提名委员会由独立董事组成
	外部审计与公司无关联
	在董事会无银行代表或其他债权人

续表

原则	项目
董事会问责性	董事会扮演监督而不是执行的角色（高管担任董事席位比率须少于一半）
	非执行董事具有明确的独立性
	独立的非执行董事占董事会人数的一半以上
	董事会中有外籍人士
	每季度至少举行一次全体的董事会会议
	董事会成员能够有效的执行监督
	审计委员会可任命和评估会计师的表现
	审计委员会可监督内部审计人员和会计程序
董事会责任追究	对违规、损害公司利益的个人采取有效措施
	在公司管理不当时采取措施的记录
	有保障小股东利益的方法
	有处罚高管层的机制
	董事会成员的股票交易以公平且安全公开的方式进行
	小规模但高效的董事会
公平性	大股东公平对待中小股东
	所有股东都有权召集股东大会
	便捷的投票方式
	在股东大会召开及时、保质的提供议案资料
	指引市场对公司价值的预期
	在平等对待所有股东的情况下，发行 ADR 或股票
	控股股东持股少于公司总股本 40%
	资产组合投资者持有公司 20% 以上的有表决权的股份
	重视投资者关系
	董事会薪酬总额增长不高于净利润增长
社会责任的认知	有明确的政策规范强调严格的道德行为
	不雇佣童工
	平等的劳工政策
	在采购材料时遵守特定的行业政策和惯例
	明确的环保政策
	避免在政局不稳定的国家投资

2000 年里昂证券（亚洲）公司对 25 个新兴市场国家的 395 家公司进行公司治理评价。结果发现，公司治理得分与股本回报率存在密切的关系。全部公司过去 5 年平均股本收益率为 388%，得分最高 25% 公司则达到 930%。该研究报告指出，良好的公司治理与股价呈现出很好的一致性。

另外，报告调查结果表明，多数国家的“社会责任认知”和“公平性”均得到高分，但在“问责性”和“管理层的约束”上表现较差，这反映出管理者对董事会的责任以及董事会对于错误管理的纠正能力存在较大的问题，也侧面反映中小股东权益保护方面的薄弱。

（四）穆迪公司治理评价体系

穆迪公司治理评价体系主要针对加拿大和美国的公司，评价的重点在董事会，包括董事会的独立性和程序质量，对普遍接受的典范做法的遵守程度以及董事和主管的重大事件的控制权，从而可能出现大股东在缺乏有效制衡的情况下侵犯中小股东利益。穆迪公司治理评价系统主要包括：董事会、审计委员会和关键审计功能、利益冲突、主管薪酬和管理层发展及评价、股东权利、所有权、治理透明度。

穆迪公司治理评价理念的一大特点是引入“家族控制”在不同规模、类型公司对于上市公司治理利弊影响的思考。

穆迪认为，家族式管理模式中企业的发展要面临着“家长”的能力风险。家族控制会导致企业用人的非理性化，企业经营决策的科学化、规范化会与家族式管理模式发生冲突。

相反，以大型成熟企业的最佳治理实践作为标准来衡量中小企业，则可能会陷入教条主义。中小企业非常重要的特点就是灵活性强，适应市场的能力强，从决策到实施的环节少。股权的分散化的一个弊病就是股东之间相互掣肘，股东过多关注短期利益而忽视企业的战略发展。股权的相对集中，可以避免在制定企业方针政策时决策层的协商时间过长，决策结果更符合企业的长远发展需要，并且使得企业在激烈的市场竞争中扮演“快鱼”的角色。另外，家族关系的利他特征可以减少企业内部的委托代理成本，家族中的信任关系可以大大降低市场交易成本。有证据表明，对于中小企业而言，“家族控制”模式确实能提高运营效率。

（五）国际金融公司公司治理评价体系

在当今国际资本市场，公司治理水平已成为一项影响机构投资者投资决策的常规考量指标。自近期欧美国家治理丑闻事件以来，亚洲国家长久以来普遍存在一股独大或国有控股的治理局面，再次受到各界关注并被主流财经媒体持续报道。

国际金融公司根据在中国多年的服务经验发现，国内私营企业家对公司运营透明度有着根深蒂固的偏见，对实行公司治理国际典范做法持排斥态度。当外部财务投资者对目标公司展开初次尽职调查时发常常发现资金占用及侵占中小股东权益等公司治理问题越发普遍、严重。

近年来，随着经济全球化、区域资本市场一体化的深入，世界范围内先进的公司治理理念陆续传入我国企业界，越来越多的中国私营企业家渴望提高公司治理水平，并达到国际水准。

国际金融公司根据中国资本市场外部环境以及上市公司治理特色，制定了符合中国资本市场特点的公司治理评价体系，该体系由治理机制、信息披露及透明度、董事会结构及运行情况、中小股东权益保护等四个方面组成。

1. 公司治理机制

股权结构；治理结构；原材料及大宗商品采购制度；档案管理；公司治理相关政策制定；公司治理大事记；公司内部治理准则；所属国公司治理准则；公司承诺及职责履行情况；普通股股东特殊协定；关于股东权利继承的相关制度；境外上市股权。

2. 信息披露及透明度

信息发布渠道、方式；内部审计和内部控制；外部审计；公平披露；财务报表准确性、完整性、及时性；股东特殊协定披露情况；原材料及大宗商品采购披露情况；监管与自律情况；对信息需求的反映；证券分析师研讨会的组织。

3. 董事会结构及运行情况

董事会的设立情况；董事会政策；董事会议程及会议备忘录；现任董事会成员资格；董事会构成；独立董事情况；董事会成员专业领域交叉及覆盖情况；董事会运行情况；董事与高管兼任情况；审计及其他委员会设置情况；关联方交易；董事会履职情况评估；董事会秘书岗位设置及履职情况；监事会设

置情况。

4. 中小股东权益保护

股东权益保护的基本原则；股东大会相关执行情况；股东大会出席及形成决议的相关规定；关联股东回避制度；改聘管理层的权利；中小股东提名董事会成员的权利；其他中小股东权利；股东关系处理历史情况；不同的股份形式的应用。

（六）东盟公司治理评价体系

东盟公司治理评价体系（ASEAN Corporate Governance Scorecard）包括 ASEAN 公司治理评分体系和东盟 6 国上市公司治理水平评级信息。该评价体系基于以下治理原则：

第一，ASEAN 治理评价体系须反映广泛适应于上市公司的全球治理原则及国际公认的典范做法。在某些情况下，治理评价要求可能超过本国法定治理要求。

第二，该体系不得基于最低普遍标准，而应致力于激励上市公司采用更高的治理标准。

第三，治理体系评价指标应广泛覆盖各个方面，并关注目前东盟国家所存在的公司治理焦点问题。

第四，充分考虑东盟 6 国公司治理实践差异，并提供广泛适用的公司治理实践导向。

第五，评价体系的制定应考虑东盟各国不同的资本市场环境的通用性。

第六，指数编制方法可满足上市公司治理水平的精确评价。

第七，应制订广泛、明确的评价流程以确保公司治理评价结果的独立性和可靠性。

该评价体系包括股东权利、公平对待股东、利益相关者、信息披露及透明度、董事会责任等 OECD 国际治理准则的 5 个方面，其维度权重分别为 10%、15%、10%、25%、40%。为更好地分析、评价上市公司治理水平，ASEAN 治理评价体系从 level 1 和 level 2 两个层面对目标公司治理情况进行考量。

1. Level 1

考量公司治理相关法律、法规，并根据 ASEAN 体系参与国要求以及

OECD 准则基本指标考量目标上市公司具体执行情况，参考 OECD 国际治理准则制订了包括股东权利（26 项指标）、公平对待股东（17 项指标）、利益相关者（21 项指标）、信息披露及透明度（42 项指标）、董事会责任（79 项指标）。

2. Level 2

根据目标上市公司实际治理情况及特点给予相应的奖惩得分，对应上市公司治理水平高于评价体系最低要求的奖励得分项目 11 项；公司治理水平较差或违反相关法律的行为可能导致的惩罚项目 23 项。

（七）中国社会科学院公司治理评价体系

中国社会科学院公司治理研究中心自 2005 年与甫瀚咨询合作发布《中国上市公司 100 强公司治理评价报告》。报告以按市值排名的中国 100 强上市公司为评价对象，重点分析和考察中国大型上市公司的治理水平、特征、问题和实现改善的途径。所涉及的行业覆盖了金融业、制造业、采掘业、交通运输和餐厨业、信息技术业、房地产和社会服务业等 9 个国民经济主要行业。

中国社会科学院关于公司治理监管的理念为借鉴国际经验实行“服从或解释”规则，促进了公司治理自愿标准的形成。根据这一框架，上市公司受三类规定约束：必须遵守的强制性公司治理标准；可灵活决定是否遵守的规定条文，若不遵守则须说明原因；建议发行人遵循的典范做法。

中国社会科学院公司治理评价标准主要参考《OECD 公司治理准则(2004)》，根据我国《公司法》、《证券法》以及公司治理的相关法律、法规，形成公司治理评价框架体系，从股东权利、平等对待股东、利益相关者的作用、信息披露和透明度以及董事会职责和监事会职责等 6 大板块对上市公司的治理水平进行系统性评估。报告数据来源是被评价上市公司所有正式、公开信息，来源包括公司年报、章程、交易所网站、主页和公告等。评分标准按照权重原则，根据 6 大构成要素的不同作用，赋予大小不等的权重，并以此计算各上市公司治理评分情况（见表 5－3）。在评价方式上，每一家上市公司都由不同的研究人员独立进行两轮信息收集、打分和复核，以降低信息收集和评价标准的主观误差。

表 5－3　　中国社会科学院公司治理评价标准体系

一级	二级	三级	四级
A 股东权利			
	AI 法定权利		
		A1 股东会职权：除公司法规定以外的 10 项职权外的其他权利	
		A2 股东代位诉讼	
		A3 股东提议召开董事会临时会议的条件	
		A4 过去一年内公司是否存在改变募股（或债）资金用途的现象？如有，是否经过股东大会批准？	
	AII 知情权		
		A5 过去一年中股东大会的召集公告的质量	
			i 董事任命，应该公布他们的背景
			ii 会计师事务所的任命
	AIII 参与股东大会年会		
		A6 股东大会公告的质量	
			i 董事会主席是否至少参加了过去的两届年会中的一届？
			ii 董事出席名单是否可知？
		A7 根据过去一年的年会记录，股东是否有一次机会提问？	
		A8 股东提出临时提案的条件	
		A9 累积投票制	
		A10 网络投票	
	AIV 接管规则		
		A11 公司是否一种分散的股权架构	
B 平等对待股东			
	BI 股权投票权		
		B1 重大事项表决权	
		B2 董事、监事、独立董事的提名权	
	BII 股东冲突		
		B3 是否有公开可查的关联交易管理办法文本？	
		B4 是否有关联方（股东、董事）投票回避制度？	
		B5 关联交易公告的质量	
		B6 公司是否是某个企业集团的一部分？	
	BIII 代理投票		
		B7 股东大会通知中是否详细说明股东委托他人代理投票的要求？	

续表

	BIV 股东大会年会程序		
	B8i 股东大会通知期限		
	B8ii 临时股东大会通知期限		
C 利益相关者的作用			
	C1 公司是否有独立的公司社会责任报告？		
	C2 公司是否重视员工安全和福利？		
	C3 公司是否明确提及关键利益相关者的角色，包括客户、债权人、供应商？		
	C4 公司对环保和社区发展等公益事业的贡献程度		
	C5 公司是否提供员工持股计划，或其他与股东价值创造有关的长期员工激励计划？		
	C6 公司董事会中职工代表比例		
	C7 公司监事会中职工代表比例		
D 信息披露和透明度			
	DI 实质性信息		
	D1 信息披露管理制度		
	D2 公司投资者关系网页内容是否丰富、充实？		
	D3 是否建立了公开可查的投资者关系管理制度？		
	D4 是否积极与投资者沟通？		
	D5 请评估年报的质量，特别是以下方面：		
		i	财务绩效
		ii	经营和竞争能力
		iii	董事会成长背景
		iv	运营风险
	D6 是否要求董事们报告他们交易本公司股票的情况？		
	DII 审计程序		
	D7 会计师事务所的审计结论		
	D8 公司是否有独立网页，披露最新信息？		
		i	经营情况
		ii	财务报告
		iii	新闻发布
		iv	股权结构
		v	组织结构
		vi	企业集团结构

续表

			vii	年报可以下载
			viii	以中英文形式提供
E 董事会责任				
	EI 股份投票权			
		E1 董事会议事规则		
		E2 公司内控制度与风险管理		
			i	公司是否建立了完善的内部控制制度，包括一个有效的内部审计体系？
			ii	公司是否建立了自己的风险管理部门、风险评估及管理体系？
		E3 公司行为准则		
			i	公司是否具有自己书面的公司治理原则，可以清楚表明它的价值体系和董事会职责？
			ii	董事会是否给所有董事和员工提供了公司道德准则或者经营行为规范以保证他们清楚和理解？
			iii	公司是否设有反舞弊程序和举报系统？
		E4 公司是否建立正式的、统一的 IT 系统政策和 IT 安全政策？		
		E5 每年举行多少次董事会会议？		
		E6 独立董事是否有尽职报告？		
		E7 董事会会议出席率		
		E8 独立董事的董事会现场会议出场率		
	EII 利益冲突			
		E9i 董事会主席是外部董事吗？		
		E9ii 董事会主席是总经理/CEO 吗？		
		E10 公司是否有股权激励措施以激励高层管理者？		
		E11 董事报酬披露		
	EIII 董事会构成			
		E12 董事会规模		
		E13 董事会是否任命执行如下关键职责的由独立董事组成的独立委员会：		
			i	审计委员会
			ii	薪酬委员会
			iii	董事提名委员会
		E14 专业委员会的年度开会次数是否可知？		
		E15 董事会专业委员会报告		

续表

		E16 多少董事会成员是非执行董事？
		E17 在董事会成员中，多少是独立董事？
	EIV 董事培训	
		E18 公司是否给董事（包括执行和非执行董事）提供培训？
F 监事会职责		
	FI 监事会运作	
		F1 是否有《监事会组织和议事规则》、《监事会工作手册》等公开可查文本？
		F2 监事会的监督方式
		F3 监事会成员列席董事会会议情况
		F4 监事会会议情况
	FII 监事会构成	
		F5 监事会人数
		F6 外部监事人数
	FIII 沟通	
		F7 监事会报告质量
	FIV 培训	
		F8 对监事的激励措施
		F9 对监事的培训

（八）上海证券交易所公司治理评价体系

2007 年，上海证券交易所正式发布《上证公司治理板块评选办法》，面向在上海证券交易所挂牌上市的企业，以自愿申报形式，通过公司自评、公众评议和专家评审等多方评价，确定样本股入选名单。上海证券交易所每年 5 月至 6 月定期对样本股范围进行重新评选并调整，最近一期调整后（2013 年 7 月 1 日），样本股数共计 301 只，占沪市 A 股总市值 67.71%。

上海证券交易所公司治理评价体系共分为控股股东行为，关键人的聘任、激励与约束，董事会的结构与运作，信息披露透明度 4 大层面共计 12 项指标。以上市公司公开披露的信息为衡量基础，以"是或否"为选择，从而避免了分析员主观判断对评分结果的影响。评分方式则采取权重模式，按顺序分别赋予 35%、25%、25% 和 15% 的权重，满分以 10 分计。

上海证券交易所公司治理评分体系具体指标为：

1. 控股股东行为

当持有的股权比例超过一定限度时，大股东就因此而获得接近完全的控制权，并倾向于操纵公司以便获得控制权下的私人收益，随之而产生的大股东侵害小股东行为也成为大股东控制型公司治理的核心问题。

通过如下三个问题来衡量控股股东行为的规范情况：

（1）控股股东与上市公司之间是否存在关联交易。分析上市公司大股东是否利用其控制地位，通过关联交易占有上市公司的资源或直接将上市公司的利润转移至母公司或其他关联公司。对以下几类关联交易超过 1 000 万元人民币的行为进行统计分析。投资于新设企业：投资完成后该新设企业由大股东或其关联方控股、或参股；投资非新设企业：投资于大股东、大股东的控股企业、或大股东的关联企业；受让股权：受让后大股东或其关联方占控股地位；受让资产；日常采购。

（2）控股股东是否占用上市公司资金。分析上市公司大股东是否通过占用上市公司货币资金、欠付上市公司大量应收货款等手段侵吞上市公司的资产。

（3）上市公司是否为控股股东及其关联方提供担保。分析上市公司是否为解决大股东或其附属企业的债务融资问题，以上市公司的名义为其贷款提供担保。

2. 关键人的聘任、激励与约束

在关键人控制模式下，如何聘选、激励与约束关键人是公司治理要解决的重要问题。具体而言，聘选要解决上市公司在“一股独大”的情况下如何选择有能力的管理层；激励要解决的是如何设计有效的薪酬结构，促使管理层最大限度地为股东利益工作，同时最大限度地降低机会主义行为；约束则强调对管理层进行制约，防止其偏离股东利益这一根本目标。

通过设计如下 4 个问题来反映上市公司对关键人的聘选、激励和约束：

（1）总经理是否由控股股东产生，以及产生过程如何。分析总经理是否代表控股股东的利益，从而更有可能在日常经营决策中遵循大股东的意志。

（2）董事长或总经理是否在上市公司领取薪酬。分析董事长和总经理的现金收入与上市公司绩效的关联性，另一方面也反映了董事长和总经理是否只是在上市公司中兼职。

（3）董事长或总经理是否持有上市公司股份。分析董事长和总经理的预期收入是否与公司的长远利益之间具有利益趋同性，实现管理者和股东之间的“激励相容”。

（4）上市公司是否在近两年内分配过现金股利。分析上市公司是否通过分配现金股利来减少留存收益，约束管理层的在职消费和过度投资行为。

3. 董事会的结构与运作

董事会的结构与运作反映了董事会的独立性和对管理层的监督控制功能，是公司内部治理机制的一个重要方面。董事会结构一般包含两层内容：一是董事会构成，即执行董事和非执行董事（特别是独立董事）的相对比例。二是领导权结构，即董事长和总经理是两职分离还是两职合一。

根据中国上市公司的具体情况，设计了如下三个问题以反映董事会的结构与运作。

（1）上市公司董事会中是否设立独立董事。主要分析上市公司董事会的独立性，公司权力是否高度集中于内部人手中，以及投资决策的透明度和专业性。

（2）上市公司的董事长和总经理是否由一人担任。主要分析上市公司董事会与管理层的关系，董事会是否具有决策控制权。

（3）上市公司的董事长或总经理是否在控股股东担任职务。主要分析上市公司决策层和管理层相对于控股股东的独立性，其在处理股东利益冲突时能否保持平衡。

4. 信息披露透明性

在现代资本市场中，对上市公司信息披露的要求源于管理层和外部股东之间的信息不对称和利益冲突。因此，作为公司治理的一个重要机制，有效的信息披露可以降低信息不对称性，使股价更准确地反映公司信息，强化资本市场对公司管理层的约束；此外，在存在控股大股东的情况下，对有关股权结构、关联交易等非财务信息的披露也有利于保护中小股东的利益。

具体通过以下两个问题来衡量公司信息披露的透明性：

（1）上市公司的年度报告是否被注册会计师出示了非标准无保留意见。注册会计师根据公司年报的编制、内容和特别事项说明是否与会计准则相一致提出审计意见，在一定程度上反映了公司治理的水平。

（2）上市公司在年中是否因信息披露受到沪深交易所的公开谴责。根据上市规则，沪深交易所会对信息披露不及时、重要信息披露不充分的上市公司进行公开谴责。因此，是否受到交易所的公开谴责也反映了公司在信息披露方面的透明性。

（九）南开大学公司治理研究中心公司治理评价体系

南开大学公司治理研究中心（简称南开治理中心）是国内最早致力于公司治理研究的院校机构，其研究从理论研究深入到治理原则及应用研究，并进一步发展到公司治理评价指数的研究。

2001年，南开治理中心研究并组织制定了《中国公司治理原则》，并被中国证监会《中国上市公司治理准则》以及PECC[①]组织制定的《东亚地区治理原则》所吸收借鉴，为建立公司治理评价指标体系提供了参考标准。

2003年，南开中国上市公司治理评价系统正式发布，此评价体系基于中国上市公司面临的治理环境特点，侧重于公司内部治理机制，从股东权利与控股股东、董事与董事会、监事与监事会、经理层、信息披露以及利益相关者6大维度，合计80多个评价指标，对中国上市公司治理的状况做出全面、系统的评价。

2013年，中央电视台财经频道联合南开治理中心发布治理领先指数在深圳证券交易所挂牌上市，该指数是我国第一支由研究机构作为核心开发者并由证交所发布的指数产品。

南开治理评价对象包括我国资本市场全体上市公司，数据来源包括公开信息（公司网站、巨潮网、中国证监会、沪深交易所等）以及色诺芬CCER数据库、国泰安CSMAR数据库，并根据信息齐全及不含异常数据等筛选原则决定样本数量。在板块划分方面，分为主板、中小板、创业板、金融及保险机构（考虑到金融机构特殊性，对其进行单独分析，主板和中小板金融机构单独组成一个板块）。

评分方式方面，南开治理中心设计了南开治理计分卡，以100分为满分对样本上市公司治理状况进行评价（见表5-4）。

---

① PECC（Pacific Economic Cooperation Council）太平洋经济合作理事会，是由太平洋区域的国家和地区的政府、工商界和学术界议会、政府、工商界、学术界、媒体和民间团体六方人士所组成的非政府间国际组织。

表5-4 南开公司治理评价体系具体指标及评分标准

一级指标	二级指标	三级指标	指标说明	评价标准
股东权益与控股股东行为	关联交易	同业竞争	评价上市公司与控股股东或其控股的其他关联单位的同业竞争情况	上市公司与关联方数不同行业，无同业竞争
		定价依据	评价控股股东与上市公司间关联交易的定价依据，判断关联交易的规范性	上市公司应有明确的关联交易定价分析报告
		资金占用	从控股股东是否无偿占有上市公司资金来反映控股股东行为的外部性情况	控股股东不占用上市公司资金
		贷款担保	从上市公司是否为控股股东在人员方面的关联状况	不提供担保
	上市公司独立性	人员独立性	衡量上市公司与控股股东在人员方面的关联状况	独立
		业务独立性	衡量上市公司与控股股东在业务方面的关联状况	独立
		财务独立性	衡量上市公司与控股股东在财务方面的关联状况	独立
		资产独立性	衡量上市公司与控股股东在资产方面的关联状况	独立
	股东大会	股东大会的参与性	衡量股东参与股东大会的状况	尽可能的股东参与
		股东大会的规范性	衡量股东大会的程序、评价股东参与股东大会的状况	股东大会记录完整
	中小股东权益	临时股东大会提案	反映中小股东的一直得到重视的程度	存在

续表

一级指标	二级指标	三级指标	指标说明	评价标准
董事与董事会	董事权利与义务	董事遴选	衡量董事选拔程序的合理性	履行法规和企业章程
		董事的能力考核	考核董事履行职责和参与董事会活动的情况	符合中国证监会对此的要求和积极主动的参与董事会的活动
		董事年培训	评价董事能力的提升水平	培训次数越多越好
	董事会运作效率	董事会规模	考核董事会规模的合理性	能够进行富有成效的讨论和确保全体股东的利益被公平可观的代表，规模在5~19人
		董事人员构成	考核董事会人员结构的合理性	外部董事和独立董事占多数，但具有不同的专业知识
		董事会会议质量	考核董事会召开质量	全体、具体、像是，并签字
	董事会组织结构	董事会的领导结构	考核董事会的权力制衡情况	履行有关法律
		专业委员会的设置	考核专业委员会的设置状况	有相应的专业委员会
		专业委员会运行状态	考核专业委员会的运行质量	独立董事代表占多数且发表独立性的建议次数
	董事薪酬	董事薪酬水平	考核董事薪酬水平的合理性	符合有关规定
		董事薪酬形式	考核董事激励结构的合理性	董事应采用长期激励机制
		董事绩效评价	考核薪酬方案制订的有效性	有效的评价程序
	独立董事制度	独立董事比例	考核独立董事的规模合理性	独立董事应占董事会成员的1/3
		独立董事激励	考核独立董事的工作效率	独立董事激励方式
		职工持股比例	考核独立董事职责履行的保障状况	有关规定
监事与监事会	监视能力保证性	非职工代表监事候选人提名	考核非职工代表监事候选人的提名权对监事能力保证性的影响	非职工代表监事候选人提名者应能代表广大股东的利益
		监事会人员专职程度	监事会主席在公司内兼职与否及兼职类型是影响监事会独立性的重要因素	监事会主席可以在公司内适当兼职，但不宜担任与董事会于经理层密切相关的职务，以保证监督的独立性

续表

一级指标	二级指标	三级指标	指标说明	评价标准
监事与监事会	监视能力保证性	外部监事在本公司工作时间保证	一定比例的工作时间是外部监事有效履行监督职责的基本保障	外部监事在公司内实际工作时间不得低于一定限度
		外部监事薪酬水平	考核外部监事从公司获取薪酬的方式和数量对监事工作质量和独立性有重要影响	外部监事应根据其尽责的程度取得相应的报酬
	监事会运行有效性	近3年来召集临时股东大会的情况	考核监事会是否就某些事件行使其应有的权力	《公司法》规定监事会可以“提议召开临时股东大会”，而公司章程可进一步给予监事会“独立召集股东大会”的职权
		监事会的结构与规模的有效性	考核监事会履行监督职能的基础	应保证监事会具有足够的经验、能力和背景，独立有效的形式对董事、经理履行职务的监督和对公司财务的监督审查
		监事会会议的有效性	考核监事会履行工作职能的状况	监事会应定期举行监事会会议，监事会成员应保证出席监事会会议的次数
		监事会行使监督权的有效性	考核监事会对董事会及董事、高管履行监督职责的状况	监事会有权要求相关董事、经理、财务负责人列席监事会议，并就有关问题对他们质询
		监事会监督记录的完整性	监事会的监督记录和专项检查结果是评价监事及高管的重要依据	监事会的各项监督活动被认真记录且保存完整
经理层	任免制度	总经理选聘方式	评价总经理来源的公开性和竞争程度	董事会采取公开、透明的方式
		其他高管人员的选聘方式	评价其他高管人员来源的公开性与竞争程度	总经理获提名委员会提名，采取公开透明的方式
		高管层的行政度	评价政企分开的程度	实行现代企业制度的公司高层人员不兼任行政官员是政企分开的保障

续表

一级指标	二级指标	三级指标	指标说明	评价标准
经理层	任免制度	总经理和董事长两权设置	评价总经理经营控制地位的相对独立性	上市公司董事长和总经理两权分立有利于董事会对经理层监督、激励
	执行保障	决策支持	考核高管层为董事会提供决策信息的方式和性质	高管层实时、定期为董事会提供有价值的决策信息，有利于董事会决策有效性
		经营控制	通过公司经理层经营控制的有效程度评价治理成效	公司经理层对公司经营实施有效控制
		双重任职	衡量高管层介入关联交易的可能性	双重任职更易发生转移价格和其他非市场交易，避免双重任职是控制关联交易的有效手段
		内部人控制	通过经理层董事人数占董事会成员总数比例评价经理层与董事会制约程度	应维持一定比例，比率过高会使经理层凌驾于董事会之上，造成股东会如同虚设
		CEO 设置	通过公司董事会代理人 CEO 的设置情况评价公司经营权的集中度	设置 CEO 负责监督落实董事会统管的经营决策
	激励机制	薪酬水平	评价高管人员的薪酬在国内同业所处水平，以及公司内其他员工的差异程度	高管人员相对国内同业较高薪酬，或是公司内较大差异都会产生较强的激励
		薪酬结构	薪酬形式与构成	多样、长短期兼顾的合理薪酬能正确引导经营者职业努力方向
		薪酬动态激励	通过衡量薪酬和业绩关系考核薪酬激励动态化程度	薪酬和公司业绩挂钩，使其具有动态激励性
		持股比重	反映对经理层股权激励的强弱程度	持股比例越大越好
		股权流通性	反映对经理层股权激励有效弱程度	流通性越强越好
		持股形式	持股方式的主动和被动会引发不同的激励效度	主动持有比越大越好
		决策报告制度	评价董事会对经理层的决策控制及授权程度，反映决策控制权激励约束程度	经理层适度比例投资决策权可起到激励作用，最大授权钱决策金额占净资产比例不超过一成
		职务消费制度	经营管理权激励约束程度	取消公司支付的货币化职务消费激励约束力最强

续表

<table>
<tr><th>一级指标</th><th>二级指标</th><th>三级指标</th><th>指标说明</th><th>评价标准</th></tr>
<tr><td rowspan="11">信息披露</td><td rowspan="5">完整性披露</td><td>股东大会的会议决议披露状况</td><td rowspan="3">衡量上市公司决策、管理、监督的透明度</td><td rowspan="3">完全披露</td></tr>
<tr><td>董事会的会议决议披露状况</td></tr>
<tr><td>监事会的会议决议披露状况</td></tr>
<tr><td>财务信息披露，近3年定期披露状况</td><td>衡量上市公司财务信息披露透明度</td><td>完全披露</td></tr>
<tr><td>专题及重大事项披露（委托理财披露等）</td><td>衡量上市公司重要信息状况的披露；反映上市公司委托理财是否遵循相关的程序</td><td>上市公司应完全披露以下内容：
1. 会计报表辅助说明、会计政策估计及合并范围
2. 募集资金使用情况
3. 关联交易信息
4. 或有事项信息
5. 财务担保信息
6. 分部信息
7. 股价短期频繁变动原因</td></tr>
<tr><td rowspan="6">真实性披露</td><td>年度财报被出具非标准无保留意见或者被公开批评状况</td><td rowspan="6">衡量上市公司信誉、审计师独立性、信息披露合规合法情况和透明度</td><td rowspan="6">上市公司具备其中任何一项，即被视为有违规历史：
1. 被司法机关公开审理
2. 被证监会调查，遭证监会、交易所通报批评、谴责、责令改正等
3. 累计3次被审计单位出具保留意见、否定意见或拒绝表述意见
4. 媒体曝光、专业研究人员公开研究成果等披露的上市公司违规行为</td></tr>
<tr><td>近3年会计政策或会计变更状况</td></tr>
<tr><td>近3年变换会计师事务所状况</td></tr>
<tr><td>被更换的会计师事务所提出异议或申诉状况</td></tr>
<tr><td>公司年报审计会计师事务所近3年为本公司提供其他业务状况</td></tr>
<tr><td>监事会曾发现并纠正公司财报不实之处状况</td></tr>
</table>

续表

一级指标	二级指标	三级指标	指标说明	评价标准
信息披露	及时性披露	年报、中报、季报披露及时性 股东大会的会议决议是否及时披露 董事会的决议是否及时披露 委托理财应按要求及时披露	考核上市公司信息披露的及时性	应按照年报、中报、季报的要求定期披露，并及时披露其他信息
利益相关者	公司员工参与度	职工监事比例	考察职工参与治理的状况	职工监事及职工持股比例越高，员工参与治理的程度越高
	公司社会责任履行状况	公司公益性捐赠支出	通过公益性捐赠考察上市公司对社会所出的社区的贡献	公司公益性捐赠支出越高，环保措施越完善，社会责任履行状况越好
		公司环境保护措施	考察上市公司社会责任的履行情况	
	公司投资者关系管理	公司网站的建立和更新	考察投资者信息披露和交流渠道的建立和通畅情况	公司应建立自己的网站并及时更新，以方便投资者及时了解公司信息
		公司是否设立投资者关系管理制度	考察公司投资者关系设立的情况	公司应建立完善的投资者关系管理制度，以协调投资者关系
	公司和监督管理部门的关系	罚款支出和收入	考察上市公司和监管部门的关系	公司罚款支出和收入越少越好
	公司诉讼和仲裁事项	公司有无诉讼、仲裁事项	考察上市公司和股东、供应商、客户、消费者、债权人、员工、社区、政府等利益相关者和谐程度	公司诉讼仲裁事项越少越好

四、国内公司治理评价体系的不足

（一）国内主要评价体系存在的问题

目前国内公司治理评价体系及报告包括：中国社会科学院的《中国上市公司100强公司治理评价》、南开治理评价体系、沪深交易所评价体系等，以学术、官方机构为主，其评价意义在于学术研究和治理现状展现，商业化程度不高导致市场影响力较小，对上市公司声誉、投资价值等方面的价值提升相比国外知名商业机构评价报告不足。

从评价指标设计方面来看，现行评价体系在反映公司治理结构方面较多，缺乏对公司治理运行机制的关注。而目前我国上市公司治理在结构上日趋完善，但在实际运行过程中存在着较为突出的问题，恰恰这一点，在设计评价指标时未给予足够的重视。

另外，学术化的公司治理评价体系常常表现出“大而全”的倾向特征，缺乏对指标项的深入调研了解。理论上讲，指标越全面，越能反映公司治理的全面情况，但过多的指标设计，在缺乏专业机构广泛市场调研的情况下，往往因为数据信息的不可获得性而导致评价缺乏可操作性，从而导致评价结果无法深入、准确地表现公司治理实际情况。

（二）与国外先进评价体系相比所表现出的局限性

在评价指标体系的设计上，国内治理体系与国外相比，在上市公司独立性、股东权益保护、监事会以及相关利益者保护等方面反映出中国上市公司治理的特点，更有针对性，但仍存在一定的局限性。

国内主要评价体系所涉及的指标基本均为定性指标，难以准确的度量，个别指标的评分差异汇总后得出公司治理评价结果与实际情况在一致性上可能存在较大的差异，如何规避因评分人员在信息收集、评分上的主观因素对治理情况真实性的反映至关重要。

以标准普尔、里昂证券（亚洲）等为代表的国际知名公司治理评价机构认为，一个国家、地区包括法律基础、监管机制、信息披露制度及市场基础在内的外部治理环境对范围内上市公司治理情况影响深远。我国幅员辽阔，地域文化、地方治理环境、企业文化特色明显，地区性的外部环境对当地上市公司均具有一定的影响。截至目前，国内仍未出现具权威性的评价体系关注地区治理环境，不同环境下的上市公司治理水平缺乏横向可比性。

另外，国内主要治理评价体系指标项目均以股权制衡、利益相关者保护等过程指标为主，缺乏诸如财务指标、股价指标等反映治理效果的目标指标。虽然追求过程指标可有效考量上市公司治理架构建设情况，从而反映治理水平，但追求经营业绩的最大化作为公司治理追求的最终目标也不能忽视。目标指标的缺失是导致我国公司治理评价体系对上市公司投资价值影响力不足、市场导向性较弱的主要原因之一。

五、OECD 等国际治理准则在国内的可借鉴性

经过对标准普尔、戴米诺、里昂证券（亚洲）、穆迪等国际知名治理评价体系具体使用的标准进行比较发现：（1）评价体系均由一系列细化指标项组成，且均包括股东权利、董事会结构及信息披露三大维度；（2）评价体系因目标国家或地区治理外部环境特点存在较大差异；（3）均采用权重评价方法，根据治理各要素重要程度的不同赋予不同的权重；（4）获取所需评价信息的方法一致，均来自公开信息，其他信息通过与上市公司关键员工调研、访谈获得。

尽管 OECD 治理准则可能是最广为认知、备受推崇的，但并不意味着适用于发展中国家。该准则的实行需要三个先决条件：（1）良好的法律基础，即能够得到有效实施的健全的法律体系；（2）良好的信息基础，即市场参与者均能完整、及时的获得上市公司准确信息；（3）良好的投资者教育基础，即投资者知晓自身权利并能合理利用。在英美治理模式下，市场交易活跃、资本市场发达、股东权利至上、公司高度透明、投资者利益受到广泛保护均建立在健全的法律法规基础上。反观我国资本市场环境现状，无论是市场发达程度、法律法规健全程度还是投资者教育均未达到英美发达资本市场水平。故此，基于 OECD 治理准则的公司治理评价体系仍缺乏足够的公允性、准确度。

“主导公司逻辑”指用作制定国家法律、法规和自律建议的参考基础的治理结构，表现为一个国家或地区内占主导地位的公司形态对上市公司治理结构的重大影响。在英美资本市场，作为主导公司的公众上市公司拥有众多股东，所有权分散、所有权与控制权分离等特点是其治理环境的形成基础。英美资本市场成熟的公司治理原则与发展中国家股权高度集中的现实背离，导致以 OECD、世界银行治理准则为基础制定的评价体系在有效性、适用性上存在缺陷。

第二节 公司治理指数

公司治理指数主要包括公司治理评价指数和公司治理股价指数两类。公司治理评价指数是以公司治理评价体系为基础，根据其评价维度和一系列细化指标项，按照既定的评价标准、权重分配和指标赋值，对上市公司治理情况进行量化评分，做出系统、客观和准确的评价。公司治理股价指数是按照既定的样本股选择方法确定公司治理板块的股票池，并根据指数编制方案制成相应指数产品并发布，一般基点为1 000点，指数随样本股市值波动。

一、公司治理指数发布的意义

（一）公司治理评价指数

评价指数是对公司治理评价的深化，通过指数的编制与定期发布，实现对上市公司治理状况实施全面、系统、及时的跟踪，通过声誉制约的方式督促上市公司实时保持内部治理机制的顺利执行，并促进证券市场管理质量稳步提升。

国外发达资本市场国家主要采用公司治理评价指数，是根据数化理论的原理，在公司治理评价体系的基础上，综合运筹学、统计学等方法对上市公司治理状况的量化表示。目前，国外发达资本市场治理评价主要由独立的第三方机构发布，主要包括标准普尔治理指数、戴米诺治理指数、里昂证券（亚洲）治理指数等。另外，美国机构投资者服务公司（ISS）建立了全球上市公司治理状况数据库，为其会员投资者提供监督上市公司治理情况服务。

与发达经济体不同，其他新兴市场国家由于国内资本市场发展相对较晚，在不完全有效的市场环境下，股价无法全面反映包括公司治理状况在内的各种因素。另外，公司治理评价指数的发布需要建立在全面、细化、准确的历史治理状况数据库的基础上，新兴市场国家仍未具备足够的历史数据积累，无法实现评价指数的权威发布。

（二）公司治理股价指数

公司治理股价指数是公司治理准则及机制的有效补充，其意义在于通过将治理水平良好的上市公司纳入指数样本池，起到与市场内其他股票区分的作用，并以此激励上市公司提高治理水平。另外，高效的公司治理机制充分保证了上市公司长期运营、决策的规范性和科学性，有利于保持盈利能力的稳定、增长，并最终反映到公司市值上。通过治理指数与综合指数的长期走势对比，吸引关注公司运营绩效的长期资金对其进行长线投资。

二、全球主要公司治理股价指数介绍

全球范围内推行公司治理股价指数，将本国资本市场内运行平稳、治理水平良好的上市公司单独构建样本池，为市场提供质地优良的投资组合，并以此引导价值投资的交易所指数产品包括：巴西圣保罗治理指数（Brazil IGC Index）、富时意大利之星指数（FTSE Italia STAR Index）、墨西哥环境治理社会指数（Mexico IPC Index）、秘鲁公司治理指数（Peru BVL IBGC Index）、南非环境社会治理指数（South Africa SRI Index）、韩国治理指数（Korea KOGI Index）、土耳其治理指数（Turkey ISE Index）等。

（一）巴西圣保罗治理指数（Brazil IGC Index）

巴西圣保罗治理指数由巴西圣保罗交易所（BM&FBOVESPA）于2001年6月首次发布，基点为1 000点（见表5－5）。该指数设置的目的在于提供一个由众多治理水平良好的上市公司组成的投资组合。

表5－5　巴西圣保罗治理指数概况

1. 指数样本股范围确定方法	
入选资格及维度赋值	所有在巴西圣保罗交易所发行上市并根据 Novo Mercado（NM）评价体系列级为一级、二级的上市公司；权重分配原则根据交易所上市2、二级列级1.5、一级列级1的比例分配
治理水平标准	成分股上市公司须遵守巴西圣保罗交易所以及 Novo Mercado 评价体系公司治理准则，该准则明显高于巴西国内治理相关法规，且日趋严格
成分股选择方法	自动选取所有在巴西圣保罗交易所发行上市，并根据 Novo Mercado 评价体系列级为一级或二级的上市公司
样本股临时调整及处罚	当上市公司不再符合 Novo Mercado 评价体系列级标准，巴西圣保罗交易所除书面通知上市公司外，还将采取包括罚款、暂停股票交易；情况严重的，还有可能取消列级或终止上市

续表

2. 指数编制方法及信息收集	
指数编制原则	根据 NM 列级标准相关规定
成分股定期调整	每年定期在 4 月底、8 月底、12 月底对 IGC 指数成分股进行复核，并根据样本股选择标准调整
公司治理执行情况的日常监督/第三方监管	巴西圣保罗交易所根据巴西证监会关于上市公司信息披露要求对 IGC 成分股公司治理执行情况进行日常例行监督
3. 指数信息披露及透明度	
细节披露程度	NM 评价体系列级公司充分披露
指数信息获取	巴西圣保罗交易所网页披露包括指数介绍、编制方法、指数成分股及指数历史走势等在内的指数信息
4. 指数表现	
成分股数量	截至 2013 年 2 月底，巴西 IGC 指数共有成分股 174 只
指数走势表现	IGC 指数自 2001 年发布以来，指数点位增长已达 640%，超过巴西综合指数增长水平 300%

巴西 IGC 指数走势对比见图 5－1。

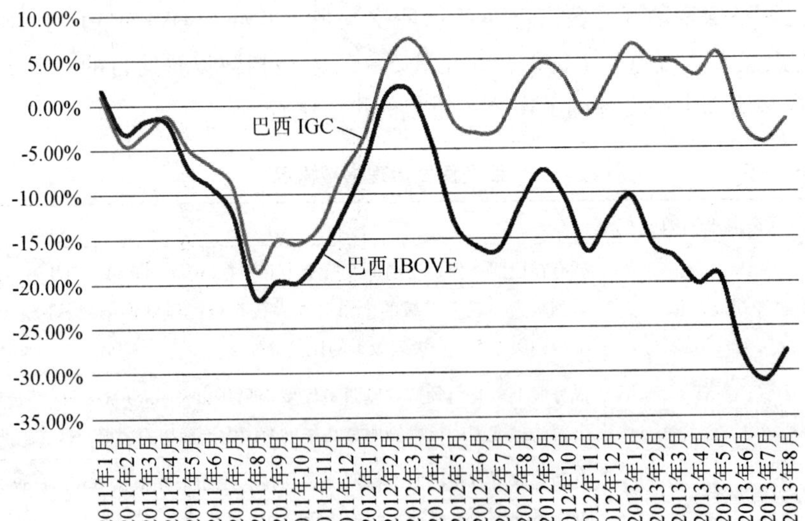

图 5－1 巴西 IGC 指数走势对比

资料来源：标准普尔数据库。

（二）富时意大利之星治理股价指数（FTSE Italia STAR Index）

富时意大利之星指数为纯公司治理股价指数，由富时公司于意大利交易所共同编制并发布，指数基期为2001年4月，初始样本股20家。富时意大利之星指数概况见表5－6。

表5－6　富时意大利之星指数概况

1. 指数样本股范围确定方法	
成分股	以意大利交易所之星治理水平列级样本空间为基础
治理水平标准	之星治理水平列级样本空间内上市公司须自愿遵守相应意大利公司治理准则（附件3）
成分股选择方法	所有之星样本空间上市公司
样本股临时调整及处罚	出现不符合公司治理列级标准情况时，调整出指数成分股
市场化基准指标	流通市值在4 000万至1亿欧元之间 之星治理水平列级体系要求上市公司流通股占35%，不得低于20%
2. 指数编制方法及信息收集	
成分股定期调整	意大利交易所每年对富时意大利之星指数成分股进行调整，上市公司提供自评报告及遵守之星治理水平列级准则相关规定的声明。意大利交易所根据上市公司提交的资料以及指数编制相关规定对成分股进行调整
公司治理执行情况的日常监督/第三方监管	指数样本股治理水平由意大利交易所负责日常监管
3. 指数信息披露及透明度	
细节披露程度	之星治理水平列级报告中披露公司治理评价标准
指数信息获取	
4. 指数表现	
成分股数量	截至2013年2月，富时意大利之星指数样本股共计66只
成分股调整情况	2001年富时意大利之星指数发布时，指数成分股共计20只，至今共有45只成分股由于重组或停止上市等原因被调整出样本空间
指数走势表现	富时意大利之星自2002年12月以来仅增长40%，但其表现仍明显好于FTSE All－Share指数和FTSE Mid Cap指数

意大利FTSE治理指数走势对比见图5－2。

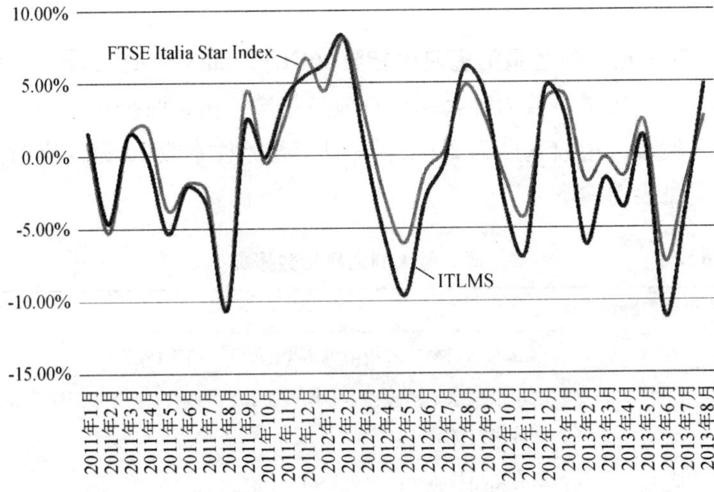

图5－2 意大利 FTSE 治理指数走势对比

资料来源：标准普尔数据库。

（三）墨西哥环境社会治理股价指数（Mexico IPC Index）

墨西哥环境社会治理股价指数为 ESG 可持续发展指数，该类指数通过关注目标公司在环境保护、社会责任和公司治理等方面的表现，衡量其可持续发展情况（见表5－7）。该指数由墨西哥交易所编制、发布，基期为2011 年12 月。

表5－7　墨西哥环境社会治理股价指数

1. 指数样本股范围确定方法	
维度赋值	IPC 指数包括环境保护、社会责任、公司治理 3 个维度，分别按照 33%、33%、34% 的权重赋值综合评分
治理水平标准	墨西哥 IPC 环境社会治理指数以 OECD 的 6 大治理原则为基础，评价指标主要依据 OECD 的公司治理准则、墨西哥证券市场法律法规，并结合投资者重点关注的问题制定。该评价体系对于公司治理要求明显高于墨西哥法定治理框架
成分股选择方法	墨西哥 IPC 指数成分股的选取根据墨西哥交易所环境社会治理指数评价体系评分结果高于全部 3 500 家上市公司评分平均值的股票，并选择符合市场化基准指标的上市公司最终形成 IPC 指数成分股空间
样本股临时调整及处罚	在每年定期复核评估中，指数成分股上市公司出现环境社会治理水平低于成分股入围标准的情况时，须在一年宽限期内提高自身治理水平
市场化基准指标	流通股占比须高于 30% 或市值高于 1 亿美元

续表

2. 指数编制方法及信息收集	
信息来源	上市公司公告信息
成分股定期调整	墨西哥交易所根据评价体系标准，每6个月实施一次指数成分股定期复核
公司治理执行情况的日常监督/第三方监管	第三方监管机构以上市公司审计报告为主要监管信息来源
3. 指数信息披露及透明度	
细节披露程度	披露指数成分股
指数信息获取	指数相关信息以西班牙文形式于网站公布
4. 指数表现	
成分股数量	墨西哥 IPC 指数成分股共计 29 只
成分股调整情况	2012 年首次调整中新增成分股 6 只
指数走势表现	2012 年作为墨西哥 IPC 指数公布首年，其走势表现超过墨西哥综合指数 20%

（四）秘鲁公司治理股价指数（Peru BVL IBGC Index）

秘鲁公司治理股价指数为纯公司治理股价指数，通过上市公司自愿申报的方式由秘鲁交易所编制、发布，指数基期为2008 年7 月（见表5－8）。

表5－8　　　　秘鲁公司治理股价指数

基期	2008 年 7 月
发布者	秘鲁交易所（BVL－Lima Stock Exchange）
1. 指数样本股范围确定方法	
维度赋值	
治理水平标准	秘鲁交易所根据秘鲁国家公司治理准则要求编制 IBGC 公司治理指数评价体系，该体系共有评价指标 26 条
成分股选择方法	秘鲁 IBGC 指数成分股以自愿申报方式参与评选，其初步筛选标准包括：参评上市公司须是秘鲁综合指数成分股；上市公司提供的治理信息、资料须经会计师事务所完成审计；根据指数评价体系评分得分须在 60 分以上（总分 312 分）
样本股临时调整及处罚	秘鲁 IBGC 指数成分股在年度定期复核中若出现不符合评分标准或流通股占比过低情况，将被及时调整出成分股空间
市场化基准指标	指数成分股上市公司流通股比例须为秘鲁交易所上市公司前 80%

续表

2. 指数编制方法及信息收集	
信息来源	上市公司自我评价
成分股定期调整	每年根据秘鲁交易所复评结果调整成分股
公司治理执行情况的日常监督/第三方监管	上市公司自我评价报告须由秘鲁交易所认可的第三方机构进行评估、验证
3. 指数信息披露及透明度	
细节披露程度	秘鲁交易所每年评比并披露治理评价得分的上市公司并冠以秘鲁交易所之星称号
指数信息获取	指数相关信息以西班牙语在交易所网站披露
4. 指数表现	
成分股数量	秘鲁 IBGC 指数成分股共计 9 家上市公司，另外还有 8 家上市公司因未满足流通股占比要求未进入成分股空间
成分股调整情况	自 2008 年以来，秘鲁 IBGC 指数新增成分股 2 家；另外，1 家上市公司因未满足流通股占比要求被调整出样本空间
指数走势表现	IBGC 指数与秘鲁综合指数走势趋近

（五）南非环境社会治理股价指数（South Africa SRI Index）

南非环境社会治理股价指数为环境社会治理股价指数，由南非交易所编制、发布，基期为 2004 年 5 月（见表 5－9）。

表 5－9　　南非环境社会治理股价指数

1. 指数样本股范围确定方法	
维度赋值	南非环境社会治理评价体系主要包括公司运营策略和管理水平两大维度，涉及环境保护、社会责任、经营情况、治理水平等共计 90 个指标。评价体系中关于公司治理的指标主要根据国际治理典范做法和南非 Code King III 体系制定
成分股选择方法	约翰内斯堡富时指数成分股均具备入选资格 Top40 指数、约翰内斯堡富时 Mid Cap 指数以及 SRI 治理指数成分股自动入选 SRI 环境社会治理指数成分股空间，其他上市公司则采取自愿申报方式 评价标准分为核心标准和非核心标准两类，上市公司须在满足大部分评价标准的同时，至少满足 1/3 核心标准

续表

样本股临时调整及处罚	年度复核过程中对出现是否持续符合成分股选择标准的质疑情况时对目标公司进行针对性调研，并根据调研结果及公司改善情况决定是否调整出成分股空间
市场化基准指标	需要符合的市场化基准指标包括：每年至少有12个月的月换手率超过已发行股份0.5%
2. 指数编制方法及信息收集	
信息来源	以上市公司公告信息及其他尽职调查资料为信息来源
成分股定期调整	采取双重调整模式： 成分股评价人员通过对上市公司公告信息的复核，审查成分股公司是否符合评价指标 上市公司在收到初步复核结果后3周内，对自身环境社会治理水平进行陈述、补充
公司治理执行情况的日常监督/第三方监管	每季度定期复核调整成分股
3. 指数信息披露及透明度	
细节披露程度	公开披露指数成分股及符合全部环境社会治理指标的上市公司
指数信息获取	指数相关信息清晰、全面地在网站以英语公开
4. 指数表现	
成分股数量	截至2012年，SRI指数成分股共计79家
成分股调整情况	2004年南非环境社会治理指数设立之初共有成分股51家
指数走势表现	由于成分股高度重叠，南非环境社会治理指数与JSE综合指数走势趋近

（六）韩国治理股价指数（Korea KOGI Index）

韩国治理股价指数系根据OECD的公司治理准则并结合韩国治理环境特色，由韩国交易所编制、发布的纯公司治理股价指数，基期为2003年2月（见表5－10）。

表 5－10　　韩国治理股价指数

1. 指数样本股范围确定方法	
维度赋值	
治理水平标准	韩国治理股价指数评价体系结合 OECD 的公司治理准则和韩国治理环境特色，制定了共计 95 条指标的评价体系
成分股选择方法	韩国治理股价指数以韩国综合指数 KOSPI 全部成分股及 KOSDAQ 前 100 家成分股为备选样本空间，根据 KOGI 治理评价体系选择 50 家综合得分 B＋以上的上市公司作为指数成分股。当出现超过 50 家得分 B＋以上的上市公司时，则根据公司市值及 ESG 评价得分结果优选
样本股临时调整及处罚	年度复核，定期调整
市场化基准指标	前 3 个月交易量为备选样本空间前 40 名的股票
2. 指数编制方法及信息收集	
信息来源	基于上市公司公告信息
成分股定期调整	由韩国公司治理服务公司（KCGS）定期于每年 9 月份根据 KOGI 指数治理评价体系复核成分股公司治理情况
公司治理执行情况的日常监督/第三方监管	韩国公司治理委员会及公司治理研究委员会作为治理评价外部专家对成分股及其评价过程、结果实行第三方监管
3. 指数信息披露及透明度	
细节披露程度	KOGI 指数成分股于韩国交易所（KRX）网站披露，其他 KOGI 评价得分高于 B＋但未进行 KOGI 成分股的上市公司则披露与韩国公司治理服务公司（KCGS）网站
4. 指数表现	
成分股数量	50 只
成分股调整情况	自 2007 年以来，韩国 KOGI 指数成分股调整比率约为 18%
指数走势表现	由于成分股高度重叠，韩国 KOGI 治理指数与韩国综合指数 KOSPI 走势趋近

韩国 KOGI 治理指数走势对比见图 5－3。

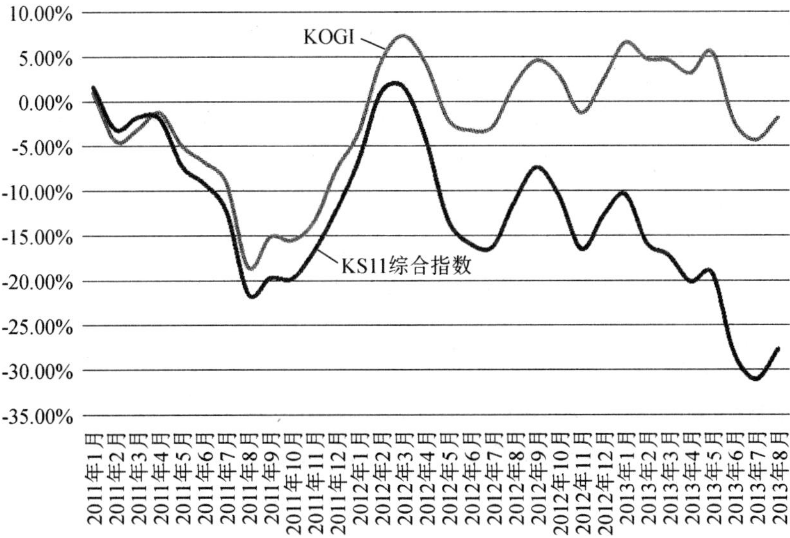

图 5－3　韩国 KOGI 治理指数走势对比

资料来源：标准普尔数据库。

（七）土耳其治理股价指数（Turkey ISE Index）

土耳其治理股价指数为土耳其交易所编制、发布的公司治理股价指数，其评价体系由土耳其资本市场委员会（CBM）根据 OECD 的公司治理准则制定（见表 5－11）。该指数基期为 2007 年 8 月。

表 5－11　　土耳其治理股价指数

1. 指数样本股范围确定方法	
维度赋值	
治理水平标准与维度权重	基于土耳其资本市场委员会（CBM）根据 OECD 的公司治理准则制定的公司治理评价体系。该评价体系从股东权利、利益相关者、信息披露和董事会治理等四个方面评价上市公司，前述维度权重比例分别占 25%、15%、35%、25%
成分股选择方法	土耳其伊斯坦布尔交易所（ISE）挂牌上市，并经 ISE 治理评价体系得分 7 分或以上的上市公司（满分 10 分）
样本股临时调整及处罚	ISE 治理评价体系得分低于 7 分的上市公司将被调整出成分股
市场化基准指标	—

续表

2. 指数编制方法及信息收集	
信息来源	评级代理机构通过上市公司公告信息的收集分析，结合上市公司提供的尽职调查资料及现场调研情况进行治理水平评价
成分股定期调整	至少每年复评一次
3. 指数信息披露及透明度	
细节披露程度	土耳其公司治理协会网站披露 ISE 治理指数相关信息及完整的评价结果
4. 指数表现	
成分股数量	截至 2013 年 2 月，成分股共计 45 家
成分股调整情况	ISE 治理指数 2007 年初次发布时共有成分股 7 家，至今未出现将成分股调整出空间的情况，2008 年新增 6 家，2009 年新增 11 家，2010 年新增 7 家，2011 年新增 7 家，2012 年新增 7 家
指数走势表现	ISE 治理指数表现与土耳其综合指数（IMKB）走势几乎相同

三、我国主要公司治理股价指数介绍

我国资本市场关于公司治理评价的研究、实践起步较晚，仍处于理论研究向治理实践转换并逐步完善的阶段。自 21 世纪以来，包括监管机构、市场机构、学术界在内的评价主体纷纷发布治理评价体系，公司治理的评价开展模式及治理水平的市场关注度推广工作仍在进一步市场优化过程中。在自身公司治理评价体系的基础上，上海证券交易所、深圳证券交易所、南开治理中心均发布了相应的公司治理股价指数产品。

（一）上海证券交易所公司治理股价指数系列

上海证券交易所与中证指数公司为综合反映上市公司治理情况，引导完善公司治理结构，于 2007 年正式发布《上证公司治理板块评选方法》，并先后发布上证治理指数、上证 180 治理指数、上证财通 ESG 指数等相关产品。

1. 上证公司治理指数

上证公司治理指数（000019，简称治理指数）根据 2007 年 10 月 9 日正式发布的《上证公司治理板块评选办法》，以上市公司自愿申报，经过公司自评、公众评议和专家评审等多方评价，确定样本股入选名单。

（1）样本股选择对象。面向全部 A 股上市公司，以在沪、深交易所上市满 12 个月；近 3 年无重大违法违规行为；公司及董事会、监事会、高级管理层近 36 个月未受中国证监会行政处罚或交易所公开谴责；非 ST、* ST 或暂停上市状态等为初步筛选指标确定选择范围。

（2）申报方式。采取自愿申报方式，根据初评要求填列上市公司治理自我评价表，通过初步审查后将符合条件的申报材料在网站上公示，接受社会公众评议。同时，选择证券公司、基金公司、保险公司、评级机构和专门研究机构等作为“上证公司治理特别评议单位”，对申报公司的治理情况进行评议，筛选出治理优良的上市公司，构成公司治理板块。

（3）指数编制方法。以上证公司治理板块中所有股票作为样本股，基日为 2007 年 6 月 29 日，基点为 1 000 点，并采用派许加权综合价格指数计算指数点位。

（4）样本股调整。上证治理指数采取自由数量法，即设定严格的样本股选择标准，随着时间推移，符合标准的上市公司均可纳入样本范围。每年 5 至 6 月，对样本股进行重新评选，根据结果于 7 月初进行调整。另外，当样本上市公司有特殊事件发生，以致出现不符合公司治理板块申报条件的，将尽快从公司治理板块中予以剔除，上证公司治理指数同时进行相应调整。上证治理指数走势对比见图 5－4。

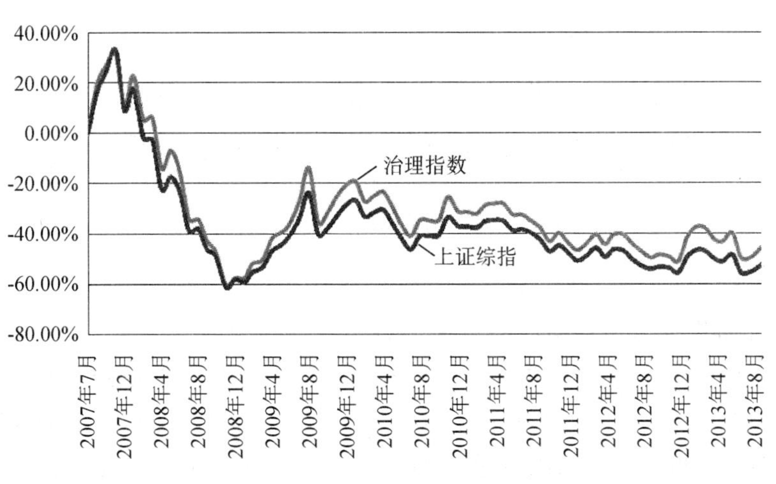

图 5－4　上证治理指数走势对比

资料来源：Wind 资讯。

2. 上证180公司治理指数

上证180公司治理指数（000021，简称180治理）是以上证治理板块与上证180指数样本股并集作为样本股空间，根据上证180指数选样方法对样本空间内股票进行综合排名，然后在两大指数样本交集中挑选综合排名100作为180治理指数样本股；若交集股不足100只，则在上证公司治理指数样本股中选择排名最高的非交集股补足。

180治理指数以2007年6月29日为基日，以该日所有股票样本的调整市值为基期，基点为1 000点。该指数样本股随着上证180指数或上证公司治理指数的定期调整，每半年调整一次样本股，在1月初和7月初实施；每次样本调整比例一般不超过10%，除非从样本空间中被挑出的原样本股票超过10%。

治理180指数走势对比见图5－5。

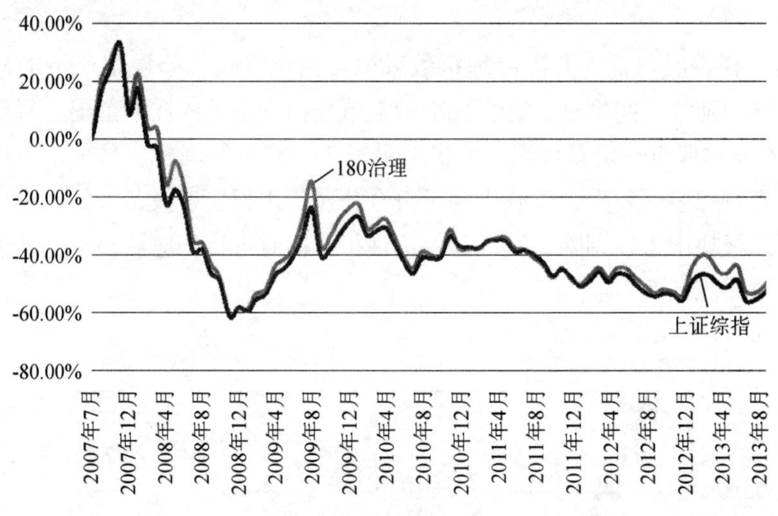

图5－5 治理180指数走势对比

资料来源：Wind资讯。

3. 上证财通ESG指数

上证财通ESG指数（000846，简称ESG100）为中证指数公司为财通基金创新定制的可持续发展（ESG）指数产品，由沪深300指数样本股构成样本空间，对样本空间内股票采用国际先进的欧洲可持续发展评级与指数化方案提供商ECPI的可持续发展评级体系，运用ESG方法从环境、社会和治理三方面进行评级，依据评级结果选取评级靠前的100只股票构成指数样本股；若评级相同，则优选过去一年日均总市值较高的股票。

ESG100 以 2011 年 6 月 30 日为基日，以该日所有股票样本的调整市值为基期，基点为 1 000 点。该指数成分股调整方法以 ECPI 的 ESG 评分结果为标准，每半年调整一次。该指数体系综合考量目标上市公司包括环境保护、社会责任和公司治理三方面在内的可持续发展表现，有效预警在中国经济转型背景下可能发生的股市“黑天鹅现象”。

ESG100 指数走势对比见图 5－6。

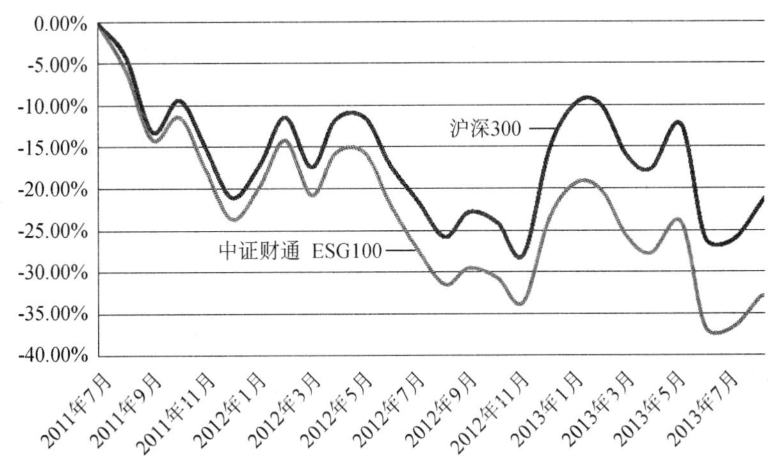

图 5－6 ESG100 指数走势对比

资料来源：Wind 资讯。

（二）深圳证券交易所公司治理股价指数系列

为引导上市公司积极回报公司股东、完善公司治理、践行社会责任，深圳交易所和深圳证券信息有限公司发布了覆盖深圳主板、中小板在内的一系列治理指数产品。

1. 深证治理指数

深证治理指数（399327，简称深证治理）依托巨潮治理综合评级体系，选股主要参考公司治理结构评分、企业规模和经营绩效等因素，考量样本公司整体经营规范性、市场形象及投资者认同度。在深市备选上市公司范围内，按近一年主营收入占市场比重、净利润占市场比重和巨潮治理评分以 1∶1∶20 的权重进行综合排名，选取前 40 名形成指数样本股。

深证治理指数以 2002 年 12 月 13 日为基日，1 000 点为基点，根据每年一次的巨潮治理评价对成分股进行调整。

深证治理指数走势对比见图 5－7。

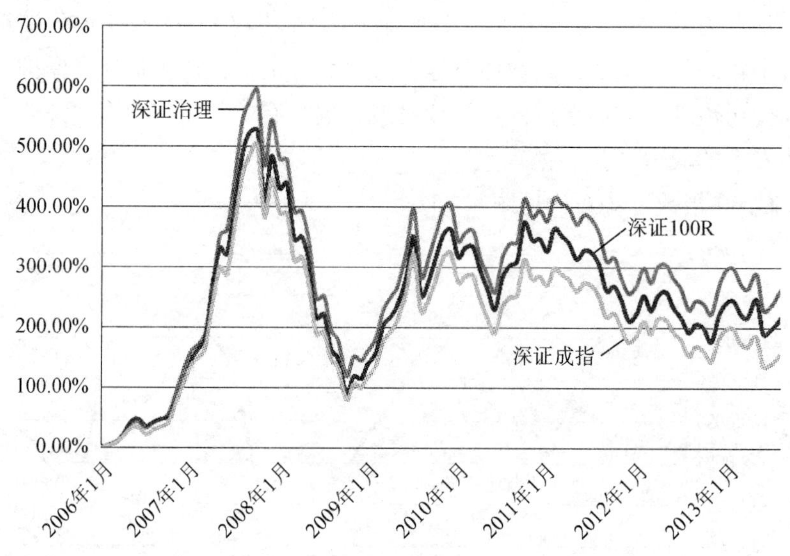

图 5－7 深证治理指数走势对比

资料来源：Wind 资讯。

2. 中小板治理指数

中小板治理指数（399650，简称中小治理）以 2009 年 6 月 30 日为指数基日，基点为 1 000 点。该指数以深圳中小板为选股范围，按近一年主营收入占市场比重、净利润占市场比重和巨潮治理评分以 1∶1∶20 的权重进行综合排名，选取前 50 名形成指数样本股，旨在反映中小板公司治理结构及经营业绩表现，促进优化管理制度、规范经营运作、提高治理水平。

中小板治理指数走势对比见图 5－8。

3. 巨潮治理指数

巨潮治理指数（399322，简称巨潮治理）以 2002 年 12 月 31 日为指数基日，基点为 1 000 点。该指数以巨潮板块为选股范围，按近一年主营收入占市场比重、净利润占市场比重和巨潮治理评分以 1∶1∶20 的权重进行综合排名，选取前 100 家形成指数样本股。

巨潮治理指数走势对比见图 5－9。

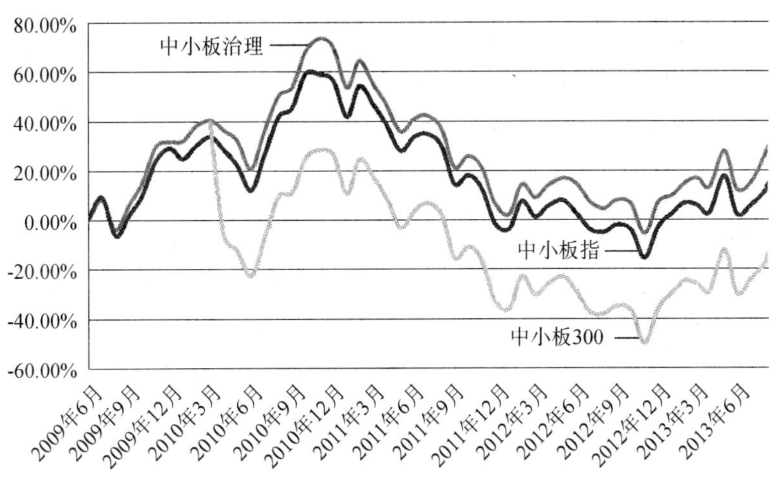

图5－8　中小板治理指数走势对比

资料来源：Wind资讯。

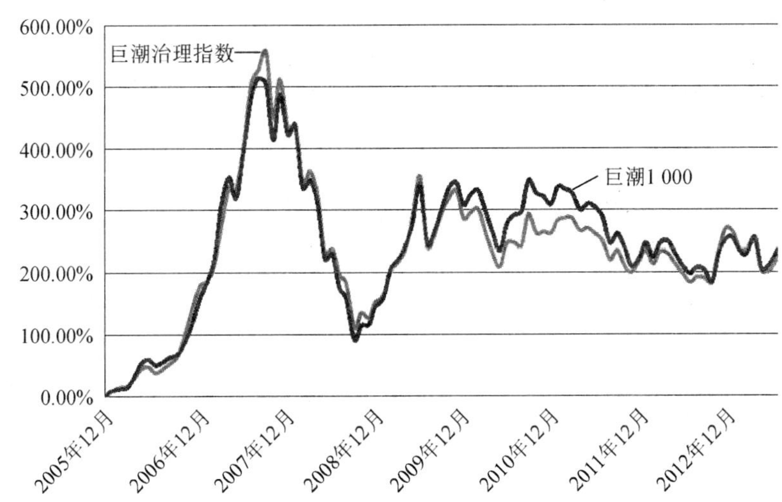

图5－9　巨潮治理指数走势对比

资料来源：Wind资讯。

4. 央视治理指数

央视治理指数（399554，简称央视治理）以2010年6月30日为基日，2 563.07点为基点。该指数样本股的选择根据上市公司年报进行基础财务指标等条件的初步筛选，以南开治理研究中心评价体系为基础进行治理评分并排名，最终由指数专家委员会与多家市场投研机构对备选股进行综合评价，最终选取50家上市公司作为样本股。

央视治理指数走势对比见图5－10。

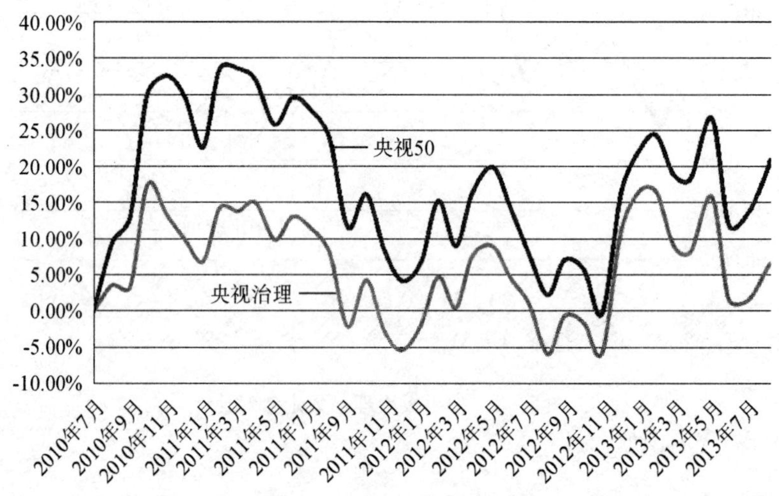

图5－10 央视治理指数走势对比

资料来源：Wind资讯。

第六章

公司治理的有效手段：机构投资者参与公司治理

第一节　机构投资者参与治理的理论基础——股东积极主义

一、股东积极主义的基本概念

股东积极主义（Shareholder Activism）是指机构投资者通过征集代理投票权和提出股东议案等方式积极地参与公司治理、向公司管理层施压的行为。行使股东积极主义的股东就被称为积极股东（Activist Shareholder）。积极股东的诉求有财务方面的，也有非财务方面的。积极股东希望能够通过行使股东积极主义影响公司的决策，从而实现自己的财务和非财务方面的诉求。严格意义上讲，股东积极主义既包括机构股东积极主义，也包括公众股东积极主义，但一般意义上的股东积极主义是针对机构投资者而言的。

股东积极主义是相对股东消极主义而言的。由于存在“搭便车”行为、参与上市公司的公司治理需要花费一定的费用，以及缺乏参与公司治理的相关知识等原因，投资者在传统上并不参与所投资企业的公司治理，他们通常“用脚投票”。当其投资对象的市场价值提高的时候，他们保留股票，而当所投资对象的市场价值下降的时候，他们就卖掉股票。实际上，采取这一策略意味着当价格下降时，投资者卖出股票，从而导致确定性的损失。这些投资者被认为是消极股东。

西方国家20世纪80年代前出现股东积极主义的萌芽，80年代之后随着机构投资者的不断壮大，开始长足的发展，其表现的形式也更加多样化。随着2001年安然事件的爆发以及对冲基金的发展，股东积极主义进入快速发展阶段，在推动公司治理方面发挥重要作用。

二、股东积极主义的表现形式

积极股东通常是机构投资者，他们试图在不改变公司控制权的同时，通过自己的“声音”改变公司状况而不再只是“用脚投票”。这些“声音”包括采取代理投票权、同管理层直接协商、将公司置于公众关注之下，即利用媒体向其他投资者传递关于公司存在的问题及所需变化的信息等。这些种类繁多的行为包涵多个主题，但大多数集中于社会政策或者公司治理改革。

积极股东通过获取上市公司的少数股权，对管理层施加压力和改变公司政策以提升股东价值，可采取的措施包括：降低公司成本、回购普通股、提高公司杠杆、加大分红、削减管理层薪酬、减少现金余额，以及剥离部分业务等。积极股东有时也会寻求出售目标公司或将公司拆散零售。积极股东在发起对公司进行重大变革时，一般需要获得其他大股东的支持。通常的实现方式是大规模的宣传活动和股东决议，极端情况下甚至会在董事会进行控制权争夺。

具体来讲，主要表现形式有：

（一）行使提案权

这是机构投资者使用得较多也是最优的一种方式，因为这种方式发起成本不高，达到的效果也相对较好。耶鲁大学和鹏华基金联合推荐格力电器董事就是行使提案权的一个典型案例。

（二）行使投票权

机构投资者通过行使投票权，表达中小股东对公司经营的关注。为了争取自己所提议案获得通过或否决大股东所提的议案，机构投资者往往还向其他中小投资者征集代理投票权，以增强表决时的话语权。

（三）私下协商

随着机构投资者经济实力和规模的日益扩大，公司的管理层通常会考虑到机构投资者的意见，而机构投资者，尤其是战略投资者，一般也更倾向于以非公开的方式与管理层就公司的经营战略、薪酬体系等问题进行讨论、协商。目前，私下协商方式的使用范围越来越广。

（四）定期公布经营不善公司名单

这是规模较大的机构投资者普遍采用的参与公司治理的方式，以此来向目标公司的管理层施加压力，迫使该公司改善经营。

（五）行使股东诉权

各国法律一般都规定股东享有知情权保护之诉、决议瑕疵撤销之诉、股东代表诉讼等权利，当股东要求公司进行赔偿时往往还运用集团诉讼的方式。诉权一般也是机构投资者在穷尽其他方式均告无效之后才予以行使。

三、股东积极主义的效用分析

（一）有利于提高公司的治理水平

无论是成熟市场还是像我国这样“新兴加转轨”的市场，对上市公司进行外部监督都不可或缺。一旦机构投资者关心公司的经营，以积极的姿态参与公司治理，形成外部监督，公司管理层在决策时会更加科学、规范。另外，各种可能的诉讼，尤其是股东代表诉讼等方式，如同悬在公司高管、控股股东、实际控制人头上的“达摩克利斯之剑”，促使其规范自身的行为，从而维护公司和股东的合法权益。

（二）有利于减轻证券监管部门的压力

随着资本市场的快速发展，上市公司数量越来越多，这对监管部门提出更高的要求。如果机构投资者能积极参与公司的治理，是从另一层面对公司及其控股股东和高管的监督，上市公司的违规行为必将减少。因此，机构投资者的积极主义会在一定程度上减轻监管部门的压力。

（三）有利于促进长期投资、价值投资

在成熟的市场，机构投资者获利的主要方式是分红和股息，而非股票的价差。一旦机构投资者看好某家公司而持有公司股票，那参与公司治理和提高公司盈利能力成为一种需要，而参与治理产生的积极效益又促进机构投资者长期

投资、价值投资，二者之间形成良性循环。

第二节 各国机构投资者参与治理的实践经验

一、机构投资者与公司治理的基本情况

股权的分散化是现代企业产权结构的基本状态，它为代表众多中小投资者利益的机构投资者，比如投资基金，提供了参与公司治理的舞台。公司治理结构集中表现在公司董事会的构成及其行为对公司利益相关者和所处的法律与商业环境的综合反映。具有良好公司治理结构的董事会往往更多地为各方利益相关者综合博弈、相互妥协的决策所驱动，而不仅仅以某一方的力量为导向。

纵观历史，机构投资者对上市公司的投资一般采取分散、消极的投资策略，这是基于确保投资的流动性、降低资产组合风险等方面的考虑所做出的理性选择。因为机构投资者的目的仅仅是为了获得上市公司长期成长带来的红利收入及资本利得，所以其在公司董事会中经常扮演相对消极的角色，机构投资者所提名的董事也往往以非执行董事或独立董事的身份出现于公司董事会，除了一些关系切身利益的重大决定外，一般不对董事会决策加以干涉。

20 世纪 80 年代以来，机构投资者的经济实力不断增长。据统计，到 1988 年，机构投资者已经持有美国最大 50 家上市公司股份的 52%，最大 100 家上市公司的 53%，最大 1 000 家上市公司的 47%。在个别的上市公司中，如阿莫科（Amoco）公司 86% 的股份，通用汽车 82% 的股份均为机构投资者持有。机构投资者资产的总市值为 13 687 亿美元，占企业总资产的比例达 44.2%。而到了 1997 年，机构投资者的总市值则进一步增长到 64 920 亿美元，占企业总资产的比例也增加到 48%。上述事实使机构投资者在公司治理中的角色逐渐发生了变化，保持资产流动性和分散投资的前提已基本丧失。

对于机构投资者来说，持有公司大量股份，有着高额的退出成本和巨大的投资风险，如果继续对公司治理保持沉默已经不再合乎经济逻辑。因此，自 20 世纪 90 年代以来，英美国家的一些大型机构投资者已开始积极参与所投资公司的内部管理，有的甚至运用自己的持股地位来改组公司管理层，并对传统的要求机构投资者采取消极投资策略的政策壁垒提出挑战。典型的如美国加州

公共雇员养老金公司（CalPERS）直接向美国证券交易委员会提出了修改投票代理规则的48条建议，美国证券交易委员会在1992年对这一规则相应地进行了修改，放松了部分管制措施；另外，机构投资者也对《反垄断法》、《所得税法》提出了修改建议，要求放宽或增加对机构投资者的豁免规定。希尔斯公司的机构投资者没有"用脚投票"，而是采取积极股东行为影响公司决策，恰恰反映了机构投资者行为取向的转变。与消极股东只把股票作为收益证券和投机证券以获取股息分红及价差收益为目的不同，积极股东则是行使股票的支配证券特性，通过取得对公司的支配控制权，进而通过对公司实施改革和重组以取得更高收益。

以养老基金、保险基金、共同基金为主体的机构投资者由于其资产规模巨大、持股量多，其监控成本与监控收益的匹配程度较好，较之个人投资者更有积极性去监控企业家、介入企业的经营管理，因而更倾向于充当积极股东。从1991年中期到1992年末的18个月中，在美国上市公司普遍衰退、大公司盈利率降低的情况下，众多机构投资者行动起来，迫使500家美国最大公司中的13家，包括戴尔、通用、克莱斯勒、康柏等赫赫有名经营业绩欠佳企业的首席执行官下台，从而掀起了积极股东行动的序幕。人们把20世纪80年代以来以各种基金为主体的机构投资者的迅速崛起和各国对机构持股限制的放松，直接引致西方证券市场上以行使支配权、介入经营管理获取更高收益为目的的积极股东比重增加的过程称为积极股东行动。由于机构投资者是以各种共同基金为主体，因而积极股东行动又被称为共同基金革命（Mutual Fund Revolution）。希尔斯公司的例子集中证明了机构投资者作为积极股东，能够并且应该在公司治理中扮演重要角色。它也证明了对股东来说，积极作为与其价值有着紧密联系。由于机构投资者的介入，希尔斯公司运行日趋良性，并成为更开放、更负责任和更有价值的公司。

二、机构投资者的积极股东行为方式

如前所述，机构投资者在促进上市公司构建良好的治理结构方面，能够起到非常积极的作用；其握有的大量公司股票所代表的投票权，使机构投资者在上市公司治理中具有举足轻重的地位。

机构投资者主要可以通过以下两种途径来改善上市公司治理结构：

（一）外界干预

外界干预又可称为间接干预，是指机构投资者作为公司的重要投资人向公司管理层提供决策建议、对公司重大决策表明意见，并对公司董事会施加影响等行为。一般来说，机构投资者在寻找到目标投向的公司后，与公司管理层有效的沟通与交流是必要的。在采取进一步行动前，机构投资者会争取其他大股东的支持，将改革的信息传达给管理层，要求其采取改革方案以增加公司价值。如果公司的管理层对这些改革方案置之不理，则管理层的替换之争就在所难免。

（二）行为干预

行为干预又可称为直接干预，是指机构投资者作为公司的主要投资人通过改组董事会，直接介入公司的重大决策、参与公司经营管理的行为。在潜在危机较为严重的情况下，机构投资者可能联合其他大股东，更换管理层或寻找适合的买家甚而进行破产清算以释放变现的风险。从对希尔斯公司等大量案例的分析中，我们还可以发现，在实践中机构投资者干预所投资公司的经营管理主要有如下几种具体方式：

1. 在现有持股基础上进一步收购股份，以直接取得对所投资公司的控股地位，但这种行为在实践中障碍较多

因为在法律上，如果机构投资者的持股地位被证券监管部门认为居于控制股东地位（取得控股地位往往是机构投资者有效参与公司治理所必需的），其需要承担作为控股股东特别的责任与义务。此外，机构投资者通过集中持股参与公司治理还会涉及是否构成垄断的问题。因此，一般来说，机构投资者不会轻易采用。

2. 多家机构投资者的联合行动和一致行为

虽然机构投资者在资本市场上总的持股比例已经很高，但单个机构投资者在一家上市公司中的持股比例仍然相对较低，实际上往往是几家、几十家甚至上百家机构投资者共同持有一家上市公司的股票。所以，机构投资者要积极参与公司治理，往往需要联合起来，共同对董事会和管理层施加压力，进而最终实现改组董事会变更管理层的目标。例如 1990 年加州公共雇员养老金公司联合其他几个较大的公共养老基金共同致信通用汽车董事会，要求该公司董事会

对董事会主席的继任候选人的程序进行解释。TIAA－CREF（Teachers Insurance and Annuity Association－College Retirement Equities Fund，教师保险和年金协会—大学退休权益基金）也曾于1993年号召20家大型养老基金，影响他们在投票选举中反对柯达公司的3名董事。

3. 在现有股份的基础上积极争取投票代理权

机构投资者在不改变现有持股的情况下，或在联合其他机构投资者的基础上，还可以进一步争取中小股东的投票代理权，以实现其干预公司决策的目标。如前所述，中小投资者由于只持有少量公司股票，导致其对企业监督的成本和收益严重不对称，因而缺乏监督企业经营者的积极性。而机构投资者征集投票代理权的行动则使中小投资者有机会以极低的成本表达意见和获取较高的预期收益，因此，争取中小投资者的投票代理权往往成为机构投资者参与公司治理的既成本低廉又极为有效的手段。加州公共雇员养老金公司为了便于和其他股东及市场参与者交流，提高代理投票的效果，从1999年开始，加州公共雇员养老金公司开始将其在股东大会中的投票决定在网上公布，公布的时间一般是在公司年度股东大会召开前两周。

4. 提出股东议案

这也是机构投资者参与公司治理较为常用的方式。股东议案的内容可包括业务扩张、多元化、并购重组、红利政策、薪酬体系、财务制度、信息披露、聘用中介机构等广泛的领域。如机构投资者可以通过对公司信息披露完全性、可靠性的要求，使管理层面临市场的压力，同时业绩信息的变化也迫使管理层能够及时对股东等利益相关者的要求做出反应，从而减少逆向选择和道德风险。据美国投资者责任研究中心（Investor Responsibility Research Center）的报告，从1987年到1994年公共养老基金就提出了463项表决权提议书以期改变公司的治理。根据吉兰（Gillan）和斯塔克斯（Starks）（2001）的研究，这463项议案占了所有股东议案的23%，而在这463件由机构投资者提出的议案中，纽约市养老基金、加州养老基金（包括加州公共雇员养老金公司和加州教师退休基金）和大学退休权益基金（CREF）分别占了36%、19%和13%。

5. 发布公司治理评估报告

以机构投资者的专业意见影响公众对公司的预期，迫使公司改善治理。20世纪80年代后期，加州公共雇员养老金公司成为这一活动的主角。它每年出版一本业绩不佳公司的目录，即所谓的“黑名单”，旨在促使公司提出治理改革方案。2004 年加州公共雇员养老金公司以公司治理、长期股价表现及经济附加价值等标准衡量了它所投资的 1 800 多家公司后，把艾默生电气（EMR）、Maytag（MYG）、荷兰皇家壳牌石油（ROY188）及迪斯尼（DIS）等四家大牌公司列入注意名单，指出这些公司治理水平及财务绩效表现极为糟糕，需要进行公司治理改革以提升长期获利能力、重拾投资人信心。

三、国内外机构投资者参与治理的经典案例

（一）希尔斯百货的内部人控制和董事会权利之争

希尔斯·罗勃克公司（SEARS）成立于 1886 年，其创始人理查德·希尔斯通过发展邮递订购业务取得巨大成功。20 世纪 20 年代，公司开始开设连锁百货商店，到了 20 世纪 70 年代，希尔斯公司已发展成为美国的百货业巨头，最多时在全美拥有近 900 家连锁店，其收入占了美国国内生产总值的 1%。目前，我国出口欧洲 1/3 的玩具，1/3 的衬衣、针织品及其他众多此类日用产品，都是通过希尔斯销售的。

20 世纪 80 年代早期，公司的首席执行官特林（Telling）实行多元化的经营策略，于 1981 年先后购买了科德韦尔银行（Coldwell Banker）和添惠公司（Dean Witter），进军投资银行业和房地产业。但同时，希尔斯·罗勃克公司的核心部门——拥有 850 家连锁店的零售业务部却迅速衰败，20 世纪 80 年代后期失去了其占有近一个世纪的全美最大零售商的地位。公司主营业务收入的下降直接影响了其股票的表现。从 1984 年 1 月到 1990 年 11 月，公司股票的回报率平均只有 0.1%。1990 年前 9 个月，公司更是出现了 1.2 亿美元的巨额亏损。此时，公司的机构投资者开始发挥作用。

1990 年 7 月，第一场股东风暴开始上演，在 12 个最大股东的早餐会上，大股东们对公司战略非常不满，他们以公司股票价格从 1989 年以来下跌 15% 为由，给公司首席执行官布伦南（Brennan）一年的时间来改变公司零售业的状况。1990 年 12 月初，拥有 220 万股希尔斯公司股票的加州公共雇员养老金公司公开宣布对公司管理层的关注。在给布伦南的公开信里，加州公共雇员养老金公司主席戴尔·汉森（Dale Hanson）建议成立一个股东咨询团，这一团体可以向董事会提交包括重组合并在内的任何建议，并暗示赞成希尔斯公司金融业务与零售业务分开。1991 年 2 月，加州公共雇员养老金公司虽然同意不在股东大会上要求成立咨询团，但条件是公司经理每年必须与其会面 2 次。在

大股东们的压力下，布伦南被迫做出反应，亲自担任零售部经理，并加速品牌强化战略，同时还在公司内部推行成本削减计划。但希尔斯公司并没有出现转机，1991 年第 4 季度的收入显示公司收入同比下降了 37%，公众对公司的信心也下降到了最低点。《财富》杂志对商业领袖的调查表明，希尔斯公司管理层的声誉在 500 家大公司里排在第 487 位，标准普尔公司还将其信用等级下调为 A 级。1991 年 2 月间，公司的股票价格已经在 25 ~ 30 美元之间徘徊，而以前公司股价曾高达 90 美元。此时，越来越多的机构投资者认为需要更换公司的管理层，但事实是公司的董事会当时已完全被管理层所控制。与公司的管理层一样，董事会也早已形成了保守和自我封闭的机制，董事们对公司的运作毫不知情。在希尔斯公司，布伦南一人兼任四项职务，他既是公司的首席执行官，又是公司董事会主席和公司零售业务部的经理，最重要的是，他还是董事会提名委员会的主席。

在当年的股东大会上，机构投资者开始相互联合，要求公司将金融业务部剥离，并减少外部独立董事的比例。会后，布伦南被迫辞去了董事会提名委员会主席的职务。1992 年，公司的几大股东包括一个公众养老基金，联合股东协会和一些个人股东提议：恢复对所有董事的年度选举、分离公司首席执行官与董事会主席的职务、允许股东采取秘密投票的方式参与决策、讨论公司剥离金融业务的问题、征求中小股东对董事会的要求等。同年，在亚特兰大召开的公司年度股东大会上，加州公共雇员养老金公司的代表和联合股东协会的代表纷纷发言指责公司的管理层领导不力，并表达了对公司董事会的不信任。在股东们的要求下，公司任命了两位新的外部董事。1992 年 9 月 29 日，希尔斯公司终于宣布了一项迟来的决定：公司将专注于零售业务，并整体出售科德韦尔银行、添惠公司 20% 的股份也将被出售。在宣布这一决定后，市场立刻做出积极反应，当天股价就上涨了近 4 美元。一年后公司的股价更证明了当初决定的正确，从 41 美元上升至 53 美元，公司市值也因此增加了 50 亿美元。此外，希尔斯公司的股东还每股获得了 0. 4 股添惠公司的股份。当初，《财富》杂志曾将希尔斯公司称为“恐龙”。但几年以后，这一著名的零售业巨头就在机构投资者的共同努力下脱去了它的“夹克”并重新焕发了活力。4 年后，《财富》杂志评价说：“‘恐龙’现在已经变成了一头不断挤出现金的奶牛”。1998 年希尔斯公司被《财富》杂志评为全球最具创造力的零售公司。

（二）格力电器空降董事出局事件

1. 事件经过

2012年5月5日，珠海格力电器股份有限公司（股票代码000261，简称格力电器）发布公告，拟在5月25日进行董事会换届选举。根据公告的信息，公司第九届董事会共有9名候选人，其中格力电器第一大股东——珠海格力集团有限公司（简称格力集团）推荐4名，第二大股东河北京海担保投资有限公司（简称京海担保）推荐1名，机构投资者耶鲁大学（Yale University）、鹏华基金共同推荐1名，公司董事会推荐3名独立董事候选人。

格力集团推荐的董事候选人名单一公布，立即引起社会各界的普遍关注：格力电器的创始人、原董事长朱江洪不在推荐名单之中，而珠海市国资委副主任周少强却是董事候选人。5月25日，格力电器2011年度股东大会如期召开，大部分机构投资者均派代表出席，并在发言中表达了对朱江洪的挽留之意，以及对周少强空降的担心。之后，在以累积投票制表决董事会换届选举的议案时，周少强因得票仅占出席会议所有股东所持表决权的36.60%，没有达到出席会议所有股东所持表决权的50%，未能当选为格力电器第九届董事会董事，而由耶鲁大学、鹏华基金共同推荐的冯继勇得票占出席会议所有股东所持表决权的113.66%，顺利当选。

2. 机构投资者获胜的原因

机构投资者之所以获胜，主要原因是：第一，格力电器的股权比例比较分散。根据格力电器公告的数据显示，截至2012年第1季度末，第一大股东格力集团合计持股才达到19.33%，对格力电器的控制力有限。第二，累积投票制的使用。格力董事事件中，耶鲁大学和鹏华基金等机构投资者合理利用累积投票制，集中使用投票权，使得冯继勇得票高达226 905.68万票，达到出席当天格力电器股东大会的表决权总数为199 539.17万股的113.66%，得票率仅次于董事长董明珠。第三，持续不断地向格力集团施加压力。5月5日格力电器公告董事候选人之后，机构投资者就积极联系，探讨将“周少强投出董事会”的可能性，并不断向外释放机构投资者希望朱江洪留任、周少强不要空降的信号。在股东大会上，机构投资者的态度更加一致且明朗。部分机构投资者还表示，如果董事会的构成不合理，将抛售格力电器的股票。机构投资者持续不断的压力，使得格力集团放弃力保周少强的计划。

3. 事件的影响

格力电器董事事件发生后，市场的反应非常热烈。对于以耶鲁大学为首的机构投资者改变以往“用脚投票”的惯例，而是通过积极的作为，影响格力电器的董事会构成，从而参与公司治理的现象，市场人士给予高度的评价，认为这是股东积极主义在我国发展的里程碑事件。

第三节 股东积极主义和机构投资参与治理在我国的发展

一、立法与实践层面进展概览

2006 年 1 月 1 日新《公司法》施行之前，我国在股东积极主义方面的立法寥寥无几。新《公司法》正视股东积极主义的作用，在某些条款的设计上体现了鼓励股东积极作为的趋势，中国证监会在其部门规章和规范性文件中也进行了一些有益的尝试。这些规定主要包括三个层面：

（一）股东的知情权、建议权和质询权

知情权、建议权、质询权是股东积极主义行为的基础。《公司法》第 98 条规定股东有权查阅公司章程、股东大会记录、董事会会议决议、财务会计报告等，可以对公司的经营提出建议或者质询。

（二）参与公司治理的权利

《公司法》第 4 条规定，公司股东依法享有参与重大决策和选择管理者的权利。在实际操作中，除了向公司提出议案外，中小股东参与公司治理的主要形式就是推荐董事、监事候选人和限制控股股东的部分行为。为了增加中小股东推荐的董事、监事候选人当选的可能性，《公司法》第 106 条规定的“累积投票制”，使中小股东可以集中使用投票权；同时，为了避免控股股东利用关联交易、公司为股东或实际控制人担保而导致上市公司利益受损，《公司法》、中国证监会《上市公司章程指引》等均规定了股东大会在审议上述事项时，

关联股东不得参与投票表决的制度。

（三）各项股东诉权

主要包括：一是知情权保护之诉。《公司法》第 34 条规定，公司若拒绝股东查阅公司账簿，股东可以请求人民法院要求公司提供。二是公司瑕疵决议撤销之诉。《公司法》第 22 条规定，若股东会或者股东大会、董事会的会议召集程序、表决方式违反法律、行政法规或者公司章程，或者决议内容违反公司章程的，股东可以自决议做出之日起 60 日内，请求人民法院撤销。三是股东权利救济之诉。《公司法》第 153 条规定，董事、高级管理人员违反法律、行政法规或者公司章程的规定、损害股东利益的，股东可以向人民法院提起诉讼。四是股东代表诉讼。《公司法》第 152 条规定，当公司的合法利益受到他人侵害，尤其是受到大股东、董事、高级管理人员的侵害，而公司董事会、董事会成员、监事会、监事怠于或者拒绝行使诉权时，股东可以自己的名义为了公司利益提起诉讼。

自从有机构投资者开始，我国的股东积极主义也开始了初步的尝试。我国的机构投资者第一次参与公司治理的案例是 2000 年通百惠和胜邦企业之间的胜利股份（股票代码：000407）控股权之争。在该案例中，景宏、景福、景阳和泰和 4 家基金公司，通过投票表达自己的观点，促使股权之争的解决。2002 年 7 月，中兴通信（股票代码：000063）拟在中国香港发行 H 股，遭到 A 股众多基金公司的激烈反对，但中兴通信管理层坚持发行 H 股，并通过股东大会的审议。基金公司用大幅抛售股票的方式表示不满，导致中兴通信股价大跌 34.62%，中兴通信不得不宣布暂停发行 H 股。2004 年 12 月，由于华宝基金投了反对票，导致重庆百货（股票代码：600279）的增发方案未能获得通过，这是实行社会公众股东分类表决制度以来，第一次因流通股股东反对而造成公司提案被否的案例。2010 年 3 月，众多基金公司因对公司治理情况不满，集体否决了双汇发展（股票代码：000895）关于转让子公司股权的议案。

近年来，国内基金业曾多次出现基金公司积极参与上市公司治理的情况。虽然成绩尚不理想，但已显示出基金强烈的参与意识。代表性事件有：

1. 大成基金提议罢免重庆啤酒董事长

2011 年 12 月，持有 10% 以上重庆啤酒股份的大成基金提议重庆啤酒召开临时股东大会，审议免除董事长职务的议案。临时股东大会于 2012 年 2 月 7

日召开，罢免议案因赞成票过低而未能获得通过。据了解，大成基金要求罢免董事长与重庆啤酒治疗性乙肝疫苗信息披露有关。

2. 基金提案要求给予大商股份管理层更多激励

2011 年 11 月，鹏华、国海富兰克林、天弘以及华夏等多家基金公司联名起草了一份提案，希望大商股份董事会给予管理层更多的现金激励。不过，这一份提案最终并未付诸实施，参与起草的私募基金人士表示，由于时机不成熟，没有进行实质性的工作。

3. 基金集体反对双汇发展放弃优先受让权

2010 年 3 月，在双汇发展临时股东大会上，持有双汇发展的基金几乎全部到场，集体反对“双汇发展”放弃对 10 家参控股公司股权的优先受让权，由于基金的反对，双汇发展放弃优先受让权的议案未能获得通过。资料显示，双汇发展 2009 年底的前 10 大流通股东中，兴业全球、嘉实、上投摩根、诺安等基金占据九席。据了解，基金集体投反对票主要是担心大股东会侵犯中小股东的利益。

4. 基金反对中国平安千亿再融资

2008 年 3 月，中国平安召开临时股东大会，审议备受市场争议的公开增发与发行可转债再融资上千亿元的方案，持有中国平安股份较多的诺安基金和大成基金投下反对票。由于两家基金公司持股占比有限，中国平安的融资方案还是获得通过。不过，由于 2008 年股市快速下跌，中国平安的再融资方案最终未能成行。

5. 基金联手反对东航引进新加坡航空议案

2008 年 1 月，东方航空召开临时股东大会，就引入新加坡航空议案进行表决，由于事先中国国航给出了更具有吸引力的合作方案，不少基金出于投资价值考虑，对东方航空与新加坡航空合作方案投下反对票。最终东航与新航的合作方案被否决。

6. 大成基金状告 ST 银广夏虚假陈述

2007 年 2 月，ST 银广夏收到银川市中级人民法院“应诉通知书”。该通知书称，该院已受理大成基金诉 ST 银广夏虚假陈述证券民事赔偿纠纷案。在起诉书中，大成基金要求 ST 银广夏赔偿其管理的基金景福和基金景宏的损失，合计人民币 2.464 亿元。该诉讼请求最终被驳回。基金景宏和基金景福都曾重仓持有银广夏，2001 年银广夏虚假陈述被曝光后，短短 4 个多月，银广夏的股价从30多元一路跌至2元多，基金景宏和基金景福损失惨重。

二、我国倡导股东积极主义的必要性

国际上对于机构投资者的积极股东主义是否一定能提升企业价值存在争议。批评者以美国经验为例，认为积极股东主义可能会使得董事会与经营层之间的信任减少，给予经营层过多的压力，关注于短期的股价表现而非长期的企业价值创造等。但是，需要注意到，我国仍然是一个发展中国家，股市发展的历史还不长，机构投资者虽然在发展，但并未在股市中发挥关键性作用，而且国内上市公司的治理结构非常薄弱。虽然我国的情况与美国存在很大区别，但对于我国的机构投资者是否应学习美国经验实行股东积极主义，股东积极主义在我国是否有效和可行，我们认为，答案是肯定的且必须大力推动。

（一）股东积极主义体现了股东权利和机构投资者责任

股东有权利参加股东大会、发表提案和进行投票。对于机构投资者来说，股东积极主义同样是机构投资者的责任。机构投资者代表客户持有股票，他们有责任保护客户利益。

（二）实行股东积极主义有利于公司改善治理结构

在中国，有《公司法》、《证券法》和《上市公司治理准则》等法律法规来规范上市公司的治理结构。最近几年，中国在公司治理领域取得了很大进展，例如保护股东权益、股东大会规则、董事责任以及董事会成员的独立性、激励约束体系、信息披露和透明性、内幕消息、关联交易以及审计等。但仍然存在诸多问题。首先，上市公司的所有权高度集中，在许多上市公司，国有持有的股份超过50%。其次，上市公司存在内部人控制现象，尽管国家拥有控股地位，却难以对公司实现有效控制。再次，董事并不独立，公司法要求股东大会选举和解聘董事，但并没有明确说明谁来任命董事，一些公司的高管仍然由政府部门任命，而非由董事会选举。最后，存在会计信息做假和操纵现象。尽管中国的法律和相关规则字面上遵循国际准则，但强制性的公司信息披露并不必然导致更大的透明性，投资者不能确信公司报告的准确性和真实性。因此，机构投资者的积极股东主义将有利于督促公司改善治理结构。

（三）股东积极主义可以提升资产组合价值

例如监督公司运作、与管理层的协商以及提交议案等行为，可以增加资产组合价值。此外，一些机构投资者，尤其是养老基金，在股票市场上采取被动投资策略以分散投资风险。当基金经理确信其组合中某公司股票的价值被低估，而且某种改变能够推动股价上升的时候，积极参与公司决策就是有意义的。相反，简单地抛售认为被低估的股票，则是对基金持有人的失责。

三、我国股东积极主义发展存在的主要问题

（一）相关规定仍有需要完善之处

主要表现在：第一，机构投资者的投资比例受到较大限制。如2004年的《证券投资基金运作管理办法》第31条规定，一只基金持有一家上市公司的股票，其市值不得超过基金资产净值的10%，同一基金管理人的全部基金持有一家公司发行的证券，不得超过该证券的10%。2003年《全国社会保障基金投资管理暂行办法》规定全国社保基金投资证券投资基金，股票投资的比例不得高于40%，这造成了社保基金在资本市场上份额较小的局面，与国外养老基金投资者积极主义形成了强烈反差。限制机构投资者的投资范围大大削弱了其参与公司治理的热情。第二，法律规定的可操作性不强。以《公司法》规定的股东代表诉讼制度为例，要达到“连续持股180天以上”和“单独或合计持股1%以上”两个条件的合格股东本来就不多，再加上对是否需要诉讼担保、诉讼费缴纳标准等规定比较笼统，使得新《公司法》施行后，我国尚无一例股东代表诉讼案件。

（二）“一股独大”使得股东积极主义的作用受限

与西方成熟市场公司股权结构相对分散不同，我国上市公司“一股独大”的情况比较突出。根据深圳证券交易所的研究发现，在中小企业板上市的民营企业第一大股东平均持股比例为37.6%，持股达到25%这一相对控股标准的有78.52%。据Wind统计，截至2013年6月，A股2 467家上市公司中，第一大股东持股比例超过50%的共有512家，其中60家公司第一大股东持股比例在70%以上。正是第一大股东的“一股独大”，使得机构投资者的提案很难获得通过。即便机构投资者可以运用累积投票制取得董事席位，但大股东仍可

以通过占有董事会多数席位而控制董事会。因此，机构投资者参与公司治理的积极性大打折扣。

（三）缺乏一定的补偿机制

这与我国未建立有效的补偿机制有关，机构投资者采取积极行动获得的收益将由全体股东共享，而所有支出却由采取行动的股东独自承担，并且得不到有效的补偿。因此，积极行为的成本与收益明显不匹配，这也严重影响了机构投资者积极行动的热情。

四、我国机构投资者发挥积极股东作用的条件

当前，在我国超常规发展机构投资者的政策实践中，机构投资者不仅仅是改善投资者结构、稳定证券市场的重要力量，而且其作为改善上市公司治理结构的重要力量的作用正日趋显著。2002 年 1 月 10 日中国证监会颁布的《上市公司治理准则》第十一条明确规定："机构投资者应在公司董事选任、经营者激励与监督、重大事项决策等方面发挥作用。"从而，第一次在制度层面明确肯定了机构投资者的积极股东作用。

在实践层面，2001 年下半年的方正科技股权之争中，金鑫基金在当时的股东排名中位列第二、仅次于北大方正，应该说其对方正科技董事会的影响是非常有力的。作为机构投资者的金鑫基金虽未介入控制权的争夺，但对公司管理层的议案坚决表明了态度。2003 年 8 月 26 日，招商银行公告拟发行不超过 100 亿元的可转换债券，遭到 47 家基金公司的联手反对。在 10 月 15 日召开的临时股东大会上，基金联盟提交了《关于否决招商银行发行 100 亿可转债发行方案的提案》的议案和《关于对招商银行董事会违背公司章程中关于"公平对待所有股东"问题的质询》、《对招商银行本次可转债发行方案合法性的质询》两个质询案，同时要求就股东大会议案中的表决票应区分流通股与非流通股，分类计票、唱票、当场公布表决结果并公告。但最终发行可转债的议案仍以 88% 左右的同意票数获得通过。会后基金联盟发表了"关于对招商银行股东大会通过发债议案的联合声明"，表示将保留通过法律手段来维护自己合法权益的权利，并呼吁流通股股东团结起来，为争取自己的合法权益而抗争。会后招行管理层表示将对可转债融资方案从 5 个方面进行修订，进一步听取各方面的建设性意见，尽早形成一个更加完善的修订方案，在方案完善过程中充

分考虑流通股东的利益，使这个方案切实可行。

2004 年 12 月，中国证监会出台呼吁已久的股东大会类别表决机制，上市公司再融资、重大资产重组、以股抵债、境外分拆上市等关系社会公众股股东切身利益的重大事项纳入分类表决体系。这一制度改变了中小股东的弱势地位，有利于提高基金等机构投资者对上市公司经营的影响力，从而提升上市公司经营质量。

尽管在公司治理实践中，机构投资者的积极股东作用已日益为人们所重视，但是从北大方正和招商银行等案例中，我们不难发现，由于我国独特的上市公司股权结构、证券市场发展水平和现有政策法规的制约，在我国机构投资者发挥积极股东作用的条件并不完全成熟。

我们认为，我国的机构投资者要充分发挥积极股东作用、优化我国上市公司的治理结构，还需要完善以下几个方面的市场和制度条件：

（一）建立公平高效的上市公司价值评估体系

机构投资者发挥积极股东作用的一项重要前提，是证券市场能够提供对上市公司的公正客观的价值评估。由于我国证券市场历史形成的制度缺陷和管制效率不足，证券市场缺乏理性的公允价值标准。上市公司虚构财务数据、散布虚假信息的行为泛滥，投资者则普遍热衷于通过投机追逐短期利润，由此形成的证券市场价格体系是扭曲的，无法成为机构投资者评价上市公司管理层绩效的客观依据。

（二）逐步实现分散化的上市公司股权结构

目前，我国股权分置改革已经完成，但上市公司的国有股仍占总股本的 50% 以上，相当一部分上市公司的大股东处于绝对控股地位。“一股独大”的股权结构既是产生“内部人控制”、损害中小股东利益等公司治理问题的症结所在，又会在很大程度上限制机构投资者的积极股东作为，增加其干预公司治理的难度。我国一些证券投资基金在招募说明书中往往表示：“不谋求对上市公司的控股，不参与所投资上市企业的经营管理”，这固然反映了我国投资基金注重分散投资和资产流动性的理念，但也显示了机构投资者面对“一股独大”的大股东的无为和无奈。因此，通过国有股减持并最终实现股权的分散，有利于引进国内外非国有的机构投资者，进而形成众多机构投资者共同持股的上市公司股权格局，为机构投资者发挥积极股东作用创造条件。

（三）进一步壮大机构投资者的力量

进一步壮大机构投资者的力量是和资本市场的成熟程度相辅相成的。一个成熟的资本市场必然有众多的机构投资者，只有实力雄厚的机构投资者才具备参与公司治理所需的资金和信息条件，以及参与公司治理的动力。目前，我国的机构投资者无论从数量还是质量上与国外相比都有很大的差距，超常规发展机构投资确实是当务之急。一方面，要在存量领域调整和拓展现有机构投资者的数量和规模，在增量方面全方位引入新的机构投资者。如赋予私募基金合法地位以充分发挥民间力量，加快引入合格的境外机构投资者（QFII）的步伐，以优化机构投资者素质和治理经验；另一方面，在机构类群上应积极发展强度介入型机构投资者。我国现有的机构投资者主要是以证券投资基金和证券公司为代表的弱度介入型机构，他们主要采用组合投资策略、谋求股价上涨的收益、较少介入公司治理。而在国外股东积极主义运动中，发挥重大作用的主体则是一些大型的社保基金和养老基金等社会公益性年金基金。因此，为增强机构投资者中长期投资的力量，我国应尽早突破包括养老基金、社保基金、保险基金等强度介入型机构投资者直接入市的份额限制和制度障碍。

（四）完善机构投资者参与公司治理的法律支持

当前，我国新颁布的《公司法》虽然增加了独立董事、股东诉讼制度、股东赔偿等方面相关条款，但对机构投资者参与公司治理的法律支持还不完善。尤其是《证券投资基金法》及《证券投资基金运作管理办法》要求基金管理人一方面依照有关规定代表基金行使股东权利，另一方面不谋求对上市司的控股和直接管理，同时明确提出了“对基金管理人管理的全部基金不得持有一家上市公司证券的10%”的限制。上述规定反映了我国现行法规在鼓励基金行使权利的同时，也希望基金在公司的管理中起到尽量不干预的角色。但在实践中，当某些上市公司未能以诚信原则对待包括基金在内的广大股东时，由于基金不能对上市公司明显有损于股东利益的决策做出积极的反应，无疑会使基金处在一方面要寻求保护基金持有人利益的方法，另一方面又不得不顾及消极投资者角色的尴尬境地。这时，基金就不得不采用以脚投票的方式更换投资对象，此举必然会加大投资的风险和成本，最终可能损害基金持有人利益。

因此，在完善我国证券市场的立法实践中，应该建立起鼓励“好人说话”的制度，鼓励基金等机构投资者在公司治理结构中起到扮演“积极不干预”而非“消极不干预”的角色作用。

五、对我国实行股东积极主义的建议

从我国机构投资者股东积极主义的实践可以发现，随着以投资基金为代表的机构投资者实力的增强，其股东意识开始觉醒，逐步行使其“话语权”及其他相应的股东权利。其投资策略已不只是单纯消极的“用脚投票”，而是向“用手投票”、参与公司治理的股东积极主义发展。投资基金作为一个整体空前提升了二级市场投资者的地位，无形中成为二级市场投资者的代言人，改变了过去二级市场投资者一盘散沙，几乎没有“话语权”的状况。

在我国倡导和实行股东积极主义可从以下几个方面展开：

（一）进一步改善公司治理的宏观环境

中国应该进一步改善公司治理宏观环境，如加强股东保护立法、强化执法力度、实行良好的公司治理指引和商业行为准则、完善信息披露、加强对内部人控制和关联交易的监管、促进董事会改革、明晰监事会职能、完善内部控制、审计质量和独立性、强化法律责任和实施、实行董事和高管的长期激励、改善外部治理结构的质量等。

（二）加强机构投资者之间的合作

单个机构投资者的力量有限，而且，在许多公司，国有股占控股地位，单个机构投资者难以在公司治理中发挥重大作用。如果机构投资者在实行股东积极主义方面进行合作，他们的作用将加强。

（三）建立专业机构提供股东积极主义方面的建议

在美国，有一些专业机构可以在公司治理和股东积极主义方面提供服务。它们在股东积极主义方面发挥着重要作用。这些专业机构可以提供关于公司治理的信息以及针对特定公司的特别服务，并且可以帮助不同的机构投资者协调行动。

（四）明确股东积极主义的当前重点

首先，在股东积极主义的最初阶段，投票问题、董事会和委员会独立性问题以及高管薪酬问题可能是重点；其次，机构投资者应该选择那些机构投资者持股比重较高的公司作为目标公司，并避免选择国有控股公司；再次，机构投资者应该加强联系以及与公司管理层的沟通，如有必要，机构投资者应该在股东大会上提交建议。

第四节 机构投资者参与治理的主要途径之一：公司治理咨询

公司治理咨询是指第三方市场机构为机构投资者提供的治理情况研究、投票咨询、代理投票、投票结构分析等公司治理相关的服务。它是机构投资者参与公司治理、对资产所有者履职尽责的重要方式。

一、行业概览

过去30年间，以代理投票为主要业务的公司治理咨询行业发展十分迅速，在美国及全球范围内都日益具有影响力，委托代理投票成为公众公司股东参与公司治理的主要方式。特别是在2011年，每一个上市公司都被要求由不具约束力的股东投票来表决公司高管薪酬，投票咨询机构的影响力因而大大提升。

提供公司治理研究和投票咨询的咨询服务公司的快速崛起要归因于机构投资者持有的股票份额及其每年必须参与投票的数量的巨幅增长。在美国，机构投资者每年要对超过8 000家的上市公司进行数亿次的投票以决定公司的董事会、高管薪酬及公司治理政策。例如，在2009年5月1日至2010年4月30日期间，近1万亿股被用于对超过13 800公司发行人进行投票。推动公司治理咨询公司影响力日益剧增的因素包括：

1 000家大型企业的机构投资者持股份额从1987年的47%上升到2007年的76%，使得投票权集中于机构投资者而非散户。

养老基金等大型机构投资者的持股份额上升尤其快，此类投资者更积极参与股东行为，并高度依赖于公司治理咨询公司提供投票建议。

由于美国证券交易委员会（SEC）放松了对股东提案相关条款的限制，以及股票指数投资的增多，代理投票的数量大为增加。这使得机构投资者需要抽出专门的精力处理投票相关业务。美国知名的金融服务企业布罗德里奇金融解决方案公司（Broadridge Financial Solutions）的数据显示，其2009年到2010年处理的股票份数上升了14%，从3 090亿股增至3 500亿股。

监管法规要求养老金及其他机构投资有责任基于其客户利益的最大化进行投票。1988年美国劳工部对于养老金强化了这一要求，2003年美国证券交易委员会针对共同基金和理财顾问公司公布了相关的规定。

美国证券交易委员会于2003年的法规解释中表明，投资顾问机构只需通过根据预定的投票规则并基于独立的第三方（公司治理咨询公司）的建议进行投票的方式，以证明其投票结果不存在利益冲突，就可以免责于履行其最佳投票义务。

代理投票需求的扩张，以及相应监管规定的出台，促使大部分的机构投资者将其投资决策与公司治理投票决策分离开来。进而机构投资者在很大程度上依赖于公司治理咨询公司的研究分析和投票建议，使得后者的影响力得以快速提升。

在美国市场上，公司治理咨询公司具有极大的影响力。以行业中最大的公司，机构股东服务公司ISS为例，一些学术研究表明：（1）对于管理层提案的负面建议将使得机构投资者的支持率下降20%；（2）ISS关于董事选举的投票建议被视作最终结果的良好统计预测指标，因为它可能影响投资者修改其董事会提名。

来自于一些密切关注机构投资者投票的公司所提供的证据进一步支持了学术研究的观点。例如，股东投票代理权征集公司Innisfree M&A的最近统计表明，ISS的客户通常控制着一个大中型上市公司20%到30%流通股，行业内第二大的公司治理咨询公司格拉斯·刘易斯（Glass Lewis）的客户则控制着5%到10%。咨询公司韬睿惠悦（Towers Watson）最近的一项关于251家公司的调查表明，59%的回应者认为投票咨询顾问对于公司高管薪酬的决定具有显著影响力。类似的，高管薪酬研究中心（Center On Executive Compensation）在2010年的一项调查中，54%的企业回应者表示在过去3年曾经修改其薪酬计划、政策或具体方案以达到投票咨询公司的要求。

二、主要咨询公司及其服务

美国的公司治理咨询行业是高度集中的，少数几家公司事实上控制着公司治理研究和投资建议的整个市场，其中最大的一家公司 ISS 在市场上具有垄断地位。英国市场则相对较为分散。

（一）ISS（Institutional Shareholder Services）

ISS 是全球最大的一家美国投票顾问公司。它始创于 1985 年，2007 年被风险矩阵集团（Risk Metrics Group）收购，后者在 2008 年公开上市后于 2010 年被 MSCI 收购。ISS 现为 MSCI 旗下子公司。风险矩阵集团于 1998 年从摩根大通（J. P Morgan Chase & Co.）中分拆出来，成为风险管理和财富管理产品的领先供应商。MSCI 是投资决策支持工具及指数服务的全球领先供应商。

ISS 是全球公司治理专业咨询行业的领导者，主要业务是进行公司治理专业研究，为投资者提供代理投票和公司治理咨询服务。ISS 于 2005 年收购了欧洲主要咨询公司戴米诺（Deminor），成为首家具有全球影响力的公司治理咨询公司。该公司在北美、伦敦、东京和马尼拉等地都设有办事处，在欧洲、加拿大、日本和澳大利亚设有分支机构，全球雇员数目接近 1 000 人。公司拥有超过 2 750 家的机构客户，业务涵盖 28 000 家上市公司，其服务的股东总计资产超过 30 万亿美元。

ISS 提供的服务包括：客观的公司治理研究与分析；端到端的代理投票和分配解决方案；并购重组及代理权争夺事件研究；全包式证券集体诉讼索赔管理以及可靠的治理数据与建模工具。ISS 还与英国富时建立起了公司治理股价指数，为其会员提供公司治理咨询服务。目前，国内一些 QDII 基金也委托 ISS 代理投票。

1. 历史沿革

ISS 由罗伯特·蒙克斯（Robert A. G. Monks）于 1985 年创立。蒙克斯曾任美国劳工部养老金及社会福利项目办公室的管理人员，由里根总统任命为联邦雇员退休系统的创始受托人之一。蒙克斯于 1985 年至 1990 年间担任 ISS 的董事长。

ISS 长期以来一直扮演着行业整合者的角色，并且随着其身价的不断提升曾多次被卖出和买入。自 1985 年至 2010 年，ISS 至少在投资咨询、公司治理和企业责任相关行业进行了 8 次并购活动。ISS 所进行的主要并购以及其被出售的事件见表 6－1。

表 6－1 ISS 主导并购以及其被出售的事件

时间	事件
1985 年	ISS 由罗伯特·蒙克斯创立
1995 年 6 月	ISS 被 Thomson Financial Services（现为 Thomson Reuters）旗下机构收购
1997 年	ISS 收购 Proxy Voter Services（一家为工会基金提供投票咨询的公司）
2001 年 8 月	Proxy Monitor，一家小型投票咨询公司，在 PE 巨头 Warburg Pincus（华平投资）和爱马仕（Hermes）投资管理公司的资金支持下，以 4 500 万美元的价格收购 ISS。合并后的公司保留了 ISS 的名称，并任命罗伯特·蒙克斯的儿子为董事长
2005 年 5 月	ISS 以 100 万美元的价格完成对位于布鲁塞尔的欧洲公司戴米诺旗下的公司治理业务部门的收购，成为首家具有全球影响力的公司治理咨询公司
2005 年 6 月	ISS 以 70 万美元收购澳大利亚领先的公司治理研究公司 Proxy Australia Pty Ltd.
2005 年 8 月	ISS 以 1 430 万美元并购了 IRRC（一家美国的领先代理投票研究公司）
2007 年 1 月	风险矩阵集团以现金和股票共计 54 260 万美元收购 ISS
2007 年 6 月	风险矩阵集团声明以 6 140 万美元收购一家领先的金融法证分析公司 CFRA
2008 年 1 月	风险矩阵集团在纽约证交所 IPO 上市
2008 年 2 月	风险矩阵集团声明以 1 430 万美元现金收购 Innovest Strategic Value Advisers（一家环境投资研究公司）
2009 年 11 月	风险矩阵集团以 990 万美元完成对 KLD Research and Analytics 的收购（一家领先的 ES&G 公司）
2010 年 6 月	MSCI 以约 16 亿美元的价格收购风险矩阵集团集团

在完成对风险矩阵集团的收购时，MSCI 时任首席执行官费尔南德斯（Hery Fernadez）表示 ISS 并非风险矩阵集团的核心业务，但由于其产生现金能力强 MSCI 将继续保留它。这暗示着 ISS 也可能继续被出售。ISS 首席执行官伊森·伯曼（Ethan Berman）进一步表示，公司不会刻意出售 ISS 但确实是有此可能。2011 年以来，市场一直传言 ISS 将被重新出售，不少 PE 公司对其表示了兴趣。

2. 主要业务

ISS 向美国证券交易委员会注册为投资咨询机构。根据 ISS 网站及 MSCI 年报公开披露的信息，截至 2012 年末，ISS 为将近 2 970 家客户提供服务，在 12 个国家有 20 个办事处。ISS 品牌旗下的业务分为三大类①：公司治理服务；公

① 历史上 ISS 的业务线还包括社会及治理服务（ES&G），但后者现以 MSCI ESG 的品牌单独运营。

司咨询服务；金融研究和分析服务。

公司治理服务业务又细分为三个方向：公司治理研究和代理投票、全球代理分配服务（GPD），以及证券集体诉讼服务（SCSA）。ISS 是行业中最大的提供公司治理研究和投票业务的公司，可提供全业务线的、端到端的综合代理投票服务，包括政策制定、综合研究、投票建议、可靠的投票执行，以及投票报告和分析工具。ISS 的研究覆盖近 5 900 个美国公司和 35 000 个非美国公司。ISS 还提供并购分析（M&A Edge）服务，为被提议的并购交易及控制权竞争事件进行独立的深度分析。GPD 主要为非美国证券的托管银行提供全球分配解决方案。GPD 通过一个独立的平台，为客户提供高效的分配和代理投票服务，使得客户可以方便地查看和下载关于公司股东会议及个人化账户信息。GPD 还提供定制化的所有托管银行间的在线记录追踪和报告。SCSA 为机构投资者提供集体诉讼监测及索赔申请服务。SCSA 提供综合的证券诉讼数据库，以及全外包式的通知、追踪和索赔服务，并通过在线数据库使得客户可以跟踪证券集体诉讼从提起到结案的全过程。

公司咨询服务主要为企业客户提供公司治理及高管薪酬方面的咨询服务。主要产品和服务包括：薪酬数据和分析；公司治理综合解决方案；代理投票研究。薪酬咨询服务提供相关的产品和服务以使得人力资源行业的职业人士及公司董事会成员可以对高管薪酬计划进行建模、优化和测评。公司治理综合解决方案为机构投资者、公司董事会和执行层之间建立一个高质量的在线讨论平台以方便交流公司治理相关的问题，同时还为这些参与主体提供各种相关的资讯和专家分析。代理投票研究则向公司的董事会秘书、投资者关系管理专员、执行委员会和董事会等提供一个关于公司治理研究相关的数据库使得其可以访问 ISS 的研究报告和其他公司治理相关信息。

金融研究和分析服务（FR&A）提供关于公司的会计政策、法律和监管风险、并购重组可行性以综合评估公司的金融健康程度。FR&A 产品和服务主要提供给基金经理进行投资分析、企业以监控其合规和公司治理实践，以及专业投资机构以支持其尽职调查。所有 FR&A 产品和服务均以 CFRA 的品牌开展 CFRA 的法证会计研究为其提供支撑。有专职的分析师团队为全球超过 520 个公司提供深度研究，同时辅以量化工具对全球 14 500 家公司的财务报告进行评估。主要关注于企业的会计盈余、现金流质量、法律与监管风险，以及总体的业务健康。

3. 经典案例

2011 年 12 月，惠普并购康柏的计划遭遇重要股东的反对，两家公司都将希望寄托在了 ISS 身上。最终 ISS 在股东大会前给出支持建议，并代客户投票使得并购计划得以顺利进行。

2005 年 8 月，ISS 建议尤尼科股东接受雪佛龙公司的收购，针对中海油收购尤尼科投下反对票。

2008 年 8 月，ISS 向中国联通和中国网通的股东做出建议，在股东特别大会上投票赞成建议合并。

2011 年 6 月，呼吁 RIM 公司分割首席执行官与董事长职位。

2012 年 2 月，抨击脸谱网（Facebook）的双层股票结构。

2013 年 3 月，呼吁惠普董事长下台。

4. 经营状况

最新的 MISC 年报显示，2012 年度，ISS（不包括 ESG 业务）的收入为 1.23 亿美元，较 2011 年上升 3%，占 MSCI 总年收入的 13%。其中，各业务的收入占比为：治理服务（包括公司研究和代理投票、全球代理分配、证券集体诉讼）67%，公司咨询 25.1%，法证研究分析 7.9%。营业净利为1 229 万美元。其中，公司咨询服务在 ISS 是高度盈利的，很大部分来自于企业客户使用 ISS 薪酬模型及相关服务的付费。有分析称，ISS 的顾问服务业务实际主要是由公司咨询业务所支撑。这也就是为什么尽管饱受利益冲突的批评，ISS 仍然拒绝将该业务剥离。

（二）格拉斯·刘易斯（Glass Lewis）公司

格拉斯·刘易斯（Glass Lewis）公司创建于 2003 年，是美国第二大的投票顾问公司。2007 年曾被上海的新华财经收购并短期持有，目前由加拿大安大略教师退休基金控股。其提供的服务主要包括：风险监测、代理研究和投票、股票回购及集团诉讼。其投票研究覆盖全球 70 国家超过 16 000 家公司。

（三）伊根琼斯代理服务（Egan - Jones Proxy Services）

该公司是一家美国公司，创建于 2002 年，是伊根琼斯（Egan - Jones）评级公司的子公司。主要提供研究、推荐和投票服务。该公司出于利益冲突考虑，表示在向公司管理层或董事会提供咨询服务时不收取报酬。

（四）PRIC（Pensions & Investment Research Consultants）

该公司是一家英国公司，创建于1986年，是英国最早的投票研究和顾问公司。主要提供研究、推荐和投票外包服务。其控股股东是公共养老金，对积极公司治理持强硬立场。

（五）Manifest

该公司是一家英国公司，创建于1995年。和PRIC一起是ISS在欧洲的主要竞争者，市场份额与PRIC相近。主要提供公司治理研究和投票平台。不同的是，Manifest在其研究报告中并不提供投票建议，而是标识出可能的重要问题，由投资者自行决策。

（六）Macro Consulting Group（MCG）

该公司是一家美国公司，由Jack M. Macro于1988年创办。主要为共同受托人计划的赞助商，特别为Taft - Hartely养老金计划提供咨询和投资建议。MCG称其投票咨询服务是“基于养老金计划参与者和受益人的最大利益，审核关于公司治理最终决定的每一项代理问题”。投票咨询业务为MCG贡献约4%的营业收入。

（七）Sustainable Investments Institute

该公司是一家美国公司，是一个非营利的投票研究机构，由IRRC和ISS的前雇员创建于2009年。为订购者提供教育性的公司治理研究。主要服务形式包括发布简要报告、关于公司的深度研究，以及在线杂志和博客。其分析集中于社会和环境方面，并不提供投票建议。

三、行业最新动态

近年来，ISS等投票顾问公司一直受到市场的质疑。主要有两点：一方面是透明度和利益冲突。许多投票顾问公司是私营公司，质疑者认为，他们对其他公司提出许多公司治理标准但他们自身可能未必遵从。ISS由于其母公司风险矩阵集团是上市公司而在独立性上受到质疑。另一方面是市场垄断。投票咨询行业在美国是高度集中的。ISS具有垄断地位，其2 750多家客户中有1 700

家位于美国。其他4家美国机构Glass Weis、Proxy Governance、Marco Consulting Group和Egan - Jones Proxy Services分别拥有400家至100家美国客户。

理论上讲，投票咨询公司应该遵从规范的监管标准。但实际上此类公司受到的约束不多，一些公司也没注册为投资顾问，并不直接接受证券监管机构的监管。因而，公司、投资者都对其利益冲突问题非常关注。2011年《多德—弗兰克消费者保护法案》实施后，对投票咨询公司的监管，包括其利益冲突、投票建议的透明度、研究报告的准确性，以及其对于上市公司过于强大的影响力、是否代表了投资者的最佳利益等方面，成为业界和监管层研究关注的重点。

2012年，欧洲证券及市场管理局（European Securities and Markets Authority，ESMA）发布了关于公司治理咨询行业的角色和作用的咨询报告，就规范和引导该行业发展向市场各界征求意见。在分析整理市场建议的基础上，2013年ESMA发布了最终的反馈声明，并表示正在着手起草公司治理咨询行为规范。

第五节 机构投资者参与治理的主要途径之二：公司治理基金

公司治理基金是另一种机构投资者关于公司治理更为直接的一种参与方式。它是机构投资者成立专门的以公司治理为主题的基金，寻求公司治理水平处于“价值低洼区”的企业，通过与公司积极沟通帮助改善其战略、财务和治理，提升企业价值从而获得超过平均水平的回报的一种投资策略。

一、美国LENS基金

LENS投资管理公司是现代公司治理理论和实践的一代鼻祖蒙克斯在1992年创建的一家专业的公司治理投资基金公司。LENS投资选择原则是从财务评价和公司治理评价两个角度找出价值被低估和可以通过公司治理提高价值的公司。LENS基金只投资于少数几家股票，并积极介入其所投资公司的治理运作。

LENS基金被称为第一家公司治理基金，LENS也自称为公司治理投资者。

该公司 1994 年年报中的一段话非常清晰地表述了公司治理导向的投资战略："卡内基曾说最好的投资战略是把所有的鸡蛋都放在一个篮子里，然后紧紧地盯住这个篮子。我们的战略是不仅盯住篮子还要盯住鸡蛋，并且我们要确信让那些鸡蛋知道有人在盯着他们。我们发现，董事会就像亚原子一样，知道他们受到关注时会有不同的行为。我们的初衷就是制造这种不同。我们的经验表明股东的参与能够增加价值。"

从 1992 年成立到 2000 年关闭，LENS 基金投资组合的业绩表现持续超过 S&P 500。

二、美国 Relational Investors（RI）基金

RI 基金是一只位于美国 SanDiego 的主动投资基金。成立于 1996 年，目前管理资产超过 60 亿美元。该基金的主要投资标的是拥有较强的基本面和现金流，但由于管理不当使得其交易价格低于内在价值的公司。在持有目标公司股份后，RI 一般会通过重选董事会成员、与公司管理层进行建设性的对话等方式对公司施加影响，促使公司做出积极改变以改善股东价值。

在投资策略的具体实施上，RI 基金通常是先持有 1 亿美元的较小股份，然后向管理层和公司董事提出一系列的议案以提升股东价值。如果目标公司能接受其提议，则 RI 基金会增持至目标公司股份的 5% 到 10%。如果其提案被拒绝，则 RI 基金往往会威胁将发起控制权之争（Proxy Fight），或者将其提案公布于众。在获取回报方面，RI 基金通常会督促公司进行股份回购或向股东派发红利。

RI 基金的投资方式代表了西方机构投资者积极参与公司治理的一种典型机制——关系投资（Relational Investing）。这一概念包括公司治理和投资两方面内涵，是积极的公司治理和长期投资的有机结合，坚持股东利益至上原则，追求股东价值和公司长期价值的最大化。

关系投资以适度集中的股权结构为基础，以非控制权为目标，兼顾股东议案、非正式沟通谈判等内部机制和并购等外部机制的综合运用，在一定程度上减轻了股权高度集中和股权高度分散下的代理问题，是一种可行的治理模式。从公司治理角度看，关系投资与并购、董事会、产品市场、经理人市场等内外部机制存在互补或替代关系，能较好地纠正外部监督扭曲与内部监督不足，降低代理成本。从投资角度看，机构投资者将关系投资作为管理投资风险的一种

机制和投资策略，可以克服投资中的集中风险（Concentration Risk）和市场流动性风险等。

三、英国爱马仕基金

英国爱马仕（Hermes）基金是一个很有影响力的公司治理基金，由英国最大的养老金——英国电信BT旗下养老金所全资拥有。截至2013年3月，爱马仕基金直接管理的客户资产达249亿英镑。爱马仕基金还为全球的各大养老金及其他大型机构投资者提供ESG方面的咨询服务，以帮助他们履行资产管理人责任，此类客户管理着全球超过1 150亿英镑的资产。

爱马仕基金是负责任投资的业界领导者，秉持"负责任的资产管理"（Responsible Asset Management）的投资理念。爱马仕基金认为股东的管理监督能为企业创造长期价值，并将公司治理视为达到这一目标的重要手段。爱马仕基金参与公司治理的主要方式包括：（1）参与投票并以多种方式与公司积极沟通。（2）关注其持有的投资组合中治理存在问题的公司，并通过股权所有者服务（Equity Ownership Service，EOS）为第三方客户提供类似服务。（3）通过旗下的Hemres Foucus Fund，积极介入少数业绩偏差但基本面良好的公司。（4）构建股东网络，联合其他有影响力的关联方共同介入治理。

爱马仕基金有50～60个人的团队关注公司治理，在投资于上市公司后会制定专门的介入计划，不断地与公司进行教育和沟通。每次参加股东会爱马仕基金都会提出方案，目标公司虽然未必立即采纳，但长期通过合法渠道给公司施加压力，持续下去还是会产生积极效果。

爱马仕基金还积极地参与英国及全球范围的公司治理政策制定。它是英国FRC投资者管理规范的拥护者，强烈支持投资者应当充当所投资公司的积极股东。爱马仕基金一直认为，股东信息畅通并积极参与治理的公司能更好地管理风险，且获得优异的长期业绩。在践行FRC投资者管理规范的基础上，爱马仕基金还提出了负责任股东准则（The Hermes Responsible Ownership Principles），旨在为公司的董事会、管理层和所有者之间的沟通建立一个基本框架，以促成更有效的公司经营，以实现为股东持续地创造财富。

四、美国卡提克（Cartica）资本

卡提克是一个专注于新兴市场的基金公司，通过实行积极股东的投资策略

获取优异的回报。它创建了首只全球新兴市场公司治理基金。在投资上市公司时，卡提克采用了类似于PE的尽职调查方式，寻求与目标公司的董事会和管理层构建一种建设性的合作关系。卡提克通常会持有目标公司2% ~5%左右的股份，利用其投入的资本和独特的新兴市场公司治理经验，帮助和促进其所投资的公司改善业绩，获取更高的市场估值。

卡提克的核心投资团队来自世界银行集团国际金融公司（IFC），其创始人及高管是国际金融公司公司治理和PE投资业务的前负责人。该团队采用其广泛的行业知识、丰富的公司治理经验和在当地的人际网络，来挖掘潜在的投资对象。卡提克非常擅长于通过提高公司透明度、清晰化公司发展战略以及与资本市场定期互动等方式帮助公司获得合理的定价。具体的措施包括利用团队的各种资源扩大被分析师覆盖的比例、吸引市场关注、促进股票流动性，最终达到更高的市场估值。

卡提克是联合国原则负责任投资准则（UNPRI）的签署者。卡提克认为，一个企业对高质量的公司治理的重视和对环境及社会负责任的承诺是相互促进的，并且在长期来讲有利于股东利益。UNPRI是一种自愿性和高层面的准则，为卡提克和其他投资者提供了一个非常灵活的框架。在投资决策和股权管理实践中，投资者可以根据实际情况应用该准则来为企业创造价值。

五、国内公司治理基金

（一）鹏华优质治理基金概况

鹏华优质治理（160611）基金概况见表6 -2。

表6 -2　　鹏华优质治理（160611）基金概况

基金名称	鹏华优质治理	基金代码	160611
投资类型	平衡型	投资风格	股票型
首次募集规模	11 883 924 351 元	最新基金规模	4 854 464 099 元
成立日期	2007 年 4 月 25 日	基金经理	谢可
基金托管人	中国工商银行	基金管理人	鹏华基金管理有限公司
会计师事务所	安永华明会计师事务所	律师事务所	德恒律师事务所
投资目标	投资于具有相对完善的公司治理结构和良好成长性的优质上市公司，为基金份额持有人谋求长期、稳定的资本增值		

资料来源：和讯基金频道，访问日期2013 年9 月16 日（下同）。

（二）景顺长城公司治理基金概况

景顺长城公司治理（260111）基金概况见表6－3。

表6－3　　景顺长城公司治理（260111）基金概况

基金名称	景顺长城公司治理	基金代码	260111
投资类型	平衡型	投资风格	股票型
首次募集规模	273 077 492 元	最新基金规模	182 326 101 元
成立日期	2008 年 10 月 22 日	基金经理	邓春鸣
基金托管人	中国工商银行	基金管理人	景顺长城基金管理有限公司
会计师事务所	普华永道中天会计师事务所有限公司	律师事务所	北京市金诚同达律师事务所
投资目标	本基金重点投资于具有良好公司治理的上市公司的股票，以及因治理结构改善而使公司内部管理得到明显提升的上市公司的股票，在控制风险的前提下，谋求基金资产的长期稳定增值		

（三）兴全社会责任股票基金概况

兴全社会责任股票（340007）基金概况见表6－4。

表6－4　　兴全社会责任股票（340007）基金概况

基金名称	兴全社会责任股票	基金代码	340007
投资类型	平衡型	投资风格	股票型
首次募集规模	1 388 696 479 元	最新基金规模	4 424 468 885 元
成立日期	2008 年 4 月 30 日	基金经理	傅鹏博
基金托管人	中国建设银行	基金管理人	兴业全球基金管理有限公司
会计师事务所	安永华明会计师事务所	律师事务所	上海源泰律师事务所
投资目标	本基金追求当期投资收益实现与长期资本增值，同时强调上市公司在持续发展、法律、道德责任等方面的履行		

（四）财通 ESG100 指数基金基金概况

兴全社会责任股票（340007）基金概况见表6－5。

表6－5　　财通ESG100指数基金（000042）基金概况

基金名称	财通ESG100指数基金	基金代码	000042
投资类型	指数型	投资风格	股票型
首次募集规模	247 395 794元	最新基金规模	81 865 114元
成立日期	2013年3月22日	基金经理	关家雄
基金托管人	上海银行	基金管理人	财通基金管理有限公司
会计师事务所	安永华明会计师事务所（特殊普通合伙）	律师事务所	上海市通力律师事务所
投资目标	本基金为股票指数增强型基金，在力求对中证财通中国可持续发展100（ECPI ESG）指数进行有效跟踪的基础上，通过基于数量化的多策略系统进行收益增强和风险控制，力争实现超越该指数的收益率水平。		

第六节　机构投资者参与治理的主要途径之三：公司治理联盟

公司治理联盟或协议框架是机构投资者相互交流公司治理实践的平台，通常也会给投资者提供一些参与公司治理的实践指引或规范。

一、国际金融公司的公司治理发展框架

2011年9月，以国际金融公司为首的国际发展性金融机构（Development Finance Institutions，DFIs）共同签署了公司治理发展框架，旨在于支持新兴市场的经济可持续发展。公司治理发展框架为签署机构提供了评估和改进其在所投资公司上的治理实践的公共平台。截至2013年1月，已有31家发展性金融机构在其投资过程中采用该框架。签署机构分布于全球的大部分新兴市场，包括非洲、拉美和加勒比、亚洲、中东、欧洲等地区，总资产超过8 500亿美元。

国际金融公司的公司治理发展框架是一个高度概览的框架协议，框架的每个签约者承诺：

（一）融合公司治理（CG）于其投资运营中

第一，采取本框架的方法学、程序和工具。

第二，使用时对被投资公司进行 CG 评估，并制定 CG 行动计划。

（二）保证责任

确认有相应的内部职能负责实施本框架。

（三）提供或采购培训

保证向员工就框架实施和进一步发展进行能力培训和知识讲授。

（四）与其他签约者协作

第一，共享训练和实施中的经验及资源。

第二，共享实例和进度报告。

（五）报告实施情况

每年向其他签署者报告框架的内部实施情况。

二、亚洲公司治理协会

亚洲公司治理协会（ACGA）是一个独立的、非营利性的会员制组织，致力于与投资者、企业及监管机构相互沟通，在亚洲地区的推动有效的公司治理实践的实施。亚洲公司治理协会成立于 1999 年，其创建理念是，公司治理是亚洲经济和资本市场的长远发展的基石。

亚洲公司治理协会的工作范围包括三个方面：（1）研究：跟踪亚洲 11 个市场的公司治理进展，就最新的法规监管、投资者活动和治理实践提供独立的评论分析。（2）倡导：参与与金融监管机构、证券交易所、机构投资者和上市公司的建设性对话，就影响监管环境和公司治理实践的各种实际问题进行讨论。（3）教育：举办会议和研讨会，促进对良好公司治理的效用，和有效的实施方式及竞争力的深入理解。

亚洲公司治理协会的成员包括 100 多个全球性和区域性的养老金和投资基金、金融机构、上市公司和非上市公司、法律和会计事务所和教育机构。其经营运作由赞助商和成员企业提供支持。

亚洲公司治理协会在接受新的会员时有着严格的准入门槛和考核标准，既要求申请机构自身的公司治理规范良好，还要求申请公司要有足够的能力推动所在地区的公司治理状况的改善。汇添富基金是国内第一家也是目前唯一一家加入亚洲公司治理协会的金融机构。

三、国际公司治理网络 ICGN

国际公司治理网络（ICGN）是一个投资者主导的公司治理专业组织，其使命是推动全球公司治理标准的不断改进。目前，国际公司治理网络已成为全球影响力最大的公司治理国际组织之一。其主要的活动有三方面：

（一）影响政策

为各国的监管者提供可靠的实务知识和经验，帮助构建一个完善的公司治理监管框架，在不同的市场主体之间形成利益一致的合作机制。

（二）联络同行

通过各种国际会议和活动及其他媒体方式，促进不同市场的参与间之间的沟通。

（三）交流对话

通过出版政策规范、交流知识和经验、宣传教育等方式，推动世界范围内的公司治理职业人士进行交流。

目前，有来自 50 多个国家和地区的约 600 家会员，会员中机构投资者管理的资产总额超过 18 万亿美元。

国际公司治理网络发布了从商业道德到股东权益等一系列全球性指引或准则。

第七章

公司治理的新趋势：ESG与责任投资

第一节　ESG与责任投资的基本概念

一、ESG

ESG（环境、社会和公司治理）指的是投资者在考虑公司行为时考察的一系列与可持续发展相关的问题。ESG的每一个问题都涉及若干子议题。譬如，环境问题的子议题包括工业污染和资源消耗等；社会问题的子议题包括职业健康和安全、产品安全和劳动条件等；公司治理问题的子议题涵盖贪腐欺诈以及公司治理结构等。

ESG问题会对上市公司业绩造成影响，有时候的影响是直接的、直观的。比如，2011年2月，中国最大的黄金生产商紫金矿业公司，由于被判对早前于2010年7月发生的一起重大污染事故负责，被处以罚金3 000万元人民币。目前，投资者已逐渐开始关注资本市场的ESG风险，并对上市公司的ESG问题进行监控和评估。

ESG是传统公司治理在维度上的拓展，覆盖更广泛更长期的发展因素，但新增的社会和环境因素也更难以度量。治理是ESG的基础，但ESG是治理的未来发展方向。

二、责任投资

责任投资（Responsible Investing，简称RI）是一种与ESG对应的新型投资方式，它把ESG作为投资决策与所有权行使过程中的重要考量因素，将投资决策、所有权行使与经济、社会、环境相统一。责任投资认为ESG问题会显著影响公司的长期业绩。因此，投资者在选择投资的企业时不仅关注其财务、业绩方面的表现，同时关注企业社会责任的履行，在传统的选股模式上增加了企业环境保护、社会道德以及公共利益等方面的考量。责任投资的投资过程中投资者结合对社会、经济发展和环境健康的关心，再加上传统财务的考虑，使经济和社会都能得益。

责任投资的内涵最初以社会责任投资（Socially - Responsible Investing，SRI）和影响力投资（Impact Investing，II）为主，但近年来国际上关注的重点则是ESG投资（ESG Investing）。它们的区别在于：社会责任投资是指在传统的财务指标之外，以尊重人权、社会贡献程度和对环境问题的关注等社会伦理性标准为基础，评价并选择企业所进行的投资，强调要严格避免投资于不符合社会伦理性标准的企业；影响力投资是指投资决策时要考虑社会、环境等非财务因素，强调通过投资行为实现正面的社会和环境效应；ESG投资是指要把环境、社会和公司治理因素整合到投资的全过程，强调ESG因素在投资决策与所有权行使过程中的重要性。换言之，较社会责任投资与影响力投资而言，ESG投资是更广义也更深刻的概念，不仅涵盖社会责任投资与影响力投资所考虑的因素，而且覆盖投资的全过程。因此，我们采用ESG投资来定义责任投资的内涵。

责任投资是一种投资方式，是将财务之外的其他因素融合于投资过程和活动中，看重减少投资者风险、提高风险调整后的投资收益，与社会责任或道德并无必然联系。责任投资区别于传统投资方式的显著特征在于其投资定位相对稳定和安全（将责任和道德风险纳入考量），投资瞄准中长期的经济结构转型（将低碳和环境保护纳入考量）。因此，这些产品一般能在较长周期中抵御风险且表现优秀。

目前，责任投资已逐渐受到投资者的关注和重视。联合国责任投资原则组织（PRI）对48个国家的900多个签署机构（管理着总计30万亿美元的资产）的问卷调查显示，94%的资产所有者和93%的投资经理人已经制定了正式的责任投资政策。

自责任投资发源于欧美以来，数十年后，这一概念已渐入中国市场。2006年，中银基金启动了第一个与责任投资相关的基金。这一基金致力于投资者的中长期增值，通过投资于那些有意识进行可持续发展的企业来达到这一目的。

2008 年，兴业全球基金发行了中国首个真正的责任基金。这一基金宣称其在追求当前回报和长期资本增值的同时强调被投资的企业是否符合可持续发展、合法和道德的准则。这一基金后来大获成功。继兴业全球基金之后，建信基金和汇添富基金亦旋即发行了社会责任基金。除了以上这些社会责任类别的金融产品，还有一些更广泛意义上的责任投资基金，例如低碳和环境保护基金：汇丰低碳先锋基金、海富通低碳指数基金、富国低碳环境友好基金、中海绿色新能源基金等。但中国的养老基金和主权基金尚未有明确的责任投资战略。

第二节 责任投资在中国的发展

当前，责任投资正在得到投资者们越来越广泛的关注。投资人有银行、基金公司、养老基金、散户投资者等。截至 2012 年底，ESG 基金总量已超过了 10 万亿美元。近 5 年，全球 ESG 基金市场扩容速度为 22%，远高于全球基金市场平均的 10%，亚洲 ESG 基金的市值年增长率更是超过了 35%。

中国市场正在追随这个趋势。ESG 概念在中国已经得到广泛的重视。环境污染、能源消耗、职业安全与健康、贪污腐败等一系列与 ESG 相关的问题都成为社会关注的热点。中国政府已制订和出台了相应的政策和措施以支持责任投资这一理念及相关实践，如近期修订了《绿色信贷指南》。国际机构国际金融公司在中国的公司治理项目也提供了责任投资的绩效标准、详细的分行业指南、“赤道原则”和专门针对私募股权投资基金的工具及资源，用于协助银行及投资者将责任投资融入其投资进程中。同时中国的企业也正在 ESG 方面做出不断的提高和改进。中国市场的 ESG 投资即将兴起。

与此同时，已有少数先行者敏锐地意识到责任投资在中国的机会。联合国责任投资原则（PRI）的签署方云月投资和兰馨投资，以及青云创投和惠农资本都认同，在中国这个充满环境、社会与治理（ESG）风险和诸多可持续性挑战的国家，责任投资不仅是需要，更是明智之举。他们都将责任投资整合到其投资过程中，即从分析、到审计和尽职调查、再到参与和管理其投资组合。然而，不同的投资者也采取了截然不同的投资方法。青云创投遵循的投资理念是能够产生积极的、可量化的环境影响，因此，它仅对可持续农业、能效以及清洁能源等具体行业进行投资。相反，兰馨投资遵循不同的原则：无论处于哪个行业，只要公司能够在其行业内部深刻理解并处理好各类经济和社会问题，就会得到兰馨投资的青睐。

这两种的投资方法并非水火不容，但代表了时下盛行的两种不同思考模式[①]：

第一，“要想盈利，我们必须处理好 ESG 问题”方法（或称为风险管理方法）。该模式着眼点在于将 ESG 问题整合到投资中并减少此类风险，同时将妥善处理此类问题视为公司管理总体良好的体现。

第二，“我们希望在产生影响的同时盈利”方法（或称为影响投资方法）。该模式则更加重视外部环境，因此，投资决策是专门针对产生可衡量的社会或环境影响，同时确保盈利而做出的。

这两种方法都是实现责任投资所必需的。鉴于当今中国面临巨大的 ESG 风险，第一种方法更注重从风险管理和竞争优势的角度来看待此类问题，而第二种方法则更注重商机和社会/环境影响。考虑到中国的社会和环境挑战亟需解决，随着责任投资的深入发展，问题的关键在于如何激励投资者从中选择一种（或两种）方法进行投资。

第三节 国际趋势：将 ESG 融入投资过程

在机构投资者中，养老金通常都有着较长的投资周期，对于公司治理、资源约束等财务以外的风险因素更为看重。英国的养老金机构是这方面的典范。在 FRC 发布管理人尽责规范后，英国养老金协会（Natioanl Association of Pension Funds，NAPF）表示强烈支持，呼吁养老金机构签署该规范，进行责任投资。国际上知名的大型养老金机构如加拿大退休金投资委员会（Canada Pension Plan Investment Board，CPPIB）、安大略教师养老金基金（Ontario Teachers' Pension Plan，OTPP）、加州公共雇员养老金公司（CalPERS）和加州教师退休基金（CalSTRS）也都将责任投资的理念整合于其资产管理业务中。

---

① BSR. 中国可持续投资简讯. 2012 年 10 月。

下面，将对国际上具代表性的养老金机构的责任投资行为进行介绍。

一、英国养老金

英国养老金协会（Natioanl Association of Pension Funds，NAPF）是服务于英国养老金机构的非营利组织，主要通过与监管机构、养老金的紧密沟通来引领英国养老金的发展方向。

英国养老金协会认为 ESG 是决定公司长期价值的重要因素，会对公司的声誉、品牌成长性、利润、市场份额及融资成本产生深刻影响。英国养老金协会提倡英国养老金机构进行责任投资，并将 ESG 融入到投资的全过程中，以降低投资风险，提高风险加权资本回报率。英国养老金协会于 2012 年发布了管理人尽责政策，规定了 6 大良好实践准则，包括鼓励在投资决策中考虑公司治理等非财务因素，以及通过参与投票、介入管理等方式行使股东责任。

对于如何把 ESG 融入投资过程，英国养老金协会在其 2013 年发布的责任投资指南中给出了范例。

（一）作为资产所有人，要把 ESG 融入其投资理念

英国环境局养老保险基金（Environment Agency Pension Fund，EAPF）作为责任投资的先行者，在过去十年中积极践行 ESG 的投资理念，重视环境、社会和公司治理等非财务因素的考量。英国环境局养老保险基金选取的基金管理人须符合责任投资标准，把 ESG 问题作为其投资决策的重要组成部分。此外，EAPE 还会监督基金管理人的投资活动。2010 年 9 月，EAPE 宣布遵守《英国管理人规范》，成为承认该规范的首批养老金机构。

（二）作为资产管理人，要把 ESG 融入其投资活动

英国爱马仕基金作为责任投资的业界领导者，强调要把 ESG 的理念贯穿投资决策与被投资公司的管理监督。在分析投资目标公司时，要考察其在 ESG 方面的表现。在对公司进行投资后，要监督公司在 ESG 方面的活动，必要时采取投票等积极干预的方式改善公司在 ESG 方面的表现。如在 2010 年，爱马仕基金因担忧劳埃德银行集团（Lloyds Banking Group）的可持续发展战略与公司治理问题，与该集团进行了深入的对话和沟通，并多次召开讨论会，积极表达对 ESG 问题的关注，帮助该集团制定发展战略、调整治理架构。

二、加拿大退休金投资委员会

加拿大退休金投资委员会（Canada Pension Plan Investment Board，CPPIB）是全球十大养老金机构之一，管理加拿大的退休金计划，管理的资产规模高达1 660亿美元。

加拿大退休金投资委员会的资产管理目标是通过多元化、稳健性的投资与管理，实现资产的长期保值增值。加拿大退休金投资委员会信奉责任投资的理念，积极将ESG因素纳入投资分析与资产管理。加拿大退休金投资委员会认为ESG会深刻影响公司的发展机遇、运营成本、长期现金流量和盈利水平，因此，在ESG方面表现良好的公司更有可能在长期中生存下来，并创造更大的价值；相反，在ESG方面做得很差的公司可能会面临更大的经营风险和声誉风险。

加拿大退休金投资委员会设有责任投资委员会（Responsible Investing Committee，RIC），负责审批和监督加拿大退休金投资委员会的所有责任投资决策与活动，确保加拿大退休金投资委员会的投资行为符合最佳实践标准。该委员会由加拿大退休金投资委员会的高管组成，并受加拿大退休金投资委员会主席与首席执行官领导。在RIC的指导下，加拿大退休金投资委员会一方面在投资分析及决策时充分考量ESG因素对风险与收益带来的长期影响，另一方面积极参与公司管理，改善被投资公司在ESG上的表现，并最终实现长期价值的提升。

三、美国加州公共雇员养老金公司

美国加州公共雇员养老金公司（California Public Employees' Retirement System，CalPERS）是美国的一家知名养老金机构，管理着美国加州地区160万公民的养老金，管理的资金规模高达2 319亿美元。

加州公共雇员养老金公司重视投资的长期回报，积极实行责任投资。加州公共雇员养老金公司认为ESG因素可通过不同企业、行业、区域和资产类型等多维度影响其投资组合的收益。加州公共雇员养老金公司专门设有ESG工作组，参与其在全球的投资活动。加州公共雇员养老金公司把ESG问题作为战略重点将其整合到投资的各个阶段，并重点关注三方面的核心内容：

（一）通过公司治理进行各方利益的协调统一

具体包括股东权利，经理人薪酬，基金经理的协议条款及投资者保护等问题。

（二）气候变化等环境因素

具体包括资源匮乏、水资源紧缺、碳排放量、能源效率、清洁技术和可再生能源等相关问题。

（三）人力资源等社会因素

具体包括雇员待遇、健康与安全、人权和员工的多样性等问题。

从国际上看，在更广泛的范围内，机构投资者的投资方式也呈现将 ESG 融入投资过程的趋势。ESG 融合是指在投资时考察企业的可持续发展能力和业绩，因为其将对企业的财务绩效产生实质性的影响。国际商务社会责任协会 BSR 于 2012 年的一份调查报告显示：（1）尽管经济处于不景气状态，主流的投资者对长期投资和 ESG 融合的兴趣仍在增加；（2）负有长期投资义务和受托责任的资产所有者，包括养老金、保险公司和主权财富基金，是实行 ESG 融合的领军者；（3）上述投资者在投资过程中越来越看重目标公司的 ESG 表现，将其视作提高其投资组合的财务业绩的一种方式。

第八章

推动公司治理改革的政策建议

第一节 提升中国公司治理水平的改革方向

一、当前的主要问题

（一）政府主导的行政手段为主，市场作用发挥不足

中国公司治理改革的主要特征之一，就是以政府为主导的自上而下的强制性制度变迁。以中国证监会为代表的政府监管部门，通过制定专门的规章文件、开展一系列公司治理专项行动、强化对上市公司治理的日常监管等一系列改革步骤，有力地推动了上市公司治理的发展。但以政府行政手段为主导的公司治理监管方式也存在着容易过度干预市场、监管效率不高等缺陷。

与此同时，作为上市公司外部治理的重要组成部分，市场治理力量一直未能在我国公司治理中有效发挥作用。我国虽然也存在公司控制权市场、经理人市场和产品市场，但国内市场发育不成熟、运作效率不高的“新兴加转轨”的阶段特征决定了市场治理的力量薄弱、作用有限。

（二）公司治理制度流于形式，投资者权益无法得到有效保护

行政手段主导的上市公司监管方式在实践中呈现出死板僵化、拘于细节的问题，已不能适应我国资本市场日新月异的变化。市场约束力量的缺失又使得上市公司没有激励将公司治理转化为公司发展的内在动力，而只是停留在纸面上、着重于满足合规管理的空壳。

这使得大部分上市公司的治理制度“形似神不至”，存在着明显的改进余

地。例如，部分上市公司缺乏现实的“独立人格”，控股股东对上市公司干预较多；有的企业内部治理机构之间缺乏真实有效的权力制衡，监督制度流于形式。监督制衡机制的失效，使得上市公司和控股股东没有激励尊重投资者。资本市场法制环境的不健全，导致违规成本较低，投资者利益保护的司法救济不足，控股股东侵害中小股东利益的行为自然屡禁不止。

（三）机构投资者缺位，外部约束机制不健全

美国的经验表明，在具备一定条件下，机构投资者对改善公司治理结构和优化股权结构有不可替代的作用。但我国目前有两个问题制约机构投资者治理功能的发挥：一是以基金为主体的机构投资者数量和规模实在有限；二是外部的法制监管条件远未成熟，导致目前国内有限的机构投资者只能算是“交易者”，缺乏长期投资理念。国内许多机构投资者的投资策略基本上是被动投资，很少通过执行一种以公司治理为导向的积极投资而盈利。

作为机构投资者的重要代表，我国基金公司直接参与上市公司治理的案例还很少，参与程度也不大。主要参与形式是通过对于上市公司的决策议案进行投票表决，但是由于基金公司持有上市公司股份不能超过10%，一般处于小股东地位，投票很难改变最终结果。基金公司参与上市公司治理需要有专人负责研究、跟踪，要经常出差参加公司的股东大会或者董事会，需要付出人力、资金等成本。由于基金投资相对分散，如果改变公司治理成本过高，可能会选择放弃，转而选择其他公司，直接“用脚投票”等等。

二、针对性的解决思路

（一）以市场化的方式与行政监管手段互补

与立法程序冗长、难以适应多元化的公司治理需求的行政规章相比，以“遵循或解释”为代表的市场自律性规范天生就具有灵活多变、快速高效的特点。这种自律性的公司治理规范在英国乃至欧洲都得到监管部门和市场机构的充分认可。2010年英国推出管理人尽责规范以来，超过250家机构投资者签署了该规范。欧洲委员会在全欧洲范围内推广“遵循或解释”式规范在提升治理水平中的作用。

英国这种以针对上市公司的内部治理监管准则与针对投资者的外部自律规范相配合的方式很快在国际社会引起关注。各国纷纷开展本国化的管理人尽责

规范研究制定工作，以市场化的方式加强对上市公司的约束已成为公司治理改革的国际前沿。

（二）从投资者和上市公司两大市场主体入手，建立针对性的激励约束机制

市场化的激励约束机制是落实公司治理制度的根本保障。建立有效的约束机制就要从资本市场的两大主体投资者和上市公司同时入手。

金融危机之后，机构投资者作为公司治理改革的重要推动力量的角色成为各国关注的焦点。OECD 于 2011 年发布了关于拉美公司治理状况的白皮书，系统性总结了巴西、阿根廷、智利等国家的公司治理改革的经验教训，高度强调了机构投资者在提升公司治理水平中的重要角色，并指出充分发挥机构投资者的作用是建立和完善公司治理监管框架的优先举措。

富达投资旗下的投资咨询机构 Pyramis 咨询公司于 2013 年 6 月发布了一篇公司治理的研究报告①，以巴西、俄罗斯和东亚地区为例子，分析了公司治理评价体系在新兴市场中改善上市公司治理、提升公司业绩、便利投资决策等方面的重要性。

第二节 加快完善公司治理市场化约束机制的重大意义

一、充分调动各相关市场主体的能动性，共同推动公司治理发展

我国的公司治理制度流于形式的重要原因是市场约束机制的不健全。成熟市场经验表明，作为市场重要参与者的机构投资者完全有动力通过参与治理提升投资回报，而在适当的条件下，机构投资者也有能力促进上市公司治理水平的提升。在我国机构投资者比例较低、总体欠成熟的情况下，通过市场化激励约束机制推动机构投资者参与治理，也是培育我国资本市场机构投资者的重要环节。对于上市公司而言，公司治理水平的改善有利于提升企业价值，既可便利融资，又可获得专业机构投资者的资源支持，从而有效利用资本市场实现快速发展。

因此，在市场激励约束机制健全的情况下，机构投资者和上市公司双方都

---

① The Importance of Assessing Corporate Governance in Emerging – Market Investing. Pyramis Market Research. June 2013.

有动力充分发挥主观能动性，共同推动公司治理发展。与此同时，自身质量也得到提升。

二、完善公司治理监管框架，改进上市公司监管效率

市场化的激励约束方式，因其灵活多变、及时迅速的特征，可弥补行政监管手段的僵化、成本较高的不足，满足上市公司治理多元化和差异化的需求。同时，作为事前的风险防范手段，可以有效强化对投资者权益的保护。

行政监管手段与市场化约束方式的结合，有利于构建良好的上市公司监管框架，可有效提高上市公司监管效率，在减少行政监管的压力的同时促进上市公司健康发展。

三、树立积极透明的国际形象，争夺公司治理国际话语权

亚洲公司治理协会2012年发布的亚洲市场公司治理观察报告《CG Watch 2012》表明，中国公司治理水平在亚洲11个地区中的排名由上一年的第5名大幅下降至第9名，远远落后于排名第3的泰国。其重要原因是，中国的公司治理“虽然治理水平有所改善，但治理文化仍然薄弱，监管制度不透明”。完善上市公司治理约束机制，构建客观公平的公司治理评价体系，可增强上市公司信息披露和监管执法的透明度，在国际上树立积极透明的良好形象。

另一方面，当前各国正在加紧制定公司治理准则和投资者自律规范，新的公司治理国际标准正在形成中。加紧完善以投资者尽责规范的代表的市场约束机制，有利于我国在参与国际公司治理标准竞争中抢占先机。

第三节 关于我国资本市场公司治理基础性体系建设的建议

一、构建我国机构投资者参与公司治理规范、拓宽沟通渠道

外部治理（外部治理环境及制度安排）涉及市场、政府、媒体舆论等各方，对相关主体产生约束，与治理准则、法规及评价体系等内部治理手段相辅

相成，构成一个完整的公司治理机制。

在对我国资本市场现状的研究中发现，市场各参与主体间（资产所有人、资产管理人和上市公司）未形成有效沟通的渠道，且必要的激励约束机制缺失。基于外部治理方面的薄弱，提出以下建议：

（一）制定资产管理人尽责规范（China Stewardship Code）

1. 从投资者角度出发，制定中国的资产管理人尽责规范

以英国管理人规范（UK Stewardship Code）为蓝本，参考国际公司治理网络的机构股东责任规范，制定中国的资产管理人尽责规范。该规范是从投资者角度，倡导机构投资者积极参与公司治理的自律规范，旨在鼓励机构投资者通过征集代理投票权和提出股东议案等方式积极地参与公司治理，促进公司的长期成功，同时实现出资人的最终利益回报。

2. 充分考虑我国治理环境特点，提高尽责规范适用性

综合直接投资人（PE 机构）和二级市场股票投资者的实践经验，以及各类投资者参与公司治理的方式方法，根据我国治理环境与治理经验制定规范，确保在符合公司治理国际典范做法的同时，适应中国资本市场的特点。该规范的期望目标受众涵盖一、二级市场机构投资者。

（二）发起设立中国公司治理联盟（China Corporate Governance Association）

中国公司治理联盟是资产管理人自律组织，宗旨是推动资产管理人积极参与公司治理，实现投资的长期回报。具体职能可包括：（1）推动资产管理人尽责规范的实施和完善；（2）为机构投资者参与公司治理提供沟通协作平台；（3）有选择性地持股上市公司，以股东身份发起积极股东行为；（4）研究对资产管理人的评级；（5）参与国际公司治理的交流合作。

联盟本质在于行业自律，形式可以是实体的协会、也可以是虚体的框架协议。拟参照联合国 UNPRI 原则和国际金融公司公司治理框架，先期以框架协议的形式推出，由各机构自愿签署并公布。

要切实推动中国公司治理联盟的建立，关键在于建立资产所有人（Asset Owner）、资产管理人（Asset Managers）和上市公司之间的激励约束机制。可行的探索方向为：（1）从约束链条的最上游——资产所有人、出资人出发，

以英国、美国和加拿大养老金为蓝本，研究负责任投资的实践经验；（2）以全国社保和中国人寿为切入点，建立资产所有人与资产管理人之间的约束机制；（3）对于社保和保险资金之外的机构投资者，考虑建立其他的激励引导机制；（4）引进爱马仕等公司治理基金的经验，帮助国内机构投资者有效介入上市公司治理。另外，国际公司治理网络发布的资产所有人与基金经理合约条款的建议模板也具有很高的参考价值。

（三）可借鉴的公司治理规范国际经验

全球范围内，致力于公司治理自律规范制定、推进公司治理水平的机构众多，均根据目标资本市场及其所在国家、区域特点，服务于各类资本市场参与者。其中，较适合我们借鉴的国际成功经验包括英国财务报告委员会（FRC）和韩国公司治理服务公司（KCGS）。

1. 英国财务报告委员会（FRC）

FRC 是英国的独立监管机构，其主要职责是提高公司治理水平和财务报告质量以推动投资。其使命则是提高资本市场效率，促进企业融资，以实现英国政府的经济增长计划。英国政府授权 FRC 上述使命，以期 FRC 能发挥其战略性指导作用，关注于资本市场的关键风险点，提升在国际上的影响力。

FRC 是一个有限担保公司（Company Limited by Guaratee），由政府和行业共同提供运营资金。其董事会由英国商业、创新和技能大臣进行任命。FRC 及其分支机构在英国公司治理的监管和发展中扮演着极其重要的角色，先后发布和修订了英国公司治理准则（UK Corporate Governance Code）和英国管理人规范（UK Stewardship Code）。

FRC 下属三个委员会之一的规范和标准委员会负责公司治理和会计方面的规范和标准制定、政策建议等相关职能，并代表英国利益参与国际标准制定。

2011 年 10 月，英国政府着手启动对 FRC 的改革计划，包括调整其职责范畴使其与使命相对应；精简结构；增强独立性；增加一定的行政处罚权。上述举措旨在于使 FRC 职权明确，有效发挥其监管功能。

2. 韩国公司治理服务公司（KCGS）

韩国公司治理服务公司成立于 2002 年，由韩国证券交易所、韩国金融投资协会（前身是韩国证券交易商协会、韩国资产管理协会、韩国期货业协会）、韩国上市公司协会发起，是非营利组织（Non - Profit Organization）。

KCGS 致力于提升韩国公司的治理水平。2011 年起，KCGS 扩大了公司治理评估的范围，把环境和企业社会责任也纳入评价体系。

KCGS 的业务范围主要有 4 个方面：

第一，环境、社会和公司治理（ESG）评估。评选 ESG 最佳范例；对上市公司进行 ESG 评估，形成评估报告；对最佳 ESG 公司进行颁奖；建立 ESG 数据库；推广公司治理股价指数（KOGI）和社会责任投资指数（SRI Index）。

第二，公司治理咨询服务。提供公司治理分析服务；制定公司治理投票指南；为投票权相关的议题提供政策建议；研究投票权相关问题。

第三，可持续发展报告（Sustainability Report）服务。为公司撰写可持续发展报告，并提供代理咨询服务；提供关于可持续发展的认证服务；提供关于企业社会责任（CSR）的治理建议。

第四，公司治理与企业社会责任的教育培训和研究。进行公司治理与 CSR 的研究，并提供政策建议；举办论坛和讲座；促进公司治理领域的国际交流与合作；出版相关的研究报告和书籍；提供教育培训服务。

KCGS 的愿景是成为一流的公司治理研究和评级机构，以及韩国公司治理评价和研究的权威枢纽。它对上市公司的持续评级和激励促使了上市公司积极改善治理结构，大量的学术和实务研究也得益于 KCGS 提供的公司治理数据库。KCGS 的工作在推动韩国公司治理发展上发挥了积极作用。

事实上，金融危机之后各国都提高了对公司治理的重视。其中一项重要举措就是在政府机构负责公司治理的政策制定、监管和实施外，还成立了多种公共实体或非营利性机构协调公司治理监管、共同推动公司治理发展。以亚洲为例，印度的国家公司治理基金会（NFCG）、印度尼西亚的国家治理委员会（KNKG）、马来西亚的公司治理研究院（MICG）、韩国的公司治理服务公司（KCGS）均是其中的代表，这些机构在配合政府监管政策的实施、引进先进的公司治理理念和实践经验、促进本国公司治理水平提升、与国际机构开展公司治理相关的合作研究等方面都产生了重要影响。

而在我国，无论是政策制定和实施、实践经验的引进推广以及相关服务的提供，都缺乏专门的非政府机构从事公司治理领域的工作。这不利于借助于市场化的手段和力量推动我国的公司治理改革和发展，这正是我国公司治理联盟成立并制定资产管理人尽责规范的必要性。

二、建立适应我国资本市场特点的公司治理水平评价体系

我国资本市场处于不完全有效阶段，上市公司公开信息不全面、金融机构市场参与度不足等问题仍普遍存在。现有公司治理评价体系虽指标全面，但受制于前述现状，在缺乏访谈调研以及专业机构尽职调查的辅助下，治理水平相关信息分析不够深入，无法准确量化整体治理水平，无法实现作为投资决策依据以及为监管机构了解上市公司运营规范性状况提供参考等功能。另外，以治理水平评价结果为依据挑选样本股票编制而成的治理指数产品，亦无法实现与市场上其他公司区分，实现提供优质投资组合的目标。

（一）关于完善公司治理评价体系的途径

经过对国内现有公司治理评价体系评价内容、指标及实施方式调研分析并结合国际成功经验，基于 A 股市场现状特点，建议以“全面、深入、符合监管要求、契合市场焦点”作为治理评价工作开展的基本理念，组建一家非营利性的独立第三方机构，以市场化的公正角色致力于构建上市公司治理市场约束机制，完善中小投资者保护功能，发布具全球化影响力的权威性评价报告，提升 A 股上市公司国际形象。

治理评价具体开展方面以中国证监会监管重点为导向，通过指标细化、权重调整等形式着重分析当期上市公司治理方面出现的问题；引入国际治理评价体系商业化特质，从机构投资者对于上市公司治理评价的需求出发，保持与市场焦点的高度契合，提高中证发展评价报告对上市公司国内外声誉、投资价值的影响力；并通过组建专业化的上市公司调研队伍，在外部专业机构协助配合下完成各项指标对应的数据信息收集、整理、分析工作，提高评价报告准确性。

围绕前述设计理念，我们从地区治理环境评价、评价标准、评价信息获取、权重分配和评价结果计算方式等维度考虑，提出以下几点评价体系完善建议。

1. 开展地区治理环境评价，剖析外部环境对治理现状的影响

一个国家或地区的外部治理环境是上市公司生存、发展的土壤，法律基础、监管机制、信息披露制度、市场基础等因素是决定上市公司治理结构的根本。我国幅员辽阔，各地治理环境因地域文化、当地政策、企业文化特色等原

因差异明显，任何脱离外部环境分析的评价体系，均无法真实反映导致区域内上市公司治理现状的原因。

在评价上市公司治理水平的同时加入对地区治理环境的考量，联合地方政府、专家学者充分研究分析地区环境治理情况并出具相应报告，以此加强中证发展评价体系对于不同治理环境下上市公司治理水平的横向可比性。

2. 总体评价分析与个体评价报告相结合，提高市场化评价的影响力

国内公司治理评价报告均面向覆盖范围内上市公司展开，通过对各目标公司正式、公开信息收集分析后，形成总体评价报告。此类评价报告充分披露我国资本市场公司治理情况，并通过各种标准分类探究不同地区治理环境、不同行业间、不同股权性质上市公司间治理问题所在。目前，国内评价体系的发布方以学术、官方机构为主，商业化评价报告的缺失导致评价报告丧失了提升目标上市公司治理声誉及投资价值的功能。

在评价实施模式上可采取总体评价与个体上市公司评价报告相结合的模式，前者有利于准确反映国内上市公司治理水平及构成原因；后者旨在针对性的深入评价上市公司治理水平，实现目标公司投资价值增进功能。

3. 多样化的治理评价标准，提高评价报告对于不同经营模式的适用性

穆迪在其公司治理评价体系中引入关于“家族控制”在不同规模、类型公司对于治理情况利弊影响的思考。它们认为，家族式管理模式中，企业发展面临“家长”能力风险，会导致企业用人的非理性化，企业经营决策的科学化、规范化与家族式管理模式相冲突；而相反的，家族企业从决策到实施的环节少，灵活性强、市场适应能力强，充分规避因股权分散而导致的股东制衡，更符合中小企业的长远发展。另外，家族关系可以减少企业内部的委托代理成本，其信任管理大大降低市场交易成本。有证据表明，对于中小企业而言，“家族控制”模式确实能提高运营效率。国内上市公司已形成由主板、中小板、创业板以及新三板构成的多层次综合资本市场环境，单一标准化的公司治理评价体系实难准确的评定在公司规模、控股股东形式、股权性质等方面均表现出多样化的市场内的公司治理水平优劣性。

故此，建议第三方评价机构在保持独立性的同时联合各监管部门、金融服务机构及专家学者，从公司治理理论出发，以治理体系应用为目标，开展关于多层次市场环境下，多样化治理评价维度、指标的探讨、设计。

4. 多样化的信息收集方式，增进评价结果准确度

国内现有公司治理评价体系之所以呈现“大而全”，留于表面的原因归根结底在于：（1）上市公司信息披露倚仗法规约束，对于法规不能普遍覆盖的个体性事件主动披露意识淡漠，重大事项披露标准随意性太强，从而导致公开渠道信息获取全面性、准确性、可比性不足；（2）各评价体系均未通过现场访谈调研或借助市场化的金融服务机构收集、分析治理信息等方式深入挖掘指标项信息。

以市场化评价为核心，由包括各类资深金融从业人员、治理领域专家学者牵头组建专业化、属地化的治理调研队伍，通过现场访谈、资料收集的方式获取上市公司治理情况一手信息；联合各地方政府、相关部门收集辅助信息，聘请金融服务机构对目标公司开展调研，通过尽职调查的方式深入收集、分析相关资料，多样化的信息收集方式相结合，增进治理水平评价结果的准确度。

5. 权重分配符合监管要求、契合市场焦点

国内外大部分评价体系均采取权重评价方式，即对体系各维度进行权重分值分配，要素分值则在维度细化指标之间进行分解，加总计算各项指标评价得分从而得出评价机构的量化评价方式。这是一种以经验为主、逐步调整优化的建模思路，但由于不同的体系评价内容差距大，需要对定性的治理特征进行定量描述，所以在赋值、赋权和计算方法上差别很大，维度权重分配以及细化指标赋值的科学性对最终评价结果的准确性影响深远。

以目前国内治理环境和上市公司治理现状为基础，从治理评价委员会专家意见出发；可借鉴戴米诺体系权重分配方式，践行“符合监管要求、契合市场焦点”的理念，充分考虑监管层和机构投资者的建议，分别以请示汇报和意见征询的方式优化权重分配、赋值标准，并根据市场动态逐步调整优化。

6. 谨慎量化、权威发布

公司治理评分标准以“定性”还是以“定量”指标评价的争议由来已久。定性评价的代表包括标准普尔、戴米诺、中国社会科学院、南开治理中心，在专业治理评价人员共同研究的基础上，根据定性指标的内涵，参考最佳治理实践建议以及有关规定确定评价结果；里昂证券（亚洲）、上海证券交易所则倾向于排除评价人员在信息收集、分析、评分过程的主观因素采取“是或否”的定量指标模式保证评价客观性。

鉴于我国资本市场投资者教育不发达、上市公司治理信息披露不完全、机构参与热情不高等现状，定量评分可能因此失去应有的准确度。国内市场缺乏

商业机构对公司治理状况发布具权威性的定性报告，并以之填补上市公司投资价值增进领域的空白，×××评价体系的构建将定位于引导机构投资者关注价值投资，增进上市公司运营、治理声誉。

国内市场缺乏商业化机构针对A股公司治理状况发布权威性的定性报告，建议在评价体系的构建理念加入增进上市公司运营、治理声誉的关注，定位于引导机构投资者关注治理价值投资；并组建由金融机构资深骨干、学术界知名人士、监管部门组成的公司治理评价委员会，实现“谨慎量化、权威发布”的目标。

（二）发布相应治理股价指数产品

指数产品是公司治理评价体系的实践深化，根据对国内上市公司治理水平的评价结果，结合其他市场化基准指标进行排序，选取盈利能力稳定、治理良好且具可持续发展前景的上市公司作为成分股形成指数产品。治理指数的发布为资本市场投资提供一个新的关注维度，通过对治理指数级成分股上市公司股价走势的分析，充分验证治理水平对公司盈利能力、投资价值及股价的影响。

一个指数产品的编制要素主要包括：选股标准、评价指标的应用及计算、成分股评价结果的披露以及各项指标的监控等。围绕前述要素，我们关于治理股价指数产品设计进行了如下思考：

1. 广泛的初期调研

通过前期对包括交易所、监管部门、上市公司、投资者和利益相关者在内的各类市场参与方的广泛调研，充分了解现有资本市场状况下对于公司治理水平重点关注的维度、上市公司治理方面所存在的焦点问题以及其他市场化基准指标，并以此为基础设计成分股选择方法及指数编制方案。

2. 指数编制及成分股选择遵循公正、透明原则

采取简单、直接的评价方法，使得资本市场各类参与者均能有效的了解。指数具体编制方案的设计可委托类似于指数发布公司外包完成，规避市场参与者、财经媒体关于兼顾公司治理评价体系设计与指数成分股选择所可能导致的公正性质疑。并采取市场化合作协议的方式，确保第三方指数编制、成分股选择的客观性。

3. 充分披露指数编制相关信息

在指数发布公司网站完整披露包括公司治理评分指标、指标赋值情况、指

数点位计算方法、样本股范围及数量、定期或临时调整标准等在内的指数编制方案信息，方便投资者、金融机构及上市公司了解公司治理指数产品及其成分股选择标准。另外，成分股上市公司治理评价得分及详细评价报告的披露也有助于促进目标公司根据治理典范做法逐步提高自身治理水平，并最终引领市场内上市公司整体治理机制的改进。

4. 有效的指数监控及样本股的及时调整

对于治理指数成分股上市公司治理情况的年度回顾是必要且有效的。指数发布公司应借助各类实时监控手段并鼓励机构投资者和利益相关者共同参与样本股公司的监督、考量。将出现违法违规行为或不符合选股标准的上市公司及时调整出样本范围，以此降低因成分股负面新闻对指数编制权威性的损害。

5. 建立可改进的适应性治理指数编制模型

指数正式发布后，还应随着时间推移进一步改进指数编制方案，建立一个可改进的适应性治理评价模型至关重要，包括新评价指标的加入、缩短指数评价结果发布及样本股调整周期等，选股标准的提高将促进上市公司进一步改进治理水平，并使得治理指数样本股与市场内其他上市公司更有效的区分。

第二篇
资本市场信用体系建设
——征信中心建设探索

第九章

资本市场信用体系导论

第一节　信用概述

信用是遵守诺言与履行约定的统一，在现实的政治、经济和文化生活中发挥着重要的基础性作用。市场经济是信用经济，改革开放以来，国家一直致力于推动信用体系建设，提高社会诚信水平。但由于区域经济发展不平衡、改革开放的冲击和传统文化的消失、城市化进程的迅速推进和信用法制建设进程滞后等原因，社会生活中还存在着违反市场秩序、不讲诚信、破坏信用的诸多问题。据商务部统计数据，我国企业每年因信用缺失导致的直接和间接经济损失高达6 000亿元，我国每年签订约40亿份合同中，履约率只有50%。因此，就总体而言，我国信用体系建设的水平和质量仍不能与经济社会发展的要求相适应。如何尽快建立一个良好的市场秩序和社会信用环境，确保经济社会健康发展，已成为当前我国市场建设和经济社会发展的重要课题。

资本市场信用体系建设是我国社会信用体系中金融行业信用体系建设的重要组成部分。在经济全球化的背景下，中国资本市场经过20多年发展由小及大，正加快形成多层次的市场体系，成为实现“中国梦”的重要载体。资本市场需要有完善的信用体系和较高的诚信水平来支撑。我国资本市场建立以来，大力倡导贯彻诚实信用原则，积极推动诚信建设，不断加强对虚假信息披露、会计报表作假、背弃承诺、占用上市公司资金等证券市场失信行为以及内幕交易、“老鼠仓”、虚假陈述、操纵市场、欺诈投资者等违法违规行为的高压打击力度，取得了良好成效。面对新形势新任务，建立完善的我国资本市场信用体系，提高市场整体诚信水平，对于维护市场公开、公平、公正，维护投资者特别是中小投资者合法权益，促进资本市场健康发展，具有重要意义。

从当前形势与任务的实践出发，运用各种有效手段，着力提高资本市场诚信意识、强化信用管理、构建信用体系、推动资本市场健康发展，研究开展资本市场信用体系建设业务的可行性，我们依据前期对我国社会信用体系建设理论研究和实践的探索，编写此研究报告，阐述资本市场信用体系建设的必要性和重要意义，设计建立资本市场征信中心、服务信用评级机构、开展信用增进业务的实施方案，期望配合中国证监会建立诚信资本市场的工作步骤，提出具有可操作性的业务方向。

第二节 信用定义

信用是现代市场经济的基石。界定信用的内涵与特征，明确信用与诚信、资信等相关概念的区别与联系，对于资本市场信用体系建设业务的研究工作具有基础性作用。

一、信用的内涵与特征

信用（Credit）的内涵极为丰富，在《现代汉语词典》和《辞海》中“信用”分别有如下几层意思：（1）能够履行与人约定的事情而取得的信任维持信用等；（2）“不需要提供物资保证，可以按时偿付的”，如信用贷款；（3）信任使用；（4）遵守诺言，履行成约，从而取得别人对他的信任；（5）以偿还为代价的价值运动的特殊形式，多产生于货币借贷和商品交易的赊销或预付之中，其主要形式包括国家信用、银行信用、商业信用和消费信用[①]。由此可知，在我国信用主要包含了诚实守信、履行承诺、借贷含义。在《牛津法律大辞典》和《新帕尔格雷夫经济大辞典》中，信用有如下解释：（1）指在得到或提供货物或服务后并不立即而是允诺在将来付给报酬的做法；（2）提供信贷意味着把对某物（如一定金额的资金）的财产权给以让渡，以交换在将来某一特定时刻对另外的物品（货物或资金）的所有权。由此可知，

① 现代汉语词典．商务印书馆1998年版。

从传统西方经济学的角度信用是指采用借贷货币资金或延期支付方式来进行商品交换活动的总称。

概况来说，信用有广义和狭义之分。广义的信用，是指参与经济和社会活动中的当事人之间所建立起来的以诚实守信为道德基础的践约行为，是一种基本的道德规范和行为准则。现代社会所说的信用一般是指经济信用，也就是狭义的信用概念，是指用契约关系保障本金回流和增值的价值运动，即“以偿还为条件的价值运动的特殊形式”①。在经济领域，信用是一个起源于商品交换，与货币、信任紧密相伴的概念，是一种建立在信任（Trust）基础之上的能力，即不用立即付款就可获得资金、物资和服务的能力，货币、利息、信任与信心等是构成信用不可分割的重要组成部分。一个信用主体的信用可分解为主观和客观两个方面，主观方面主要指主体的信用观念和守信的意愿，客观方面涉及主体的守信能力，主要包括主体的履约能力、经营能力、资本和资产等，其本质特征表现为以下三个方面：

一是信用是一种心理现象，其表现形式是信任和安全感，最终体现为人与人之间关系的总和，构成整个社会运行的良好信用环境。心理上的信任是一切信用活动形式的共同基础，是市场秩序和效率形成的前提。正是从这个意义上讲，市场经济是一种以信用为基础和纽带进行生产、交换、分配、消费的经济形式，即市场经济是信用经济。

二是信用是一种交易方式，这种交易（Credit Transaction）是以授信人对于受信人所做还款承诺和偿付能力有没有信心为基础的，即授信人是否同意发生从自身到“受信人”之间的经济价值转移。

三是信用是一种有时间期限的特殊交易行为，是以偿还和付息为条件的价值特殊运动，其外在可以表现为货币化的信贷行为，而信贷行为又包括商品（劳务）赊购销和货币借贷两方面，信用运动的过程存在还款或偿债的时间差问题，一切风险由此产生。

由此可见，经济领域的信用表现为建立在信任基础上的授受行为，其要素包括授信、受信、付款期限、信用工具（或称信用支付工具，包括口头承诺、书面凭证、账面信用等信用形式和合同、保函、股权书证、债券、基金、权益书证、信用卡等信用工具）和风险。

---

① 中国大百科全书．经济卷 III. 中国大百科全书出版社 1998 年版。

诚信与信用都有“遵守诺言，履行成约”的含义。诚信，即诚实守信，诚信侧重于道德范畴，在经济活动中，它是指主体的主观方面，表现为主体内在的行为和动机。而信用侧重于经济范畴，体现着“本质的、发达的生产关系”，是诚信的完成形态，侧重于表达客体对主体行为的评价。诚信更多地强调的是当事人双方某一次的行为，信用则是对行为主体在一定时期内连续行为的评价，反映的是对当事人在诚信方面所表现出来的稳定性的一种肯定。因此，当一个人的信用情况被记录下来以后，诚信就超越了它的道德范畴而具备了制度特征，所以信用是诚信建设环节中不可或缺的重要范畴。

在现实生活中，容易与“信用”混淆的一词是“资信”。从字面上理解，“资”是资金、资产、资质及声望，“信”是指诚实、信用、信誉，资信就是资质、资金和信用的意思，即履约能力和可信任程度。资信有广义和狭义之分，狭义的资信指货币借贷中的偿债能力、履约状况、守信程度及由之而形成的社会声誉，它是以偿还为条件的价值运动的特殊形式的时态反映。它从属于信用关系，服务于金融市场，含义较信用为广。它已不是简单的信贷活动和信用关系，而是含有借款者的基础素质、偿还能力、偿债的时间状态、可信程度和信誉质量等多种意义的新概念，它是现代经济社会中信用关系深化发展的产物。

二、信用的主体

从经济领域信用关系的主体角度来考察，信用的主体主要分为三大类：

（一）公共信用

公共信用也称政府信用，是指社会为了帮助政府成功实现其各项职能而授予政府的信用。政府为人民提供各种服务，诸如国防、教育、交通、保健及社会福利时，需要庞大的经费支出。但是政府税收的增加往往赶不上支出的增加，因此，政府每年出现庞大的赤字。为弥补财政赤字，政府发行或出售各种信用工具。这些信用工具代表政府对持有人所做出的将来偿还借款的承诺，由于这种偿还债务的承诺来自公共机关，因此称为公共信用。

（二）企业信用

企业信用是指企业履行合同、遵守法律和承担社会责任的能力和意愿，即社会对企业这种能力和意愿的认同和评价。在现代市场经济中，企业作为市场主体，既是信用的需求者，又是信用的提供者，企业信用信息包括以下三个方面的内容：（1）企业基本情况，包括领导层素质、公司治理结构、公司工商注册信息、公司组织机构及规章制度、企业文化等；（2）企业经营和财务状况，包括财务管理、人力资源管理、质量管理等管理指标，盈利能力、营运能力、偿债能力等财务指标，质量水平、技术水平、发展策略、品牌建设等竞争力指标；（3）信用记录指标，包括诉讼记录、质检记录、纳税记录、劳保记录、环保记录、工商信用等级、纳税信用等级、银行信用等级、海关信用等级、企业履约状况、高管人员信用记录、企业相关公共记录、社会责任实施记录等反映企业遵纪守法、履行约定的情况。银行作为企业的一种，也纳入企业信用中予以考察。

（三）个人信用

个人信用是指社会根据公民现有的和历史的信用记录，通过考察个人收入和资产所体现的履约能力，对其可以预见的偿付能力和偿付意愿而给予的信赖和评价。个人信用信息包括下列内容：（1）个人基本信息，包括据以识别个人身份及反映个人家庭、职业等情况的信息；（2）个人与金融机构、住房公积金管理中心等服务机构发生信贷关系而形成的个人信贷信息；（3）个人与商业机构、公共事业单位发生赊购关系而形成的个人履约信息；（4）个人的社会公共信息，包括个人纳税、参加社保等信用信息；（5）个人的其他信息，包括涉及个人的民事、刑事及行政诉讼判决、裁定和行政处罚决定等信息。

三、信用相关理论

现代西方经济学侧重将信用放置到社会关系整体框架的层面去考察，着重论述信用的社会运行和实现机制，比较典型的理论有制度经济学、信息经济学与博弈论。

（一）制度经济学与信用

制度指人际交往中的规则及社会组织的结构和机制。制度经济学（Institutional Economics）是把制度作为研究对象的一门经济学分支，它研究制度对于经济行为和经济发展的影响，以及经济发展如何影响制度的演变。制度经济学派的代表人物诺斯认为“制度是为人类设计的，构建着政治、经济和社会相互关系的一系列约束”①。制度是由生活在其中的人们选择和决定的，反过来又规定着、约束着人们的行为。制度的最大功能在于为人们广泛的社会分工中的合作提供一个基本框架，使人们一定程度上相信，他们与别人的交往将按他们的预期进行，使他人的行为变得可预见，从而为信用关系的核心前提——稳定的预期提供了保障，并由此协调人们的各种行为，建立起信任关系，并减少信息搜集的费用，降低交易成本。制度为信用关系的运行提供了稳定预期，从而降低了信用流通成本，保障了社会信用的正常运行。反过来，良好的社会信用环境保障了制度的有效运作，正如著名经济学家阿罗指出的：“信用是社会系统赖以运行的重要润滑剂，它具有真正的经济价值，它们提高了制度的运行效率。”

（二）信息经济学与信用

信息经济学起源于20世纪40年代，发展于20世纪五六十年代，到20世纪70年代基本发展成熟，是研究信息现象在经济活动过程中具体规律的经济学，主要研究市场信息如何影响人们的具体经济行为及其结果。信息经济学提出决策各方的行为发生相互影响时存在着非对称信息（Asymmetric Information）。在这里，非对称信息指的是某些参与人拥有但另一些参与人不拥有的信息。在具体工作中，会在两种情况下遇到不对称信息的问题。按不对称信息发生的时间，在事前发生的信息不对称会引起逆向选择（Adverse Selection）问题，而事后发生的信息不对称会引起道德风险（Moral Hazard）问题。

逆向选择涉及事前交易主体的选择问题，即信息优势方事先知晓自身（所售产品）的质量、成本等信息而另一方无法知道。例如，投资者可能比银行更加清楚关于一个项目投资的风险，但是在一定的利率条件下他会伪装一个低风险者以获得银行的贷款。道德风险即在签约之后，信息优势方并不完全按照事前的约定采取行动，例如工人在获得薪水支付之后并不是完全尽心地努力工作，偷懒和怠工等依然存在，这涉及的实际上是激励约束和监督问题，当激励监督并不十分有效的情况下便会出现“道德风险”问题。

在信贷市场中，信息不对称导致了借款者的“道德风险”现象的出现。

---

① 诺斯．制度、制度变迁与经济绩效．上海大词典出版社2008年版。

在借贷关系中，借款者获得贷款后就有动力对该笔贷款进行违约。因为违约对借款者而言是有利的，尤其是当借款者的违约信息不被公开或共享时，借款者就有动力将所贷的款项用于一些高风险高回报的投资；或者不采取有效的措施去阻止可能发生的违约行为。在没有违约信息的披露与共享的机制下，违约者的违约成本几乎为零或微不足道，结果将导致贷款者的损失增加。所以，信息的充分共享将会使贷款者能够更准确地度量借款者的风险并有效地发放贷款。

在非对称信息情况下，逆向选择和道德风险是随时可能发生的，西方信息经济学认为，减免的办法就是建立起激励机制和信号传递机制。建立良好的信用体系就是要使信息得到充分公开。所以，信用数据的征集、信息的披露和信用的评级在信用体系中就显得非常重要。在大多数发达国家，有专门的信用局负责收集消费者大量的信用信息，在这些信用局中至少有一家能够有借款人的较完全的信用信息。

（三）博弈论与信用

博弈论是研究决策各方的行为发生相互影响时各自的决策以及这些决策所能达到的均衡问题的理论。经济学认为，信用是在博弈中主要是在多次的重复博弈中，当事人谋求长期利益最大化的手段。在一种较为完善的经济制度下，若博弈会重复发生，则人们会更倾向于相互信任。例如，在一个信息传递方便、市场监督机制健全的良好信用环境中，如果某家企业不讲信用并因此获得额外利益，但别的企业可以很快知悉并在其后的经济交易中拒绝对它提供信用支持，那么这家企业就会处于孤立状态，从而付出巨大的代价。因此，在信息传递机制和信用监督机制都很健全的社会环境中，企业最优策略是讲信用，并防范交易对手不讲信用。相反，在一个信用环境不好、市场机制不健全的社会，如果某家企业不讲信用并因此获得额外利益，而其他企业却无法及时知悉并对它提供信用，这家企业就会因此而继续获益，那么该企业的最优策略就是不讲信用。当其他企业发现不讲信用的企业短期内可以获得额外收益，而自己因为讲信用却遭受利益损失时，这些企业的最优经济策略也会选择不讲信用。如果不讲信用被大多数企业作为最优策略时，企业之间的信任随之降低，信用环境就会恶化。

自亚当·斯密以来，经济学中一直把信用机制作为保证契约诚实执行的重要机制，特别是在现代市场经济中，信用越来越成为影响现代企业成长的重要因素。从市场经济的发展进程上看，在最原始的商品交换中通行的是实物交易，物物交换带来的不便使卖者同意买者在约定的未来时间付款，即赊销、赊销以授信人给予受信人的未来付款承诺以信任，由此出现了最早的信用关系。接着，信用超出了商品买卖的范围，货币也加入了信用交易的过程，出现了借贷活动。贷款意味着债权人给予债务人未来还款付息以信任。所以说，现代金融业就是信用关系发展的产物。信用交易降低了市场交易成本，扩大了市场规模。市场经济是建立在信用关系之上的经济，然而信用又会带来风险。当授信人（债权人）授信失当或受信人（债务人）回避自己的偿付责任时，风险就发生了。为了控制这种风险，任何社会都需要建立一套完整的社会信用体系，只有这样，现代市场经济才有可能生存和发展。

第三节 社会信用体系

社会信用体系也称国家信用管理体系，是保障社会经济持续、稳定、高效发展的一种长效管理机制，它是以信用法律法规为依据，以信用专业机构为主体，以合法有效的信用信息为基础，以解决市场信息不对称为目的，使守信者受到激励，失信者付出代价，保证市场经济公平和效率的一整套社会信用管理和服务机制。对于社会信用体系的基本框架和内涵，当前我国社会信用建设理论研究和实践尚未给出统一答案。

2003 年，国务院发展研究中心“完善社会主义市场经济体制”课题组提出，所谓社会信用体系，是在市场经济条件下，在一个国家或地区范围内，由一系列与信用有关的、相互联系、相互促进、又相互影响的信用道德文化、相关法律法规、制度规范、组织形式、技术手段、运作工具和运作方式而构成的综合系统。这一体系框架主要包括四个方面的内容：一是基本建立起社会主义市场经济所要求的社会信用道德和文化环境；二是在法律规范下，建立起社会化的社会信用信息的共享机制，努力减少社会信用信息的不对称性；三是完善信用的法律体系并严格执法，健全失信惩罚机制，加大失信违规成本；四是健全和完善信用监管体系和相关制度。2012 年，国家发改委在《社会信用体系建设规划（2011 ~ 2015 年）》（征求意见稿）中，对于社会信用体系的内涵，着重强调了信用法律法规体系、信用数据采集体系、信用服务市场和监管体系、信用宣传教育体系等内容。各地根据地区实际，对社会信用体系的框架和内涵也提出了自己的见解，极大丰富了对信用体系建设的认识和实践（见表9－1）。

表9－1　各地政府对社会信用体系内涵的表述

发布时间	文件	社会信用体系的内涵
2003年4月	《天津市社会信用体系建设工作方案》	社会信用体系是以现代信息技术为基础，以科学的技术标准、健全的法律和政策体系为保证的社会化、网络化的服务体系
2004年11月	《江苏省政府关于加快推进社会信用体系建设的意见》	一个保障（信用法规规章）、两个体系（信用监督体系和信用服务体系）、三个提高（全社会的信用意识、企业信用水平和政府部门公信力的显著提高）
2005年6月	《湖南省社会信用体系建设规划》	一个系统（信用信息系统）、两个机制（信用激励惩戒机制、信用宣传教育机制）、三个体系（信用法规制度体系、信用监督管理体系、信用中介服务体系）
2006年11月	《山西省人民政府办公厅关于印发山西省社会信用体系建设"十一五"规划的通知》	一个保障（以法律法规为保障）、三大主体信用（政府信用、企业信用、个人信用）、三个系统（信用信息征集系统、信用信息披露系统、信用信息服务系统）
2007年5月	《江西省人民政府办公厅关于社会信用体系建设的实施意见》	一套法规（制定一套地方性信用法规规章）、两个平台（构建信用信息交换和服务两大平台）、三大主体（打造政府、企业、个人三大信用主体）
2007年10月	《陕西省社会信用体系建设规划（2007～2016年）》	信用法规规章完善，信用信息记录共享机制健全，信用服务体系形成完整业态，信用监管基本到位，个人信用素养、企业信用水平和政府公信力显著提高，社会信用环境明显改善。
2009年11月	《河南省人民政府关于加快推进全省社会信用体系建设的通知》	推进信用法规、征信体系、信用信息共享平台建设，推动和规范信用服务行业发展，大力培育信用市场需求、营造诚信环境
2012年8月	关于印发上海市社会信用体系建设2013～2015年行动计划的通知	以地方性法规为引领，以政府规章为支撑，以规范性文件为补充，以相关目录、标准为配套，建立规范政府、企业和个人等主体的社会信用制度体系

综上所述，我们可以将社会信用体系建设的基本内容概括为以下六个方面：一是建立健全信用法律法规和制度体系；二是建立信用信息数据平台，为信用信息的征集、整理、服务、评价奠定数据基础；三是以政府、企业、个人信用的建设为关键点；四是培育信用服务市场，完善信用服务行业监管；五是建立信用奖惩机制，规范信用行为；六是建立信用宣传教育体系，营造良好信用环境。

第四节 信用体系对国民经济发展意义

信用体系是由征信和信用服务两个层次构成。征信就是专业化的、独立的第三方机构为个人建立信用档案，依法采集、客观记录其信用信息，并依法对外提供信用信息服务的一种活动，它为专业化的授信机构提供了一个信用信息共享的平台。信用服务包括企业资信调查（即企业征信）、消费者信用调查（个人征信）、信用评级以及增信。其中，征信属于信用行为信息记录环节，评级属于信用价值定价环节。

一、完善的信用体系对国民经济的促进作用

现代经济完全是建立在信用的基础上的，所以称为信用经济。债权债务关系普遍存在，离开了借贷，经济将难以存在和运行。企业、个人、国家、银行均如此。信用的对经济的促进作用表现在：

（一）维护市场关系的基本准则

随着市场经济的不断发展和信用制度的逐步完善，市场交易方式逐步发生变化，先后经历了三个阶段：实物交易阶段、货币交易阶段和信用交易阶段，交易方式的演变，提高了运行效率，降低了交易成本。因此信用交易是市场经济高度发达和完善的表现。目前，西方国家交易方式90%都是采用信用交易。然而，如果进行信用交易时一方不守信用，交换关系和市场秩序就会遭到破坏，不仅信用交易无法进行，实物交易与货币交易也会受到影响，经济活动就难以健康发展。

（二）促进资金再分配，提高资金使用效率

信用是促进资金再分配的最灵活的方式。借助于信用可以把闲置的资金集中起来，转化为借贷资本，在市场规律的作用下，使资金得到充分利用。在信用活动中，价值规律的作用能得到充分发挥，那些具有发展和增长潜力的产业往往容易获得信用的支持。同时，通过竞争机制，信用还会使资金从利润率较低的部门向利润率较高的部门转移，在促使各部门实现利润平均化的过程中，也提高了整个国民经济的资金效率。

（三）节约流通费用

利用各种信用形式能节约大量的流通费用，增加生产资金投入。这是因为：第一，利用信用工具代替现金，节省了与现金流通有关的费用；第二，在发达的信用制度下，资金集中于银行和其他金融机构，可以减少整个社会的现金保管、现金出纳以及簿记登录等流通费用；第三，信用能加速商品价值的实现，这有助于减少商品储存和保管费用的支出。此外，各种债权债务关系还可以利用非现金结算方式来处理，不仅节约了流通费用，还可以缩短流通时间，延长资金在生产领域发挥作用的时间，有利于扩大生产和增加利润。

（四）集中资本扩大生产

信用是资本集中的有力杠杆。借助于信用，可以不断扩大资本积聚的规模。信用可使零星资本合并为一个规模庞大的资本，也可以使个别资本通过合并其他资本来增加资本规模。现代兼并收购活动很多都是利用信用方式来进行并完成资本集中的。资本集中与积聚有利于大工业的发展和生产社会化程度的提高，推动经济增长。

（五）调节经济结构

信用调节经济的功能主要表现为：国家利用货币和信用制度来制定各项金融政策和金融法规，利用各种信用杠杆来改变信用的规模及其运动趋势。金融机构通过各种金融业务，有效地集中和输出货币资金，形成了一个良性循环、不断增加的过程，能够为社会生产力的发展提供巨大的推动力。国家借助信用的调节功能既能抑制通货膨胀，也能防止经济衰退和通货紧缩，刺激有效需

求，促进资本市场平稳发展。国家利用信用杠杆还能引导资金的流向，通过资金流向的变化来实现经济结构的调整，使国民经济结构更合理，经济发展更具持续性。

二、信用流失对国民经济的反作用

信用流失也会对国民经济的增长起阻碍作用，主要表现在如下方面：

（一）削弱了信用作为支付手段的功能

市场经济实际上是以契约为基础的信用经济，人们之所以能有序地进行商品交易，是基于经济人之间的彼此信任。但是面对大量的失信现象，为了防范风险，越来越多的企业僵持在“钱不到账不发货”，“收不到货不给钱”的尴尬局面，许多企业宁愿放弃大量的订单和客户，也不采取信用结算方式。交易方式向现金交易，以货易货的方式退化，极大地降低了商品流通的效率和资金使用效率。

（二）加大了交易成本，降低了经济运行效率

在市场经济活动中，由于各部门、各企业生产不同商品的周期长短不一，资金周转的情况各不相同，客观上产生商品赊购赊销以及资金借贷要求。此外，由于生产力的极大提高，商品日益丰富，住宅等不动产以及耐用消费品，如轿车、大家电的销售，客观上也要求消费信用的支出。信用关系的不断扩展，是市场经济运行效率的内在要求，借助信用网络的作用，经济活动的效用才能提高，流通费用才能减少，社会福利才会增进。但在一个信用缺失的市场经济中，经济活动的当事人为了对信息进行甄别，考察对方信用度等要耗费大量的精力、时间、资金。同时，对经济活动的当事人来说，将经济纠纷诉诸司法诉讼，查处假冒伪劣产品也同样需要精力、时间和资金。这自然导致交易成本提高，经济运行效率低下。

（三）信用的缺失损坏了市场经济的信誉

由于少数企业和个人采取违法、背信的手段暴富，不仅损害了市场经济的信誉，也造成了人们的不满情绪，如顾虑重重、互不信任、互存戒心，认为市场经济处处是陷阱，处处怕上当，处于不安全的消费环境中，从而阻碍经济的

发展。

（四）信用的缺失，对我国对外贸易产生消极影响

信用缺失对外贸的消极影响主要表现在：一是信用缺失会危及企业和国家的国际生存空间，不利于中国产品开拓国际市场。20 世纪 80 年代初，不道德的中国“倒爷”将劣质的“阿迪达斯”运动服、运动鞋倒到俄罗斯市场，使物资匮乏的俄罗斯人欣喜后大呼上当，然后拒绝中国商品进入市场，中国货成为伪劣的代名词，致使我国痛失黄金般的市场。二是信用的缺失会严重降低我国参与国际经济合作的效率。在西方发达国家，90% 的贸易是以信用方式结算的，而我国这个比例只有 20%。不采用信用交易对企业就意味着不能获得短期融资，在全球市场难以扩展其市场份额①。

第五节 资本市场信用体系建设

资本市场信用体系是保障资本市场持续、稳定、高效发展的一种长效管理机制，是以信用法律法规为依据，以信用专业机构为主体，以完整有效的信用信息数据库为基础，以解决市场信息不对称为目的，使守信者得到激励，失信者受到惩戒，保证资本市场有效运作的一整套监管和服务机制。

我国历来重视资本市场信用体系建设。2004 年《国务院关于推进资本市场改革开放和稳定发展的若干意见》强调，“要加强法制和诚信建设，提高资本市场监管水平”、“要按照健全现代市场经济信用体系的要求，制订资本市场诚信准则，维护诚信秩序，对严重违法违规、严重失信的机构和个人坚决实施市场禁入措施”。2007 年国务院发布《关于社会信用体系建设的若干意见》，提出要以信贷征信体系建设为切入点，进一步健全证券业、保险业及外汇管理的信用管理系统，加强金融部门的协调和合作，逐步建立金融业统一征信平台，促进金融业信用信息整合和共享，稳步推进我国金融业信用体系建设。

按照国家推进社会信用体系建设的战略部署，中国证监会于 2006 年出台

---

① 周传和，郭星．论社会信用缺失对市场经济的消极影响．商业现代化．2007（1）。

了《中国证券期货市场诚信建设实施纲要》，明确了推进资本市场诚信建设的指导思想、基本原则、总体目标和主要任务措施，极大推进了资本市场信用体系建设的进程。中国证监会成立了“诚信建设领导小组”，广泛动员行业自律组织和市场机构、人员参与诚信建设。2007 年，中国证监会开始着手建立资本市场诚信档案数据库系统。2008 年，中国证监会召开诚信建设工作会议，明确了“统一规划，远近结合”的工作思路，提出分步推进市场诚信建设：当前要在诚信法律制度范围内，以建立完善资本市场诚信档案为抓手，探索有效的市场信用监管方式、方法和机制；长远来看，要致力于构建法律法规健全、信息记录完善、监管约束有效、信用服务市场发达、诚信观念意识深化的资本市场诚信体系。2012 年中国证监会发布《证券期货市场诚信监督管理暂行办法》，对诚信信息的界定与归集、查询，诚信监督、管理，失信惩戒和守信激励机制等方面均做出了规定，强化了对市场主体及其行为的诚信约束。在中国证监会的持续推动下，目前我国资本市场逐步形成了监管机关、自律组织、市场主体共同参与，行政监管、行业自律、市场约束三方协同、积极互动的信用体系建设局面。

通过对我国资本市场信用体系建设的实践考察，我们可以看出，资本市场信用体系建设的内涵包括以下几个方面：一是建立健全信用法规和制度，为信用建设提供法制保障；二是建立信用信息数据平台，采集市场主体信用信息，为信用信息的征集、披露、服务、评价奠定数据基础；三是完善征信、评级、增信等信用服务链条，培育信用服务市场，监管信用服务行业；四是建立信用奖惩联动机制和宣传教育体系，通过监管部门、自律组织、市场机构和个人等多方参与，培育信用环境。

综上所述，我们认为，资本市场信用体系是以资本市场信用法律法规为依据，以完善的信用记录为基础，以发达的信用服务市场为依托，以守信受益、失信惩戒机制为手段，以解决市场信息不对称为目的的一整套保证资本市场有效运作的信用监管和服务机制。其组成架构包括完善的征信体系、信用服务体系、信用监管体系、信用保障体系四个部分（见图 9-1）。征信体系是以完整有效的信用信息数据库为基础，采集、整理、保存、加工个人或企业信用信息并向信息使用者提供的机制体系；信用服务体系是通过信用信息整理、加工并提供相关信用产品和服务以满足市场主体信用需求的活动总称，主要包括资信调查、信用评级和信用增进等；信用监管体系包括证监会部门的行政监管、失信惩戒机制、自律组织的自律监管等监管机制；保障体系是维持资本市场信用体系良性运转的相关配套机制，包括健全的信用相关法律法规、切实有效的诚信宣传教育、开拓性的信用研究和信用文化建设等。

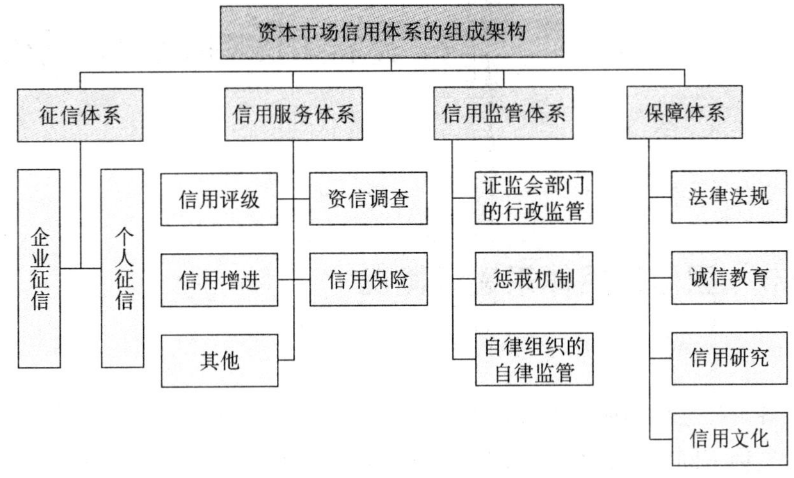

图9－1 资本市场信用体系的组成结构图

第十章

社会信用体系建设概况

第一节 国际信用体系建设概况

从各国社会信用体系的发展来看，当今世界各国社会信用体系的制度安排主要有三种不同的发展模式，即以美国为代表的私营信用体系模式、以欧洲为代表的公共信用体系模式和以日本为代表的混合信用体系模式。

一、美国：私营信用体系模式

私营信用体系模式即市场化模式，是以征信公司开展商业运作所形成的社会信用体系，这种模式以美国为代表。美国的信用体系是以一系列信用制度为基础，完全依靠市场经济的法则和运作机制，靠行业的自我管理形成具体的运作细则的一种信用制度模式。经过100多年的激烈竞争，形成了目前由美国信用管理协会，邓百氏、益百利、穆迪、标准普尔等著名公司和机构为主体的美国信用管理系统。

邓百氏公司报告对象覆盖了大量大公司和国有公司之外的企业，同时还是许多官方数据的主要来源，也是包括失败几率在内的统计信息的主要发布者。公司拥有的商业编码方法（D－U－N－S）被联合国、联邦政府和世界上50多个行业和贸易联合会作为通用的全球标准。穆迪（Moody）和标准普尔（S&P）公司由于受到美国官方的支持，在企业信用评级方而覆盖面极广，在投资和有价证券市场中的份额高达80%。而在个人信用信息服务方面，主要存在三大巨头公司：埃克菲（Equifax）、环联（TransUnion）和益佰利（Experian）。

在市场主导的模式中，政府是信用数据开放政策的保证者，它保护信用服务企业获取征信数据的权利和其他利益。同时，政府的一些相关部门（例如中央银行）又是信用管理相关法案的提案人及法案的权威解释者和法律执行的监督者。政府促进信用管理相关立法的出台和强制政府有关部门及社会有关方面将征信数据以有偿或无偿的形式向社会开放，征信企业可依法自由经营信用调查和信用管理业务。政府通过立法进行间接管理。从业者可根据市场的需要来建设数据库和提供服务，竞争机制促进了服务范围的扩大和质量的不断提高，企业信用体系运行效率较高。美国私营信用体系模式见图 10－1。

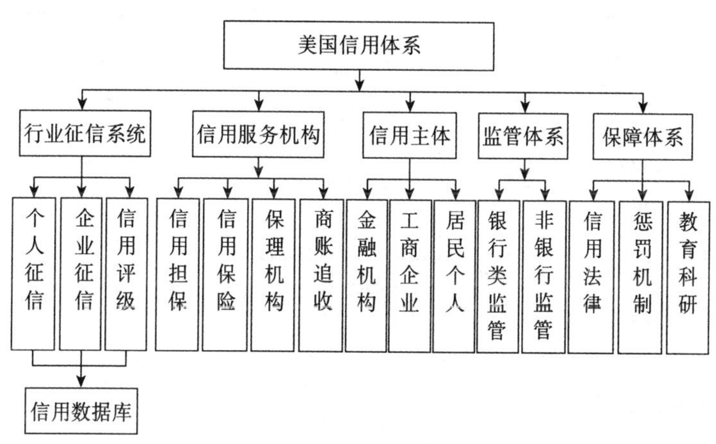

图 10－1 美国私营信用体系模式

二、欧洲：公共信用体系模式

公共信用体系模式是由政府与中央银行携手深度介入，以中央银行建立的信贷登记系统为主体建立的社会信用体系。这种模式对以德国、法国、意大利、比利时、奥地利、西班牙和葡萄牙为代表的欧洲国家的金融业、社会经济发展起到了重要作用。

欧洲是公共信贷登记系统的起源地，其信用管理模式是以中央银行建立的公共信贷登记系统为主体的社会信用管理模式，即主要是以公共信用征信系统为主体的信用管理模式。德国早在 1934 年就首先建立了信贷登记系统。德国的公共信用征信系统主要是由政府出资，建立全国数据库，并组成全国性的征信信息调查网络；征信信息主要供银行内部使用，服务于商业银行防范贷款风险和供中央银行进行金融监管与货币政策决策；公共信用征集机构的管理机构是非营利性的，直接隶属于中央银行。

欧洲公共信用征信系统主要由各国的中央银行或银行监管机构开设，并由中央银行负责运行管理。建立公共信用征信系统的目的是为中央银行的监管职能服务，为中央银行提供发放信贷的信息，包括金融机构对个人借款人发放的贷款评级和贷款附属担保品的价值信息等，而不是为社会提供个人或企业的信用报告。这就决定了该机构不可能采取市场化的运作模式。欧洲各国公共信用征信系统的特点见表10－1。

表10－1 欧洲各国公共信用征信系统的特点

国家	参加机构	参加机构的信息获得情况	惩罚与收费
奥地利	金融机构，保险、租赁以及保理公司及其国外子公司	固定频率并随时索取。对查阅征信信息不设限	民事与刑事惩罚。免费
比利时	国家信贷机构及其国外子公司	固定频率并随时索取。可获得本机构的借款人以及新的信贷申请人的数据	行政与刑事惩罚。收费
法国	国家信贷机构及外国分行，租赁与保理公司	固定频率并随时索取。可获得本机构的借款人以及新的信贷申请人的数据	行政、民事与刑事惩罚。对通过Minitel系统进行的统计咨询计费
德国	国家信贷机构及其国外子公司，国家保险公司	固定频率并随时索取。可获得本机构的借款人以及新的信贷申请人的数据	行政、民事与刑事惩罚。免费
意大利	国家信贷机构及其国外子公司，外国银行的境内分行	固定频率并随时索取。可获得本机构的借款人以及新的信贷申请人的数据	行政处罚。对新贷款申请人的数据收费
葡萄牙	国家信贷机构及外国银行的境内分行，租赁、保理和信用卡公司	固定频率并随时索取。可获得本机构的借款人以及新的信贷申请人的数据	行政和刑事惩罚。免费
西班牙	国家信贷机构及外国银行的境内分行，租赁和保理公司	固定频率并随时索取。可获得本机构的借款人以及新的信贷申请人的数据	行政惩罚。免费

欧洲的公共信用征信系统有几个共同的特点，包括强制参与、保密、隐私保护、报告贷款信息的最低贷款规模要求以及计算机密集型技术。欧洲公共征信系统之间的主要差别在于对报告贷款的最低规模要求、所搜集信息的类型以及记忆功能的设计。在一些国家，公共征信系统既是收集公司的正面信息也收集负面信息。德国和奥地利只报告正面信息（贷款数据）；葡萄牙只收集负面信息（违约和逾期记录）。比利时和法国的家庭征信登记系统只收集负面信息。

三、日本：混合信用体系模式

混合信用体系模式是指民营征信机构与公共征信机构并存的社会信用体系。在这一模式中，民营征信机构与公共征信机构在各自的范围内发挥着作用，二者不是相互取代，而是互相补充。它既不是欧洲式的“中央银行”模式，也不是美国式的“征信局”模式，而是私营征信机构和公共信用信息登记机构并行发展的模式。

日本社会的个人信用信息体系比较发达、成熟。从大到房地产、小到手机的商品买卖服务，到上学、就业、医疗、养老、保险等社会保障，一个人的日常工作、生活、消费和娱乐，几乎每时每刻都显现着个人信用信息系统的作用。日本的个人社会信用体系及其产业的发展与日本的个人信用消费发展是同步的，行业协会在其中发挥了很大作用，目前日本个人征信体系也是呈现“三足鼎立”的局面，即全国银行个人信用信息中心、株式会社日本信息中心（HC）和株式会社信用信息中心（CIC）。除此之外，还有跨越各行业系统的横向个人征信机构 CCB、株式会社等。

全国银行个人信用信息中心是日本个人社会信用体系中个人征信规模最大的组织，它成立于 1993 年，是日本唯一的非营利性个人征信机构，采取以银行等金融机构为对象的会员性组织。目前在它的 158 家会员中包括 131 家商业银行，1 230 家非银行金融机构，220 家银行附属公司和 1 家信用卡公司。从信息来源上看，信息中心信息主要来源于会员银行，至 1999 年底，该个人信息中心收集的 3 600 万人信息中，来自银行的信息占 60.9%。信息中心运行费用在会员之间结算，提供信息或使用信息均采取收费的方式，以维持系统的运行和不断扩大。该数据中心还与其他协会的数据中心就消费者的不良信用记录进行了业务交换，进一步扩大了信息交换范围，而且也正计划逐步建立企业信息的交换制度和系统。

株式会社日本信息中心（HC）是由日本信用信息中心联合会管理，而该联合会是由作为其股东的全国 33 所信息中心组成，每个信息中心都是独立的公司，都是由各地区的消费金融公司作为其会员股东。其中，1972 年设立的株式公司 Lendeys Exchange 是最早的机构，之后各地信息中心快速发展，1976 年 10 所机构第一次组成了该联合会，1984 年并进一步形成全国规模的网络。株式会社日本信息中心（HC）在日本市场中的主要特色表现在：首先，速度要求较为明显，而这是由消费者金融公司的商品特征和顾客的属性所决定的；其次，信息更新的精度高，由于株式会社日本信息中心（HC）的信息查找次数最多，而其要求又是建立在快速的基础上，因此工作效率和质量必须予以保证；第三，不仅是如后所述的 CRIN 系统的设计者和日常维护者，还是被消费者信用提供者使用的个人信用信息系统 STARS 的操作公司。

株式会社信用信息中心（CIC）的业务量在日本个人社会信用体系及其产业中是最大的，2002 年销售收入 86.92 亿日元，实现利润 3.06 亿日元，总资产为 34.29 亿日元。株式会社信用信息中心（CIC）的前身包括以汽车系统和流通系统的信用卡公司为中心的“信用信息交换所”和以家电系统的信用公司为中心建立的“日本信用信息中心”等。因此目前其会员主要是由各信用销售公司和信用卡公司等组成。成为会员后，该机构要求较为严格，比如要策划“企业内部统制程序（Compliance Program）”、设置“个人信息管理主任”等，同时与别的信用机构比较，其在信息的管理和安全保密方面也很明确。

上述日本的三大个人信用局，即全国银行个人信用信息中心、株式会社日本信息中心（JIC）和株式会社信用信息中心（CIC）于 1987 年 3 月又合资建立了信用信息网络系统 CRIN（Credit Information Network），其目的是可以在不同机构间共享变动信息、公共信息和个人申告信息等的负面信息，防止发生多重借债等的恶性个人信用缺失问题。

四、不同信用体系模式比较

通过考察美国私营信用体系模式、欧洲公共信用体系模式、日本混合信用体系模式，我们可以归纳出三种不同信用体系模式在构建各自公共信用征信系统方面的不同（见表 10－2）。

表 10－2 不同信用体系模式在构建各自公共信用征信系统方面的不同

	不同特征	公共信用征信系统	私营信用征信系统
1	职能目的	用于信用分析和银行监管	满足商业信用发放者、企业和政府部门对企业或个人信用信息的需求
2	信息来源	被监管的机构（银行）	来源广泛（银行、零售商、企业、租赁公司、财务公司等）
3	参与方式	强制	自愿
4	信息收集的范围	较窄，主要收集分析借款人在金融机构的信用信息数据，包括贷款金额、贷款评级、贷款抵押品的价值、担保情况等	较宽，收集关于消费者和公司本身的一些具体信息，如抵制、税收信息、财务数据、商业贸易信用信息等
5	信息传播政策	一般只向提供信息的机构开放	向金融机构，非金融机构和政府部门等出售信息
6	最低贷款规模	在大部分国家存在，只采集金额超过该最低要求的贷款信息	否
7	服务是否收费	不收费或费用很低	收费，以盈利为目的
8	运作基础	政府的法律法规	合同约束力
9	消费者权益保护	对消费者权益关注不够，大部分征信公司不允许借款人查询自己的记录，缺乏消费者核查、迅速更正错误信息的机制	更可能向消费者提供个人信息，在处理消费者投诉、更正客户发现的错误信息方面更主动些
10	提供服务的范围	较窄，主要提供信用报告和信息查询	较广，还提供一些增值服务，如信用评分、信用评级等

在职能目的方面，公共信用信息征集机构主要由各国的中央银行或银行监管机构开设，并由中央银行负责运行管理。建立公共信用征集系统的主要目的是为中央银行的监管职能服务，并提供发放信贷的信息，包括金融机构对个人借款人发放的贷款、贷款评级和贷款附属担保品的价值信息等，而不是为社会提供个人或企业的信用报告。这就决定了该机构不可能采取市场化的运作模式。而在美国，信用报告几乎是被民营征信机构所掌握。日本是以银行协会建立的会员制征信机构与商业性征信机构共同组成的社会信用管理模式，相较于美国和德国而言，其征信机构形式较多样化，并且其会员制的管理并不以盈利

为目的，这与美国相比有很大不同。

在信息来源方面，欧洲公共信用征信系统通过法律或决议的形式，强制性要求所监管的所有金融机构必须参加公共信用登记系统，使公共登记系统几乎能覆盖一国的全部金融机构。银行需要依法向信用信息局提供相关的信用信息，而在美国则是以自愿为原则提供信用信息。日本个人信用信息机构通常以信贷公司和消费者金融公司等主要不以物品或金钱为担保，而是专门以个人信用为担保而从事信贷服务的经营者为会员进行个人信息的收集、储存、整理和分类等管理业务。信息交换的强制性和处于中央银行监管之下的所有金融机构参加，是公共征信系统与私营征信机构的关键差别。

在信息内容方面，公共信用登记系统的信用数据既包括企业贷款信息，也包括消费者借贷信息。但公共信用机构的信用信息来源相对较窄，例如，它不包括来自法院、公共租赁公司、资产登记系统和税务机关等其他非金融机构的信息。而在美国则侧重信用信息公开、透明对信用扩张的正面作用。在日本，个人信用信息机构所登记的信用信息是从保护消费者隐私权的角度出发，仅限于客观进行信用审查所需的必要的、最小限度的信息。一般包括有关揭示个人属性的信息、有关合同内容的信息、延迟还贷等异常信息、公开信息等。

在消费者权益保护方面，欧洲许多国家对公共信用登记系统的数据使用都有较严格的限制，其数据的提供和使用实行对等原则，即只有为该机构提供信用信息数据的机构才能获取数据信息。实际上，公共信用登记机构的信用数据也只向金融机构提供，而不能向社会其他需求方提供。信息使用对等的原则也决定了这种数据使用基本上不是商业化的，信用报告不是商品，因此，对此类信用数据信息即使收费也会很低。而在日本，对于信息的利用只限于消费者的偿还能力和支付能力的调查方面，不允许用于其他目的。

第二节 我国社会信用体系建设概况

一、我国社会信用体系建设沿革

20 世纪 90 年代初期，党的十四大提出建立社会主义市场经济体制，由此我国社会信用制度和社会信用体系的建设，被提到了关乎社会主义市场经济发展成败的重要议事日程上来。以信贷信用为主的社会信用体系建设取得了积极进展，各种信用卡、信用中介服务、信用消费和各类商业信用担保机构等有了较快的发展。

1990 年，国务院下发了《关于在全国范围内开展清理“三角债”工作的通知》，在中国第一次以国务院文件方式提出了社会信用问题。1994 年实施了《公司法》，1995 年实行了《商业银行法》、《担保法》和《仲裁法》，1999 年统一并出台了《合同法》，我国社会主义市场经济体制的法律体系初步形成，使市场经济由无序竞争走向有序竞争，为信用行为的记录和失信行为的惩戒提供了一个基本的法律规范。我国涌现出中国诚信、大公、远东等一批与企业发债和资本市场发展相适应的信用评估机构，专业担保、信用调查、讨债、追债等信用中介机构也开始出现，如华夏信用管理公司、中国经济技术投资担保公司、新华信用公司等，一大批面向中小企业服务的地区信用担保机构和中投保、深科技等一批专业担保公司也开始涌现。

2001 年 3 月 15 日第九届全国人民代表大会第四次会议批准《国民经济和社会发展第十个五年计划纲要》。该纲要明确指出要在全社会强化信用意识，整肃信用秩序，建立严格的信用制度。这是国家层面上首次提出要建设信用制度。

2001 年 7 月 16 日，国务院发布《国务院关于整顿和规范市场经济秩序的决定》，提出要加强思想道德教育，建立健全社会信用制度。2003 年 10 月 14 日中国共产党第十六届中央委员会第三次全体会议通过《中共中央关于完善社会主义市场经济体制若干问题的决定》，明确提出要建立健全社会信用体系，形成以道德为支撑、产权为基础、法律为保障的社会信用制度，建立信用监督和失信惩戒制度，逐步开放信用服务市场。

2006 年发布的《“十一五”规划纲要》中提出，要打击各种违法经营活动，规范市场主体行为和市场竞争秩序。清理整顿对企业的乱收费、乱罚款和各种摊派。加强价格监管，禁止价格欺诈、价格操纵等行为。以完善信贷、纳税、合同履约、产品质量的信用记录为重点，加快建设社会信用体系，健全失信惩戒制度。

2007 年 4 月，国务院正式发布了《关于建立国务院社会信用体系建设部际联席会议制度的通知》，明确联席会议的主要职责是负责统筹协调社会信用体系建设工作，研究拟订重大政策措施；协调解决推进社会信用体系建设工作中的重大问题；指导、督促、检查有关政策措施的落实；联席会议办公室设在国务院办公厅。同年国务院发布《关于社会信用体系建设的若干意见》，为我国社会信用体系的建设提供了具体思路。

2008 年，国务院发布了《国务院关于同意调整社会信用体系建设部际联席会议职责和成员单位的批复》（国函（2008）101 号），部际联席会议制度进行了第一次调整。牵头单位为人民银行，成员单位包括国家发改委、中国证监会、中国保监会、工业和信息化部、公安部、人力资源和社会保障部、国家工商总局、国家质检总局等 18 部门和单位组成。联席会议办公室设在中国人民银行。

2011 年 3 月 17 日，《“十二五”规划纲要》正式发布。在该规划中提到，要加快社会信用体系建设，规范发展信用评级机构。参与国际金融准则修订，完善我国金融业稳健标准。加强与国际组织和境外监管机构的国际合作。维护国家金融稳定和安全。

2012 年，国务院部际联席会议再次调整，牵头单位变更为国家发改委、中国人民银行，联席会议成员增加中纪委、中宣部、教育部、民政部、司法部、财政部、农业部、卫生部、国家知识产权局、国家食品药品监管局等成员单位。联席会议主要职责也进行了调整，增加以下内容：推进政务诚信、商务诚信、社会诚信和司法公信建设；推进信用标准和联合征信技术规范的建立；协调推进政府信用信息资源整合和交换，建立健全覆盖全社会的征信系统，推进信用信息的开放和应用；指导地方和行业信用体系建设，推进有条件的地区和重点领域试点先行等。

2012 年 11 月 8 日，党的十八大报告就我国信用体系建设提出了新要求，明确提出建设我国社会信用体系“四位一体”的全方位布局，提出要加强政务诚信、商务诚信、社会诚信和司法公信建设，进一步提升了社会信用体系建设工作的重要性，明确了当前和今后一段时期我国社会信用体系建设的方向和要求。

2013 年 3 月 28 日，国务院办公厅发布《关于实施 <国务院机构改革和职能转变方案> 任务分工的通知》，明确了今后 5 年社会信用体系建设的各项工作任务，提出要推动建立统一的信用信息平台，建立以公民身份号码为基础的公民统一社会信用代码制度，建立起维护全国市场统一开放、公平诚信、竞争有序的长效机制。方案任务分工还明确指出 2017 年要基本建成集合金融、工商登记、税收缴纳、社保缴费、交通违章等信用信息的统一平台，实现资源共享。

此外，国家发改委、中国人民银行正牵头制定的《社会信用体系建设规划纲要（2013～2020年）》，这将是我国首个国家层面的社会信用体系建设规划纲要，从政务、商务、司法、社会四大领域规划信用体系建设，并明确提出由中央部门牵头建立一个国家级信用信息交换平台，解决各部门、各地方信用信息分割不联网的问题。此外，规划纲要还明确要求各行业、各地方都要建立各自的信用征信系统。

二、相关部委推动信用体系建设情况

中国人民银行是社会信用体系建设部际联席会议牵头单位之一，在信用体系的建设方面取得了显著的成效。中国人民银行是最早启动个人信用信息数据库和企业信用信息数据库的建设的部门，于1997年立项建设银行信贷登记咨询系统。2004年2月，人民银行又启动了个人征信系统建设，同年4月成立银行信贷征信服务中心。2006年1月，全国集中统一的个人信用信息基础数据库建成并正式运行。同年7月底，银行信贷登记咨询系统升级成为全国集中统一的企业信用信息基础数据库。2006年11月，人民银行征信中心在上海正式成立，是由人民银行直属管理的事业法人单位，由人民银行征信管理局对其实施监管。2010年6月26日，企业和个人征信系统成功切换至中国人民银行征信中心运行，正式对外提供服务，并由国家发改委批准自2010年10月1日起试行收费。2013年国务院《征信业管理条例》颁布实施，将人民银行指定为征信业的监管部门，规范了征信机构的业务活动及对征信机构的监督管理。截至2012年底，人民银行征信中心企业和个人信用信息基础数据库已分别为全国参与经济和金融活动的1858万户企业和其他组织、8.23亿自然人建立了信用档案，全年查询量分别为2.7亿次和近1亿次。在互联网金融方兴未艾的背景下，为了适应当前金融发展的需要，由中国人民银行征信中心控股的上海资信有限公司于2013年6月推出了全国首个基于互联网提供服务的征信系统——网络金融征信系统（NFCS）。

国家发改委也是社会信用体系建设部际联席会议牵头单位之一。2008年国务院机构改革之前，国家发改委对于社会信用体系建设主要侧重于中小企业信用担保体系的建设。在此期间，国家发改委先后出台了《关于加强中小企业信用担保体系建设意见的通知》、《关于合作开展中小企业贷款与信用担保体系建设工作的通知》等多个政策文件，从税收、与银行合作等多个角度全面促进中小企业信用担保体系的建立。2008 年大部制改革之后，中央将国家发改委的工业管理有关职责划归到新成立的工业和信息化部，中小企业信用担保体系建设也改由工信部承担。2012 年 7 月，国务院将社会信用体系建设联席会议牵头单位调整为发展改革委、中国人民银行，国家发改委在统筹全国社会信用体系建设中的作用大大提升。2013 年 6 月，国家发改委联合中国人民银行、中编办共同发布《关于在行政管理事项中使用信用记录和信用报告的若干意见的通知》，为信用服务的推广做出了制度上的规定。

商务部是各部委中最早开始对信用工作的研究的部门之一。商务部最早在信用领域的工作是在打假领域。国务院于 1992 年成立了全国打假办公室，协调国家技术监督局、国家工商总局、农业部、卫生部、国家经贸委等国务院有关部门的打假工作。2003 年 3 月 10 日，国务院机构改革，撤销外经贸部和国家经贸委，设立商务部。自此，商务部承担了原国家经贸委在商务信用建设领域的工作。自此，商务领域的信用建设发展步入快车道。2005 年，全国整顿和规范市场秩序小组发布《商会协会行业信用建设工作指导意见》，推动行业信用体系建设工作，强化行业信用制度建设。2012 年 11 月，商务部发布《商务部关于“十二五”期间加强商务领域信用建设的指导意见》，这是国内首部商务信用建设的指导意见，也首次明确政府层面对商务领域信用建设的思路框架，从信用道德文化建设、信用制度建设、商业信用运用三个层次规划未来五年商务信用建设。

工业和信息化部（简称工信部）设立后，承担了原由国家发改委负责的全国中小企业信用担保体系建设工作职责，其社会信用体系的建设也主要集中于中小企业信用担保领域，通过建立和完善担保机构风险分散与风险补偿机制、推进担保机构加强与金融机构合作、加强对信用担保机构信用评级、绩效考核和备案管理等，推动中小企业信用担保体系建设。

除大力支持中小企业信用担保体系建设之外，工信部同样注重电子商务领域的信用体系建设。2012 年 3 月 27 号，工信部发布了《电子商务“十二五”发展规划》，指出“十二五”期间鼓励符合条件的第三方信用服务机构、电子商务平台企业，按照独立、公正、客观的原则，开发利用合同履约等信用信息资源，对电子商务经营主体开展商务信用评估，为交易当事人提供信用服务。同时充分发挥人口、法人和地理空间等国家基础数据库以及银行征信等数据库的基础与协同作用，促进电子商务信用信息与社会其他领域相关信息的有序交换和共享，支撑社会信用体系建设。

三、相关地区开展信用体系建设情况

（一）上海模式

上海是我国最早启动社会信用体系建设的地区之一。经过几年的发展，上海市已经初步形成了较为完善的个人和企业信息数据库，较为发达的信用服务业，以及良好的社会信用环境，开创社会信用体系建设的“上海模式”。

上海市以个人征信服务为起点，通过第三方征信机构，建设企业和个人联合征信系统，实行特许经营、商业运作、专业服务。1999 年 8 月上海在全国率先进行个人征信试点，特许上海资信有限公司开展个人信用征信业务。2000 年 7 月，个人信用联合征信服务系统建成开通，开始提供个人信用报告。2002 年 3 月企业信用联合征信服务系统开通试运行，形成了“两大系统、联合征信、普遍服务”的发展格局。

上海的主要做法和特点如下：一是政务公开。上海市通过立法，规定政府部门应该公开的政务信息，供征信中介机构免费查询、获取有关企业和个人的信用信息。这为该市征信服务系统建设走市场化道路提供了前提条件。二是市场化运作。企业、个人信用基础数据库建设和征信服务，均采取公司经营、商业运作、专业服务方式，政府不直接投资建设，不介入征信服务。上海资信有限公司承担上海信用体系数据平台建设任务。三是政府主导。上海市社会信用体系建设从开始就具有强烈的行政色彩。人民银行授予上海资信有限公司相应的业务资质，要求上海市 15 家中资银行把个人消费信贷资料交由上海资信有限公司。在联合征信项目建设过程中，市政府以财政借款的方式向项目提供 5 000 万元、为期 5 年的无息贷款，以支持该公司业务的开展。市政府大力推动信用报告的应用，如规定个人办理信用卡必须出具信用报告。四是分步实施。以个人信用征集为起点，整合社会各方资源，在操作上先个人后企业、先同业后联合的办法，逐步建立一个覆盖全社会的信用信息网络。目前上海已建成“三网两库一平台”，即上海诚信网、上海商务诚信网、信用长三角网，企业信息基础数据库和个人信息基础数据库和上海市公共信用信息服务平台。上海市社会信用体系建设组织结构见图 10－2。

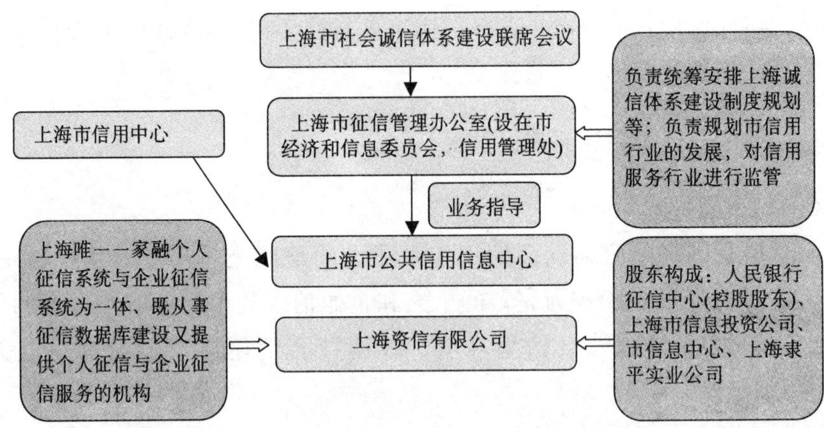

图 10－2　上海市社会信用体系建设组织结构图

（二）浙江模式

浙江省是我国的沿海经济大省，其经济总量一直位于全国三甲之列。浙江省经济发达，商业十分繁荣，社会信用体系的建设对其的发展尤为关键。而当地政府部门也十分重视社会信用体系的建设。迄今，浙江省已经走出了一条具有特色的“浙江模式”。浙江省社会信用体系建设组织结构见图 10－3。

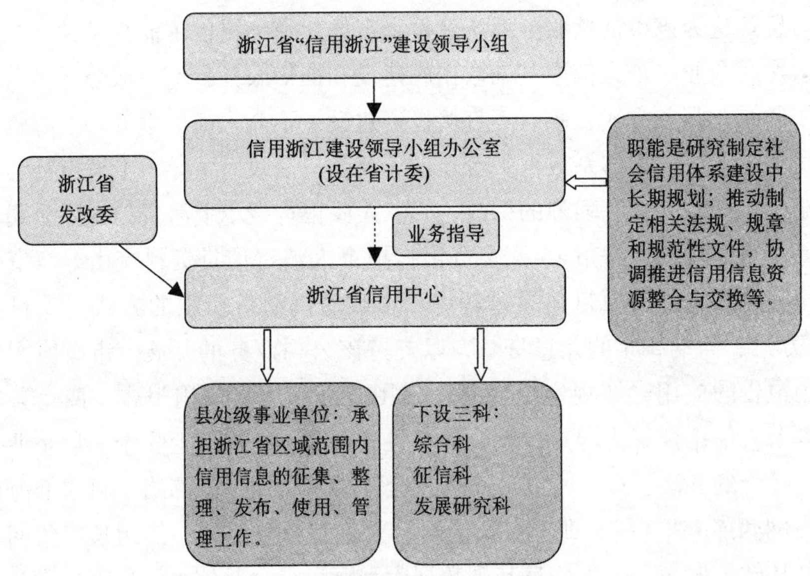

图 10－3　浙江省社会信用体系建设组织结构图

浙江模式以企业信用建设为突破口、公益性服务为基本特征，选择企业为突破口带动社会信用体系的全面建设，形成了全省统一的企业和个人两大信用基础数据库，由事业单位性质的省信用中心统一建设和管理；企业和个人两大信用信息系统均为公益性，查询信用信息是免费的，没有进行市场化服务和运营。

目前，浙江建立了“两个平台，一个门户”，即企业联合征信数据平台，该数据库于2002年6月10日建成运行，截至2012年底，向信用查询系统提供企业信用信息的政府部门达到39家，基本涵盖了涉及企业信用的主要部门或系统；入库企业数达到79万多家，基本涵盖了全省所有工商注册的企业；数据库指标项达到118类1 006项，基本涵盖了企业的信用信息。企业联合征信数据平台通过依法征集、整理企业信用信息，依法向社会公开披露信用信息，实现企业信用信息在政府监管等领域的全面应用，并向商业银行、专业贷款机构和信用服务机构开放信息服务；个人联合征信数据平台，2007年2月初步建成，强调个人隐私的保护，从重点涉信人群入手，全方位构建区域个人联合征信数据平台，依法向社会提供公共服务；信用浙江网站，是浙江省企业信用发布查询中心向社会提供企业信用信息服务的网络窗口，主要向社会公示企业的基本信息、诚信信息和失信信息，最核心的功能是收集国税、地税、统计、工商、金融等系统中涉及企业信用的信息资源，为企业进行信用发布查询。

（三）深圳模式

深圳作为我国的经济特区，其经济改革始终走在了全国前列。在社会信用体系建设领域，深圳市同样以其敢于创新、善于创新的胸怀，走出了一条社会信用体系建设的“深圳模式”。

深圳社会信用体系建设以市场运作和政府建设相结合为基本特征。深圳的个人信用信息数据库的建设由深圳鹏元负责，完全实现了市场化运作；企业信用信息数据库则由深圳市企业信用信息中心负责建立和运营。通过市场化运作和政府建设相结合的方式，深圳市的社会信用体系建设得到了快速推进。深圳市社会信用体系建设组织结构见图10－4。

目前深圳已建成“一网两库”：即深圳信用网，该网可为社会各界提供免费或付费的查询网上企业信用信息，截至2012年底，其累计访问量已经超过

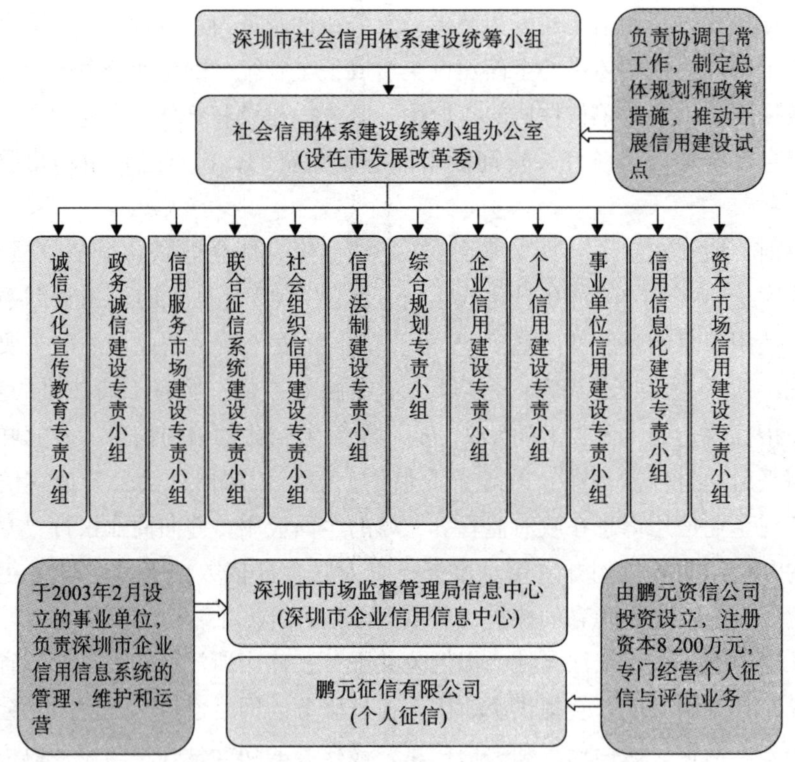

图 10－4　深圳市社会信用体系建设组织结构图

3 000 万人；企业信用信息系统，由深圳市企业信用信息中心（于 2003 年 2 月设立的事业单位）负责管理、维护和运营。深圳市企业信用信息系统建立在政府城域网平台上，自 2003 年 12 月正式开通运行至今，集成了 60 家行政机关、司法机关、行业协会、中介服务机构提供的内容涵盖全市 170 万多家各类市场主体的登记、监管、资质认证、表彰与处罚、纳税、信贷、诉讼立、结案等信息，初步实现了各政府部门之间的企业信息互联互通、资源共享，可为政府各部门和社会公众提供窗口和互联网查询服务；个人信用信息系统（鹏元征信公司运营），于 2003 年 10 月正式对外开放，为全社会提供个人信用查询服务。这个系统将分布在各商业银行、政府和其他社会部门中的与个人信用有关的信息，进行汇总和加工，形成个人信用数据库，主要为金融活动、商业交易、人才交流乃至房屋租赁等领域提供服务，同时被广泛运用在政府行政审批、奖项评定，金融机构信贷审核、求职招聘、投资担保和典当融资等各领域。

表 10-3 国内三种主要社会信用体系建设模式一览表

	上海市	浙江省	深圳市
特点	以个人征信为起点、市场化运营为基本特征	以企业信用建设为突破口、公益性服务为基本特征	以市场运作和政府建设相结合为基本特征
主要做法	1. 政务公开：免费查询获取政务信息中的个人和企业信息；2. 市场化运作：特许经营、商业运作、专业服务；3. 政府主导：政府给予私营征信机构信息、资金、政策和法规上的支持；4. 分步实施：先个人后企业、先同业后联合	1. 建立企业信用信息披露机制和发布查询系统；2. 政府推动建设信用数据库：建设全省统一的企业和个人两大信用基础数据库；3. 推进信用信息应用：查询、评级、部门联动和监管；4. 公益性服务：提供免费查询服务	1. 个人征信系统市场化运作：深圳鹏元公司筹建个人征信系统，提供个人征信服务；2. 企业信用信息系统事业化运作：事业单位性质的信用信息中心建设管理企业信用信息系统；3. 坚持“立法先行”：率先出台《深圳市企业（个人）信用征信和评估管理办法》
取得成效	1. 2006 年信用服务行业营业总收入达到 4.2 亿元、约占全国的 1/4；2. 个人信用联合征信服务系统入库人数超过 770 万，查得率达到 87%；3. 上海资信公司日均出售 5 000 多份信用报告，实现了保本微利	1. 率先开通数据容量最大的省级企业信用数据库；2. 初步建成覆盖全省的个人联合征信系统；3. 企业信用评价结果在政务活动和金融活动中得到一定程度的应用	1. 个人征信系统的信息覆盖范围和信息商业价值在全国处于领先地位；2. 企业信用信息系统入库 3 432 多万条信息，数据匹配率 90% 以上，年服务收入 100 多万元；3. 拥有各类信用中介机构 70 多家，社会信用服务业发展快速

综上所述，自 20 世纪 90 年代末特别是 21 世纪以来，国家有计划地推进社会信用体系建设。在社会信用体系联席会议机制的框架下，以中国人民银行、国家发改委等国家部委为代表推动的各领域、各行业信用体系建设，以各省市征信办或信用办推动下的地区社会信用体系建设相继展开。截至目前，中国人民银行推动建立了覆盖全国的企业和个人征信系统，国家发展改革委员会组织实施了“社会征信服务体系联合建设示范工程”，中国证监会建立了诚信档案数据库，商务、工商、税务、质检等有关部门也开展了本行业的信用管理工作，全国已有 27 个省、市积极开展了本地区社会信用体系建设，我国社会信用体系建设取得了阶段性的成果。

四、国内外信用体系建设启示

通过考察国内外社会信用体系建设的探索和实践表明，构建社会信用体系，需要从以下方面着手：

（一）法规先行是社会信用体系建设的根本保障

实践表明，要建立健全社会信用体系，信用法规和相关规范建设必须先行。美、欧、日三种信用体系的共同点主要表现在均高度重视信用立法。美国在20世纪60年代末期至80年代期间，开始制定与信用相关的法律，逐步形成了一个以16部信用法律为主体的完整的框架体系，其中《公平信用报告法》已成为指导美国征信行业业务操作的最主要法律。欧洲各国也非常注重信用管理相关的立法，其中德国的《通用商业总则》、《个人数据保护法》较为著名。在日本，信贷消费公司大都是一定的行业协会组织成员或会员，在保护消费者隐私方面，受所在行业协会内部的有关规则和制度的约束。而我国目前还没有建立专门的信用立法体系，《征信业管理条例》刚刚颁布实施，仅仅对征信环节进行了初步规范，信用评级、增信等信用流通链条的关键环节还没有统一的立法来规范。因此，要进一步推动信用法律法规、相关信用标准规范的建立和完善，构建起一个包含规范征信活动、信息标准、共享与披露、信用奖惩、市场监管等内容在内的信用法规体系。

（二）政府推动和支持是社会信用体系建设的重要条件

信用建设必须要有政府的协调、引导和支持，重点是要发挥政府在整合信用信息资源、引导信用需求、制定规章制度、监管信用市场和培育发展信用服务机构等方面的引领规范作用。考察美、欧、日三种信用体系模式的建立过程，我们可以看到，社会信用体系的建立是一个长期培育的过程，政府或通过提供信用立法，或通过出台引导政策，或提供资金支持等，推动信用体系的建立和完善。就我国金融业而言，人民银行一直积极推动信用体系建设，已先行建立了覆盖全国的以银行信贷为基础的企业和个人征信系统，而目前我国证券期货业、保险业还未建立完整的行业信用体系，市场信用服务机构也未得到充分发展。因此，中国证监会作为资本市场监管部门，要加大工作力度，推动建立完善资本市场信用体系。

（三）基础设施征信系统建设是社会信用体系建设的核心工程

征信系统建设是推进信用监管和提供信用服务的基础平台，是社会信用体系建设的基础设施与关键环节。从发达国家的信用体系建设经验看，私营信用体系模式下市场化的征信机构为整个信用体系建设提供坚实的数据支持，公共信用体系模式下政府通过建立强大的公共征信系统以服务于社会信用管理，混合信用体系模式下也形成了公共征信机构与民营征信机构相互补充的征信体系，总之各国都将建立完善的征信系统作为其信用体系建设的重要支撑。相比较而言，我国的征信系统建设发展缓慢，目前虽然人民银行建立了个人与企业征信数据库，地方政府也在积极探索地区征信系统的建设，但是各个征信系统的数据信息分割严重，没有形成良好的联动。在金融领域，国内尚未建立专门的资本市场征信数据库。我国征信系统的这些缺陷已经阻碍我国社会信用体系的建设。未来，政府应该加大征信系统建设的力度，加快资本市场信用信息数据库的建设，建立并完善包括信息标识、基础技术在内的各项征信标准与规范，实现各个征信系统的信息互动与联通，共同为社会信用体系建设提供强大的数据支持，推动社会信用体系建设。

第十一章

社会信用体系建设的重要内容
——征信、评级和增信

在市场经济条件下，信用作为商品在市场上大量生产和销售，与信用有关的信息被加工成信用产品，在不同市场主体之间流通。社会信用体系建设的重要目的之一，就在于保障信用流通环节的顺畅，以解决市场信息的不对称，使守信者得到激励，失信者付出代价，从而保证市场经济公平和效率。征信、评级、增信作为信用流通中的关键环节，成为社会信用体系建设不可或缺的重要组成部分。

征信是为了满足从事放贷等信用活动的机构在信用交易中对客户信用信息的需求，由专业化的征信机构依法采集、保存、整理、提供企业和个人信用信息的一种服务活动，它为专业化的授信机构提供了一个信用信息共享的平台。征信活动的产生源于信用交易的产生和发展。当商品经济高度发达，信用交易的范围日益广泛时，特别是当信用交易扩散至全国、全球时，信用交易的一方想要了解对方的资信状况就会极为困难。此时，了解市场交易主体的资信就成为一种需求，征信活动也应运而生。在市场实践中，征信通常是指那些委托第三方专业调查机构进行的企业资信调查或消费者个人信用调查。征信的委托方通常是各类授信机构，包括金融或非金融授信机构，如商业银行、赊销企业、企业雇主等。

信用评级，又称资信评级，是指独立的信用评级机构对评级对象偿还债务的意愿及能力所进行的综合评价和预期，是对债务偿还风险的综合评价，并用简单明了的符号表示。信用评级的产生源于其缓解信用流通过程中的信息不对称、推进公平交易和提高交易效率。在市场经济条件下，信用是一种可以重复利用的无形资产，企业和个人可以利用信用来进行融资、理财、配置资源等。信用活动一出现就伴随着信用风险，而信用评级的基本作用就是通过简明的信用符号，揭示信用风险，使信用交易方能快速方便地得到关于另一方的客观简明的信用信息，为交易决策提供参考。信用评级有利于降低信息流通成本，揭示交易风险，为监管部门监管市场提供参考依据，是一种重要而有效的市场监督机制。

信用增进，简称增信，是指在融资过程中采取内部分层结构或外部担保等方式以提高债务人或债项信用等级，以降低融资成本的一种信用风险分担机制。增信分为内部信用增进和外部信用增进。内部信用增进指的是依靠资产库自身为防范信用损失提供保证。其基本原理是，以增加抵押物或在各种交易档次间调剂风险的方式达成信用提升，主要形式是超额抵押，建立储备金和债券分档。内部增级可能改变债券的现金流结构。外部信用增进主要包括责任保险、企业担保、信用证、信用互换等。在融资过程中，债权人或投资方一般会根据债务人或债项评级等级的高低判断信用风险高低，进而确定相应的利率。评级等级越高，信用风险越低，利率也就越低，融资成本也就越低。在资金借贷、债券发行、资产证券化过程中，增信手段被广泛使用。

成熟市场已经基本形成了一条从企业资信调查（即企业征信）、消费者信用调查（个人征信）、信用评级到信用增进的完整的信用服务产业链，其中，征信属于信用行为信息记录环节，评级属于信用价值定价环节，而增信则属于信用交易服务环节。在信用流动的过程中，个人与企业的征信是核心，评级是关键，征信与评级共同构成增信的基础。征信过程中对信用信息的征集、存储、整理、加工构成了信用流通的基础；评级起到了信用信息风险揭示的功能，解决的是信用定价问题，促进了信用流动；增信作为信用风险分担的一种有效机制，进一步扩大了信用市场容量，降低了信用流动成本，促成了信用交易的达成。征信、评级、增信共同构成了信用经济不可或缺的组成部分，对于构建完整的信用体系起到基础性作用。信用流动主要环节见图 11－1。

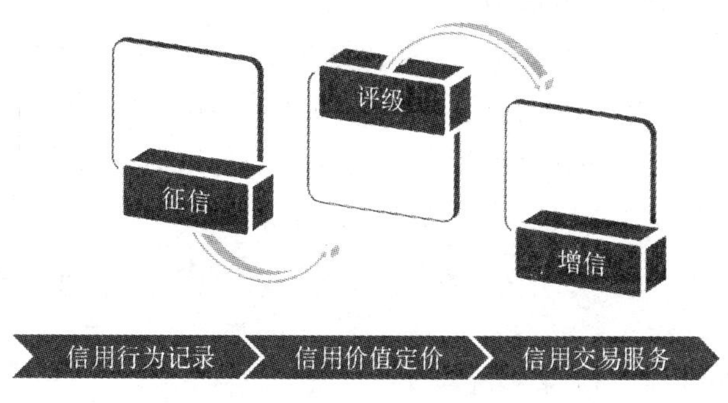

图 11－1　信用流动主要环节

第一节 征信概述

征信是随着商品经济的发展而产生、发展的，是为信用活动提供的信用信息服务[①]。征信最基本的功能是了解、调查、验证他人的信用，使经济活动中的授信方能够比较充分地获悉信用申请人的真实信用信息，通过信用信息的生产和传递来提高信息传播的效率，降低授信方的信用风险，起到约束市场交易各方行为的作用。此外，由于征信机构掌握的信用数据覆盖面较广，信用结果的传播速度较快，失信惩罚机制的作用才能达到最大限度的发挥，从而规范受信人的行为。

按照被调查对象的不同，可以将征信业务分为个人征信与商业征信。商业征信，也称企业征信或企业信用调查，是指由专业的第三方征信机构通过合法渠道采集、整理、验证、加工企业信用信息，形成客观反映被征信企业信用状况的信息集合报告，或做出一定的分析形成深度或专项信用报告的经营性活动。商业征信的产品和服务主要包括：企业基本信息报告、标准企业信用报告、企业财务报告、深度企业信用报告、企业监控报告等内容。个人征信是对个人信用信息进行采集、加工，并根据用户要求提供个人信用信息查询和评估服务的活动。个人征信产品与服务主要包括：个人信用报告和个人信用评分等。

一、国际征信业发展概况

（一）全球征信业的发展现状

当前随着IT技术和计算机技术的迅猛发展，依托于大型数据库的征信业发展成熟，西方发达国家普遍形成了发达的企业信用征信与个人信用征信的完善的征信体系，建立了完善的法律法规体系，对信用信息的采集、使用和管理有较为详细的规定，且建立了较为成熟的征信监管体系[②]。

当今世界各国征信体系的制度安排主要有三种不同的发展模式，即以美国

① 李曙光．中国征信体系框架与发展模式．科学出版社2006年版。

② 本书编写组．征信前沿问题研究．中国经济出版社2010年版。

为代表的私营征信模式、以德国为代表的公共征信模式（亦称欧洲模式）和以日本为代表的混合征信模式。其中美国的私营征信行业发展最为成熟，征信行业在美国已经形成了较为完善的产业链条，涌现出了益佰利、邓白氏、环联、埃克非等在全球具有较大影响力的征信行业巨头。

（二）国际四大征信机构概况

1. 益佰利

益佰利是全球领先的跨国征信集团公司，2006 年在伦敦交易所上市。公司总部设在爱尔兰的都柏林，并在美国加州寇斯特麦瑟市建立益佰利（美洲）和英国诺丁汉市建立益佰利（国际）两个业务运行总部，前者覆盖美洲市场，后者负责美洲以外的国际业务①。

目前，在益佰利的全球 14 个消费者征信局和 7 个企业征信局的数据库中，拥有近 3 亿消费者和 3 000 万家企业（主要是中小企业）的信息。同时还有美国和英国的约 6 亿辆交通工具的历史信息，英国 3 000 万保单的信息，美国 1.1 亿家庭分类购买习惯的信息，全球 1.3 亿个家庭观与消费者营销的信息。

益佰利主要为企业和个人消费者两类用户提供信息和解决方案两大类征信产品和服务。其产品主要包括信用信息库及相关产品服务和信用风险管理解决方案两大类。

（1）信用信息库及相关产品服务。益佰利拥有美、英及其他 10 个国家的有信贷活动的消费者信用数据库、商业数据库和房地产数据库，并在数据库的基础上为需要的客户提供信息。

（2）信用风险解决方案类服务。信用风险解决方案则是益佰利通过咨询研究分析、开发软件和建立系统等手段挖掘数据资源，将原始数据转变为商业情报信息，为客户在信贷风险、防欺诈和账户管理方案指定参考方案。此类服务主要产品有：信用评分、战略管理、防欺诈、商业授信方案等。

2. 邓白氏

邓白氏集团于 1841 年成立，是国际上最著名、历史最悠久的企业资信调查类的信用管理公司，就其规模而言，堪称国际企业征信和信用管理行业的巨人。邓白氏拥有全球最大的商业数据库，覆盖了超过 1 亿条企业信息，并通过

① Experian Americas and Experian International.

邓白氏特有的 DUNSRight 流程，对每天收集的原始数据进行编辑及核实以保证其质量。邓白氏及全球领先的商业信息提供商组成了一个强大的联盟——邓白氏全球网络①。

2001 年，邓白氏集团公司进行改组，把邓白氏公司和穆迪公司两家公司分拆，分别成为独立的上市公司。改组后的邓白氏公司进一步加快了专业化的步伐。目前，邓白氏公司在 37 个国家和地区设有分公司或办事处，在全球范围内向客户提供 12 种信用产品、11 种征信服务以及各种信用管理用途的软件，还在 50 个国家和地区替客户开展追账业务。目前，邓白氏公司年营业额保持在 14 亿美元以上。

邓白氏的产品和服务主要包括风险管理解决方案、供应商管理方案、销售及市场开拓解决方案和中小企业信用产品等。

（1）风险管理解决方案。邓白氏的风险管理解决方案包括风险管理咨询服务、商业资信服务、风险管理应用工具、邓白氏付款信息交流计划等，为企业提供全方位的风险管理办法。

（2）供应商管理方案。邓白氏具备全球先进的供应商管理理念，利用自身强大的信息服务能力以及丰富的风险管理经验，针对企业在供应商管理中所遇到的一系列问题，特别设计了供应商管理服务方案，其中包含供应商搜索、供应商评估报告服务、供应商管理咨询等多项服务和产品。

（3）销售及市场开拓解决方案。邓白氏充分利用其掌握的企业信息，为企业提供销售和市场开拓解决方案，主要包括邓白氏注册服务、销售管理、财务管理等。

（4）中小企业信用产品。邓白氏针对中小企业提供了富有针对性的信用服务产品。主要包括中小企业信用报告、公司信用管理等。

3. 环联

环联公司于 1968 年成立于美国芝加哥。1988 年环联开始提供消费者信用报告，其消费者记录覆盖美国、加拿大等国家。目前，环联已经成长为大型跨国企业，业务遍布 6 大洲 30 多个国家，拥有员工 4 000 多人，为全球超过 5 万家企业提供信息解决方案，维护全球大约 5 亿人的信用记录。几年来，环联活跃于多个新兴市场国家，在南美和非洲的征信市场占有较大份额，在中国香港

① 邓白氏公司网站。

也设立了分公司。

环联为客户主要提供以下几个方面的服务[①]。一是信息服务。主要包括营销服务、欺诈和身份管理、风险管理、追账管理等，主要面向包括汽车、账款追收、通信、金融服务、保健、保险、零售等市场。二是不动产服务。包括客户获取、住所信贷、洪灾地区鉴定、抵押物、财产及房屋所有权评估等。三是国际服务。主要包括发展征信基础设施的咨询服务、技术专利使用权、账款追收、资产登记、直销、分析技术等。四是消费者服务。主要包括高级信用检测以及身份盗用保护产品，为金融机构服务的在线及离线信用管理解决方案、营销分析和相应管理等。

此外，环联还为客户提供一些特色服务，如该公司 Ameri - fact 部门向雇主提供工作申请人的背景调查，如犯罪记录调查、社会保障号码核实、工作推荐信等，尤其是信用欺诈防范。

4. 埃克非

埃克非（Equifax）公司由凯特·伍福特创立，始建于 1899 年。总部设在亚特兰大。埃克非公司是美国三大信用局之一，是一家跨国征信公司，在美国、南美、英国、欧洲大陆和一些亚洲国家都设有分支机构，其总员工超过 1. 4 万人[②]。埃克非公司的资料数据库庞大，拥有超过 1. 9 亿美国人和 1 500 万加拿大的消费者个人资料档案，其客户群总数超过 10 万个企业。年产值在 15 亿美元以上，平均每天要出具 500 万份信用审核决定，每年 55 亿份的信用评分。为了保持数据的准确性，公司的数据保持每天 6 500 万和每月 20 亿的更新量。一周两次对整个数据库进行更新。

埃克非公司的服务集中在信用服务和保险信息服务两个方面。

（1）信用服务。①消费者信用调查报告服务，它可以通过网上或联机传送报告，包括一些信用管理咨询服务；②决策系统提供分析用数学模型建立，用来分析市场和客户信息；③信用卡服务提供给各种卡的促销信息，包括比较好的信用卡潜客户名单；④支票真伪鉴别服务。

（2）保险信息服务。埃克非公司的保险信息服务是向美国和加拿大的保险业提供风险管理信息，信息内容包括个人生活、健康、资产、健康预测、病例、违反交通规则报告、医院账单等，用于向保险公司索赔和各险种

---

① 环联公司官方网站 . www. transunion. com. us。

② 埃克非公司官方网站 . www. equifax. com/home/en_ us。

销售。

国外四大征信机构比较见表 11 –1。

表 11 –1　　国外四大征信机构比较

	邓白氏	益百利	环联	埃克非
成立时间	1841 年	1996 年	1968 年	1899 年
营业收入	14 亿美元	22 亿美元	68 亿美元	15 亿美元
员工	8 万人	1.2 万人	4 万人	1.4 万人
主要服务	向企业提供商业信用报告；对企业进行信用管理的相关咨询服务；建立企业的风险评估管理系统（RAM）；为企业提供信用数据库管理咨询服务；为企业提供付款信息交流项目	信息服务；目标市场拓展；决策辅助；外部采购。 此外，益佰利公司可提供三类重要产品：赊账信息产品；信用证申请书先期调查；欺诈警戒系统	个人解决方案：提供信用报告、信用评级、争端信用报告、欺诈受害者信息等；商务解决方案：提供信用报告、按照行业划分的解决方案；目标解决方案：主要进行资料获得、资料管理、人才辨识、身份证证实和诈骗探查、风险管理等	消费者信用报告：通过网上传送报告；市场和客户信用信息：建立供分析用的数学模型；信用卡营销服务：提供信用卡潜在客户名单；支票真伪鉴别服务等；保险信息服务：主要向美国、加拿大的保险行业提供风险管理信息，用于保险公司各险种的销售等方面
更新速度/每日	100 万次	无数据	6 600 万次	6 500 万次

二、我国征信业发展概况

（一）国内征信业发展现状

我国目前的征信体系的建设始于 1997 年。1997 年中国人民银行在借鉴国外征信体系制度的基础上，开始开发全国银行信贷登记咨询系统，并于 1999 年出台了《银行信贷登记咨询管理办法（试行）》，为其提供法律依据。2004 年初，中国人民银行组织商业银行开始建立全国统一的企业和个人征信系统（即企业和个人信用信息基础数据库），并于 2006 年实现全国联网运行；2006 年底，中国人民银行设立中国人民银行征信中心，专门负责企业和个人征信系统的建设、运行和管理。同时各地人民银行分行及省会中心城市的中心支行也设立征信管理处和分中心。截至目前，我国已经初步建立了包含企业和个人数据库的全国征信体系。除公共征信外，私营征信机构也得到了一定的发展，出现了新华信、华夏邓白氏等一批较有影响力的征信机构。

过去很长一段时间内，我国征信行业的监管处于真空状态，对征信机构在市场进入环节和运营过程中缺少明确的主管部门及相应的管理，致使征信机构经营范围与经营原则混乱，提供的征信产品和征信服务质量低下，严重影响了征信业的健康发展。2013 年《征信业管理条例》出台以后，将人民银行指定为征信业的监管部门。明确统一的监管对于征信业未来的良性发展至关重要。目前，国内的征信服务公司大体有三类：一类是中资民营征信企业，以新华信国际信息咨询有限公司、华夏国际企业信用咨询有限公司等为代表；第二类是具有政府背景的征信公司，以深圳鹏元征信有限公司、上海资信有限公司等为代表；第三类是已进入我国的外国征信公司，如邓白氏公司、益佰利等，通过在我国设立分支机构或成立合资公司的方式开展业务，目前已占有我国国内征信行市场的较大份额，具有相当强的竞争能力。

从行业规模来看，我国征信行业的整体规模较小，行业总体营业额不足 10 亿，与发达国家成熟的征信行业相比还有相当大的差距。征信机构的运作规范程度有待于进一步加强，征信产品和征信服务的质量也亟待提升。

（二）国内征信行机构发展概况

1. 新华信

新华信国际信息咨询（北京）有限公司（以下简称新华信）是中国领先的营销解决方案和信用解决方案提供商，1992 年在北京成立。在北京、上海和广州拥有 600 名员工，为各行业的机构客户提供专业服务，包括汽车、金融、保险、零售、电信、IT、制造业、消费品和贸易。在华的《财富》世界 500 强企业中有 80% 以上使用新华信的不同产品和服务①。2007 年初，益佰利集团对新华信进行了战略投资。新华信收集、分析和管理关于市场、消费者和商业机构的信息，通过信息、服务和技术的整合，协助客户做出更好的营销决策和信贷决策并发展盈利的客户关系。目前，新华信的主要业务包括市场研究咨询、商业信息咨询、数据库营销等。

---

① 新华信公司网站．www. sinotrust. cn。

（1）市场研究咨询服务。新华信提供关于市场环境和消费者行为和态度的信息和分析，协助企业在市场进入、市场细分、产品定位、价格策略、营销推广、渠道组织和管理等方面做出商业决策。

（2）商业信息咨询服务。新华信提供企业信用报告、企业数据库产品、行业报告、信用管理咨询、信用风险管理软件，以及相关数据管理技术与营销活动管理服务，为客户的信贷管理、营销拓展、行业分析以及竞争监测等提供充分的信息、决策和技术支持。

（3）数据库营销服务。新华信提供客户数据整合和清理、客户信息分析、潜在客户数据、数据库技术服务以及直复营销服务，协助客户构建完整和单一视角客户信息。

2. 华夏邓白氏

华夏邓白氏是美国邓白氏集团和中国华夏国际信用集团共同成立的。公司总部设在上海，在北京、广州设有分公司。

华夏邓白氏中国信用风险解决方案包含以下三类产品和服务：

（1）资信报告。资信报告为客户提供全面的商业信息和科学的风险评估指标。资信报告以全球数据库为基础，信息皆由专业人员和收集工具通过多方渠道收集而得，并经过交叉验证以确保其准确性与完整性。

（2）信用管理咨询服务。华夏邓白氏中国凭借丰富的风险管理经验和功能强大的信用管理工具，支持企业实现降低风险和收益最大化的目标，为企业提供信用政策评估、评分设计及评估信用、限额确定、风险监控等服务。

（3）风险评估管理系统。风险评估管理系统（简称 RAM）是融合全球1 000强公司的先进信用管理经验，由邓白氏美国总部研发的、功能强大的信用管理工具，为客户提供了便捷的风险评估管理工具。

国内主要征信机构比较见表 11 - 2。

3. 上海资信

1999 年7 月，在上海市信息办和人民银行上海分行的大力推动下，经中国人民银行总行的核准，上海资信有限公司组建成立，成为国内第一家从事个人征信业务的中介机构，也是上海目前唯一一家融个人征信系统与企业征信系统为一体、既从事征信数据库建设又提供个人征信与企业征信服务的专业化机构。2000 年6 月28 日，上海市个人信用联合征信系统开通，出具了新中国成立后大陆第一份个人信用报告；2001 年公司又启动了企业联合征信系统。这

表 11－2 国内主要征信机构比较

	新华信	华夏信用	邓白氏中国
概况	股东为益佰利	合作创立华夏邓白氏	
业务领域	市场研究咨询、商业信息咨询、数据库营销		
业务范围	市场研究咨询服务： 消费者洞察研究；产品研究；渠道管理解决方案；品牌与推广解决方案；行业研究 商业信息咨询： 信用资料；信用管理软件；企业档案在线；行业报告；B2B 营销解决方案 数据库营销： 数据内容；数据整合与清理；数据挖掘与分析；直复营销；营销活动管理软件	特色业务： 邓白氏全球数据库；独创的邓氏编码；付款信息交流项目；专业权威的 DUN-SRightTM 流程；邓白氏全球网络 产品与业务： 风险管理解决方案；销售及市场拓展方案；市场研究解决方案；邓白氏注册服务；金融行业解决方案	
企业性质	中外合资企业		
营业收入	4 亿元人民币	1.5 亿元人民币	
市场份额	占市场比重 80% 以上		

两个项目的建成使上海逐步形成了较为完善的社会信用体系基础框架。

该公司是一家股份制企业，2009 年 4 月，中国人民银行征信中心正式控股上海资信有限公司，现有股东为中国人民银行征信中心、上海市信息投资股份有限公司、上海市信息中心、上海隶平实业有限公司。公司获得和提供信息采取有偿形式，信息来源主要是商业银行保留的个人消费信贷资料和信用卡资料。公司实行理事会管理模式，由提供和使用个人信用信息的单位为成员，组成上海市个人信用信息数据中心理事会，对征信业务实行自律管理。上海市信息办和中国人民银行上海分行是公司的行政主管部门，公司依据两家主管部门联合印发的《上海市个人信用联合征信试点办法》和中国人民银行与上海分行就公司运作细节出台的一系列文件开展业务。公司通过与多家商业银行签订合约的形式建立合作伙伴，约束双方行为。此外，该公司还从法院、公安机关、水、电、煤气等公用事业企业、电信、移动通讯等通讯企业采集与个人信用相关的记录。

截至2009年底，上海资信有限公司所承建的上海市个人信用联合征信系统已拥有超过1 109万人的信用信息，包括个人基本身份信息、商业银行各类消费信贷申请与还款记录、可透支信用卡的申请、透支和还款记录、移动通信协议用户的缴费记录、公用事业费的缴费记录、上海市高院经济纠纷判决记录、交通违法处罚记录以及执业注册会计师和保险营销代理人的执业操守记录等。企业征信系统已采集了上海147万家企业的信用信息，包括企业注册信息、年检等级、产品达标信息、税务等级信息、国有资产绩效考评信息、进出口报关记录、信贷融资记录和行业统计分析信息等。

上海资信有限公司的产品及业务主要为：（1）个人信用报告：对消费者个人信用信息及支付轨迹的完整记录。（2）个人信用（风险）评分：通过建立数学模型，并运用计算机技术对个人的信用信息进行统计、计算及量化分析。（3）系列评分：通过对个人信用信息的整合及用户的需求，开发各类评分卡和个人信用评估报告，最终体现信用产品的个性化和其所具有的高附加值。（4）账户管理：根据银行的实际需要，对确定的信贷/信用卡目标客户群提供账户管理服务，以关注客户信用状况及还款行为特征的轨迹，建立定期风险预警机制。

三、国内外征信行业发展情况的对比分析

通过对国内外征信行业发展情况的分析和比较，可以看出我国征信体系在立法、行业发展深度、信息采集、信息共享、行业监管等方面还存在一定的不足。

（一）立法方面

从国际上看，发达市场国家在征信体系建设中，具有比较完备的征信管理法规，如1970年德国的《个人信息保护法》、美国的《公平信用报告法》，以及欧洲委员会于1981年签署和发布的《个人自动文档保护公约》、瑞典的《个人数据保护法》、泰国的《征信业法》等都为征信业规范发展起到了重要作用。而我国征信行业的法制建设相对滞后。2013年《征信管理条例》刚刚出台，配套的法律体系尚未成型，仅仅在《反不正当竞争法》、《民法通则》、《合同法》、《刑法》及2003年12月27日修订通过的《中华人民共和国商业银行法》等法律法规中涉及了守信、失信的条款，且处罚范围又有一定的局限性。法律的不完善制约了我国征信行业的发展。

（二）征信行业发展深度方面

在国外，征信行业已经发展成为了产业链条相对完善、发展相对成熟的行业。以美国为例，征信机构不仅提供基本信息，还通过对信用信息进行深加工提供各种增值服务，并可以针对不同的服务对象提供不同类型的服务。而目前国内征行信业发展规模非常小，整体业务水平比较低下，征信产品较为单一。与国外相比，国内征信行业发展严重不足，难以满足市场的需要。

（三）信息采集方面

在国外，征信机构凭借其雄厚的实力，其采集的数据覆盖面广，信息也较为全面。在信息采集的过程会对信息进行多重审核，以保证信息的质量。但目前我国从事征信业务的机构大都以收集与其业务相关的信息资料为主，局限性大、覆盖面小、可咨询性差，从数量、质量两方面来看都远远不能满足征信体系建设的需要。

（四）信息共享方面

从国外征信行业发展的经验来看，一个国家征信行业能否健康迅速发展，关键在丁该国有关资信方面的信息能否通过合法、公开、有效、透明的渠道被合法取得和应用，这是保障该国征信行业健康发展的基础。美国、日本等发达国家在信息公开、信息共享等方面有着十分成熟的操作流程。而从我国征信行业发展现状来看，各行业、各部门间的信息和数据都是各自保密的，对外披露有严格的规定，既不流动也不公开，大量有价值的信息被闲置。另外，各部门的信息系统程序属自主研发，模式不统一，端口不一致，导致征信系统和相关信息平台之间互联互通困难，对数据的加载、整合和移植造成了很大的障碍。

（五）行业监管方面

从国际经验来看，各国虽然在法律体系建设上各有特色，但都对征信行业实施了较为严格的监管。欧盟和美国征信监管主要侧重于保护征信活动信息主体的合法权益，如个人隐私、商业秘密等。同时也考虑了征信活动对金融市场的重要影响，兼顾金融市场稳定，要求监管机构定期提交监管报告。但过去几年，我国征信行业没有统一的监管部门，对征信机构在市场进入环节和运营过程中缺少明确的主管部门及相应的管理，致使征信机构经营范围与经营原则混乱，提供的征信产品和征信服务质量低下，严重影响了征信业的健康发展。2013年《征信业管理条例》出台以后，将人民银行指定为征信业的监管部门，但由于条例过于笼统，与征信行行业实践结合不够充分，对于征信行业的监管仍然存在较大的提升空间。

第二节 信用评级概述

信用评级是由独立的信用评级机构对影响评级对象的诸多信用风险因素进行分析研究，就其偿还债务能力及其偿债意愿进行综合评价，并且用简单明了的符号表示出来[①]。就其内涵来说，信用评级首先是一种意见的表达，是为投资者及报告其使用者服务的；其次，评级机构有其独立性，评级结果不受任何单位和个人的影响，信用评级必须具有独立性、合法性、可靠性、公正性与真实性，否则会影响市场参与者的判断，损害其经济利益；再次，信用评级是建立在定性定量分析的基础上的对未来的预测，评级结果有一定的前瞻性；最后，信用评级结果有一定的使用期限，一般为一年，当评级对象发生重大变化时，应及时跟踪，发布跟踪评级结果。信用评级具有信用风险度量、信用风险检测、信用风险预警、信用资源整合等功能。

按评级对象划分，信用评级可分为主体评级和债券评级两大类，前者以企业或经济主体为评级对象，后者以企业或经济主体发行的有价债券为评级对象。主体评级主要包括：信贷企业信用评级、企业集团评级、中小企业评级、担保机构评级等。债券评级主要包括：短期融资券评级、企业债券评级、可转换债券评级、公司债评级、金融机构债券评级、资产证券化评级等。

信用评级的发展与建设对投资者、筹资者以及监管部门具有重大的意义。对投资者而言，信用评级为投资者的投资决策提供参考，降低投资者寻求风险情报的信息成本，同时，是证券定价、风险与报酬的评估参考。对筹资者而言，信用评级为企业提供了客观公正的信用等级证明，利于拓宽融资渠道，扩

① 叶伟春．信用评级理论与实务．格致出版社2011年版。

大投资者基础；利于降低筹资者成本，提高证券发行效率。其评级结果还可以督促、鼓励企业提高信用意识，使信用成为企业的动力，从而提高社会信用的整体水平。对监管部门而言，信用评级是政府对金融市场监管调控的一种手段。信用评级能够很好地揭示市场风险，提高证券市场、金融市场与保险市场的效率和透明度。

在评级体系建设与使用的过程中，需要关注并认清信用评级的多项要素。评级要素与评级指标之间存在的密不可分的关联，即前者是后者的综合体现，后者是前者的具体表现。参考国际上通行的几种信用要素的学说：主要有5C要素、4F要素、5P要素和信用方程式。

一、国际信用评级业发展概况

（一）全球信用评级业的发展历程与现状

国际信用评级行业从产生至今已有100多年的时间，著名评级机构的评级实践和国外的监管实践对我国信用评级行业的发展具有很好的借鉴意义（见表11－3）。

表11－3 全球信用评级业的发展历程

阶段	起始时间	重大市场驱动事件	发展特点
第一阶段	（1901～20世纪30年代）	铁路需求的迅速增长导致发行债券筹集铁路建设资金，金融信息的缺乏又刺激了投资者对债券信用评级的需求	三大信用评级机构均在这一阶段成立并公布了其首份评级报告。主动评级，评级基于公开信息，向发行人收费
第二阶段	（20世纪30年代～70年代）	第一次世界经济危机爆发，大量债券无法支付，使投资者和政府认识到信用评级的重要性。政府开始规定以评级结果作为投资准则	主动评级，评级基于公开信息，不向发行人收费，收入愈来愈依靠销售出版物，评级结果成为金融监管的重要依据
第三阶段	（20世纪70年代～80年代）	第二次世界经济危机爆发，大量的债券违约，促进了信用评级业的整合和评级技术的发展	开始接受发行人委托，评级基于公开信息和发行人提供的内部信息，开始向发行人收费，评级范围进一步扩展
第四阶段	（20世纪80年代至今）	金融创新产品不断涌现，导致信用评级业务范围不断扩大，信用评级结果得到日益广泛的运用，并成为市场定价的重要依据	评级机构由本国扩张到全球，三大公司逐步发展成为全球性的评级公司，垄断地位日益巩固。评级范围迅速扩展，新型业务品种不断涌现

在经历了数次金融危机之后，国际评级机构的制度与监管日趋完善，但分析其现状，仍能发现在国际信用评级业中存在的缺陷与不足。

首先，国际市场准入认证制度存在缺陷。NRSROs（全国公认的统计评级组织）认证制度确实在一定程度上保证了市场上评级机构的质量，但是，在NRSROs认证制度中，美国证券交易委员会对NRSROs也没有明确的定义，审批过程并不透明，对想进入的评级机构形成了高门槛，这导致了评级市场的寡头垄断。

其次，利益冲突的问题一直存在。20世纪70年代，信用评级机构的运营模式由原来的投资者支付评级费用转变为发行者支付评级费用，利益冲突问题便由此而生。一方面，由于发行者支付评级费用，评级机构在评级过程中可能会有所放松，有失准确性。尤其是当评级下降的时候，评级机构更不愿意下调评级，这既会损坏其与发行者之间的关系，也会影响评级机构本身的公信力。

最后，评级机构的权重责轻。虽然评级机构在美国政府监管中具有相当的话语权，但是他们所承担的责任却并不对等。穆迪、标准普尔和惠誉极少披露相关信息，美国证券交易委员会平均6年才有一次例行检查，且监管部门一直将评级的程序和方法作为商业机密，未对其进行评估。在美国宪法第一修正案中，信用评级机构的评级被认为是一种意见，不需要承担法律责任。因此，当出现评级结果与事实不符时，评级机构可凭此而不受法律的约束。这样的权重责轻，大大削弱了评级机构提供准确评级的压力，为评级业埋下了隐患。

（二）国际三大评级机构概况

1. 穆迪

穆迪（Moody）是世界最著名的债券评级机构之一，最初由约翰·穆迪（John Moody）在1900年创立。1909年，穆迪首创对铁路债券进行信用评级；1913年，开始对公用事业和工业债券进行信用评级。穆迪此前曾是邓白氏集团的子公司，2000年9月邓白氏集团公司进行改组，把邓白氏公司和穆迪公司两家公司分拆，新组建的邓白氏为Dun & Bradstreet Corp，原有的邓白氏改名为穆迪。①

穆迪2011年报披露该公司有6 126名员工分布在28个国家，其中分析师

① 叶伟春．信用评级理论与实务．格致出版社2011年版。

超过 1 300 名。2012 年 4 月，穆迪总市值约 100 亿美元，市盈率 TTM 约 16 倍。

穆迪的业务分为两大模块：一是穆迪投资者服务公司（Moody's Investors Service，MIS）即大家很熟知的评级业务，对债务工具和证券进行信用评级及研究；二是穆迪金融信息咨询业务（Moody's Analytics，MA），包括提供先进的风险管理软件、信用及经济分析、金融风险管理方面的咨询服务及研究报告等服务[①]。

穆迪投资者服务有限公司（穆迪 MIS 部门）于 2001 年 7 月在北京正式设立中国香港穆迪亚太有限公司北京代表处。2003 年 2 月，穆迪在北京正式注册成立全资子公司——北京穆迪投资者服务有限公司。2006 年 4 月，穆迪与中国诚信信用管理公司签署了合资协议，经过中国人民银行和商务部的批准，穆迪于 2006 年 9 月正式入股中诚信国际信用评级有限责任公司（简称中诚信国际）。2006 年 11 月穆迪 KMV 公司深圳代表处成立，即现在的穆迪信息咨询（深圳）有限公司。穆迪信息咨询（深圳）有限公司是 Moody's Analytics 的全资子公司。

2. 惠誉国际

惠誉国际是全球三大国际评级机构之一，是唯一的欧资国际评级机构，总部设在纽约和伦敦。在全球设有 40 多个分支机构，拥有 1 100 多名分析师。1913 年，惠誉国际由约翰·惠誉（John K. Fitch）创办，1997 年底并购英国 IBCA 公司，又于 2000 年收购了菲尔普斯（Duff & Phelps）和汤臣百卫公司（Thomson Bank Watch）。目前，公司 97% 的股权由法国 FIMALAC 公司控制。Hearst Corporation 于 2006 年并购了惠誉集团 20% 股份。

惠誉国际业务范围包括金融机构、企业、国家、地方政府和结构融资评级。迄今惠誉国际已完成 1 600 多家银行及其他金融机构评级，1 000 多家企业评级及 1 400 个地方政府评级，以及全球 78% 的结构融资和 70 个国家的主权评级。其评级结果得到各国监管机构和债券投资者的认可[②]。

惠誉评级并不采用模式化的评级方法为客户评级，而是以前瞻性的态度以及服务文化为基础规划其业务，其评级业务具备如下主要特点：一是领先性。惠誉通过创造性开发针对极为复杂的新兴证券的评级方法和发布领先于市场的产品，一直占据市场领先地位。二是响应性。惠誉的分析师善于与各界沟通，

① 穆迪国际网站

② 惠誉国际网站。

对投资者的垂询能快速回复。三是透明性。针对不同类别证券进行评级时，惠誉的评级方法和流程开放度很高。四是具有独特的视角，在其研究和分析中体现不同的地区观点和看法。

3. 标准普尔

标准普尔公司是由普尔出版公司和标准投资公司在1941年合并成立的。前者与1916年发布了其第一份评级报告，后者与1922年发布第一份评级报告。1940年标准投资公司开始对市政债券进行评级。1966年，标准普尔公司被麦格劳·希尔公司（McGraw Hill）公司收购，成为其子公司。在从事信用评级业务的同时，标准普尔还提供指数、风险评估、投资研究以及数据等方面的服务。

标准普尔拥有久负盛名的基准指数组合，其中美国市场为标准普尔500指数，全球市场为标准普尔1200指数。目前全球超过1.5万亿美元的资产直接以标准普尔指数为标的，超过5万亿美元的资产选用标准普尔指数作为比较基准[①]。

目前，标准普尔在21个国家共拥有超过7 500名员工，全球约有34万亿美元发行在外的债券由标准普尔评级。2005年，标准普尔发布了50多万个评级，其中包括29万多个新评级和24万个修正评级，大约对4.7万亿美元的债务进行了评级。

标准普尔的服务涉及各个金融领域，主要包括：对全球数万亿债务进行评级；提供涉及1.5万亿美元投资资产的标准普尔指数；针对股票、固定收入、外汇及共同基金等市场提供客观的信息、分析报告。标准普尔的以上服务在全球均保持领先的位置。此外，标准普尔也是通过全球互联网网站提供股市报价及相关金融内容的最主要供应商之一。

国际三大评级机构股东构成见表11-4。

二、国内信用评级业发展概况

（一）国内信用评级业发展现状

我国信用评级业务一直处于多头管理、无序竞争、发展不规范的状态。1999年以前的债券由人民银行管理，相应资信评级亦由人民银行管理，目前

① 标准普尔公司网站。

表 11－4　　　　国际三大评级机构股东构成

	穆迪	标准普尔	惠誉国际
公司性质	上市公司	非上市公司	
股东名称	• 伯克希尔·哈撒韦公司（11.31%）（Berkshire Hathaway Corp.） • 资本世界投资者（7.65%）（Capital World Investors） • 万格集团（6.32%）（Vanguard Group Inc） • 道富集团（3.62%）（State Street Copr.）	母公司为麦格劳·希尔公司（McGraw－Hill）（上市公司）	控股公司为法国 FIMALAC 公司（上市公司）

的主要评级机构均是在人民银行管理期间设立的。

目前各类规模不等的信用评级机构 50 多家，其中规模较大的有中诚信国际、大公国际、联合资信、上海远东和上海新世纪等 5 家。我国目前评级机构没有具体的归口管理部门，对评级业的管理主要根据债券的发行主体由不同的政府部门监管。国家发改委主要对企业债券评级进行管理，中国证监会负责对可转债和公司债信用评级的管理，金融债券的信用评级管理由中央银行负责。总体上看，我国的资信评级业尚缺乏政府监管与行业自律。

从全行业经营情况来看，盈利能力不足。由于我国资信评估业业务范围有限，收入来源比较单一，收费率较低，由此产生的恶性竞争，影响了信用评级业的声誉。

此外，国外发达国家的经验证明，法律法规、制度安排对信用评级业的支持是各国评级业发展的惯例，主要表现为认可并使用评级结果。虽然我国已经出台了一系列认可和使用信用评级结果的文件和规定，对信用评级业的发展起到了积极推动作用，但其整体性、连续性和制约力不足，而且对信用评级产品的使用没有做出制度性的安排，因此信用评级结果难以得到广泛的使用。同时，有效的失信惩戒和守信褒扬机制尚未建立。

尽管我国信用评级业务的集中度较高，主要评级机构的主导地位较为突出，但由于我国信用评级市场起步晚、发展慢，评级机构的市场地位受非市场因素的影响较大，评级机构在社会上的权威性和影响力还不够。同时，信用评级机构过分依赖政府的协调推动，主动深入企业、金融机构，推广信用评级产品的意识不足。

（二）国内信用评级机构发展概况

1. 中诚信国际信用评级有限责任公司

中诚信国际信用评级有限责任公司（简称中诚信国际）是经中国人民银行总行、商务部批准设立，在国家工商行政管理总局登记注册的中外合资信用评级机构，目前是国内最大的信用评级机构。该公司始创于1992年10月8日，前身是经中国人民银行批准设立的中国诚信证券评估有限公司，也是中国第一家全国性的从事信用评级、金融证券咨询和信息服务等业务的股份制非银行金融机构。中诚信国际已累计为10 000多家次企业提供信用评级服务，其中，累计完成企业债券和可转化公司债券信用评级超过700家次，累计发债规模大约2 500多亿元。

2. 联合资信评估有限公司

联合资信评估有限公司（简称联合资信）是由北京大学资源集团牵头，联合国内部分资信评估机构，在北京成立的一家全国性专业资信评估机构。联合资信的前身是福建省信用评级委员会，它经原福建省人民银行批准，与1995年成立。2000年7月，福建省信用评级委员会进行重组与更名，联合资信评估有限公司在北京成立，注册资金3 000万元。联合资信是目前国内规模最大和最具影响力的专业化信用评级机构之一，是中国人民银行、国家发改会、中国保监会等监管部门认可的信用评级机构，具有银行间债券市场信用评级资格，也是中国银行间市场交易商协会常务理事单位。

3. 大公国际资信评估有限公司

大公国际资信评估有限公司（简称大公国际），是由中国人民银行总行和原国家经贸委共同批准成立的全国性信用评级机构，是中国最具影响力的信用评级机构之一。大公国际成立于1994年，拥有银行间和证券业两大债券市场，4个国家政府部门认定的中国全部债务工具类信用评级资质。同时，大公国际也是亚洲信用评级协会、中国工业经济联合会员、中国银行间市场交易商协会、中国证券业协会、中国产业发展促进会、中国市场学会等六个国际与国内组织的会员，并是中国产业发展促进会与中国市场学会的常务理事。

国内三大评级机构对比见表11－5。

三、国内外信用评级业发展情况的对比分析

就目前而言，我国评级业仍处在发展的初级阶段，对比国际发达信用评级

表 11-5 国内三大评级机构对比

	联合资信	中诚信国际	大公国际
成立时间	1995 年	1992 年	1994 年
专业人才	210 人	200 人	250 人
业务领域	信用评级、与评级有关的衍生业务、咨询业务		
评级体系	主要以商业银行信用评级和金融担保机构信用评级为主	基本思路是：定性分析判断和定量分析相结合；历史考察、现状分析与长期展望相结合；侧重于对评级对象未来偿债能力的分析和评价；注重现金流的水平和稳定性；以同类企业作为参照，强调评级的一致性和可比性	基本思路是：以行业分析为前提，强调同类企业的相对比较；以分析影响信用级别的核心指标和修正指标为基础，定性与定量分析相结合；以现金流分析为主线，考察保障程度，参考历史信息确定级别评判标准，给出信用级别
评级家数市场占有率	30.00%	22.00%	31.00%
发行额度市场占有率	17.22%	44.00%	29.00%

业市场，我国信用评级业存在以下几个问题：

（一）信用评级的多头监管问题突出，未形成有效的监管体系

中国目前债券市场分割、业务监管多头并存，中国债券市场的分割源于中国行政管理体系，在短期内难以形成统一市场[①]。这种混乱体现为同一信用评级机构分拆为不同的公司应对不同的债券市场，同一信用评级机构不同信用评级产品信用等级之间的释义不尽相同等。这些混乱一方面分散了政府的监管力量，造成了监管成本的上升；另一方面也会造成市场的混乱，产生监管标准不同条件下发债主体的监管套利，以及评级机构不同产品之间的矛盾与冲突。

（二）现有关于信用评级业的法律法规体系不完善

国外发达国家的经验证明，法律法规、制度安排对信用评级业的支持是各国评级业发展的惯例，主要表现为认可并使用评级结果。虽然我国已经出台了

① 朱荣恩．新世纪信用评级研究与探索．中国金融出版社 2012 年版。

一系列认可和使用信用评级结果的文件和规定，对信用评级业的发展起到了积极推动作用，但其整体性、连续性和制约力不足，而且对信用评级产品的使用没有做出制度性的安排，因此信用评级结果难以得到广泛的使用。同时，有效的失信惩戒和守信褒扬机制尚未建立。

（三）评级机构缺乏独立性，评级业务质量有待提高

信用评级业务的特色在某种程度上可以转化为信用评级机构的竞争优势，差异化竞争在某种程度上也体现了各个评级机构的核心竞争力。我国评级机构则是“通用型”的，这在一定程度上也说明我国信用评级机构缺乏真正的核心竞争力。同时，由于我国评级市场违约披露不充分，利率市场化程度低，我国评级机构的评级结果缺乏检验，在国际上的认可度不高，与国际著名评级机构相比，还存在着较大的差距。

（四）评级结果应用市场有待进一步拓展

由于信用风险防范、承担机制不健全，从发债主体看，大部分债券由国有金融机构或国有企业发行，或者由国有银行进行担保，几乎全部债券拥有国家信用支撑，造成债券风险承担机制不健全，事实上对这些债券评级意义不大；一些发债公司甚至认为债券评级是人为增加发债成本。从市场投资者看，由于长期以来债券市场风险承担机制不健全，投资者风险意识不足，发债规模小，供不应求，投资者没有选择，因此也就不必选择；在信贷市场上，我国的商业银行习惯于采用内部评级，并没有广泛地使用外部评级结果，这些都造成了目前信用评级市场的有效需求不足。

（五）具有权威性和市场影响力的民族品牌评级机构尚未形成

尽管我国信用评级业务的集中度较高，主要评级机构的主导地位较为突出，但由于我国信用评级市场起步晚、发展慢，评级机构的市场地位受非市场因素的影响较大，评级机构在社会上的权威性和影响力还不够。同时，信用评级机构过分依赖政府的协调推动，主动深入企业、金融机构，推广信用评级产品的意识不足。

大公国际与世界三大评级机构对比见表 11 - 6。

表 11－6　　　　大公国际与世界三大评级机构对比

	穆迪	标准普尔	惠誉国际	大公国际
成立时间	1909 年	1860 年	1913 年	1994 年
成立地点	纽约	纽约	纽约	北京
营业收入	15 亿美元	10 亿美元	5 亿美元	小于 5 000 万美元
核心人才	1 500 人	1 200 人	1 100 人	250 人
评级领域	信用评级、与评级有关的衍生业务、咨询业务			
业务差异	共同：主权评级、企业评级、金融机构评级、结构融资产品评级、股票评级			
	差异			
	侧重于机构融资结构性金融工具信用评级、风险研究与风险计量软件服务（Moody ´s Credit View）、保险评级、穆迪财务指标	侧重于企业评级投资服务（市场透析、顾问透析、指数、组合解决方案），如标准普尔公司 500 指数、标准普尔公司 1200 指数	侧重于金融机构的评级，国家、地方政府评级。对新兴市场敏感度高，进入中国最早	对引进外资企业和向国内外银行申请贷款企业信用进行评估；对在国内外发行的有价证券进行信用评级
收费模式	发债人付费模式与投资者付费模式			100% 来自发债人
独立性	较高	较高	较高	受质疑
市场份额	40%	40%	15%	—

第三节　增信业概述

增信是资本市场发展中的一种创新制度安排，是资本市场信用体系的重要组成部分，其本质与风险分担密不可分，是信用风险分散分担的重要实现手段。

增信对资本市场和经济社会的基础支撑作用主要体现在两个方面：首先，增信是完善市场风险分散分担机制的一项重要的基础设施。增信能更好地契合金融市场多元化的风险结构特征，满足不同风险偏好投资者转移、缓释风险的需求，促进资本市场定价功能、风险管理功能和宏观调控职能的有效发挥，有效地提升资本市场的深度和广度。其次，增信是优化资本市场资源配置，支持实体经济发展的重要工具和渠道。增信通过提供专业化服务，可以有效降低市场参与者在投资过程中面临的不确定性和信息不对称，提高市场效率，并且通过对风险的集中优化管理以及违约代偿降低市场的整体风险，将较弱信用级别的企业引入直接融资市场，扩大发行主体范围，充分发挥资本市场优化资源配置的功能，不断提高经济增长的质量和效益。

增信可以成为资本市场信用风险状况监测的有效工具。债券增信机构在给债券发行主体进行增信时，为减少债券违约带来的损失，会主动对该债券发行主体的财务状况进行调查，因此，监管机构只需要通过评级机构以及增信机构的数据，就能很好地掌握市场中债券的质量，达到降低信息采集的成本，提高监管效率。总之，推动增信的发展对提高资本市场运行效率，降低市场系统风险有着极其重要的作用。

近年来，随着我国资本市场发展迅速，在提高资源配置效率、服务实体经济发展的同时，资本市场的风险结构也由原来单一的利率风险逐步向利率风险与信用风险并存的二元结构转变，信用风险聚集、叠加、显性化趋势更为明显，识别和防范各种信用风险成为投资者面临的重要问题，信用增进作为减少、分散风险的手段，成为市场发展不可或缺的制度安排。

一、国际增信业的发展概况

信用增进是不断发展的资本市场体系中不可或缺的重要组成部分，市场经济发达的国家，如美国、德国、日本以及韩国等一些国家经过多年的发展，均形成了较为成熟的资本市场增信产业。

同步于美国资本市场的发展，美国形成了一套相对完整的资本市场信用增进体系与规则（见图 11－2）。其主要特点一是增信的手段多样化。针对资产支持证券等结构性金融产品，市场提供抵/质押担保、结构化产品设计、债券保险、第三方担保及信用互换等手段；针对市政债券，市场主要提供债券保险的增信手段；针对公司债券，市场提供债券信托、抵/质押担保、结构化产品设计及第三方担保的增信手段。二是增信的主体多元化。提供增信的主体不仅包括政府，还包括银行、债券保险公司、担保公司、信托公司等金融机构以及一般经营性企业市场机构增信方面。以债券担保为例，美国四家主要的债券担保公司（MBIA、AMBAC、FGIC、FSA）占据了债券担保市场的主要份额，它们在不同类型的发行市场中提供专业化和差别化的服务，形成了一个竞争比较充分的市场。

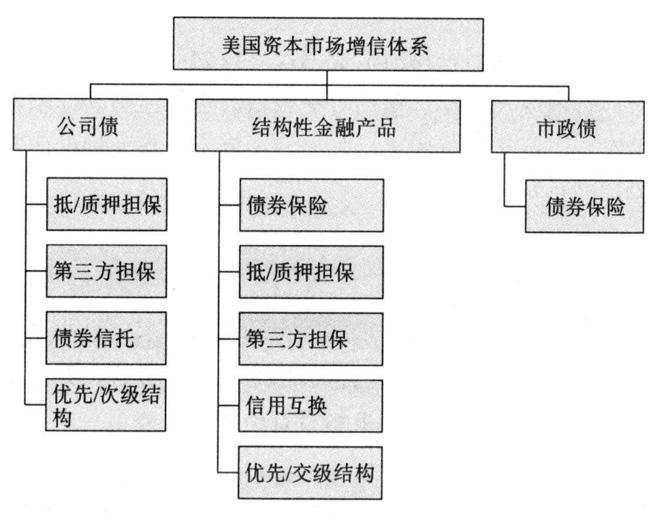

图 11-2 美国资本市场增信体系

与美国不同，德国债券市场以政府债券和金融债券为主导，公司债、资产证券化产品发行规模相对较小，与之相适应，德国的债券信用增进体系特点为：大型金融机构发行的全覆盖债券长期在市场上占主导位置，公司债券方面形成了以债券信托为主、抵押担保为辅的增信方式；资产证券化产品则普遍采用优先/次级结构和超额抵押方式进行增信，但也开始出现诸如第三方担保和债券保险等新的增信方式。

日本政府在其债券市场发展中扮演着十分重要的角色，其债券增信业在很大程度上也是由政府大力推动形成的。目前，日本债券市场形成了以担保为主要增信方式，银行和信托公司共同参与的增信体系，增信手段有针对公司债券提供的第三方担保、债权信托，针对地方公债设立的偿债基金，针对资产证券化产品提供的优先/次级结构与抵押担保。

韩国中小企业众多，因而其债券市场增信业务主要围绕公司债展开。从韩国债券市场增信方式的发展历程来看，经历了以银行担保为主的公司债信用增信方式到发展非银行第三方担保与银行担保并存的增信体系。其后，随着债券市场的发展，韩国开始借鉴美国等发达国家，彻底变革原有信用增进体系，引进附担保公司债信托、启动中小企业集合债券（P-CBO）信用增进机制，不断推出多种创新性信用增进机制。

二、国内增信业发展概况

与成熟市场相比，我国市场增信业务发展较为滞后，表现为增信方式较为单一，增信主体普遍规模较小、信用等级较低、承保能力弱，增信行业管理不规范、信息披露不充分等。近年来，随着我国资本市场发展的不断深化，增信业有了加速发展的趋势。

（一）增信主体结构

鉴于我国债券市场迅速发展带来的巨大的增信需求，近年来我国担保和再担保公司纷纷设立金融产品部等部门，以信用担保的方式，开展增信业务。目前，我国专门从事债券信用增进的机构只有中债增进公司一家，债券增信机构以担保再担保公司为主，规模普遍较小，且以区域性经营为主。据工信部和银监会统计数据，截至2011年底，全国融资性担保行业共有法人机构8 402家，到2012年底，从事信用担保的法人机构有4 439家，其中注册资本10亿元以上的担保再担保机构只有35家；注册资本1亿元以上的担保再担保机构共计2 196家，其户数占比49.47%；资本占比79.01%；业务占比84.38%。

（二）增信方式

当前市场增信方式呈多样化态势，主要有抵押/质押担保、担保公司（含再担保公司）担保、其他方式担保（关联方担保等）以及无担保等多种形式。以非金融企业信用债增信状况为例，2012年全年共发行了294只公司债，担保公司担保7只，占比2%；抵/质押担保11只，占比4%；其他方式122只，占比42%，无担保债券154只，占比52%；新发行企业债487只，其中担保公司担保32只，6.57%；抵押、质押担保71只，占比14.58%；其他方式担保71只，占比14.58%；无担保债券313只，占比64.27%；全年共发行了1 013只短期融资券，担保公司担保9只，占比0.89%；抵/质押担保1只，占比0.099%；其他方式10只，占比0.99%，无担保993只，占比98.02%；全年共发行了1 013只短期融资券，担保公司担保49只，占比6.17%；其他方式（关联方担保、第三方担保等）28只，占比3.53%；无担保724只，占比91.18%。

（三）债券增信情况

由于起步较晚，我国债券增信业债券担保规模较小，集中度高。截至2012年底，担保公司所增信的债券只数为180只，所增信债券存量为1 137亿，占信用债券的比例仅为1.6%左右，与我国信用债市场超过7万亿的存量债券相距甚远。从所担保的债券余额结构看，占比最大的为企业债，约占被担保债券存量的50%，其次是中票，占比为31%，集合债（含集合企业债和集合票据）占比为15%，短融和公司债占比较少。

其中，中债信用增进投资股份有限公司（简称中债增信）、中国投资担保有限公司（简称中投保）和三峡担保集团有限公司（简称三峡担保）三家债券增信（担保）支数和在保余额占据了主导地位，首创担保和江苏再担保次之，其他担保公司增信（担保）余额不大。具体债券方向，中债增信以中票为主，企业债和集合债相对较少；中投保、三峡担保、首创担保、东北再担保、哈尔滨担保和安徽担保以企业债为主；其他规模相对较小的区域担保公司担保对象主要为当地的中小企业集合债。

此外，随着中小企业私募债的推出和试点规模的不断扩大，对其的增信也受到市场的积极关注。近期前海股权交易中心发行了首只私募债“梧桐私募债-增信1号”，由深圳担保集团提供全额担保增信，深圳担保集团在发行中兼任担保机构和协助发售机构的双重角色，此举在国内担保市场尚属首例。

目前AAA级别的增信机构只有中债信用增进投资股份有限公司（简称中债增信）和中合中小企业融资担保股份有限公司（简称中合公司）两家，债券市场缺乏高级别增信机构。

（四）资产证券化增信情况

2005年资产证券化试点开展以来，截至2013年7月底，共发行资产证券化产品170只，其中有外部担保的仅为37只。担保主体也非常集中，全部由银行或原始权益人及其关联公司提供担保，且银行担保全部在2006年之前。具体来看，由银行提供担保的共23只，占比62%；由原始权益人或原始权益人母公司提供担保的共14只，占比38%；由专业担保公司担保的数量为零。与美国为资产支持证券提供增信的担保行业相比，我国增信行业在未来的资产证券化浪潮中有巨大的发展空间。

（五）政策导向推进增信业发展

当前，我国的增信业发展有其独特的政策导向作为助推。增信业的发展是落实"金十条"金融支持实体经济、解决中小企业融资难的重要举措。直接融资比例过低、渠道过窄，已成为我国小微企业成长的明显"短板"。发达国家的企业融资中直接融资占70%，而我国中小企业直接融资比例还不到5%。

党中央、国务院始终高度重视对中小微企业的金融支持，出台了一系列政策支持措施。2012年4月国务院《关于进一步支持小型微型企业健康发展的意见》（［2012］14号文件）要求"搭建方便快捷的融资平台，支持符合条件的小企业上市融资、发行债券"。2013年7月5日，国务院下发《关于金融支持经济结构调整和转型升级的指导意见》（简称金十条）。其中进一步要求"整合金融资源支持小微企业发展"要"支持金融机构向小微企业提供融资、结算、理财、咨询等综合性金融服务"，"帮助小微企业增信融资，降低小微企业融资成本"等。2013年7月15日全国小微企业金融服务经验交流电视电话会议上，国务院副总理马凯强调要"切实降低小微企业融资成本"。推进增信业发展正是响应决策层号召、落实国务院精神的重大举措。增信可以丰富资本市场中小企业融资工具，提升资本市场对中小企业融资的支持力度和吸引力。通过设立增信机构，为低信用等级企业提供信用增进，是解决低信用级别的中小企业直接融资难题的有效途径。国外成熟市场经验表明，利用信用增进机制，可以有效弥合低信用级别中小企业直接债务融资需求和投资人风险投资偏好之间的差距，进而有效扩大债券和资产证券化市场的发行主体范围，有效缓解中小企业融资难等问题。

（六）当前银行间市场正大力推进增信业发展

增信行业在我国处于起步阶段，尚无明确的法律法规对其业务进行管理。目前人民银行、银监会及银行间协会（NAFMII）等正在积极推动信用增进体系建设。2009年9月，在NAFMII的牵头下，我国首家也是唯一一家全国性的专门信用增进机构——中债信用增进投资股份有限公司在北京成立。随着增进业务开展的逐步成熟，人民银行正推动相关行业准则及自律规范的出台，着手建立规范的行业监管体系。2011年，财政部将企业发行信用风险缓释工具会计处理相关内容通过《企业会计准则解释第5号（征求意见稿）》向社会公开征求意见。2012 年 8 月 21 日，中国人民银行发布《信用增进机构业务规范》、《信用增进机构风险管理规范》，制定了增进机构运营的相关行业自律标准。NAFMII 也正在起草《中国银行间债券市场信用增进业务自律管理规定》。目前，中国人民银行已将制定信用增进业务管理规定作为部委规章类立法项目之一列入了“十二五”立法规划。

（七）国家发改委等其他部委正积极推进增信建设

债券市场即将迎来大发展的黄金十年、资产证券化是盘活存量的关键已成为当下金融改革的共识，而增信作为支撑和引导债券、资产支持证券市场高效运作的重磅棋子，其作用和前景也已为资本市场各方所认识到。除人民银行、银行间交易商协会凭借其在债券市场的既有优势已率先建立增信系统外，其他相关部委也是纷纷切入这一市场。作为债券市场监管主角之一的国家发改委于 2012 年 7 月牵头联合国有银行、国有企业和外资企业共同发起设立了另一家专门提供担保增信的公司——中合中小企业融资担保股份有限公司。同时据媒体消息，由于银行间交易商协会旗下的中债增信运作良好，其他部委已拟效仿，也准备成立类似的公司。相关部委在增信方面的积极行动，已在事实上对中国证监会形成了挑战和压力。如若不加紧建立资本市场增信体系，势必会在增信行业的发展中丧失主导权，也在债券和资产证券化发展中处于不利位置。

三、国内外增信业发展情况的对比分析

当前我国增信业的发展比较滞后，通过对比国际成熟市场增信业发展状况，我国增信业还存在以下问题：

（一）市场增信机制不完善，政府推动和支持力度有待加强

国外的建设实践表明，增信体系建设必须要有政府的协调、引导和支持。重点是要发挥政府在制定规章制度、监管债券市场和培育增信机构等方面的作用。当前，我国正在推进资产证券化进程，以使金融能够更好地为实体经济服务。在我国当前资本市场信用体系不完善、投资者风险识别与管理能力不强的前提下，资产证券化亟须增信机制的支撑。从美国的经验来看，成立有政府背景的实力雄厚的增信机构对于资产证券化初期的发展至关重要。“两房”（房利美、房地美）为资产支持证券市场注入的政府信用或准政府信用极大地促

进了美国资产证券化的进程。在当前民间增信机构较为欠缺且市场认可度较低的背景下，设立准政府机构性质的增信企业，对于提高增信服务的质量，引导增信行业发展有着十分积极的推动作用。

（二）增信机构发展滞后，市场主体作用尚未得到充分发挥

从发达国家资本市场增信主体构建来看，债券保险公司和担保公司的日益成熟在增信体系完善过程中起到了重要的作用。正是由于这些机构主体信用水平较高，抗风险能力较强，才成为金融市场的风险分配的主体，完善了资本市场增信体系。目前我国增信机构发展较为滞后，开展债券增信的主体主要以发行债券企业的母公司、关联公司和担保、再担保公司为主，专门从事债券增信的机构只有中债增信公司一家，开展增信业务的担保、再担保公司规模普遍较小，且以区域性经营为主，资本市场增信主体作用还未得到充分发挥。

（三）增信方式较为单一，远远不能满足市场需求

随着资本市场的不断发展，融资主体的类型不断增多。由于不同的发行主体在对抗外部冲击、融资活动等方面存在显著差异，因此，有必要根据发行主体的情况提供专门化、定制化的增信手段。从发达国家资本市场增信体系来看，针对不同市场主体需求，均建立了专门风险分担机制，如针对公司债、结构性金融产品等信用债券，公司债信托已成为主导的信用增进手段；日本专门针对地方公债设立了偿债基金。德国有专门针对大型金融机构发行债券设计的全覆盖债券增信。我国当前增信方式主要是抵押质押、母公司或关联公司担保、第三方担保，增信方式较为单一，远远不能满足市场需求，也应当建立精细化的增信体系。

第四节　小　　结

综上所述，由于我国的社会信用体系建设尚处于起步阶段，而征信、评级和增信等作为社会信用体系建设的重要组成部分，目前的发展也受到整体社会信用环境的制约，进展较为缓慢。征信、评级和增信作为信用服务链条中最关键的三个环节，对于缔造良好的商业及资本信用环境至关重要，从而对我国的经济发展和资本市场建设产生非常重要的影响。信用是现代经济尤其是资本市场运作的核心。征信充分、评级准确、增信完备，则可以最大程度地降低信用交易过程中交易双方信息不对称带来的信用风险，从而大大提高交易效率，对资本市场的发展起到重要的推动作用。从国际经验看，美国、欧洲、日本等发达国家均形成了功能完善、运作良好的征信业、评级业和增信业。美国的资本市场最为发达，其征信、评级和增信的发展也最为成熟。这表明，征信、评级和增信的发展情况与资本市场的发达状况呈正相关关系。目前我国资本市场的规模已经跃居世界第二位，但征信、评级和增信的发展却未能与资本市场的快速发展相适应。因此，为了保证资本市场的健康有序发展，我国应当借鉴国际经验，以完善相关法律法规为基础，以征信中心信用信息数据库等基础设施建设为重点，建立完备的征信、评级和增信体系，为我国资本市场的发展提供服务。

第十二章

资本市场信用体系建设

我国正在大力推进社会信用体系建设，其中金融行业信用体系建设是社会信用体系建设的重要一环。2007 年，国务院办公厅发布《关于社会信用体系建设的若干意见》，指出“要以信贷征信体系建设为切入点，进一步健全证券业、保险业及外汇管理的信用管理系统，加强金融部门的协调和合作，逐步建立金融业统一征信平台，促进金融业信用信息整合和共享，稳步推进我国金融业信用体系建设。”

资本市场成立以来，历来重视信用体系建设，注重不断提高市场诚信水平。资本市场信用体系建设作为金融行业信用体系建设的重要组成部分，是贯彻党中央、国务院关于推进社会信用体系建设有关文件精神的重要举措，对于促进金融信用信息流通，推动各类机构、企业和个人自律，形成有效的市场约束，规范市场运作，维护市场稳定健康发展，具有重要作用。

第一节　资本市场信用体系建设的必要性分析

信用是资本市场的基石，资本市场本质上就是信用市场。资本市场的长远健康发展需要有完善的信用体系和较高的诚信水平作为支撑。当前，面对新形势新任务，资本市场信用体系建设任重道远，急需推进。

一、信用缺失现象制约了资本市场的健康稳定发展，资本市场信用体系建设是重塑投资者信心的重要举措

我国资本市场经过 20 多年的快速发展，取得了巨大的成绩，但在发展中

也存在许多问题，其中最突出的问题是信用缺失，主要体现在以下几个方面：一是上市公司面临信用危机，体现为进行利润操纵和业绩包装、虚假信息披露、背弃承诺、大股东占用上市公司资金等；二是资本市场中介机构面临信用考验，表现为券商违规推荐公司上市、基金公司进行债券违规交易和利益输送、各类机构进行违规操作套利、部分律师、会计师和资产评估师等为上市公司作假等；三是市场投机者扰乱市场信用，突出表现为股市投机者的过度投机、恶性投机行为扰乱市场信用等行为；四是证券分析业缺乏公信力，表现为证券分析师在股票公开上市过程中为承销或拥有此类股票的证券公司和投资银行制造舆论、牟取暴利，并从中捞取分红收入、在上市公司信息披露过程中，对披露的信息进行主观臆断的推测分析，进而影响证券品种的市场走势等。

中国资本市场信用缺失产生极大的消极影响：一是影响国民经济的健康发展。资本市场信用缺失导致资本市场资源配置、市场交易、风险定价、结构调整等正常功能得不到有效发挥，不利于金融服务实体经济功能的实现，从而不利于推进我国经济发展方式转变；资本市场信用缺失还将导致资本市场发展环境的恶化，企业上市的通道不畅，融资渠道受限制；资本市场信用缺失引起的股市振荡将使财富负面效应日益显现，从而影响居民消费，影响企业的投资生产，影响国内需求，进而影响国民经济的健康发展；二是影响资本市场的健康发展。资本市场信用缺失不利于上市公司法人治理结构的改善和退市机制的建立，从而不利于上市公司质量的提高；不利于多层次资本市场的构建和风险投资事业的发展成熟，从而不利于资本市场的完善；资本市场信用缺失的现状导致投资者特别是中小投资者合法权益受损，健康的投资理念得不到树立，不利于培育市场投资者特别是机构投资者，进而不利于资本市场走向成熟。

近期发生的债市整顿风波、光大证券乌龙指“8·16”事件等，充分暴露了资本市场众多执业者极度缺乏职业道德和信用底线，资本市场信用缺失现象严重。资本市场信用体系建设有利于加强信用监管和约束力，重塑投资者对资本市场的信心。为保障资本市场持续健康发展，资本市场信用体系建设急需推进。

二、互联网金融等新业态的快速发展，亟须完善的资本市场信用体系来支撑

近年来，借助于互联网技术、移动通信技术实现资金融通、支付和信息中介等业务的互联网金融迅速兴起。第三方支付企业、P2P 平台、众筹融资等互

联网金融机构数量日益增加，规模加速壮大，新的商业模式层出不穷。此外，电子商务企业也开始涉足金融领域，以京东商城、阿里巴巴等为代表的电商系企业，依托其掌握的交易数据和信用信息优势，在互联网数据开发的基础上进一步加速挖掘金融业务的商业附加值，搭建出不同于银行传统模式的业务平台，开启了小微企业金融服务新模式。

作为一种新型的业态，互联网金融模式下企业信用风险管理的问题凸显，面临三大问题，即信用信息征集，信用信息共享，信用评价标准化。信用风险管理成为制约行业发展的关键，市场参与方首先需要防范对方身份信息做假冒用和金融欺诈，同时需要做好信用信息及数据保护，防范信息泄露。

在互联网金融等新业态下，信用信息资源日益成为重要生产要素、无形资产和社会财富，对于信用信息数据的挖掘和整理将创造海量的财富。可以说，谁掌握了信用信息数据资源，谁就占据了行业制高点。在这个背景下，加快资本市场信用体系建设，特别是推动资本市场征信数据库的建设，显得尤为紧迫。通过建立完备的、数据丰富的资本市场征信数据库，结合云计算等现代前沿技术，将极大消除市场信用信息不对称问题，使交易双方在资金期限匹配、风险分担上的成本降低，提高资本市场运行效率，从而为互联网金融等新业态的快速发展提供信用支撑。

三、深化我国资本市场的改革开放和国际化发展，离不开信用体系建设的推动

在经济全球化的驱动下，资本市场国际化成为世界各国资本市场发展的必然趋势。从西方发达国家的资本市场发展来看，资本市场国际化好处在于能够拓宽资金来源渠道，降低国内企业的融资成本；降低本地投资者的汇率风险，提高资本市场投资的吸引力；引入外部竞争，提高国内金融服务业的竞争力；政府低成本举债弥补财政赤字与贸易赤字，稳定本国的宏观经济。目前，我国正处于改革开放的攻坚阶段，资本市场国际化对于经济结构优化调整，加强与世界各国的经济合作与互补有重要的意义，未来资本市场国际化是必然发展趋势

资本市场国际化必须以信用为支撑，尤其在当前资本市场金融创新不断、金融产品日益专业化与精细化的情况下，国际投资者在投资决策时首要关注的就是资本市场的综合信用状况与信用管理水平，因而信用环境恶劣的资本市场缺乏对国际投资者的吸引力。与发达国家相比，我国资本市场国际化进展缓

慢，其中的重要原因在于我国资本市场信用缺失严重，缺乏公平竞争的环境；资本市场信用体系建设落后，缺乏专门的资本市场征信系统，使得资本市场信用管理缺乏有效的数据支持。

通过加强资本市场信用体系建设，严格遵守国际信用准则，加快建立资本市场征信系统为参与主体的信用价值评价提供客观依据，同时加强信用管理以营造良好的资本市场信用环境，提高资本市场参与主体的信用意识，树立良好的信用形象，我国才能顺利推动资本市场国际化，才能在经济全球化的激烈竞争中立足和发展。

第二节 资本市场信用体系建设现状

一、资本市场信用法律环境渐趋完备

资本市场领域，虽然目前还没有一部专门针对信用的立法，但我国资本市场关于信用的法律规范正渐趋完备，逐步形成了法律、行政法规、规章和规范性文件、自律规则一脉相承、相辅相成的法律制度体系，为资本市场信用体系建设营造了基本法律环境。

在法律法规层面，我国《公司法》、《证券法》、《证券投资基金法》、《期货交易管理条例》等法律法规明确规定，证券发行与交易活动、公司经营活动、证券投资基金活动、期货交易活动，必须遵循诚实信用的原则，从而将诚实信用确立为资本市场活动的一项基本法律原则；证券期货相关法律、行政法规还对资本市场各类主体的诚实守信、勤勉尽责的义务标准、监管要求和行政责任进行了明确，特别是设定了严重违法失信人员实施市场禁入的惩罚制度；《刑法》对严重违法失信、破坏市场秩序的行为，予以刑事制裁，特别是《刑法修正案（六）》、《刑法修正案（七）》确立了“背信罪”、泄露内幕信息罪、利用非公开信息交易罪等，进一步加大了资本市场违法犯罪行为的打击力度。

在部门规章层面，中国证监会现行有效的规章、规范性文件中，通过细化各类市场、领域或业务中诚实守信、信誉良好、无不良记录等衡量标准和因素，使诚实守信原则和要求全面覆盖和体现到发行上市、并购重组、机构准入、业务审批、高管任职等各个方面。如《期货从业人员管理办法》规定期货从业人员应当遵守“诚实守信，恪尽职守”的执业行为规范；2012 年中国

证监会发布《证券期货市场诚信监督管理暂行办法》，正式把“诚信”纳入监督管理的范畴，通过从诚信信息的界定与归集，到诚信信息的公开查询，从监管部门的诚信监督、管理，到市场机构的自我诚信约束，从失信惩戒、约束，到守信激励、引导等一系列制度机制，强化对市场主体及其行为的诚信约束。

在行业自律规则层面，证券业协会、基金业协会、期货业协会、上市公司协会等行业自律组织通过制定自律准则、业务规则，已逐步建立起以遵规守法、诚实信用为基础，以上市公司信息披露、证券期货经营机构、专业服务机构“勤勉尽责”为特征的行业执业规范。如基金业协会发布的《中国证券投资基金业协会证券投资基金销售人员执业守则》对诚实守信原则做出规定，要求基金销售人员应当忠实于投资者，以诚实和公正的态度并以合法的方式执业，如实告知投资者可能影响其利益的重要情况。证券业协会发布的《中国证券业协会诚信管理办法》，对协会会员和从业人员的诚信建设进行日常管理。

随着我国资本市场法律制度的不断完善，资本市场各类违法失信行为都逐步受到信用法律制度的规范与约束，资本市场法律制度环境不断得到优化，为市场健康长远发展奠定了基础。

二、资本市场诚信档案制度已经建立

为促进资本市场信用建设，提高市场诚信水平，按照国务院关于“完善行业信用记录”的具体要求，中国证监会制定了《关于建立证券期货市场诚信档案有关事宜的通知》、《证券期货市场诚信档案管理办法（试行）》等文件，规定建立诚信档案数据系统，记录资本市场各类参与主体的违法违规和重大失信行为，并详尽规定了应当记入诚信档案的违法违规和重大失信行为信息的范围、标准，明确了信息的录入、更新和维护要求，制定了一整套工作程序和责任机制，从而初步建立了资本市场诚信档案制度。

2007 年下半年，中国证监会在原有的上市公司、证券公司、基金公司、期货公司、各类证券服务机构和高级管理人员专项监管数据库及有关行业自律组织信息数据库的基础上，建立资本市场诚信档案数据库系统。2008 年，我国资本市场诚信档案数据库正式建成并运行。诚信档案数据库系统收录了 1998 年中国证监会垂直管理以来资本市场各类主体的违法违规和重大失信行为，包括行政处罚、市场禁入、监管措施、纪律处分、立案调查、形式侦查、民事赔偿七大类别，涵盖了中国证监会系统行政执法、一线监管和行业自律管理的大部分工作内容。

诚信档案制度是强化失信惩戒、实现诚信约束的重要制度之一。围绕诚信档案的使用，中国证监会建立了比较系统的信用监管制度，初步建立了一套资本市场失信惩戒机制：一是诚信档案与市场准入管理挂钩，在行政许可工作中，对于申请人在法定年限内有不良记录的，严格审核把关，对于确认不符合法定许可中的诚实信用要求的，依法处理；二是诚信档案与日常监管力度挂钩，对于存在不良记录的主体，在法律规定的范围内，相应增加现场和非现场检查的项目、频次，保持日常监管高压态势；三是诚信档案与专家委员遴选挂钩，在组建证券发行审核委员会、上市公司并购重组委员会等专家评审机构时，拟任人员诚信档案中有不良记录的，实行一票否决。

截至目前，诚信数据库共收录违法违规和重大失信行为信息近万条，记录了资本市场各类主体10多年来的诚信概况，为深入做好信用体系建设各项工作、充分发挥诚信约束作用奠定了一定的信息基础。从诚信数据库目前的使用状况来看，目前诚信数据库主要供中国证监会系统内各单位、各部门查询机构和个人的诚信档案。2013年8月份诚信档案信息查询共涉及358家次机构、1 211人次人员的涉密查询361批次，自助查询2 180批次。

三、资本市场失信惩戒机制逐步形成

要充分发挥诚实信用对各类市场主体行为的约束作用，关键是要建立失信惩戒机制，通过严厉打击证券期货违法违规失信行为，并将严重破坏市场秩序的行为公开、曝光，接受市场和社会的监督，从而树立“有信者荣，失信者耻，无信者忧”的文化氛围，培育市场良好信用环境。

近年来，中国证监会不断加大稽查处罚工作力度，对上市公司信息披露违法、内幕交易、大股东不当干预公司运作、不当关联交易、违规减持股份、影响正常分红等行为；上市公司的董事和高管违规短线交易、违规套利等行为；投资管理和中介服务机构及从业人员欺诈客户操纵市场等违法违规失信行为，进行及时严厉的查处，同时按照监管信息公开的要求，通过互联网，即使将行政处罚决定、市场禁入决定、重大案件调查信息、保荐代表人信用信息等向社会予以公布，较为有效地发挥了诚信警示教育作用。

在强化失信惩戒的同时，中国证监会还在日常监管工作中，积极引导市场机构和广大投资者遵规守法、诚实守信。一是建立行业中介机构内部的诚信约束机制，依法制定规则，要求证券公司、基金公司等中介机构设立合规总监、督察长等岗位，建立健全诚信监督约束机制；二是建立行业中介机构分类监管制度，把信用状况作为一项重要指标，按照一定的打分标准，使遵规守法、诚实守信的中介机构排在前列；三是在产品与业务创新评审中，在同等条件下，优先考虑具有较好诚信记录的机构。

四、资本市场信用评级取得一定发展

1999 年《证券法》第一百七十五条规定，根据证券投资和证券交易业务的需要，可以设立专业的证券投资咨询机构、资信评估机构。2003 年 10 月中国证监会颁布《证券公司债券管理暂行办法》，规定发行人应当聘请证券资信评级机构对本期债券进行信用评级并对跟踪评级做出安排。2007 年 8 月中国证监会发布《公司债券发行试点办法》，要求发行公司债券必须“经资信评级机构评级，债券信用级别良好”；发布《证券市场资信评级业务管理暂行办法》，对资本市场资信评级业务实行许可证管理。2010 年设立了资本市场资信评级专家委员会制度。

截至目前，中国证监会共确认了 6 家具有公司债评级资质的信用评级机构，分别为中诚信证券评估有限公司、联合信用评级有限公司、大公国际资信评估有限公司、上海新世纪资信评估投资服务有限公司、东方金诚国际信用评估有限公司、鹏元资信评估有限公司。信用评级行业的发展，有力地促进了中国资本市场的风险防范和健康发展。

第三节 推动资本市场信用体系建设的建议

一、要建立专门的信用信息征信中心，为资本市场信用体系建设奠定信用数据基础

征信解决的是信用行为记录和信用信息征集的问题，是资本市场信用体系建设的基础。资本市场作为信用信息流通交换的市场，信用信息的采集、分析、加工是建立信用监管约束机制、培育信用服务市场的基础。没有数据资源，信用监管就成了无源之水，信用服务就成了无本之木。从国际经验看，无论在何种发展模式下，或是依托中央银行建立中央信贷登记系统对信用信息进

行管理；或是行业依托协会会员建立信息交换机制；或是由信用信息管理机构自发建立，如邓白氏、益佰利、环联、埃克非等征信机构均拥有强大的信用信息数据库。资本市场信用信息征信中心是信用体系建设的基础性工程，也是信用服务机构赖以生存和发展的重要资源。信用信息征信中心的建立完善、信用信息的流通共享是信用体系建设的重要支撑。

纵观金融领域，中国人民银行已于2006年建成覆盖全国的企业和个人征信系统，建立了8亿多个自然人、1 858万户企业的信用档案，这是迄今为止世界上规模最大、类型最为复杂、受益面最广的数据库。人民银行还通过其下属的征信中心控股上海资信有限公司，采用市场化运作的方式发挥征信信息服务市场的实际效用；中国保监会正筹划从保险保障基金中划出20亿元建立一个大数据平台，囊括各保险公司及其所有客户的信息，成立类似于中央银行征信中心的平台，这意味着消费者和保险公司双向征信的版图已经开始慢慢显露雏形。

截至目前，虽然我国资本市场已经建立了以诚信档案为基础的诚信数据库。但是，从诚信数据库的运行状况来看，目前诚信数据库主要收录资本市场违法违规的惩戒信息，信息类别比较单一，录入的信息数据较少，目前仅有信息万余条，还远远不能满足信用监管和资本市场发展的信用需求。总体而言，我国资本市场还尚未建立统一高效的信用信息数据库和征信平台，这既不利于资本市场信用信息的互联互通，也不利于新金融形势下监管部门对市场信用的统一监管。在当前信息化快速推进和互联网金融迅速崛起的形势下，急需拓宽诚信数据库的信息容量，建立统一高效的资本市场征信中心，为市场监管和发展提供强大的数据支持。

二、要推动资本市场增信环节的建设，为资本市场特别是债券市场的发展壮大提供有效风险分担机制

资本市场是信用市场，征信、评级、增信是信用流通的关键环节。发达国家已经基本形成了一条从企业和个人征信、信用评级到信用增进的一条完整的信用服务产业链，其中征信建设是核心，信用评级是关键，征信系统与信用评级又共同构成信用增进的基础。

借鉴银行间市场经验，银行间市场之所以能在短短数年内迅速做大做强、确立在我国债券市场的主体地位，一个重要原因，就是建立了涵盖信用流通全

链条的包括征信系统、核准机制、增信和评级在内的银行间市场信用体系。人民银行于2006年建成全国集中统一的个人和企业信用信息基础数据库，为债券发行、增信、评级提供了基础信用信息平台。银行间交易商协会在2009年9月发起设立了中债信用增进投资股份有限公司，注册资本60亿元，专门开展债券增信业务，推动了债券市场的迅速做大。2010年9月，交易商协会又出资设立了中债资信评估有限责任公司，注册资本5 000万元，是首家全国性信用再评级公司。完善的征信、评级、增信机制，有力地支撑了近年银行间市场的快速发展。

当前，我国资本市场在征信、信用评级环节上取得了一定进展，但是资本市场增信环节还没建立，目前还没有一家专门针对资本市场提供增信服务的机构。增信作为资本市场发展中的一种创新制度安排，其本质与风险分散、分担密不可分，是信用风险分散分担的重要实现手段，在制度功能上表现为市场基础设施的完备，风险分散、分担渠道的完善；在服务效果上，既可以体现为信用等级的提升，也可体现为风险的分散和转移，实现风险在各市场主体之间的优化配置、市场流动性水平的提高；在产品形式上，可以是基础性的债务偿付保证，也可以是信用风险管理产品。增信对于降低信用流通成本，促成信用交易的达成，扩大债券市场发展，具有重要意义。因此，从推动资本市场特别是债券市场发展的角度出发，有必要大力推动增信发展，完善资本市场信用体系建设。

第十三章

建设资本市场征信中心

第一节　资本市场征信中心建设可行性分析

一、法律环境

我国涉及信用服务行业的立法散见于《民法通则》、《合同法》、《刑法》、《公司法》、《证券法》、《保险法》、《行政许可法》、《政府信息公开条例》等法律法规之中。其中，《征信业管理条例》、《证券期货市场诚信监督管理暂行办法》对开展资本市场信用体系建设业务具有具体指导作用。

《征信业管理条例》适用于在我国境内从事个人或企业信用信息的采集、整理、保存、加工，并向信息使用者提供的征信业务及相关活动。规范的对象主要是征信机构的业务活动及对征信机构的监督管理。该条例为资本市场征信中心征信业务的开展奠定了法律基础。

2012 年 7 月 25 日中国证监会发布《证券期货市场诚信监督管理暂行办法》。该办法正式把“诚信”纳入监督管理的范畴，通过从诚信信息的界定与归集，到诚信信息的公开查询，从监管部门的诚信监督、管理，到市场机构的自我诚信约束，从失信惩戒、约束，到守信激励、引导等一系列制度机制，强化对市场主体及其行为的诚信约束，为资本市场征信中心信用信息的征集提供了依据。

二、数据基础

2006 年，中国人民银行建成全国统一的企业和个人征信系统，包括企业信用信息数基础据库和个人信用信息基础数据库。目前，征信系统已基本覆盖所有从事信贷业务的机构。2008 年，中国证监会推动建立了资本市场诚信档案数据库。2011 年 9 月，中国证监会与中国人民银行达成协议，中国证监会资本市场诚信档案数据库采集的信用监管信息纳入统一征信平台，实现中国证监会与中国人民银行之间的信用信息共享。中国证监会参与征信平台建设主要体现在提供信用信息、使用信用产品两个方面：一方面，证券期货监管中产生的信用信息包括行政许可决定信息，行政处罚决定、市场禁入决定信息以及行业自律组织做出的纪律处分决定信息将被纳入征信平台系统。另一方面，中国证监会将可通过中国人民银行征信系统查询监管对象的政府版信用报告以及社会版信用报告，实现对失信行为特别是违法违规行为的协同监管。中国证监会诚信数据库的建立运行及与中国人民银行征信系统的对接，为资本市场征信中心的建设奠定了信用信息数据基础。

第二节 征信中心的征信信息和征信对象

一、资本市场信用信息的内涵

信用信息指社会主体在其社会活动中所产生的与其履行法定义务、守信践约行为有关的记录以及有关评价其信用价值的各项信息。

资本市场信用信息包括能反映证券发行和交易的参与各方的信用特征和用于评价其信用价值的各项信息。资本市场信用信息由四个方面组成，包括基础信息、资本市场信用行为记录、诚信数据以及其他信息。

基础信息主要反映各参与主体的身份状况、经营状况、财产与收入状况等方面的信息，其作用在于使得信息的使用者能够大致了解参与主体的基本状况。例如上市公司的基础信息包括名称、组织机构代码、经营范围、注册资本、股权结构及主要股东成员状况、公司治理等信息。个人的基础信息包括姓名、身份证号、户籍所在地、婚姻状况、家庭成员状况、收入与资产状况、工作单位、职业等。

资本市场信用行为记录是指资本市场各主体参与证券发行、证券交易过程中所产生的，用于评价各参与主体的信用价值的各项信息。资本市场信用行为记录主要包括信用交易记录（例如融资融券交易记录）、承诺履行状况记录以及信息公开披露记录（例如证券发行信息）等。资本市场信用行为记录并不涉及具体的信用评价，而是通过连续的行为记录产生连续的信息序列，为市场主体的信用评价活动提供客观依据。例如上市公司募集资金的使用状况虽然不直接反映上市公司的信用，但是将上市公司自成立以来所有的募集资金的使用状况进行记录分析，如果发现其基本能按照募集说明书上承诺的使用方式进行资金运用，这就可以为上市公司的信用评价提供正面的信息。

诚信数据主要反映监管主体或者专门的评级公司对资本市场参与主体的信用状况作的事后评价。资本市场征信中心的诚信数据是依据证券期货市场诚信监督管理暂行办法第八条征集的。例如中国证监会做出的表彰、奖励、评比或者信用评级机构做出的信用评级都属于诚信数据。

其他信息主要是反映资本市场之外的各种社会公共信用信息，包括社会责任的履行状况、各种公用事业的缴费状况记录、缴税状况记录、商业银行信贷记录、参加社会保险记录等。其他信息虽然产生于资本市场各参与主体的社会活动，而非资本市场上的活动，但是也可以侧面反映出各参与主体的信用意识与道德理念，从而为其资本市场上的各种信用活动提供参考依据。

二、资本市场征信中心的征信对象

资本市场是一个公开的市场，信用关系是其最主要也是最核心的关系。资本市场信用与信贷信用的最重要的区别在于信贷信用是针对信贷关系的，而信贷关系是一个封闭的系统内部单方授信，故信贷信用解决的是银行授信中的信用风险控制问题。而资本市场信用针对的是资本市场的投融资关系，解决的是整个市场的信用环境问题。因而资本市场上所有参与投融资交易，对资本市场信用环境产生重大影响的自然人和机构组织都应作为征信中心的征信对象。

按照征信对象的不同，资本市场征信可以分为个人征信与机构征信。

（一）个人征信

个人征信对象包括：（1）参与信用交易与期货交易的个人投资者。（2）上市公司的主要股东、实际控制人、董事、监事和高级管理人员。（3）证券业与期货业从业人员；证券公司、基金管理公司、期货公司及其董事、监事、高级管理人员、主要股东和实际控制人；会计师事务所、律师事务所、保荐机构、财务顾问机构、资产评估机构、投资咨询机构、信用评级机构等证券期货服务机构的从业人员；独立基金销售机构、基金评价机构及其相关业务人员，非公开募集基金管理人、合格境外机构投资者、合格境内机构投资者的主要投资管理人员，境外证券类机构驻华代表机构的首席代表；为发行人、上市公司提供投资者关系管理及其他公关服务的服务机构负责人。（4）受到过处罚的违法违规操作的个人投资者。

根据征信中心在信息征集过程中的主动性可以将个人征信分为主动征信与被动征信。对于前三类个人征信，征信中心需要主动去收集他们的信用信息，不论他们是否存在违反、违规或者违约操作。但对于最后一类个人征信，只有当他们出现违法、违规或者违约操作时，征信中心才去收集其信用信息，即被动征信。个人征信方式和征信对象见表 13 - 1。

表 13 - 1 个人征信方式和征信对象

征信方式	个人征信对象
主动征信	参与融资融券交易或者期货交易的个人投资者
	上市公司的主要股东、实际控制人、董事、监事和高级管理人员
	证券业与期货业的从业人员
	证券公司、基金管理公司、期货公司及其董事、监事、高级管理人员、主要股东和实际控制人
	会计师事务所、律师事务所、保荐机构、财务顾问机构、资产评估机构、投资咨询机构、信用评级机构等证券期货服务机构的从业人员
	独立基金销售机构、基金评价机构的相关业务人员，非公开募集基金管理人、合格境外机构投资者、合格境内机构投资者的主要投资管理人员，境外证券类机构驻华代表机构的首席代表
	为发行人、上市公司提供投资者关系管理及其他公关服务的服务机构的负责人
被动征信	受过处罚的违法、违规或者违约的个人投资者

（二）机构征信

参与资本市场的信用行为的机构包括筹资者、机构投资者与服务中介。这三类机构在资本市场的业务活动对资本市场功能的实现有重要的意义，其信用状况直接影响着市场投融资行为的顺利进行，因而都是资本市场征信中心的征信对象。其中资本市场筹资者主要包括上市公司、拟上市公司和在新三板及地方股权交易所挂牌的企业、其他证券发行人（主要包括通过发行债券或者债务性融资工具筹集资金的非上市公司、非公司制企业），机构投资者主要包括QFII、资产管理公司、各类基金、商业银行或者其他能进行证券投资的金融机构。服务中介主要包括证券公司、证券投资咨询公司、期货公司、基金管理公司、会计师事务所、律师事务所、资产评估机构、信用评级机构等。机构征信对象见表13－2。

表13－2 机构征信对象

对象分类	机构征信对象
筹资者	上市公司
	已预披露的拟上市公司和在新三板及地方股权交易所挂牌的企业
	其他证券发行人：包括通过发行债券或者债务性融资工具筹集资金的非上市公司、非公司制企业，如地方融资平台公司、小贷公司等
机构投资者	QFII
	资产管理公司（包括证券公司、保险公司设立的资产管理公司、四大金融资产管理公司等）
	各类基金：证券投资基金、社保基金、企业年金、社会公益基金
	商业银行
	其他允许进行证券投资的金融机构，如信托投资公司、企业集团财务公司、金融租赁公司等
服务中介	证券公司
	投资咨询机构
	资产评估机构
	会计师事务所
	律师事务所
	保荐机构
	财务顾问机构
	信用评级机构
	期货公司
	基金管理公司
	独立基金销售机构
	基金评价机构
	境外证券机构驻华代表机构
	为发行人、上市公司提供公关服务的服务机构

三、资本市场征信中心信息征集的内容

资本市场信用信息的内容包括四个类型，即基础信息、资本市场信用行为记录、诚信数据和其他信息。

（一）基础信息

对于基础信息而言，机构征信内容包括公司名称、组织机构代码、成立日期、注册地址、注册资本、经营范围、股权结构及重大变更情况、公司治理状况或者内部控制状况、财务状况。个人征信内容包括姓名、性别、出生日期、身份证号、户籍所在地住址、居所、婚姻状况、家庭成员状况、收入与资产状况、工作单位、职业背景；对于证券业与期货业从业人员还要增加执业资格（包括执业证书的名称、证书编号、颁发单位及获取时间）、执业时间等。

（二）资本市场信用行为记录

1. 个人征信的资本市场信用行为记录

个人征信的资本市场信用行为记录见表 13－3。

表 13－3 个人征信的资本市场信用行为记录

个人征信对象	资本市场信用行为记录内容
参与融资融券交易或期货交易的个人投资者	融资融券业务交易状况历史记录（业务次数，每次融资或融券的规模、是否按时偿还的记录）、期货交易的爆仓状况记录
上市公司的董事、监事、高级管理人员、主要股东与实际控制人	分红承诺或者并购重组中的收益承诺等公开承诺的履行状况

（1）参与融资融券交易或期货交易的个人投资者的信用行为记录。参与融资融券交易或期货交易的个人投资者的资本市场信用行为记录的具体内容，主要包括融资融券业务交易状况历史记录（业务次数，每次融资或融券的规模、是否按时偿还的记录）和期货交易的爆仓状况记录。

融资融券业务指投资者向证券公司交付一定的保证金或者证券后，由证券公司向客户出借自己供其买入证券或出具证券供其卖出证券的业务。自 2010 年融资融券业务试点启动以来，融资融券业务的市场规模仍较小，交易尚不活跃。原因之一在于客户的信用风险较高，证券公司缺乏完备的客户征信

系统。

融资融券业务实质可视为一种以信用为基础的贷款行为，但是与银行信贷发生于借款人与商业银行之间不同的是融资融券业务发生于投资者与证券公司之间。投资者不能按时、足额偿还资金或者证券，甚至出现恶意透支或者高风险投资的行为时将给证券公司造成严重损失甚至引发系统性风险。所以证券公司有掌握参与融资融券客户的资信状况需要。

从融资融券业务征信的实际情况看，当前融资融券业务征信局限于证券公司独立征信层面，尚不存在对所有融资融券业务客户的整体征信。资本市场征信中心将对融资融券业务的客户的资信信息按照资本市场信用信息的四个方面进行全面征集，解决当前融资融券业务征信状况不足的问题。

对于参与期货交易的投资者，其爆仓行为既违背了对期货公司的承诺，又给期货公司造成较大的损失，所以必须纳入资本市场信用行为记录。

（2）上市公司的主要股东、实际控制人、董事、监事和高级管理人员的信用行为记录。上市公司的主要股东、实际控制人、董事、监事和高级管理人员是公司战略政策与业务的主要决策者与监督者，他们的信用意识对于上市公司的信用行为有重要的影响，因而征信中心有必要征集这些人员的信用信息状况，为投资者或者监管机构上市公司的整体信用价值评价提供依据。

上市公司的主要股东、实际控制人、董事、监事和高级管理人员的资本市场信用行为记录的具体内容，主要是其分红承诺或者并购重组中的收益承诺等公开承诺的履行状况。

（3）其他个人征信不涉及信用行为记录。针对除参与融资融券交易与期货交易的个人投资者和上市公司的主要股东、实际控制人、董事、监事及高级管理人员以外的其他个人征信对象，资本市场征信中心只收集其基础信息、其他信息与资本市场信用行为信息三方面的数据信息，并不涉及资本市场信用行为记录。

2. 机构征信的资本市场信用行为记录

机构征信的资本市场信用行为记录见表13－4。

（1）上市公司与其他证券发行人的信用行为记录。对于资本市场筹资者（上市公司、已预披露的拟上市公司和在新三板及地方股权交易所挂牌的企业、其他证券发行人）而言，其在资本市场上的行为主要是筹集资金与并购重组。故其资本市场信用行为记录也主要是对这两种行为状况进行记录。

表 13－4　　机构征信的资本市场信用行为记录

征信对象	资本市场信用行为记录内容
资本市场筹资者	证券发行期间的信息披露是否真实、准确、完整，是否存在财务造假或故意隐瞒；证券发行状况的历史记录，包括发行证券的次数；每次发行的时间；证券的种类；证券发行规模；募集资金运用是否遵照募集说明书上的承诺，如否，则在变更用途时是否经过法定程序；债券及结构性债务融资工具的还本付息记录；股票分红记录；未来推出优先股后还应该将优先股的股息记录也纳入信用信息征集范围 并购重组过程中公开承诺的履行状况
机构投资者	融资融券业务交易状况历史记录（业务次数，每次融资或融券的规模、融资融券的利率、提供融资或者融券的证券公司、是否按时偿还的记录等）、期货爆仓记录（包括交易日期、交易价格、交易的期货公司、保证金比例、是否强制平仓等）

（2）机构投资者的信用行为记录。机构投资者的征信与个人投资者的征信内容类似，对于违法、违规或者违约的机构投资者，征信中心需要征集基础信息、其他信息与诚信数据，并不涉及资本市场信用行为记录的信息。但是对于参与融资融券交易与期货交易的机构投资者，需要对其融资融券业务的交易历史以及期货爆仓历史进行记录。

对于资本市场上的服务中介而言，由于其在资本市场上的行为更多体现为服务，因而其信用行为主要体现为不违约不欺诈客户，而这些数据信息已经涵盖于诚信数据之中，所以服务中介机构没有特别的资本市场信用行为记录。对于属于上市公司性质的服务中介，且其在资本市场上有融资行为的，其资本市场信用行为记录参照上市公司进行征集。

（三）诚信数据

对于诚信数据，由于其收集的是市场监督机构或者评级机构做的事后评价，故征信中心的诚信数据征集主要是参照中国证监会《证券期货诚信监督管理暂行办法》。具体地包括：中国证监会、国务院其他主管部门等其他省部级及以上单位和证券期货交易所、证券期货市场行业协会、证券登记结算机构等全国性证券期货市场行业组织（以下简称证券期货市场行业组织）做出的表彰、奖励、评比，以及信用评级机构做出的信用评级；中国证监会及其派出机构做出的行政许可决定；发行人、上市公司及其主要股东、实际控制人，董事、监事和高级管理人员，重大资产重组交易各方以及收购人所作的公开承诺的未履行或未如期履行、正在履行、已如期履行等情况；中国证监会及其派出机构做出的行政处罚、市场禁入决定和采取的监督管理措施；证券期货市场行业组织实施的纪律处分措施和法律、行政法规、规章规定的管理措施；因涉嫌证券期货违法被中国证监会及其派出机构调查及采取强制措施；因涉嫌证券期货犯罪被中国证监会及其派出机构移送公安机关、人民检察院处理；因证券期货犯罪或其他犯罪被人民法院判处刑罚；因证券期货侵权、违约行为被人民法院判决承担较大民事赔偿责任；因违法开展经营活动被银行、保险、财政、税收、环保、工商、海关等相关主管部门予以行政处罚；违背诚实信用原则的其他行为信息。

（四）其他信息

其他信息主要体现的是资本市场之外的经济社会活动关系中反映信用状况的信息，包括社会责任的履行状况、参加社会保险行为记录、公用事业的缴费记录、缴税记录、商业银行信贷记录。

四、资本市场征信中心与其他数据库的比较

（一）资本市场征信中心与人民银行征信系统的比较

中国人民银行于1997年立项建设银行信贷登记咨询系统。2004年2月，中国人民银行又启动了个人征信系统建设，同年4月成立银行信贷征信服务中心。2006年1月，全国集中统一的个人信用信息基础数据库建成并正式运行。同年7月底，银行信贷登记咨询系统升级成为全国集中统一的企业信用信息基础数据库。

目前，人民银行的征信系统中的企业信用信息包括四类：一是企业身份情况，包括企业名称、组织机构代码、注册资金、经营范围、股东成员状况等。二是商业信用记录，包括企业在各商业银行的贷款及偿还记录、企业财务记录、企业工商行为记录、企业进出口行为记录、企业出入境记录、企业与其他商业机构发生的信用交易记录。三是社会公共信息记录，包括企业参加社会保险记录、企业纳税记录、企业公用事业缴费记录等。四是特别记录，包括有可能影响企业信用状况的涉及民事、刑事、行政诉讼、行政处罚的重大案件情况记录。

中国人民银行的征信系统的个人信用信息也分为四类：一是个人身份情

况，包括姓名、性别、出生日期、身份证号、婚姻状况、收入状况、工作单位、学历等。二是商业信用记录，包括个人在各商业银行的贷款及偿还记录；个人信用卡使用等有关记录。三是社会公共信息记录，包括个人纳税、企业公用事业缴费记录、参加社会保险以及个人财产状况及变动记录等。四是特别记录，包括有可能影响个人信用状况的涉及民事、刑事、行政诉讼和行政处罚的记录。

资本市场征信中心与人民银行征信系统存在交叉，主要体现在：首先是征信对象的交叉。既通过银行信贷融资又通过资本市场上进行融资的公司都是这两个数据库的征信对象。其次是信息内容的交叉。基础信息中的身份识别信息如企业的注册资本、经营范围、股东成员情况、个人的婚姻状况、收入状况、家庭成员状况等信息是两个数据库都要收集的信息。社会公共信息如公用事业缴费、缴税记录、参加社会保险状况等在人民银行征信系统中单独列为一类信息，在资本市场征信中心中包含于其他信息类信息之中。涉及民事、刑事、行政诉讼以及行政处罚情况的记录在人民银行征信系统中单独列为特别事项记录，在资本市场征信中心中包含于诚信数据类信息之中。

但是两个数据库也存在较大的区别（见表 13 -5），主要体现在：

第一，功能不同。人民银行征信中心的信用信息数据库主要功能在于通过征集在银行借贷的个人或者企业的信用信息，为银行单方授信风险定价及风险控制提供依据。但是资本市场征信中心数据库的主要功能在于通过征集公开交易各方的资本市场信用信息来揭示各市场参与者的信用状况，提供信用评价的依据，进而维护整个资本市场的信用环境，提高资本市场的信用状况，降低由于信用波动引发市场危机，促进资本市场投融资的顺利进行。

第二，信息内容的差异。尽管两个数据的部分信息内容有交叉，但是由于两个数据库的功能存在较大的差异，所以征集的信息的具体内容也存在较大的差异。最大的区别体现在资本市场征信中心数据库中的资本市场信用行为记录信息。资本市场信用行为记录是通过连续性地记录各市场参与者在资本市场上的证券发行与交易行为过程中的对承诺或者义务的履行状况来反映出参与者的信用状况，为信息使用者进行全面客观地判断资本市场参与主体的信用价值提供依据。

例如，某企业要到资本市场发行债券来筹集资金。中国人民银行征信中心征集的信息，主要是信贷信息的一个汇合，其记录的企业在商业银行的贷款及偿还记录，是银行放贷业务中作为企业信用评价的重要依据。但是，当企业采用债券融资时，中国人民银行征信系统并不记录这一信息。资本市场征信中心对企业以往发行债券的使用状况、还本付息状况等信息作连续性的记录，则投资者可以参考企业发债的历史信息，判断企业的信用意识与道德理念，进而为企业的信用评价提供依据。假如企业历史上有过多次发债记录，每次发债都按时还本付息，则投资者大致可以判断企业的信用良好，除非发生意外事件使得企业失去偿还能力，否则企业会按时还本付息。如此，便会提高投资者购买债券的意愿，从而利于企业债券的顺利发行。

表 13－5　　征信数据库对比

资本市场征信中心		中国人民银行征信系统	
功　能	公开市场风险防控	功　能	信贷风险防控
信息内容	征信对象	信息内容	征信对象
基础信息	工商部门、民政部门、征信对象自身提供等	身份情况	工商部门、民政部门、征信对象自身提供等
资本市场信用行为记录	证券交易所、证券公司、中国证监会、证券登记公司	商业信用记录	商业银行、外贸、海关、质检、工商等
诚信数据	中国证监会、公安、法院等	特别记录	公安、法院等
其他信息	税务、工商、社保、公用事业单位等	社会公共信息	税务、工商、社保、公用事业单位等

第三，征信渠道的差异。由于两个数据库的征信内容存在差异，所以信息征集渠道也存在较大的不同。中国人民银行征信系统的信用信息主要是企业或者个人在商业银行的信贷交易信息或者信用卡信息，商业银行作为信贷交易的一方，拥有完整的信贷交易信息记录。所以向商业银行收集信息是中国人民银行征信系统征信的主要途径，对于基本信息、银行信贷之外的涉及信用的经济活动、社会公共信息与特别记录信息则向工商、税务、财政、外贸等部门收集。对于资本市场征信中心而言，由于征集的信用信息范围更广，不仅包括中国人民银行征信系统的信息，还囊括了中国证监会的诚信数据库中的诚信信息，以及资本市场信用行为记录，而资本市场信用行为记录的信息散布在资本市场的各个交易平台上。因而资本市场征信中心除了需要接通中国人民银行征信系统的信用信息，还需要向证券交易所、证券公司、证券登记公司、证监会等资本市场参与机构征集信息。

第四，征信信息的使用者存在差异。中国人民银行征信系统输出产品的渠道较为单一，应用规模有限，其用户范围也受到了限制。目前，个人或企业信用报告的主要用户为以商业银行为主的金融机构，其应用也大多数局限于信贷领域。资本市场征信中心收集了资本市场各参与主体的全面的信用信息，服务于监管机构（主要是中国证监会）与其他的市场参与各方包括投资者（个人投资者与机构投资者）与服务中介。

（二）资本市场征信中心与中国证监会诚信数据库的比较

2008 年，中国证监会建立的全国统一的证券期货市场诚信档案数据库正式启动，以记录证券期货市场诚信信息。

具体地，证券期货的诚信信息包括基础信息如公民的姓名、身份证件号码，法人或其他组织的名称、组织机构代码等基础信息；证券期货监督机构包括自律性组织做出的处罚、表彰、奖励、评比等；银行、保险、财政、税收、环保、工商、海关等相关主管部门予以行政处罚；信用评级机构的信用评级；中国证监会及其派出机构做出的行政许可决定；发行人、上市公司及其主要股东、实际控制人，董事、监事和高级管理人员，重大资产重组交易各方，及收购人所作的公开承诺的未履行或未如期履行、正在履行、已如期履行等情况以及违法调查及处罚情况。

资本市场征信中心与证券期货诚信数据库存在交叉，主要体现在：首先是征信对象的交叉，不论是资本市场征信中心还是诚信数据库都是对参与证券期货的机构与个人进行征信，所以两者的征信对象基本一致。其次是信用信息内容的交叉，两个数据库都包括征信对象的基础信息、诚信数据内容。

资本市场征信中心与诚信数据库的区别，主要体现在：

第一，功能不同。诚信数据库主要功能在于提供证券期货市场参与主体与机构的诚信信息以为中国证监会监管服务，目前只供中国证监会系统内部查询。资本市场征信中心的功能在于通过征集资本市场信用信息为资本市场参与主体的信用评价提供依据，其不仅服务于中国证监会的监管，而且也为市场提供公共服务，包括市场评级机构的评级业务、信用增级机构的增信产品定价、投资者的证券投资行为都需要以征信中心的资本市场信用信息作为决策依据。

第二，信用信息采集范围的不同。诚信数据库采集的信用信息范畴较窄，忽略了经济活动关系，其采集的信用信息主要是证券市场监管机构及其他政府部门、自律组织对信用信息征信对象做出的事后评价。资本市场征信中心的信用信息不仅仅包括监管机构及评级机构做出的事后评价信息，更包括了征信对象自身在资本市场上的信用行为所折射出的信用信息。例如上市公司在资本市场上历次募集资金的状况的记录，虽然这项纪录并不直接反映上市公司的信用好坏，但是通过上市公司多次募集资金都能按时还本付息的这样一种连续的信息记录，可以从侧面反映出该上市公司的信用意识较强，在自身能力允许的状况下会坚决履行对投资者的利益承诺。所以资本市场征信中心的信用信息不但涵盖了诚信数据库的信息，同时还包括了资本市场信用行为信息，更能满足资本市场健康发展的实践需求。

第三，征信方式的不同。中国证监会诚信数据库依照《证券期货市场诚信监督管理暂行办法》第八条规定，收集从事证券期货市场活动的公民 、法人或者其他组织的诚信信息，其记录的数据信息绝大多数是政府相关监督管理机构或者证券期货行业组织的惩罚或者处分情况，诚信数据库并不主动去收集反映征信对象信用状况的正面信息，而只有当征信对象受到处罚或者处理时才会录入相应的处罚信息。资本市场征信中心依据《征信业管理条例》，并且结合资本市场特性进行资本市场信用信息的主动采集，从正面与反面两个角度反映征信对象的信用状况。

第三节 国内外征信中心业务运行情况介绍

一、邓白氏征信数据库运行情况

邓白氏公司的全球数据库是全世界信息量最大的企业信用数据库（见表13－6）。邓白氏公司的信用产品和服务就是来源于这个数据库。邓白氏公司除利用自有渠道直接获取企业信用信息外，还在全球多个国家和地区广泛发展数据资源合作伙伴，使其数据库中的企业数量迅速增长，成为全球最大的商业数据库。1993 年，其数据库中还只有 2 800 万家企业数据，1998 年达到 5 400 万家，2005 年达到 1 亿家，2010 年超过 1.8 亿家，其中包括 550 万家中国企业信息。目前，邓白氏在全球 30 余个国家和地区设有分支机构，业务覆盖全球超过 230 个国家和地区，日均处理业务超过 10 万笔。在数据库基础上，该公司可为客户提供多样化的信息服务。邓白氏的核心业务包括风险管理解决方

表 13－6 邓白氏全球数据库

数据来源 →	邓白氏全球数据库 →					产品和服务 →		渠道 →	用户
	邓白氏特有的 DUNSRight 流程								
当地的商事登记部门	全球数据采集	企业数据匹配	邓氏编码（D－U－N－S Number）	企业家族链	预测性指标	风险管理解决方案	风险管理咨询服务、商业资信服务、风险管理应用工具、付款信息交流计划		
当地的信息提供机构	企业基本信息		九位数字的邓氏编码可便捷地追踪企业的变更及更新状况	邓氏编码也可助建立企业家族链以全面了解所有的风险及机遇	预测指标性利用统计分析对企业未来表现的可能性进行预测				
当地的黄页、报纸和出版物，官方的公报	客户/供应商评价	邓白氏将信息与自身数据库进行整合，利用获得专利的企业数据匹配技术得出针对每个企业记录的唯一和准确的数据	终身保留	应用邓白氏企业关联程序，可更深更广地纵览整个企业家族族系	描述性评级——描述公司历史表现"等级"。使用过往信息，提供现有评级，评估未来的信用价值	销售及市场开拓解决方案	注册服务、销售管理、营销、……	网络、传真、电话、纸质文档等	中小企业、跨国公司、金融机构等
商业互联网站、银行和法庭	管理层信息		由联合国、欧盟及 50 多家行业团体推荐	企业关联同时协助在未熟知的家族成员中寻找发展机遇	预测性评分——预测公司准时付款或延长付款，不断监控其付款表现	供应商管理解决方案	供应商名录搜索和评估报告服务、供应商评估体系咨询		
企业拜访和管理层访谈	实地审核信息				需求评估——评估公司采购个别商品的总数	中小企业产品	信用报告、中小企业信用管理		

案、营销及市场调研解决方案和互联网业务解决方案。三部分业务分别占其营业收入比例分别为65%、28%和7%。邓白氏企业代码为美国联邦政府认可的企业唯一性标识。

（一）数据来源

数据主要来源于当地的商事登记部门，当地的信息提供机构，当地的黄页、报纸和出版物，官方的公报，商业互联网站，银行和法庭。有的时候，还采取拜访和访谈的形式收集有关的消息。

（二）数据的收集

征集数据的种类：企业基本信息、客户/供应商评价、管理层信息、实地审核信息。

企业基本信息：基本信息模块提供经邓白氏交叉验证核实的地址、工商注册等信息，以证明企业的合法存在性。同时展示企业的经营范围、销售规模、产品、员工人数，经邓白氏核实有效性和到期日的资质认证等信息。

客户/供应商评价：在采购决策中，一家企业的口碑有着至关重要的影响力。客户/供应商评价将包括长期合作客户或供应商对企业的综合评价。

实地核实信息：实地访问是海外客户了解企业真实情况的常用手段。访问企业管理层，由此展示出企业的运营发展情况。通过邓白氏公司实地拍摄的企业厂房及办公设施的照片，将企业实力直观地展现给客户。企业基本信息经权威第三方实地验证核实后，更具说服力。主动接受实地访问显示企业诚信交易、公开透明的态度，有效提升企业形象。

邓白氏的数据收集有两个独到之处。

一是邓白氏付款信息交流计划。借助于全球最大的商业企业信用数据库，邓白氏通过为付款信息交流计划帮助企业提高应收账款收款效率，帮助商业决策人员降低信用交易的风险。邓白氏公司作为这个计划的组织者，为企业提供了一个客户付款信息的交流平台。在这个统一的平台上，各成员企业可以查询现有客户和目标客户对供应商的还款记录，从而建立起供应商间的联盟，实现客户信用信息的共享。这个计划实现了邓白氏和客户之间的双赢。客户得到了服务，而邓白氏得到了翔实的企业付款信息。邓白氏付款信息交流项目是一个集客户信用分析与公司信息采集为一体的信用信息系统。邓白氏公司在亚洲及全球大多采用这一方法对客户提供信用分析服务，并同时采集大量信用分析评估所需的信息资料。

二是邓白氏注册服务。邓白氏凭借强大的实力和积累起来的卓著声誉，其产品和服务已经得到了全球的广泛认同。邓氏编码（D－U－N－S Number，Data Universal Numbering System）已经成为记录全球企业的标准。这是一个独一无二的9位数字全球编码系统，被广泛应用于企业识别、商业信息的组织及整理。作为电子商务中一个国际认可的、常用的公司识别符号，如国际标准组织（ISO）等全球最有影响力的标准定制机构、50多家全球行业及贸易机构以及美国联邦政府、澳大利亚政府、欧盟委员会承认、推荐或是要求使用该编码系统。美国海关于2010年1月26日起正式执行的新安全报关方案ISF（10＋2）－Importer Security Filing，要求进口商在货物装船前24小时内必须申报10项信息，其中有关供应商的信息如果企业有邓氏编码，则根据规定可免填企业名称、地址等繁琐信息，大大简化申报流程。因此，美国进口商已逐渐要求全球供应商必须提供其邓氏编码。鉴于邓氏编码的广泛影响力，邓白氏开展了收费的邓白氏注册服务。客户向邓白氏提供公司的信息，在邓白氏进行核实之后，为企业建立资信档案和资信报告，为企业提供信用背书。在此过程中，邓白氏也完成了企业信息的采集工作。

（三）数据处理

邓白氏数据库之所以能成为全球同类中综合性最高的数据库，全有赖于邓白氏特有的DUNSRight流程对原始数据的收集、编辑及核实。优质信息有以下几个特质：准确性、完整性、及时性和跨领域的一致性。DUNSRight的流程操作基于公司对信息的质量掌控，由全球数据收集、实体匹配、邓氏编码、企业关联、预测指数5大步骤有序构成，流程中多达2 000次的自动核对及人工审核确保数据达到高质量标准。邓白氏确信，任何通过这个流程的信息都是优质而卓具洞察与远见的，任何客户都可借助这一流程信心十足地做出商业决策。

（四）邓白氏的客户

邓白氏的客户有全球最大的、最成功的企业，有中等规模的企业，也有刚刚成立的小公司（见表13－7）。事实上，所有的可能提供商业信用或金融信用的机构都是邓白氏的潜在客户。坐拥全球最大的商业企业数据库，邓白氏每年为全球数十万家客户提供服务。以中国为例，在与华夏国际信用合资成立华夏邓白氏中国之后，其为一大批国内大型企业提供服务，包括联想集团、北大方正、西安杨森、摩托罗拉、深圳中兴通讯等公司。除此之外，一大批中小企业也采用了邓白氏提供的注册服务以提高信用。使用邓白氏编码的政府机构见表 13 –8。

表 13 –7 使用邓白氏服务的机构概览

金融类机构	银行、保险公司、贷款公司等
企业类机构	大型跨国公司、大型制造商、中小企业及创业公司等
政府或行业组织	政府、行业自律组织、行业标准委员会等

表 13 –8 使用邓白氏编码的政府或机构

美国国家标准协会 ANSI ASC X12（始于 1999 年）
联合国（始于 1991 年）
欧洲委员会
国家标准机构（始于 1993 年）
美国联邦政府
电子商务及收购组织（始于 1994 年）
联邦能源调整委员会
美国邮政服务
北美自由贸易协定
澳大利亚政府

二、中国人民银行征信中心的数据库运行情况

中国人民银行征信中心是中国人民银行直属的事业法人单位，主要职责是依据国家的法律法规和人民银行的规章，负责全国统一的企业和个人信用信息基础数据库和动产融资登记系统的建设、运行和管理；负责组织推进金融业统一征信平台建设。中国人民银行征信中心业务流程见图 13 –1。

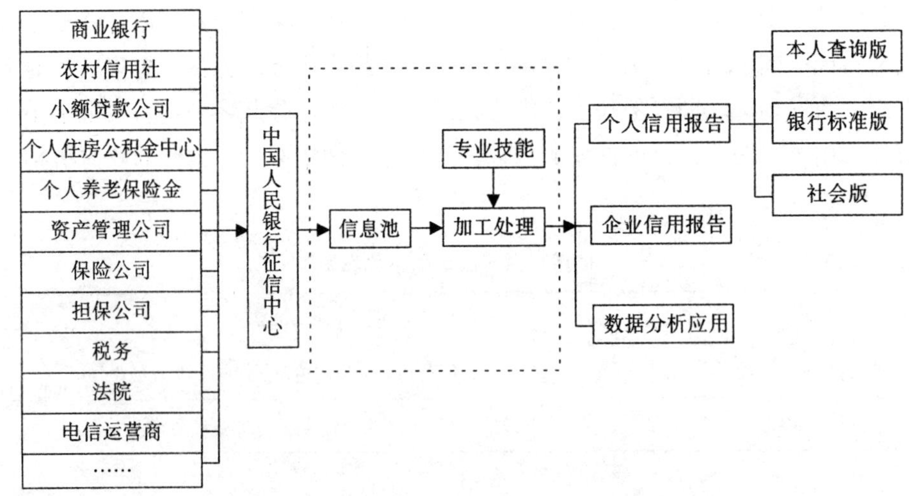

图 13－1 中国人民银行征信中心业务流程图

（一）中国人民银行征信中心建设情况

2004 年 2 月，中国人民银行启动了个人征信系统建设，同年 4 月成立银行信贷征信服务中心。2006 年 1 月，全国集中统一的个人信用信息基础数据库建成并正式运行。同年 7 月底，银行信贷登记咨询系统升级成为全国集中统一的企业信用信息基础数据库。

（二）中国人民银行征信中心的主要信用产品

企业和个人信用信息数据库中已采集的大量信用信息，经汇总、加工、整合后主要应用在以下几个方面：经中心利用专业技能对信息加工处理，生成个人信用报告和企业信用报告；利用系统数据进行统计分析，形成各类分析报告；为社会征信机构开展信用评级业务提供公共数据信息平台。此外，人民银行征信中心还依照相关法律规定，向提出查询要求的公安、司法、审计署等外部单位提供一定的服务。

1. 个人信用报告

目前个人信用报告有 3 个版本，分别为：（1）本人查询版：供消费者了解自身信用状况，此版本包括了征信机构拥有的所有关于您的信息，包括是哪家银行给您的贷款等。（2）银行标准版：主要供商业银行查询，在信用交易信息中，该报告不展示除查询机构外的其他贷款银行或授信机构的名称，目的是保护商业秘密，维护公平竞争。（3）社会版：供消费者开立股指期货账户，此版本展示您的信用汇总信息，主要包括个人的执业资格记录、行政奖励和处罚记录、法院诉讼和强制执行记录、欠税记录、社会保险记录、住房公积金记录以及信用交易记录。

个人信用报告中的信息主要有6个方面：公安部身份信息核查结果、个人基本信息、银行信贷交易信息、非银行信用信息、本人声明及异议标注和查询历史信息。

公安部身份信息核查结果实时来自于公安部公民信息共享平台的信息。个人基本信息表示客户本人的一些基本信息，包括身份信息、婚姻信息、居住信息、职业信息等内容。银行信贷交易信息是客户在各商业银行或者其他授信机构办理的贷款或信用卡账户的明细和汇总信息。非银行信用信息是个人征信系统从其他部门采集的、可以反映客户收入、缴欠费或其他资产状况的信息。

本人声明是客户本人对信用报告中某些无法核实的异议所做的说明。异议标注是征信中心异议处理人员针对信用报告中异议信息所做的标注或因技术原因无法及时对异议事项进行更正时所做的特别说明。查询历史展示何机构或何人在何时以何种理由查询过该人的信用报告。

个人信用报告的使用目前仅限于商业银行、依法办理信贷的金融机构（主要是住房公积金管理中心、财务公司、汽车金融公司、小额信贷公司等）和人民银行，消费者也可以在人民银行获取到自己的信用报告。根据使用对象的不同，个人征信系统提供不同版式的个人信用报告，包括银行版、个人查询版和征信中心内部版三种版式，分别服务于商业银行类金融机构、消费者和人民银行。

个人信用报告样本见图13－2。

2. 企业信用报告

企业信用信息基础数据库通过对已收录的企业相关数据进行后台整理、统计、分析，形成固定格式的企业信用报告。其自动生成格式主要包括企业的基本状况（概况信息、高管人员信息、资本构成信息、对外投资信息）、借款人财务信息（资产状况、负债状况、权益状况、损益状况）、信贷信息（未结清信贷信息、已结清信贷信息、未结清不良贷款信息、已结清不良信贷信息、欠息信息、当前对外担保信息）、其他信息（集团公司信息、股票信息、诉讼信息、大事记信息、借款人声明、异议标注）等内容。

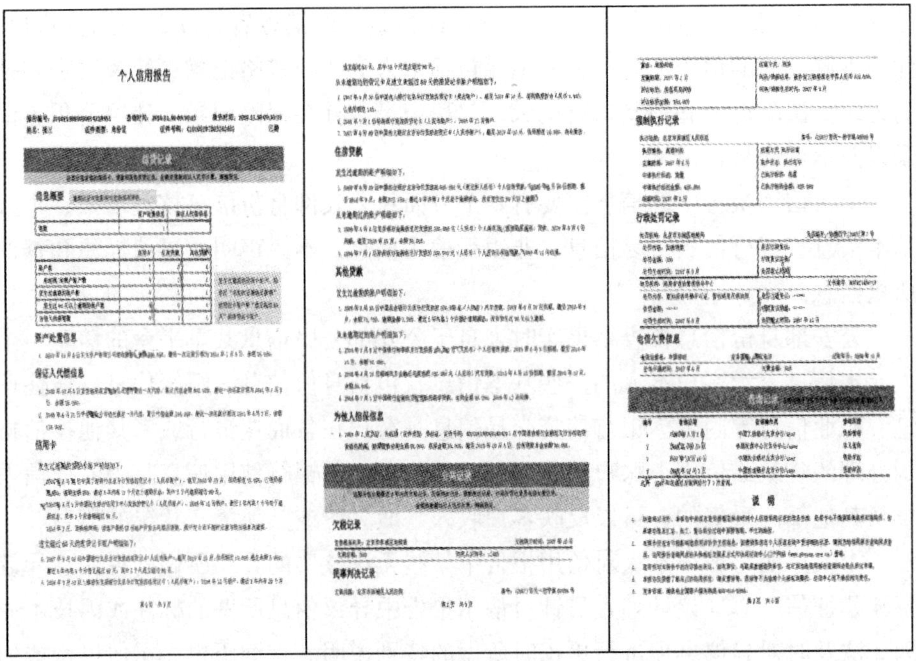

图 13－2　个人信用报告样本

目前，企业信用报告查询对外服务方式包括在线查询和离线查询两类。信用报告内容主要分为三大类信息：基本信息、信贷信息、非银行信息。

基本信息主要有概况信息、出资人信息、财务报表信息、关注信息、诉讼信息等；信贷信息包括未结清信贷信息、未结清不良负债等银行信用信息；非银行信息包括法院、公积金、电信、社保等信息。

当前，征信中心主要面向金融机构尤其是商业银行提供企业信用报告查询服务。商业银行已将查询企业信用报告作为贷款审批程序的一个重要环节，报告中反映的企业信贷情况及信用状况很大程度上决定了商业银行贷款发放与否及额度高低。随着征信意识在全社会的推广，企业信用报告目前应用的另外一个重要方面已经延伸到为审计机关、会计师事务所等机构，提供客观的、反映企业金融历史素材的层面。在对企业进行改制、重组过程中的资产评价，债权债务核定，或其高管人员的离职离任审计等方面，企业信用报告已逐渐发挥积极作用。尽管目前的企业信用报告中未附加任何分析性、结论性的意见或前瞻性的预测推论，仅以原始数据的形式呈现，但在应用中因其具有独立、客观的特征，越来越受到审计机关和会计师事务所的重视，已成为企业开展经济、金融活动时不可或缺的必备条件。

3. 数据分析

从1999年上线使用的银行信贷登记咨询系统和在其基础上开发的关联企业查询系统，到新的企业信用信息数据库，中国人民银行征信中心的特定操作人员均可以进行逐户或批量查询，提取所需数据。为了更好地做好数据应用工作，中国人民银行在企业征信系统的基础上，开发了统计分析子系统，并为中国人民银行省市中支开放了用户端口。中国人民银行用户可以在分析系统中，利用企业征信系统收录的数据，进行提炼、整理，形成固定格式或自定义报表，同时在数据基础上进行分析、研究，形成相关分析报告，为宏观调控、货币政策和金融稳定服务。

（三）中国人民银行征信中心的主要用户

企业和个人信用信息基础数据库的主要使用者是金融机构，通过专线与商业银行等金融机构总部相连（即一口接入），并通过商业银行的内联网系统将终端延伸到商业银行分支机构信贷人员的业务柜台，实现了企业和个人信用信息定期由各金融机构流入企业和个人征信系统，汇总后实时流向金融机构的功能。其中，前者表现为金融机构向企业和个人信用信息基础数据库报送数据，后者表现为金融机构根据有关规定向企业和个人信用信息基础数据库实时查询企业和个人信用报告。金融机构向企业和个人信用信息基础数据库报送数据可以通过专线连接，也可以通过磁盘等介质。

目前，人民银行征信中心个人或企业信用报告的主要用户为以商业银行为主的金融机构，其应用也大多数局限于信贷领域。随着征信系统的不断完善，大众信用意识的逐步提高，信用产品已逐步扩展到了个人求职、个人晋升、企业竞标、会计财务审核、企业诚信考评等非银行领域。信用报告的用户也从以商业银行为主的金融机构扩展到了审计机构、会计师事务所、联合征信机构等。此外，征信中心的用户也包括了依照相关法律法规进行查询服务的银行监管机关、公安部门、司法部门和审计署等（见表13－9）。

表13－9　　　　中国人民银行征信中心的主要用户一览

金融机构	商业银行、农村信用社等
金融服务机构	会计师事务所、联合征信机构等
政府部门	公安部门、司法部门、监管机构等

第四节　资本市场征信中心的建设设想

一、总体架构设想

资本市场征信中心的使命是建立覆盖整个资本市场的信用信息征集系统和服务系统，为规范资本市场的征信、评价（分）、管理等提供良好的运行机制，初步形成资本市场征信体系基本框架，实现以下目标：

（一）制定资本市场征信的标准规范

针对资本市场信用体系建设的需要，制定相关标准规范，使资本市场征信建设有章可循，有规可依。

制定资本市场信用信息数据目录、格式和标准，并由资本市场征信中心按照资本市场信用信息数据目录和统一的格式和标准，建立数据库。

（二）建立资本市场信用信息共享机制

建立信息共享、信息传递机制，打通交易所、诚信数据库等原有信息数据库的数据流动渠道，整合多方面信息，构成覆盖整个资本市场的征信平台和资本市场信用数据交换平台。

（三）为监管机构提供全面的信用信息，为市场提供各类信用产品

建立覆盖面广、信息量大的资本市场信用信息数据库，为资本市场监管部门提供全面的信用信息；对收集到的数据进行深入挖掘和分析，并根据市场需要，向市场提供各类信用产品。

结合现阶段我资本市场发展状况和未来资本市场的发展方向，参考邓白氏和中国人民银行征信中心的数据库体系架构，我们拟定了中国资本市场征信中心的总体架构（见图 13－3）。

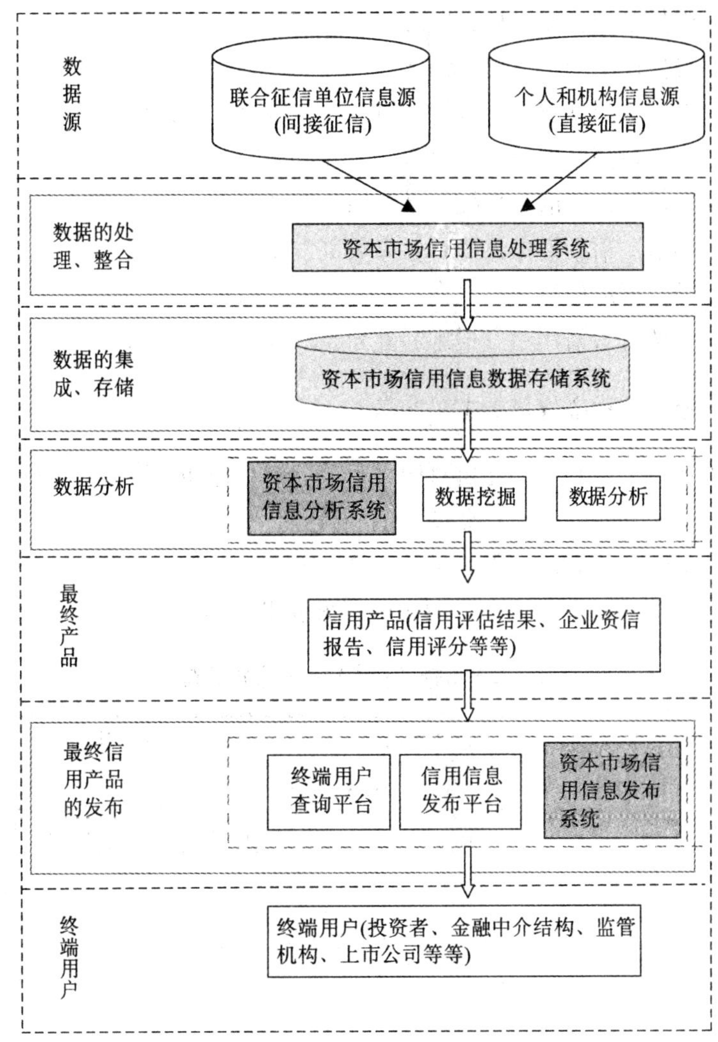

图 13－3　中国资本市场征信中心总体架构

资本市场征信中心的核心是信用信息管理数据库系统。资本市场信用信息管理数据库系统涵盖了资本市场信用信息的搜集、处理、分析、发布的各个环节，是资本市场征信中心的主体。其由四个子系统构成。

资本市场信用信息处理系统：是一个数据搜集系统，将外部的资本市场信用信息数据信息源整合在一起，并将不同格式的数据进行统一的处理。

资本市场信用信息数据存储系统：实现数据的存储与管理，在数据搜集的基础上，对数据进行抽取、清理，并有效集成，按照主题进行重新组织，最终确定数据仓库的物理存储结构，同时组织存储数据仓库元数据。

资本市场信用信息分析系统：是数据分析系统，通过对信用评估进行建模，对数据仓库或数据集中的数据进行分层多维分析，提供高度交互的在线分析处理功能，可以即时进行反复分析、切片、钻取等操作，迅速获得所需的结果。同时还提供预定义的数据挖掘及数据查询功能。

资本市场信用信息发布系统：作为数据发布系统，在完成对信用信息的发掘和加工之后，形成最终的信用产品。通过建设资本市场信用网等门户终端网站等平台，定期发布信用信息报告，并为用户提供信用查询等服务。

二、资本市场征信中心提供的主要产品

资本市场征信中心主要提供机构、个人信用报告和信用信息分析产品。

（一）机构、个人信用报告

机构信用报告（样本）——上市公司见表 13－10。

表 13－10　　机构信用报告（样本）——上市公司

报告编号：		查询时间：		报告时间：
查询信息				
被查询者姓名	被查询者证件类型	被查询者证件号码	查询者	查询原因

一、基础信息	
身份识别	
公司名称	
组织机构代码	
工商注册登记日期	
所属行业	
注册地址	
注册资本	
经营范围	
通讯地址	
邮政编码	
传真号码	
联系电话	
单位邮箱	

续表

股权结构及主要股东情况介绍						
____年末股东总数	____户（A股）	____年末股东总数		____户（A股）		
前1名股东持股情况						
股东名称	股东性质	持股比例	持股总数	年内股份变动情况	有限售条件股份	质押或冻结的股份

财务状况

资产负债表　单位：万元

会计年度	2010年	2011年	2012年	2013年
货币资金				
流动资产合计				
非流动资产合计				
资产总计				
流动负债合计				
长期借款				
应付债券				
预计负债				
其他非流动负债				
非流动负债合计				
负债合计				
所有者权益（或股东权益）合计				

利润表（单位：万元）

会计年度	2010年	2011年	2012年	2013年
营业收入				
利润总额				
净利润				
每股收益				

续表

现金流量表 单位：万元

报告年度	2010 年	2011 年	2012 年	2013 年
经营活动现金流入小计				
经营活动现金流出小计				
投资活动现金流入小计				
投资活动现金流出小计				
筹资活动现金流入小计				
筹资活动现金流出小计				

公司治理

股东大会情况

股东大会日期	参会股东代表的股份数	通过的重要事项

独立董事履行职责情况 单位：次

独立董事姓名	本年董事会次数	亲自出席	委托出席	缺席	签署通讯表决议案含专业委员会议案	应出席专业委员会会议	出席专业委员会会议	出席股东大会情况

对高级管理人员的考评及奖励机制的建立与实施情况

考评机制	
奖励机制	
处罚机制	还款日期 还款金额（单位：元）

续表

二、资本市场信用行为记录								
证券发行状况历史记录								
债券种类[①]	债券简称	债券交易代码	发行日期	发行规模（单位：元）	发行利率（%）	资金运用状况	债券评级	增信担保状况

还本付息记录（明细）								
编号（第几次还款（包括本金与利息））	还款日期	还款金额	拖欠天数	拖欠金额（单位：元）	追缴方式		追回款项	

股票募集方式[②]	发行日期	发行规模（单位：元）	资金运用状况
分红记录（明细）			
编号（代表第几次分红）	分红日期	分红数额（单位：元）	分红日期延迟天数
1			
2			
3			

并购交易状况记录					
并购交易公告日期	并购交易规模	并购方	被并购方	承诺事项	承诺履行状况

① 说明：债券种类包括国债、地方政府债券、央票、金融债、企业债、公司债、中期票据、短期融资券、可转债、可分离债、资产支持债券。

② 股票募集方式种类包括首次公开发行、增发、配股、非公开发行。

续表

三、诚信数据				
具体的事项	是用√表示	事项发生的日期	事项缘由	奖励或者处罚的机构与部门
市场监督机构（包括自律组织）做出的表彰、奖励、评比				
行政处罚、市场禁入或其他管理措施				
中国证监会及派出机构行政许可决定				
纪律处分				
中国证监会及其派出机构的调查与强制措施				
违法犯罪案件判处刑罚				
移送公安机关或者人民检察院处理案件				
违约、侵权行为判处民事赔偿				
违法经营而被银行、保险、海关等相关主管部门予以行政处罚				
信用评级机构的评级意见				

四、其他信息							
信贷交易信息							
业务种类	合同号/业务编号	币种	发生额（单位：元）	发生日期	发生利率（%）	当期余额（单位：元）	抵押担保

还款记录（明细）								
编号（代表第几次还款）	还款日期	还款金额	拖欠金额	拖欠天数	追收方式	追回款项	属于贷款分类哪种（正常、关注、次级、可疑、损失贷款）	惩罚措施

社会责任履行状况	
项目	具体的事件
慈善事业 捐助社会公益 生产安全 职业健康 保护劳动者合法权益 环境保护	

续表

获得社会责任方面的奖项或者荣誉		
获奖事件	奖项名称	颁奖机构

公用事业缴费记录				
规定的缴费日期	规定的缴费金额（单位：元）	补缴日期	补缴金额（单位：元）	是否受到相关单位的惩罚

缴税记录					
规定的缴税日期	规定的缴税金额	补缴日期	补缴金额	自动补缴还是强制补缴	是否受到税务机关的惩罚

参加社会保险记录						
参保险种	规定缴费日期	缴费金额（单位：元）	是否欠缴	欠缴日期	欠缴金额	延缴天数

个人信用报告（样本）见表13－11。

表13－11　　　　个人信用报告（样本）①

报告编号：		查询时间：		报告时间：
查询信息				
被查询者姓名	被查询者证件类型	被查询者证件号码	查询者	查询原因

① 适用于参与融资融券交易的个人投资者。

续表

一、基础信息								
姓名	性别	证件类型	证件号码	出生日期	户籍地址	通讯地址	邮政编码	手机号码
婚姻状况	配偶姓名	配偶证件类型	配偶证件号码	配偶联系电话	工作单位	职称	年收入	资产状况

二、资本市场信用行为记录									
融资交易									
交易日期	交易总量	融资买入规模	融资券商	购买标的证券	初始保证金比例	维持保证金比例	融资利率	追缴保证金	是否强行平仓

融券交易									
交易日期	交易总量	融入证券的名称	融入证券的代码	融券券商	初始保证金比例	维持保证金比例	融券利率	追缴保证金规模	是否强行平仓

期货爆仓记录								
合约交易日期	合约规模	合约标的	合约价格	期货公司	初始保证金	维持保证金	追缴保证金	是否强制平仓

续表

三、诚信数据				
具体的事项	是用√表示	事项发生的日期	事项缘由	奖励或者处罚的机构与部门
市场监督机构（包括自律组织）做出的表彰、奖励、评比				
行政处罚、市场禁入或其他管理措施				
中国证监会及派出机构行政许可决定				
纪律处分				
中国证监会及其派出机构的调查与强制措施				
违法犯罪案件判处刑罚				
移送公安机关或者人民检察院处理案件				
违约、侵权行为判处民事赔偿				
信用评级机构的评级意见				

四、其他信息								
贷款交易信息								
业务种类	合同号/业务编号	贷款银行	币种	发生额（单位：元）	发生日期	发生利率（%）	当期余额（单位：元）	抵押担保

还款记录（明细）

编号（代表第几次还款）	还款日期	还款金额	拖欠金额	拖欠天数	追收方式	追回款项	属于贷款分类哪种（正常、关注、次级、可疑、损失贷款）	惩罚措施

续表

编号	卡类型	发卡机构	担保方式	币种	开户日期	信用额度	共享授信额度	最大负债余额	透支余额/已使用额度
编号	账户状态	本月应还款金额	本月实际还款金额	最近一次还款日期	当前逾期期数	当前逾期总额	准贷记卡透支180天以上未付金额	贷记卡12个月内未还最低还款次数	信息获取时间
信用卡最近24个月每个月的还款状况记录									
编号	24	23	22	21	20		……		1

社会责任履行状况	
项目	具体的事件
慈善事业 捐助社会公益 环境保护	

获得社会责任方面的奖项或者荣誉		
获奖事件	奖项名称	颁奖机构

公用事业缴费记录				
规定的缴费日期	规定的缴费金额（单位：元）	补缴日期	补缴金额（单位：元）	是否受到相关单位的惩罚

续表

缴税记录					
规定的缴税日期	规定的缴税金额	补缴日期	补缴金额	自动补缴还是强制补缴	是否受到税务机关的惩罚

参加社会保险记录						
参保险种	规定缴费日期	缴费金额（单位：元）	是否欠缴	欠缴日期	欠缴金额	延缴天数

（二）信用信息分析产品

利用资本市场征信中心收录的信用信息数据，进行提炼、整理，形成固定格式或自定义报表，同时在数据基础上进行分析、研究，形成资本市场信用状况监测报告、信用分析报告等相关数据分析产品，为资本市场信用监管、市场主体选择投资领域和对象提供服务。

第三篇
发展多层次债券市场的有力举措——信用增进

第十四章

信用增进导论

信用增进作为资本市场发展中的一种创新制度安排，是信用风险分散分担的重要实现手段，对于降低信用流通成本，促成信用交易的达成，扩大债券市场发展，促进信用体系建设和国民经济的增长，具有重要意义。信用衍生品作为增信的一种重要手段，有助于拓宽信用产品的深度和广度，突出信用体系的作用，促进资本市场发展。本章结构安排如下：首先，介绍信用基本概念、产生和发展的过程，以及信用体系建设对国民经济发展的意义；其次，介绍增信定义和常用手段，以及增信对国民经济发展的意义；再次，介绍信用衍生品的基本定义、分类及其基本功能；最后，介绍信用基础产品、增信和信用衍生品之间的关系。

第一节 增信简介

一、增信定义

对于增信的定义，一般而言，主要有如下两种定义。一种是将其界定为一种服务，即发行人为提高发行产品信用等级而购买的信用支持，或是发行人提供给金融产品投资者（购买者）的额外保护。另一种则着重从产品结构的安排和设计角度来定义增信。本书认为，增信本质上是一种额外的服务（理论上来说，没有进行增信的金融产品也可以存在并发行），主要通过对产品结构进行设计和特定的协议安排来实现。

二、增信主要方法

增信可以分为两大类：外部增信（External Credit Enhancement）和内部增

信（Internal Credit Enhancement）。

（一）外部增信

外部增信是指由第三方对债券的表现进行保证的行为，常常是用来补充其他形式的增信。外部增信手段包括：企业担保、债券保险、信用证、现金抵押账户和信用违约互换。

1. 第三方担保

第三方担保通常可以分为政府担保、企业担保、单线担保和多线担保。

（1）政府担保。政府担保代表国家信用，是一种强有力的增信方式。政府的信用是一般市场参与者无法达到的，特别是对政治经济环境比较稳定的国家来说，国家信用是非常有效的。政府担保机构不以盈利为目的，主要致力于促进债券市场和资产证券化发展。

（2）企业担保。企业担保是指通过第三方公司保证，使具有完全追索权的债券持有人免受损失。该第三方公司承诺当债券发行人无力偿还时，在投资者损失到某一限度之前，代替债券发行人向投资者进行赔付，或是将所欠本金和利息预付给投资人，又或者回购违约的被证券化资产。企业担保可以针对发行的整个证券，也可以针对所发行证券中的某个档级（Tranche）。在许多债券发行中，发行人的母公司会为某些较低信用等级的档级提供担保，在 ABS 的发行中尤其常见。企业担保也可以向投资级（BBB/Bbb）以下的证券提供。

（3）单线担保公司担保。单线担保公司是指专门为金融产品提供 100% 担保业务的金融担保公司，其往往业务单一且对风险头寸控制严格。绝大多数单线担保公司具有 AAA 级的信用级别。单线担保公司主要适用于对风险较小，具有投资级的证券品种进行担保。

（4）多线担保。多线担保是指保险人发行保单以保证结构融资中的某些特定资产的价值，是同单个应收账款或某个组合相连的保险，虽然它也能对投资者提供一定的保护。当多线保险被应用于一个具体的风险时（如信用风险），相对于单线保险，其保费更加低廉。

2. 债券保险（Bond Insurance）

债券保险是指债券发行人向第三方的专业保险机构支付一笔保费，专业保险机构则承诺当债券发行人无法偿还合约中约定的债券时，代为偿还本金和利息。购买债券保险之后，此债券就获得了与给该债券进行保险的保险机构同样的信用评级。在美国，债券保险是由为数很少的几家专业机构提供的，他们只对债券进行保险，因而被称为单一险种保险人，这些保险公司的信用评级长期保持在 AAA/Aaa 级，因而对债券提供了非常强大的增信作用。与企业担保不同的是，债券保险只能向投资级（BBB/Bbb）以上的债券进行保险。

3. 信用证（Letter of Credit）

信用证就是由金融机构发行的保险单。信用证需求方在付给金融机构（通常是银行）一笔费用后，金融机构承诺当信用证需求方无力偿还欠款时，支付给信用证需求方所欠金额，最高不超过协议约定的支持限额。目前，信用证在资产证券化过程中作为增信手段的应用已经越来越少，而更主要作为国际贸易中的支付手段而存在，其原因是在 20 世纪 90 年代初期，几家为长期债券提供信用证服务的银行被评级机构一致降级，从而使以这些银行提供的信用证作为增信工具的许多债券，也面临被降级的命运，因此债券发行人纷纷转而采用现金抵押账户来代替信用证。

4. 现金抵押账户（Cash Collateral Account，CCA）

现金抵押账户是向债券发行机构提供的再投资于某些优质短期投资产品的贷款。债券发行人向商业银行借来一笔贷款，投资于指定的具有最高信用水平的投资产品（如短期商业票据）。所有由现金抵押账户担保的债券档级的损失将由账户中的收入来弥补：在债券发行人无力偿还债券的情况下，就将该投资品套现，用来支付给债券投资者。同其他外部增信方法不同的是，由于现金抵押账户中用来向债券提供增信的是账户中的现金（或者流动性极高的短期商业票据），提供现金抵押账户服务的银行若遭到降级，并不会影响到债券的信用评级。

5. 信用违约互换（Credit Default Swap，CDS）

CDS 是信用违约互换的简称，是发达国家资本市场为了实现信用风险的有效转移，而创造出的一种信用风险管理工具。信用违约互换主要是借助第三方的信用实力来增加自身债券的偿付能力，但它运用了金融工程的原理，其设计机制更为巧妙，信用风险转移更为有效，充分体现了资产证券化产品收益分享、风险共担的精髓。在一笔信用违约互换的交易中，存在 CDS 的买方（甲方）和卖方（乙方）。甲方定期向乙方支付一定费用，当标的债券出现偿付风险时，由乙方对甲方给予一定的补偿，该种补偿可以是一个协商好的固定价值，也可以是债券面值与现值的差额（账面亏损额），也可以针对基差

(Spread）等风险予以补偿，形式多种多样，安排方便灵活，适合于不同结构的资产支持证券，都能起到增强信用水平的作用，其成本往往比银行担保、信用证等更低，原因在于提供信用补偿的一方是专业化的风险管理机构，能够采用较为精确的方法测算风险，在风险超过一定水平时，能通过在国际市场同专业机构再次进行风险互换。由于信用违约互换这一产品的出现，外部增信变得大为简便，债券发行人可以通过调整自己在信用违约互换市场中的头寸，非常灵活地增加或减少债券的增信程度。

6. 回购条款

回购条款是指一个资信等级较高的第三方在某个规定的期限内或按照具体契约在基础资产组合未清偿余额低于某个规定水平时，与发行人签订的购买基础资产组合中的尚未清偿部分的条款。自第三方采取回购行动的那一刻起，投资者所持有资产支持证券本金和利息的偿付就得到了保障。

7. 信用准备金

信用准备金是指成立一个专门的企业债券风险基金进行增信，基金来源于债券发行人缴纳的风险金。缴纳风险基金的比例可以根据债券的评级级别，评级较高的债券可以不缴或缴很低比例的风险金，但是评级级别低的债券将缴纳较高比例的风险金。如果债券最后违约不能偿还，投资者将从该风险基金中获得投资保障，达到保护投资者的目的。

8. 组织增信①

所谓“组织增信”，就是以特定组织的信用来提高某一企业或机构的信用水平。这种方式大量应用在世界银行的项目操作中，通过国家及政府组织的增信，将融资优势与政府组织协调优势相结合。地方政府作为社会经济、政治活动的组织者和裁判员，在发展市场主体、规范维护市场秩序、建立信用体系、实施政府增信等方面有着重要的作用，对协调各方行为，弥补现存体制缺陷，增强风险防范能力，促进城市建设的良好发展等方面具有重要作用。

9. 其他增进方法②

其他增进方法主要包括德国的潘德布雷夫债券、日本的偿债基金、韩国的集合债券等采用的增信方式。

德国的潘德布雷夫债券的增信，是通过法律框架和产品结构的设计将增信

---

① 江辉. 城市基础设施投融资模式的创新. 网络财富. 2008（4）。

② 薛世容. 信用增级性质和定价研究. 复旦大学博士学位论文. 2009 年 5 月。

方式嵌入到债券产品本身之中，从而使得投资者的权益受到双重保护。抵押担保资产主要由抵押贷款、公共部门贷款和船舶抵押贷款组成。一旦发行人违约或者破产，登记的资产将从破产程序中隔离出来。债券持有者除了具有对资产池的优先求偿权外，也具有对发行人的追索权。

日本偿债基金制度是专门针对地方公债而设立的一项增信制度。其操作原理为：政府每年都必须从国库中拨出一笔资金交由特定的机构管理，以专作公债偿付之用。有时政府也会在发行债券的时候以偿债基金作为担保，以此来提高公众对于政府的信任。日本政府规定，偿债基金可以通过三种方式获得资金：

（1）固定比率转入，即提取上年初公债余额的 1.6% 的资金转入偿债基金。

（2）将一般财务决算结余的一部分资金转入偿债基金，比例高低可根据具体情况确定，过去多为 50%。

（3）在年度预算中安排一定款项的资金转入偿债基金。偿债基金主要用于债券本金的偿还，而利息则以每年财政的经常预算支付。

韩国集合债券 P－CBO 是 CBO（Collateralized Bond Obligation）的一种，所谓 CBO 就是以一组“垃圾债券”为标的资产的 ABS 产品，其目的就是通过资产证券化，将一组高收益的垃圾债券重新打包成多组不同风险和收益的债券，以满足不同投资者的需求。其产品结构见图 14－1。

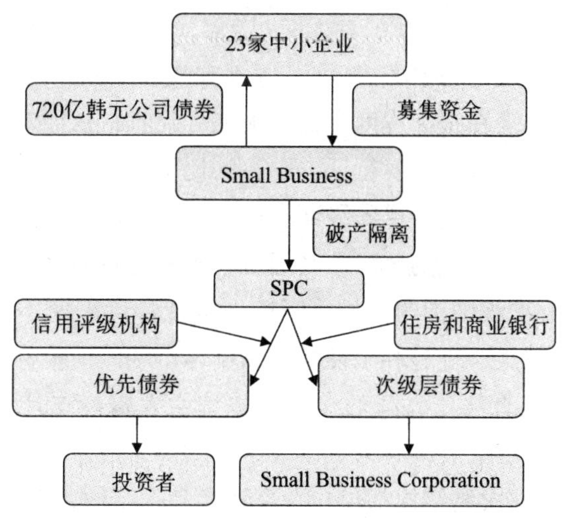

图 14－1 韩国集合债券 P－CBO 结构图①

① 薛世容．信用增级性质和定价研究．复旦大学博士学位论文．2009 年 5 月。

Small Business Corporation 是一家成立于 1999 年底的韩国政策性金融机构，简称 SBC。CBO 交易过程中设有破产隔离机制 SPV（Special Purpose Vehicle），SPV 从资产原始权益人（即发起人）处购买债券组合，以自身名义发行资产支持证券进行融资，再将所募集到的资金用于偿还购买发起人债券组合的价款。SPC 将债券组合重新打包成两大类不同优先级别的 ABS，由 SBC 承担了次级层债券部分的风险，通过债券分层设计，优先层债券投资承担的违约风险已经大为降低。同时，韩国的住房和商业银行在必要时可以为中小企业提供一定的信贷资金，进一步提升债券的信用质量，起到了增信作用。

（二）内部增信

内部增信是指依靠资产池自身的设计为防范信用损失提供保证。其基本原理是，主要通过债券的优先/次级结构分档、超额抵押、现金储备账户、超额服务利差账户、担保投资基金和直接追索权等方式增加抵押物或在各种交易档次间调剂风险以达到信用提升的目的。

1. 优先/次级结构

优先/次级结构是资产支持证券领域中独特的一种增信方式。它是指通过将资产支持证券划分为优先级和次级证券（可以有一个以上的次级证券），这一技术被称为“证券分档”，在证券无法足额偿还时，由最次级的证券档次先吸收损失，然后按照证券的档级由低到高依次吸收损失。通过这样的结构设计，优先级证券的风险在很大程度上被次级证券吸收，从而对优先级证券起到了增信的效果。次级证券在所发行证券中占的比例越高，对于优先级证券的增信作用就越大。相应的，由于优先级证券信用等级较高，其回报率较低；而次级证券由于承担了大部分违约风险，其回报率则相应较高。

由于有了优先/次级结构的安排，资产支持证券可以向不同风险偏好投资者销售不同的证券档级，更有利于证券达到资本市场的上市标准，获得更好的发行条件，扩大投资者队伍，降低综合成本，增大资产支持证券市场的发展规模。

绝大多数的优先/次级结构都包含一个转换利率结构，即随着时间的推移，将一定比例提前还款不均衡地从次级债券重新导向优先级债券。在没有转换利率结构的情况下，所有的提前还款应该按照各档级债券面值占证券总面值的百分比均匀接受，转换利率结构则规定在债券偿还前期将较多的提前还款分配。

转换利率结构实际上是让优先级债券以承受更高的提前还款风险为代价向次级债券转换信用风险。提前还款风险是指因为债务人提前偿还贷款，导致债权人提前收回现金、资金回报率降低的一种可能性。当市场利率下降时，债务人会更多地选择以当前更低的资金成本再融资（Refinance），而提前归还原来的借款利率更高的贷款。对于债权人来说，提前还款降低了他们投资的收益率。在资产支持证券中，提前还款是一种十分重要的风险，同信用风险一样对于证券的定价有着很大的影响。转换利率结构使得优先级债券持有人在债券偿还的前期承担了更多的提前还款风险，而相应地减少了他们所面临的信用风险。因为随着优先级债券吸收提前还款，其本金余额不断降低，整个交易的次级水平（次级债券占整个证券交易的比例）相应提高，从而次级债券对剩余优先级债券的信用风险保护程度也相应增加。

2. 超额抵押（Over－Collateralization）

超额抵押是指发行人在发行资产支持证券时，资产池中抵押资产的本金余额大于发行的证券本金总额，以两者的差额作为对所发行证券本金的担保。被证券化的资产实际价值高于证券的发行额，即证券发行人在向发起人购买被证券化资产时不支付全额价款，而是按一定比例的折扣支付给原始权益人。在发生损失时，首先以超额部分的资产予以补偿。超额抵押约定，如果在证券偿还期间，抵押资产的价值下降到预先设定的某一之下，发行人就必须增加抵押资产，使之恢复到超额抵押的状态。超额抵押的比例可以根据贷款逾期率、违约率的历史数据来确定，例如贷款池的历史违约率在1%，则发起人将价值100万元的被证券化资产以99万元的价格出售给发行人（即按1%的折扣出售），就能够在概率上有效覆盖证券投资者的损失。

3. 抵/质押担保

抵/质押担保是指以抵押或留置债券发行人的动产和不动产对债务进行担保的行为。债券发行人不能如期还本付息时，债券持有人有权要求处理抵押品或留置品，以取得本息。在这一法律关系中有债券和信托协议两个凭证，涉及债券发行人、债券持有人和债券信托人三方面的关系。债券信托人代表债券持有人保管抵押品或留置品，债券发行人到期无力偿还本息时，债券持有人通过其信托人行使对抵押品或留置品的处理权。

4. 现金储备账户（Cash Reserve Fund）

现金储备账户是指证券发行人为提高证券的信用等级，而从证券发行收入中拿出一部分，建立起一个现金账户，当证券发生损失或者不能按期偿付时，由该账户来提供第一层损失保护。证券发行人随着贷款的偿还而按一定比例增加该账户内现金余额，直到一个约定水平。这种方法由于产生了闲置现金，所产生的资金成本也相对较高。

5. 超额服务利差账户（Excess Servicing Spread Fund）

超额服务利差是指承销商在收取被证券化资产的债务人的利息还款后，扣除支付给投资者的利息、服务费用和其他费用后的剩余部分。这些利差是属于证券发行人的，发行人在证券到期前把利差存入一个特定账户，当证券无法履约时就可使用该账户中的利差向投资者提供损失保护。在证券面临违约时，超额服务利差账户通常是向投资者提供保护的第一批措施。同现金储备账户一样，这种内部增信方法也由于出现了闲置现金而具有成本较高的缺点。

6. 担保投资基金（Collateral Investment Fund）

担保投资基金是一种比较新颖的内部增信方式，是与证券优先/次级结构相搭配应用的一种手段。它是指证券发行人自己拿出一部分资金，投资于所发行的证券中，且所投资的证券档级位于最末，抵押资产产生的现金流先顺次偿付优先级和次级投资者，再支付此投资基金的收益。这个债券档级被称为“股权档级（Equity Tranche）”，因为它的风险最大，收益率最高，其性质上类似于股东所享有的剩余索取权（Residual Claim），具有类似于股票投资的性质。由于担保投资基金由资产池的一部分作抵押，其实质是其他投资者所能获得的抵押资产超过了所持有的证券价值，因此其原理类似于超额抵押。发行人的这种投资向其他投资者承诺了自己将吸收最先发生的违约，承担了大部分的违约风险，从而为其余档级的证券提供了增信的效果。

7. 直接追索权（Direct Recourse）

直接追索权是指当SPV违约时，投资者可直接向证券发起人进行欠款的追索。它分为完全追索权和部分追索权，部分追索权较为常见。这种方式的增信作用体现在可以利用发起人的财务能力为债券进行补偿，而且促使发起人更好地服务债券的偿还工作，但它的缺点在于评级机构对资产支持证券的评级不会高于发起人的信用评级。

第二节　增信对国民经济发展意义

一、增信促进实体企业发展

（一）增信是解决买卖双方信息不对称、减少市场摩擦的良好媒介

第一，在债券发行阶段，投资者与发债企业之间的信息不对称会导致投资者的逆向选择问题。因为债券的收益率与其风险水平正相关，所以企业的内部人有以次充好的动机，夸大过去的业绩和未来的盈利机会。由于投资者不拥有企业的全部信息，又难以直接识别发债企业提供信息的可信度，投资者面临这种信息不对称的局面时只有两种选择：要么拒绝投资给所有的企业，这样不仅拒绝了对高风险的差企业的投资，也同时拒绝了对低风险的好企业的投资；要么提高所要求的投资收益率的平均水平，以补偿信息不对称带来的风险。在这种情况下，低风险的发债企业由于得不到公平的价格而被迫离开市场，转而通过其他方式融资。高风险的企业却可以通过较高的收益率吸引投资者。也就是说，在信息不对称而引发债券市场收益率上升的情况下，风险较低的好企业反而被排挤出市场，投资者最终选择的往往是风险较高的企业。

第二，在债券发行后的资金运用过程中，作为债权人的投资者和借款企业之间的信息不对称会导致借款企业的道德风险问题。当债权人将资金投资于借款企业之后，因为企业的股东对于资产的求偿权次序在债权人之后，而且股东对企业债务只承担有限责任，如果资产价值大于债务价值，债权人只能获得本金和利息，而股东可以获得超额部分，如果资产价值小于债务价值，股东只承担有限责任，债权人只能获得企业的清算价值。所以借款企业就有激励将资金投资于高风险的项目，或者降低努力程度。当债权人由于信息不对称而无法完全监控企业经理人的行为时，这种动机就有条件变为实际行动，就会产生企业经理人的道德风险，损害债权人的利益。

第三，当借款企业陷入财务困境时，信息不对称会降低债权人清算决策的效率。由于信息不对称，债权人无法区分陷入财务困境的借款企业是有生存能力、但是暂时陷入流动性困难，还是根本没有生存能力。对于前者，债权人有效率的决策是不对企业进行清算，通过追加投资帮助债务人渡过暂时的财务困

境；而对于后者，债权人有效率的决策是立刻对企业进行清算。但是对于借款企业，尤其是企业的经理人来说，从其自身利益出发，总是倾向于得到追加投资，维持企业的运行。所以，当债权人对陷入财务困境的企业拥有不完全信息时，企业和债权人之间就存在利益冲突。在这种情况下，有生存能力的企业可能得不到资金支持、被迫进行清算，没有生存能力的企业反而可能得到资金、不予清算，客观上降低了债权人清算决策的效率。

在融资过程中，增信机构依托专业化的风险经营和管理，对中小企业发行的债券提供信用保护，从而为低信用主体进入债务融资市场提供了可能。通过促进信用风险在不同金融市场和经济领域的合理配置和分散，可有效地降低信用风险对金融体系的冲击；通过信用等级的提升，低信用等级的融资主体得以进入债券市场，尤其为中小企业直接融资拓宽了空间；通过风险与收益的剥离，促进各种金融创新产品的发展，满足不同风险偏好的投资者需求，可有效地提升金融市场的深度和广度。增信机构通过提供专业化服务，可以有效降低市场参与者在投资过程中面临的不确定性和信息不对称，提高市场效率，并且通过对风险的集中优化管理以及违约代偿降低市场的整体风险，将较低信用级别的企业引入直接融资市场，扩大发行主体范围，充分发挥金融市场优化资源配置的功能，提高经济增长的质量和效益。

（二）增信业促进中小企业发展

支持中小企业发展是从“国富”走向“民富”的关键路径，更是打造中国经济活力，培育新的竞争力的关键。内需战略的有效推进、第三产业的蓬勃发展、创新型国家的建立、企业的大规模海外投资等等，这些都需要数以千万计的中小企业充当主体，中小企业的大发展是中国战略转型的关键所在。

增信业务的开展对于促进中小企业发展有重要作用，体现在：引导中小企业回归实体经济领域，提高其竞争力，解决就业难问题；推动战略科技型中小企业拓展融资渠道、获得技术创新和产品研发所需要的资金。目前，国内许多大型国有担保公司，以国家宏观调控和产业政策为导向，扎实开展融资担保业务，支持中小企业发展，促进国民经济发展。

二、增信促进资本市场发展

目前，我国资本市场股权与债权融资规模之比约为1∶1，而在成熟资本市场该比例约为1∶2，因此，与国际成熟资本市场相比，债券市场发展严重不足，资本市场不够完善。增信是促进债券市场发展，尤其是交易所债券市场，健全资本市场的有效方式，纵观各成熟资本市场和发达债券市场，无一例外地具有较为发达的增信行业。

增信行业作为资本市场创新机制安排，有助于建立起企业与资本市场的关系，丰富市场参与群体，并通过产品创新以实现信用风险的流动，有效推动风险转移和分担机制的建设，完善风险分散分担的链条，提升整个金融系统的风险管理能力。

具体来说，增信主要从如下几个方面促进资本市场发展：

第一，增信是发展债券市场、优化资本市场资源配置和支持实体经济发展的重要工具和渠道。近年来，随着我国资本市场发展迅速，在提高资源配置效率、服务实体经济发展的同时，资本市场的风险结构也由原来单一的利率风险逐步向利率风险与信用风险并存的二元结构转变，信用风险聚集、叠加、显性化趋势更为明显，识别和防范各种信用风险成为投资者面临的重要问题。增信行业通过提供专业化服务，对融资企业经营状况进行合理评估，对其自身信用风险进行科学度量和合理揭示，有效降低市场参与者在投资过程中面临的不确定性和信息不对称，提升投资者信心，成为市场发展不可或缺的制度安排。增信机构能够通过有针对性地增信服务，将信用级别较低的企业引入直接融资市场，扩大发行主体范围，同时将资金引向发展前景较好、资源利用效率较高、对社会贡献更大的行业，充分发挥金融市场优化资源配置的功能，促进产业结构调整和转型，不断提高经济增长的质量和效益。

第二，增信是完善资本市场风险分散分担机制的一项重要的基础设施。增信能更好地契合资本市场多元化的风险结构特征，满足不同风险偏好投资者转移、缓释风险的需求，促进资本市场定价功能、风险管理功能和宏观调控职能的有效发挥，推动资本市场不断向前发展。

在此基础上，增信通过产品创新实现信用风险流动，可以有效推动风险转移和分担机制的建设，完善风险分散分担的链条，提升整个金融系统的风险管理能力。面对中小企业存在的融资难问题，增信业务可以通过整合政府和社会优势资源，以扶持中小企业，利用区域集优、集合等多种方式增信，推动创新信用风险缓释工具和产品，从而进一步推动国内债务资本市场信用风险分离、分担机制的建立和健全，推动国内债务资本市场发展。

第三，增信行业本身也是资本市场的构成部分，是促进资本市场完善和提升其服务实体经济能力的一个重要组成部分。增信行业的发展不仅为资本市场增添了活力，也为资本市场进一步发展奠定了基础。在国外成熟资本市场，增信行业发展比较完善，能够将实体企业与资本市场有效连接，将资本市场闲散资金合理引导至实体企业，解决其融资困难，大大促进了实体企业的发展。

第四，增信可以成为资本市场信用风险状况监测的有效工具。债券增信机构在给债券发行主体进行增信时，为减少债券违约带来的损失，会主动对该债券发行主体的财务状况进行调查，因此，监管机构只需要通过评级机构以及增信机构的数据，就能很好地掌握市场中债券的质量，达到降低信息采集的成本，提高监管效率。

第五，增信行业的完善也为信用衍生品市场的发展打下良好基础，培育信用风险管理市场，进一步提升资本市场抵御信用风险的能力，促进多层次资本市场建设。

增信行业的诞生和发展，是实现社会融资结构的进一步优化以及资本市场风险的有效分散和转移的必然要求，同时也顺应建立有效的市场风险分散和分担机制与进行风险专业化管理的发展趋势，能够进一步促进资本市场的发展①。

三、增信促进公共事业发展

在美国，市政债券的发行一般都要有金融担保和商业保险。投保债券一旦违约，保险公司就有代为偿还债务的责任。近年来美国发行的长期市政债券有近一半由保险公司提供保险。金融担保保险协会（AFGI）为市政债券提供各种旨在增信的保险服务。截至2012年，由AFGI提供保险的市政债券未尝付的本息总额约34 260亿美元。通过保险，市政债券偿付能力增强，违约风险得到降低，专业信用评级机构也会提高市政债券进行信用等级。评级机构对一般责任债券进行评级时，主要考虑如下四点：发行人总的债务结构；发行人坚持稳健预算政策的能力和行政纪律；发行人的税收收入与其他收入的构成以及有关税收的征得率和地方预算对特定收入的依赖程度；发行人所处的整体社会经济环境。这种现象的原因是当市政债券评级过低时，保险公司考虑到风险往往

① 刘士余．鼓励和支持创新 促进信用增进行业健康发展．第一届中债信用增进高端论坛．2011年12月。

不愿意承保，因而市政债券获得保险的比率较低；而如果发债地方政府的信用状况良好，则所发行市政债券的违约风险很低，信用级别本身就较高，地方政府为了降低融资成本，为债券购买保险的动力就相对较小，使得评级高的市政债券投保比例也较低。[①] 因此，通过增信，可以有效控制市政债券的融资成本。

对于我国来说，发展地方政府债券正处于起步阶段，增信业务可以借鉴美国市政债券市场以信用评级制度、信息披露制度和债券保险制度为信用风险管理“三驾马车”的基本框架，分别从政府的经济引导能力、地区经济运行质量、地区金融发展情况、金融市场的信用基础 4 个方面来对地区金融生态环境进行评估，对地区财政金融经济状况进行综合评估，建立市政债券信用评级框架，逐步健全债务风险预警及动态监测框架，以推动完善市政债券信用评级体系。

另外，增信可以推动完善市政债券发行定价机制。与中央政府发行的国债无须信用评级不同，地方政府债券的发行必须经过严格的资信评级，通过确定债券的信用等级，揭示债券所蕴含的风险。按照国外规范化的证券市场运作方式，发行地方政府债券，必须由独立性较强和地位较超脱的资信评估中介机构进行信用评级，将发债主体的信誉和债务偿还的可靠程度对外公布，供投资者决策时参考。

发达国家债券市场大多建立了较为成熟的信用评级体系，信用评级结果成为市政债券市场定价的重要依据。开展增信业务，有利于推动构建一个独立、客观、公正的市政债券信用评级体系，确保发行人公布客观公允的资产价值，保证财务信息的真实、准确和完整；全面准确反映发债体的各方面资质，逐步实现债券利率与评级直接挂钩，推行债券信用利差的市场化；完成对市政债券进行合理定价，发展我国市政债券市场。

四、增信在经济转型期的特殊意义

我国目前已基本走过经济发展追赶期，种种迹象表明，投资拉动的经济增长将要走到尽头，而提升产业边际效益的基本途径，就是由投资驱动向创新驱动的经济转型。作为全球第二大经济体，转型升级必然是一个漫长而艰巨的过

---

① 苏英．地方政府债券信用评级综述．改革与战略．2010（5）。

程，不可避免要经历转型的阵痛，因此资本市场不可替代的战略性作用才会得以突出和显现。事实上，2013 年以来的市场表现已经显示出市场各方正在经济的转型升级中积极寻找契机和突破。习近平总书记在 APEC 峰会阐释了中国深化改革开放的新思路及新举措，强调中国正在加快转变经济发展方式，重在提高发展的质量和效益。

经济转型重要动力之一就是创新，这意味着平衡被打破，对各种要素进行重新组合。新兴产业往往需要大量的资金支持，债券融资是现实、可行的融资方式。对于投资者而言，新兴产业的发展前景尚无定论，相关公司内部治理情况和技术优势信息披露较少，因此往往不愿意投资这样风险较高的行业，或者对风险溢价要求较高。这严重影响相关企业的融资，阻碍了新兴产业的发展，不利于新兴支柱性产业的培育。专业的增信机构可在风险可控的前提下，对新兴产业给予增信支持，提高其债权的信用评级，增强投资者对新兴产业的信心，降低企业融资成本，解决其在发展过程中所遇到的融资困难，实现经济快速、健康转型。

经济转型意味着需要淘汰落后的、资源消耗较大、污染严重的产业，发展先进的、技术含量较高、绿色环保的产业，因此，应将投资于应被淘汰行业的资金，引向新兴且具有较大发展前景的支柱性行业。要实现这一转变，单纯靠政策性引导的效果往往不佳。一方面，容易产生“拔苗助长”现象；另一方面，也容易导致“一窝蜂”投资行为和一些行业出现“缺氧”情况，引发社会问题。增信作为一个市场行为，能够顺应相关产业的市场运行规律，适时适量地开展相关业务，循序渐进地将资金从需要淘汰的行业引入到新兴行业中。因此，增信能够在保证市场平稳运行的前提下，根据新兴产业的实际需要，有条不紊地实现经济平稳、顺利转型，促进其健康、永续发展。

在经济转型过程中，一些战略性领域的发展往往需要大量资金投入，并且资金回报周期较长，面临的不确定性较大，因此，一方面，单靠政府力量往往无法满足实际需求；另一方面，其所发行的信用债券往往不易被投资者接受。具有政府背景的、不以盈利为目的的增信机构对相关领域企业增信后，能够保证债券的到期偿付，也能够得到投资者认同，推动资金向该领域聚集，加快其发展进程。

经济转型期是一个关键而特殊的时期，既要淘汰落后的产业，又要发展先进的支柱性产业，在拟发展的先进产业中还有一些具有重大意义的战略性支柱产业需要大力发展。在当前时期，政府应当从主导产业发展的角色中退出，采取有力的政策措施改变发展环境。政府是创造环境的主体，通过调节市场引导企业；企业是创新的主体，自主决策并承担风险。市场需要为创新提供动力、平台，并使成功的创新获取溢价收益。大力发展增信行业，有利于释放市场潜能，激发企业创新精神，加快新兴产业的发展进程，促进国民经济健康、快速转型。通过开展增信业务，可以推动多层次市场体系建设，拓宽市场的广度和深度；可以进一步调整对城市基础设施、节能环保、信息消费、现代服务、创新创业等关键领域的支持力度和增信额度。与此同时，增信有利于推进公司债券市场制度规则统一，深化债券市场互通互融，也可以应用于中小企业私募债领域，将服务的主体范围扩大到“新三板”挂牌公司，更好地满足中小微企业融资需求。

第三节 信用衍生品简介

一、信用衍生品定义

信用衍生品是投资组合信用风险管理的最新工具。按照国际互换和衍生产品协会（ISDA）的定义，信用衍生品是用来分离和转移信用风险的各种产品和技术的统称。这种合约把信用风险从贷款和债券中剥离出来，放在不同的市场上进行交易，以一定代价转嫁给其他的投资机构，尤其是那些专门从事信用风险管理的公司，或那些对某类产业更为了解，且更有能力处理这类产业信用风险的专业机构，从而最终达到降低自身信用风险敞口的目的。和其他衍生工具一样，信用衍生品既可以单独交易，又可以作为其他一些金融工具的组成部分，镶嵌于如信用联系票据这样的金融产品中。

在信用衍生品合约中，需要对违约做一个明确的规定，以减少可能发生的法律风险。ISDA 对信用事件做了详细的描述，当相应的信用事件发生时，信用衍生品就要发生买卖方之间的支付。根据 2003 年修订的《信用衍生品定义文件》的规定，信用衍生品交易中所涉及的信用事件主要包括：

（一）破产事件（Bankruptcy）

信用衍生交易中所涉参考资产的借款人发生解散、资不抵债或无力偿还债务，或未能偿还到期债务等情形，均可构成破产事件。ISDA 定义的破产事件的范围要比一般意义上的资不抵债（Insolvency）更宽泛。

（二）债务加速到期（Obligation Acceleration）

债务加速到期是指因借款人的违约导致相关债务在原约定的到期日之前到期，但不包括不能支付的情形。在债务加速到期的情况下，借款人的违约必须有相应的违约最低金额，只有超过该金额的违约行为才可能导致债务加速到期的信用事件发生。

（三）借款人不履行债务（Obligation Default）

借款人不履行债务是指因借款人发生违约导致债务可被宣告提前到期而借款人未能履行债务的信用事件，但未能支付不属于该情形。需指出的是，债务加速到期一般也属于债务不履行信用事件的一种。因此，如果信用衍生交易合约中规定“债务不履行”为信用事件，那么，只有在债务加速到期的违约标准低于债务不履行的违约标准时，债务加速到期的信用事件才被考虑。

（四）债务到期未能支付（Failure to Pay）

债务到期未能支付是指借款人未能支付到期（包括展期后到期）债务。在信用衍生品交易中，发生债务到期不能支付情形，信用买方即可要求信用卖方支付约定的金额，从而获得损失补偿。

（五）拒绝清偿或延期还款（Repudiation/Moratorium）

拒绝清偿或延期还款是指借款人（包括政府机构）撤销债务或以其他方式拒绝清偿债务的行为。对于该种信用事件，一般都有最低违约金额要求。

（六）重组（Restructuring）

重组是指因债务本金或利息下调、受偿顺序变动、还款日期推延等原因导致参考资产的价值下降的情形。对于重组，一般也规定最低违约金额[①]。

由于信用风险的个体性，信用衍生品具有显著的非标准特征，一般根据交

---

① 吴寒梅．信用衍生品在我国商业银行风险管理中的应用与发展．西南财经大学硕士学位论文．2006 年 4 月。

易双方的特定需求来定制交易合约，信用衍生品属于典型的场外交易衍生品。从经济意义上看，信用衍生品的内涵包含了许多长期使用的信用风险管理方法的特征，如担保函、信用证、贷款参与等。信用衍生品与这些传统方法相比，不同之处在于：信用衍生品分离、转移、交易资产的信用风险，而不改变资产的经济属性。这种特质表现在以下 3 个方面：

1. 信用衍生品与标的资产相互独立

贷款二级市场上的贷款交易活动的实质是转让贷款的经济权益，这一交易活动需要初始借款人认可新的法定权益归属，以保证原有贷款合同权益的有效性，由此导致贷款银行与客户关系的终结。而信用衍生品与具有信用风险特征的标的资产之间是相互独立的，这种独立性可以使银行自由改变贷款组合的风险特征而不影响放贷业务形成的客户关系，信用衍生品合约的买卖方可以根据自己的需求来随意设计合约，不受标的资产参与方的限制。

2. 信用衍生品的非现货特征

信用衍生品不受现货头寸的限制，可以通过卖空债权类工具的信用风险获得市场上的交易流动性。在现货市场上，由于信贷资产的低流动性，卖空银行贷款基本上是不可能的，但可以通过信用衍生品提供信用保护，以一种合成头寸的方式实现了卖空风险资产的经济效果。信用保护买方支付很少的信用保护费用就可以获得信用事件发生后带来的大额信用损失补偿，从而纠正信用风险有偏的风险收益分布。

不同资产类别、不同评级机构的评信结果等都可能造成信用产品巨大的定价差异。信用衍生品的非现货特征使得套利者可以基于对信用市场状况的判断进行获利性交易。而在传统金融体系中，持有贷款的高成本使得交易机会难以获得。

3. 信用衍生品属于表外金融工具

信用衍生品交易属于表外业务，可以灵活地为交易方提供财务杠杆支持。表内持有资产的成本一般来说比较高，因此对表外工具的需求很高。持有信贷资产不能获得资产担保融资便利，投资者买入信贷资产后没有再融资渠道或不存在回购市场安排，单纯持有银行贷款的资本收益率对投资者的吸引力不够。而通过总收益互换持有合成的银行贷款头寸，能够获得与直接投资相同的经济效果，并且可以避免持有现货的成本和费用。

二、信用衍生品分类

（一）单一产品

单一产品（Single Name）是指参考实体为单一经济实体的信用衍生产品。一般而言，包括单一名称信用违约互换（Credit Default Swap，CDS）、总收益互换（Total Return Swap，TRS）、信用联结票据（Credit - Linked Note，CLN）、信用价差期权（Credit Spread Option，CSO）等。

（二）组合产品

组合产品（Multi - Name）是指参考实体为一系列经济实体组合的信用衍生产品，包括指数 CDS、担保债务凭证（Collateralized Debt Obligation，CDO）、互换期权（Swaption）、分层级指数交易（Tranched Index Trades）等。组合产品的交易结构较为复杂，但共同的机理是由多个基本信用违约互换或多个单一的信用衍生产品构成的资产组合池（故称为 Multi - Name）。由于组合产品对信用资产组合池中的违约相关性非常敏感，因此，这类产品也称做“相关性”产品。

（三）其他产品

其他产品主要指信用固定比例投资组合保险债券（Constant Proportion Portfolio Insurance，CPPI）、信用固定比例债务债券（Constant Proportion Debt Obligations，CPDO）、资产证券化信用违约互换（ABCDS）、外汇担保证券（CFXO）等与资产证券化紧密结合的信用衍生产品。这些产品结构复杂、定价很不透明，即使在金融危机前信用衍生产品市场最为活跃的时期也乏人问津，而在危机后更是销声匿迹。

三、信用衍生品基本功能

（一）分散信用风险

信用衍生产品的出现使信用风险管理有了属于自己的技术，通过信用衍生产品可以将信用风险从其他风险中剥离并转移出去，从而较好地解决了银行在风险管理实践中的信用悖论问题。借助于信用衍生产品，银行既可以避免信用风险的过度集中，又能继续保持与客户的业务关系，这对传统银行业的经营理念具有革命意义。通过信用风险的定价和交易，可以推动更多的投资者参与到信用风险市场之中，使得金融市场上信用风险的承担者从银行扩展到保险、基金、企业等各种不同类型机构，提高了金融市场整体风险抵抗能力。

（二）提高资本回报率

金融资产的风险收益特征可通过预期收益与意外损失两个参数来刻画，其中，预期收益依赖于利差和信用损失，意外损失的计算则基于许多信用同时违约的假设。预期收益和意外损失的比是一个类似于夏普比率的指标。通过减少意外损失高、预期收益低的资产，或增加有正贡献的资产，来提高预期收益和意外损失的比率，可以达到提高资产组合预期业绩的目的。如果没有信用衍生产品，市场参与者只能通过购买或出售金融资产才能实现上述目标。但利用信用衍生产品，则更容易实现这些策略，提高金融资本回报率。

（三）提高基础市场流动性

信用衍生产品把金融资产中的信用风险分离出来，并通过信用分层、增信、破产隔离等金融工程尤其是信用工程技术，重新改变金融资产的风险收益特征，将其改造成可交易的金融产品，从而大大增强了金融市场的流动性。此外，信用衍生产品是对金融市场的一次重新整合，使金融机构能进入更多的市场领域，相当于把所有的市场都联系起来，这有助于增加市场的流动性。

（四）提高金融市场效率

在有信用衍生产品的金融交易中，由于出现了信用风险的第三方购买者，极大地减轻金融市场上由于信息不对称所产生的逆向选择和道德风险问题，从而降低了金融交易成本，有力地促进了金融市场的运行效率。另一方面，信用衍生产品的持续交易也会使金融市场上的一些隐蔽信息更加公开，增强市场的透明度，由此促成金融资产的价格反映出更多的市场信息，金融资产的定价也更为有效。

第四节 信用基础产品、增信与信用衍生品之间相互作用

从性质上来看，信用基础产品和衍生品都是一种产品类型，而增信是一种为信用基础产品提升信用评级的服务。

信用衍生产品是基于信用基础产品衍生出来的产品类型，是为方便投资者进行风险管理而设计的产品，有利于信用基础产品的合理定价和风险缓释。增信是通过对信用级别较低的信用基础产品提供增信服务以提升其信用评级，提高基础产品的抗风险能力，在一定程度上也可以转移基础产品的信用风险，有利于提高基础产品流动性，降低其市场波动性，对信用基础产品的发展起到促进作用。部分信用衍生品可以用来对基础产品进行增信，而增信在一定程度上可以看作是一种管理信用风险的方式。

一、信用基础产品对增信和信用衍生品的促进作用

（一）信用基础产品能够促进增信行业的发展

首先，随着信用基础产品数量的增加，增信业务量也大幅增加，促进了行业的发展；其次，信用基础产品的丰富增加了投资者转移信用风险的需求，进一步促进了增信业务的需求，推动了增信行业的发展；最后，信用基础产品的丰富促进了信用债市的发展，提高了债市融资的需求，加大了信用债的发行量，促进了增信的需求。

（二）信用基础产品的丰富能够促进信用衍生品的发展

首先，信用基础产品的存在，使得构建信用衍生产品成为可能，因为基础产品的发展能为衍生品的构建提供基础保障，例如沪深 300 指数的存在及其详细的信息披露，使得沪深 300 指数期货的开发和设计成为可能。

其次，作为信用衍生品的标的，信用基础产品能够对衍生品的搭建起到支撑作用，同时信用基础产品定价为信用衍生品的定价提供了基础，例如沪深 300 指数期货交割结算价为沪深 300 指数成分股最后两小时按交易量加权平均价。此外，信用基础产品也成为信用衍生品的走势、活跃程度以及交易结算方

式的基本组成部分，它的走势、交易量和结算方式都很大程度决定了衍生品的相关情况。

最后，信用产品的丰富和完善促进了信用衍生品的发展。信用产品的丰富一定程度上向市场增加了信用风险的供给，增加了信用风险管理需求，促进了信用衍生品的活跃和发展。

二、增信对信用基础产品和信用衍生品的促进作用

（一）增信能够促进信用基础产品的发展

增信的直接效果是提高了信用基础产品的信用评级。一方面，使得原来不能达到投资水平的信用债，经过增信后达到了投资产品的最低要求，增加了债券市场投放量，促进了债券基础产品的发展；另一方面，提高了信用产品的信用评级，降低了投资者的信用风险，提高了基础信用产品的流动性，促进其发展。

增信行业的快速发展，使得投资者对所承担信用风险有了理性认识，也积累了信用基础产品的投资经验，提升了信用风险承担能力，增加了对信用基础产品的需求，促进了信用基础产品的发行，推动了信用基础产品的发展。

（二）增信能够促进信用衍生品的发展

增信行业的发展在促进信用基础产品发展的同时，增加信用风险管理需求量，进而促进信用衍生品市场的发展。

增信行业作为金融市场创新机制安排，顺应了建立有效的市场风险分散和分担机制与进行风险专业化管理的发展趋势，进一步扩展市场发展空间。同时，也促成了信用衍生产品的创新和开发，推动了信用风险的流动和风险转移和分担机制的建设，完善风险分散分担的链条，提升整个金融系统的风险管理能力。

（三）信用衍生品对信用基础产品与增信的促进作用

1. 信用衍生品能够促进信用基础产品的发展

跨品种套利机制的存在使得基础产品的创设变得有利可图。举例来说，商品期货的跨品种套利，就是利用两个或两个以上同一交割月份、相关联不同品种的合约间的价差进行交易，即当相关联期货合约之间的价差背离其正常水平

时，买入某一交割月份某种商品的期货合约，同时卖出相同交割月份、相互关联的另一商品期货合约，以期二者价差返回正常水平时，对冲平仓以获取低风险的稳定价差收益。跨品种套利机制使得基础信用产品的发展更加丰富。

期现套利机制的存在，使得信用衍生品的交易量能够带动信用基础产品的交易量。跨期套利是价差套利的一种，是市场上比较常见的套利策略。为获取价差上的收益，套利者在同一期货品种的不同月份合约建立数量相等、方向相反的交易头寸，并以对冲或交割方式结束交易的一种操作方式。根据持有成本理论，不同期限合约的合理价格取决于现货价格和持有成本。在指数现货价格给定的情况下，不同期限的期货合约的价差是由持有成本决定的，在市场利率保持不变的情况下，由于不同期货合约之间的时间间隔是固定的，因此在理论上不同期货合约之间的价差存在着长期稳定的均衡关系。但是受市场短期供求、移仓、市场预期等因素的影响，期货合约之间的价差会偏离合理的价差水平，这时套利者就可以利用市场的异常情况进行套利，当价差回归到合理价差时获取价差变动所带来的套利收益。期现套利机制可以提升信用产品的活跃程度，从而促进信用基础品的发展。

2. 信用衍生品能够促进信用基础品的合理定价

信用衍生品价格形成机制实际上检验了众多交易者对未来供求状况的预测，其价格能在一定程度上反映价格的动态走势，具有价格的合理预期性。信用衍生品的广泛应用，可以为信用产品市场中注入供求的集中、充分的流动性、市场的秩序化、公平竞争等，以使信息集中、市场透明，价格能真实反映供求。

信用衍生品可以推动市场交易机制的完善。以信用违约互换（Credit Default Swaps）为例，在信用违约互换交易中，违约互换购买者定期向违约互换出售者支付一定费用（称为信用违约互换点差），而一旦出现信用类事件（主要指债券主体无法偿付），违约互换购买者有权利将债券以面值递送给违约互换出售者，从而有效规避信用风险。在信用违约互换合约中，对应的参照资产的信用可以是某一信用资产，也可以是一篮子信用资产。信用违约互换的定价问题就是在合约制定之初确定购买者支付的费用的多少。按照无套利定价原理，合约买方支付的期望费用的贴现值应该等于合约卖方未来的不确定现金流的期望值的贴现值。

衍生品的定价本质上无套利定价，任一产品的定价偏差必然导致套利机会出现，在市场套利力量带动下，各产品价格处于均衡，包括信用基础产品。

3. 信用衍生品有利于信用基础产品的风险管理

信用衍生品的出现从根本上改变了信用风险管理的理念，弥补了信贷市场的缺陷，促进信用风险的转移。其积极作用表现在以下几个方面：

（1）降低参与贷款市场交易的成本。信用衍生品使得银行能够以较低的成本进入新的贷款市场，也为非银行金融机构的投资者进入贷款市场创造了机会。规模小、信用等级低的银行相对规模大、信用等级高的银行在发放贷款方面有比较劣势，很难直接获得对高质量借款人的贷款。大银行可能由于对某一高质量的借款人的贷款过于集中而需要分散风险，小银行通过向大银行出售信用保护间接进入高质量贷款市场，从而平衡其高收益率贷款组合。此外，原来受法规或能力限制无法进入银行贷款市场的机构投资者，也可以采用出售信用保护的形式参与贷款市场，其成本低于直接购买标的资产。因此，信用衍生品的出现不仅使各机构可以通过信用衍生品的购买来规避信用风险，也通过信用衍生品的卖出来享受信用风险带来的收益。

（2）有利于信用风险的市场定价。信用衍生品的一个重要作用就是其价格发现功能。通过创造和扩展信用风险市场，市场参与者可以通过这个市场对信用风险成本进行更好的度量，并利用贷款或债券的不合理定价来套利，最终促使价格趋于合理值。另外，衍生品的交易成本低于现货市场的交易成本，也使得市场交易更有效率。

（3）信用衍生品适度发展有利于保障金融系统的安全、稳定。由于信用衍生品将风险转移的特点，使得信用风险在整个金融系统内得以分散。当有经济衰退或重大违约事件发生时，银行不至于损失过大而倒闭，从而维护了金融体系的稳定。许多机构和一些银行监管者都指出，正是通过利用信用衍生品分散了银行承担的信用风险，使得美国的银行经受住了 2001 年的经济衰退以及伴随而来的违约增加，而没有出现严重的问题。

4. 信用衍生品能够促进增信的发展

（1）信用衍生品通过对信用基础产品一系列的架构和组合，可以有效期限地达成期现套利以及信用风险的对冲。因此，可以利用合适的信用衍生产品完成增信，抵御风险。

（2）信用衍生品促进增信市场发展。随着信用衍生产品市场的不断完善，投资者管理信用风险的需求和方式也越来越丰富。一方面，这使得增信的方式越来越多，增信行业发展越来越完善；另一方面，也使得投资者愿意购买信用产品，而后再利用信用衍生品市场对冲其所承担的信用风险，促进债权市场发展，增加增信的需求。信用衍生品的发展有利于提高全社会对信用风险的认知，强化信用风险管理理念，间接促进债权市场对增信服务的需求。

实体经济的发展要求直接融资占比逐步提高，而在企业信用工具快速发展的环境下，以信用风险缓释为代表的信用衍生产品成为必需，从银行角度来看，宏观审慎监管、逆周期监管以及资本缓冲等，势必要求商业银行进行风险缓释，以适应新的资本约束条件。通过信用风险缓释工具产品等产品的推广，有利于丰富投资者的信用风险管理手段，完善债券市场信用风险分担机制，对增强我国金融市场的竞争力和吸引力，推动我国金融市场的深化和维护金融体系的稳定具有重要的现实意义。

第十五章

国外增信理论与实践

国外增信的理论和实践起步较早，主要源于早期信用体系的构建和完善，增信是信用体系发展到一定阶段的产物。本章首先介绍国际较为成熟的增信理论，然后介绍国外增信的实践。

第一节　国外关于增信理论研究

一、内部增信研究

（一）抵、质押担保

抵、质押担保主要应用于结构性金融产品和公司债券增信方面。在抵、质押担保中，为了使抵押对发行的债券真正产生增信作用，抵押资产要求价值高、折旧率低且变现能力强。在美国，较为常见的已经发行的抵押资产包括动产和不动产；质押资产包括股票、票据和债券等。

对于抵、质押担保增信方式，其优势是操作思路明确，无担保费，但在发行过程中，投资者范围受到限制（保险机构一般不投资抵、质押债券），需要聘请债权代理人和抵押资产监管人，程序较为繁琐，同时抵押资产属于发行人，与发行人未来经营管理直接相关，且抵押资产的变现性和价值稳定性存在不确定，因此对发行的债券增信效果的不确定性较大。

一般的抵、质押担保在公司债券中的操作比较简单，在此不再介绍。以下主要介绍结构性金融产品如何利用抵、质押担保来进行增信。结构性金融产品抵、质押担保的方式主要有超额抵押和现金抵押。超额抵押的具体使用方法是发行人建立一个大于发行证券本金的资产组合（资产池），以大于本金的剩余资产作为本金的抵押担保，即被证券化的资产实际价值高于证券的发行额，发行人在向原始发起人（原始权益人）购买证券化资产时不支付全部价款，而是按一定比例的折扣支付给原始发起人，在发生损失时，首先以超额部分的剩余资产作为抵押予以补偿。如果在证券偿还期间，用作抵押的剩余资产的价值下降到预先设定的某个金额以下，发行人就必须增加抵押资产。

超额抵押中，用作抵押的是资产池中的资产，因此发行人对用作抵押的资产的控制能力、抵押资产价值的稳定性以及变现能力直接决定了该种方式增信的效果。在美国，原始发起人将资产“真实出售”给发行人，使证券化的资产与原始发起人之间的破产风险隔离，即原始发起人的其他债权人在其破产时对已证券化的资产没有追索权，最大限度降低原始发起人的破产对证券化资产产品的影响，保证了资产抵押的增信效果。

现金抵押是采用现金来作为超额抵押品。现金流与其他资产相比，其信用质量和稳定性更高，用现金流进行抵押担保可以向投资者提供最终的以及定期的支付保护。发行人一般要建立一个现金储备账户，该账户是独立的，由发行人委托商业银行托管，如事先获得许可发行人还可用该账户进行投资，实现保值增值。现金账户能保证发行人及时和足额的向投资者支付本息，同时通过设立担保基金，还可以对证券化资产的损失进行担保。该账户的资金主要来源于两部分：一是利差，即基础资产组合产生的收益超出支付给投资者的本息以及发行人运作费用的差额部分，实际上是发行人从事证券化业务的净收入；二是发行人的自有资金。现金储备账户的资金累积越多，投资者的利益就越有保障，资产证券化产品的信用级别也就相应得到提高。但是，若抵押品现金闲置，则现金抵押可能导致发行人资金使用效率较低，增加发行人成本。

约瑟夫·梅森（Joseph R. Mason）、乔什·罗斯纳（Josh Rosner）（2007）发现，住宅抵押支持债券和担保债务凭证发行遇到的一些困难主要来自于机构评级的不当运用，抵押起源和服务的变化使得住宅抵押支持证券和住宅担保债务凭证的风险很难评估。经研究发现，美国市场最大的三家评级机构经常会遇到一些互相矛盾的动机，这会影响风险的主观度量。比较重要的是，在设计住宅抵押支持证券和住宅担保债务凭证的过程中，评级机构必须参与其中，因此会导致法律风险，甚至更严重的冲突。文章还分析了，给类似于住宅抵押支持证券和住宅担保债务凭证评级和公司债评级之间的根本差别，并且由于不合理评级，导致投资者正在离开美国市场。Darrell Duffie and Nicolae Garleanu（2001）探讨了债务担保债券的定价和风险分析，同时探讨了在定价过程中优先性和相关性的作用，研究了评级机构经常采用的“分散分数”对债券价格的影响。J Boudoukh、RF Whitelaw、M Richardson 和 R Stanton（1997）用多元密度估计方法衡量抵押支持证券价格可以很好地用利率期限结构的水平和斜率来刻画其价格水平，并且发现该函数随票息的不同而不同。文章的一个重要发现是利率水平能够解释提前偿付期权价值和现金流的平均时间，而期限结构倾斜幅度表示直线利率的差异。

John、Lynch 和 Puri（2003）研究了抵押对债券收益率的影响，通过实证分析，发现按级别分类后有担保的债券利率高于一般的债券。对这种利差现象，作者依据代理人问题模型，通过分析评级过程的不完善进行了解释，作者从 Securities Data Corporation（SDC）采集了 1993 年 1 月 1 日至 1995 年 3 月 31 日发行的固定利率债券，然后基于贷款及担保特征，分总体水平及个体水平两大类对有担保债券与无担保债券的利差进行考察。作者利用代理人问题模型对担保和贷款特征（担保的本质、信用评级、期限、新发行还是季节性发行以及合约条款等）如何影响利差进行了分析，并获得了如下（控制了信用等级后的）实证结果：（1）担保债与无担保债的利差为正（即前者利率大于后者）；（2）担保债券和无担保债券的利差很大程度上由非抵押的担保资产驱动，并受各企业风险差别影响，抵押资产如土地及建筑物，与未担保债券相比，并不对利差有影响；（3）信用等级较低的担保与无担保债券的利差要大于信用等级较高者；（4）期限较长的担保与无担保债券的利差要大于期限较短者；（5）新发行的担保与无担保债券的利差要大于按季节发行的债券；（6）债权保护条款使得担保债券的利率降幅大于无担保债券利率的降幅，尤其是对于等级较低的债权。

这 6 个实证发现的综合含义与代理—成本模型对于担保债的较高利率水平解释一致，这是其他理论解释很难达到的。实证结果说明，即使考虑了信用评级，担保物的性质、债项的特征以及监管强度等因素对于利率的决定仍有重要影响。

（二）优先、次级结构

对债券产品进行结构化设计的增信方式被广泛应用于结构性金融产品和公

司债券增信中，主要是通过对结构性金融产品和公司债券进行优先/次级结构的设计来进行增信。

在美国一个典型的抵押贷款证券化交易中，针对同一资产池，原始发起人一般会发行分为优先档（Senior Tranche）、中间档（Mezzanine Tranche）和股权档（Equity Tranche 或 Junior Tranche ）等不同档次的债券，一般各占 80%、10% 和 10%。优先档债券往往能够获得 AAA 评级，债券收益率较低，投资者为风险偏好较低的商业银行、保险公司、共同基金和养老基金。中间档债券的信用评级包括 AA、A 和 BBB，债券收益率较高，投资者为风险偏好较高的对冲基金和投资银行。股权档债券往往没有信用评级，债券收益率最高。这种根据不同投资者对不同风险和回报的不同偏好划分不同评级的投资交易，使得证券更加符合资本市场的上市标准，获得更好的发行条件，扩大投资者队伍，降低综合融资成本。

在实证分析中，Brenna 和 Hein 等（2008）对增信在证券化产品分层（Traching）中的作用进行了论证，发现损失准备方案（Loss Allocation）的颁布及若干个储备金账户的设立可以显著影响层级产品（Tranches）的各种风险及其大小。假定发行者维持优先损失地位（First Loss Position ），站在发行者角度，这种剩余权益索取地位的支付特征等同于在若干个产品结构中进行选择的适当标准。实际上，通过保持优先损失地位及由此产生的剩余索取权的期望内含收益率，随着增信工具组合变动而改变。而且，为与《新巴塞尔准则》一致，发行人需要提供不少于初始优先损失地位的权益资本。模拟结果显示，一个单瀑布（Single Waterfall）结构，即不区分利息及本金的未来支付及损失被配置到本金乃至利息、并设置一个数额不限的储备金账户的安排，对于发行人更为有利。这一结构的特征是优先损失地位数额小但收益高，且收益来源于在交易结束时支付的超额利差。同时，与持有非证券化的贷款资产组合相比，这一结构还有助于最大限度地减少监管资本要求。当前的分析使得模型获得几种可能的扩展形势，Brennan 和 Hein 认为在现有的环境下，所选择的增信工具对于总体的交易价值没有影响，这是由于所分析的结构（Tranches）仅仅在损失的配置方面有差异，这些结果来自于关于不同策略的交易成本相等的假定。而在实际中，研究不同结构的交易成本具有重要意义。例如，人们可能会认为储备金账户的设置增加了行政成本，此外，人们可将建立优先获利地位（First Profit Position，FPP）的交易成本涵盖在有关发行人利益决策中，由此人们有可能研究增加（减少）那部分流向服务人员、管理者、掉期交易对手等的交易成本，以及所需要的FLP增加（减少）之间的取舍关系。因此，分析发行者在FPP中占有多大份额就显得尤为必要，即在支付开始之前，发行者可以撤回的金额。另一个值得商榷的假设是不同信用等级的层级产品发行利差相等。而在贷款抵押证券（Collaterized Loan Obligation，简称CLO）市场上，实际上存在着同一信用等级的层级产品（Tranches）在不同的交易中出现发行利差不同的现象。Cuchra（2005）通过实证确认了尽管信用评级是发行利差的主要决定因素，但也存在其他的影响因素。尤其是所选择的增信的具体方案，也会对最优的结构产生影响。

（三）可交换债券

可交换债券（Exchangeable Bonds）或称可交换股债券，是指债券发行人将其持有的其他公司的股票抵押给托管机构（或登记结算公司）之后发行的公司债券，该债券的持有人在将来的某个时期内，能够按照约定的条件以持有的公司债券交换获取债券发行人发债时抵押的上市公司股权。可交换债券一般发生在母公司与控股的上市子公司之间，即由母公司发行债券，债券到期时可以转换成其上市子公司的股票。通常，可交换债券结构见图15－1。

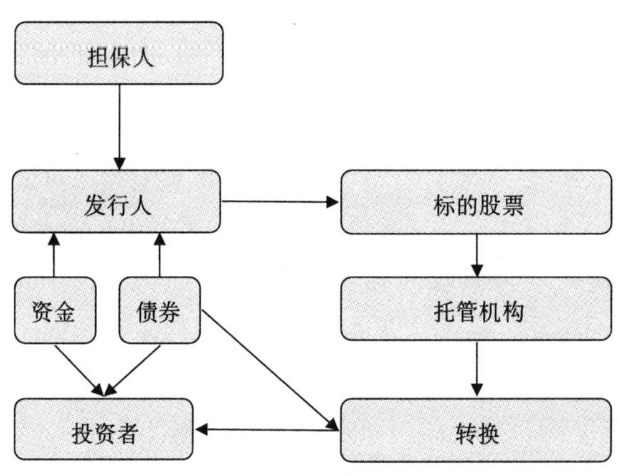

图15－1 可交换债券结构①

① 薛世容．信用增级性质和定价研究．复旦大学博士学位论文．2009年5月。

从发行利率来看，可交换债利率远低于一般债券的利率的水平。主要有以下两个方面的原因：

第一，由于可交换债券持有人有权选择将债券转换成标的股票，或持有到期收取本金和利息。所以，投资者持有可交换债券，就相当于持有了标的股票的看涨期权。当标的股票的转换价格低于市场价格时，投资者就可能行使转换权利，否则投资者就会一直持有可交换债券，定期收回债券的本金及利息。由于可交换债券给投资者提供了这种优越的投资条件，因而降低了发行利率。

第二，由于在债券到期时，若发行人发生违约，投资者有权转换成标的股票，投资者利益得到了进一步的保障。因此，可交换债券也可以看做是一种包含了隐性增信方式的债券品种，实质上相当于隐性的股权质押。尤其是当发行人与标的股票之间相关性很小的时候，这种增信效果较强。这种隐性增信效果的存在，也在一定程度上降低了可交换债利率。

Manuel Ammann、Martin Fehr 和 Ralf Seiz（2006）主要研究了瑞士和德国可转债和可交换债公布和发行效果，发现可转债和可交换债的公布会产生明显的负面效果，特别是在已经出现下跌的情况下。通过研究股票成分与声明效果发现，发行股票成分的大小对可转债有很大影响，但是对可交换债影响不大。

二、外部增信研究

（一）债券保险

债券保险起源于美国，同时也在美国得到了良好发展，已成为美国债券市场最主要的增信方式之一。目前，美国已有十几家债券保险公司，并组成了美国金融担保保险协会（Association of Financial Guaranty Insurers，简称 AFGI），这些债券保险公司主要为市政债券、结构性金融产品和国际债券提供保险服务，但债券保险不涉及公司债券业务。从市场份额来看，前三大债券保险公司（MBIA Insurance Corporation，以下简称 MBIA；Amfac Financial Group Insurance Corporation，以下简称 AMBAC；Financial Guaranty Insurance Corporation，以下简称 FGIC）包揽了整个市场 90% 以上的业务。其中，债券保险公司 AMBAC 成立于 1971 年，成为最早为市政债券提供专业保险服务的保险公司。随后其他几家债券保险公司先后成立，市场上出现了 AAA 的市政债券。最初，美国市场上仅有 3% 的市政债券采用了债券保险这种增信方式，截至 2007 年底，约 60% 的市政债券使用债券保险来提升评级级别。

1. 债券保险公司的运作特点

与传统的保险机构一样，债券保险公司的业务收入同样来源于保费收入和投资收益，但是，债券保险公司作为一类特殊的保险机构有着自己独特的运作模式，债券保险公司是对主体所发行的债券提供保险，并收取担保费用，其性质与担保机构有一定的相似之处。目前，AMBAC 收取的保费比例为 0.5% 到 1.25%，而 MBIA 收取保费的比例为 0.1% 到 0.2%。债券保险公司只是在证券的发行主体没有能力偿还债务或者履行义务时再对债权人进行赔偿。该机构主要是对其所承保的证券起到一个增信的作用，债券保险公司的级别决定了所承保证券的级别。美国政府对债券保险公司的承保债券一般没有要求，但是对 FGIC 做出了规定，国家政策规定 FGIC 只能承保信用级别在 A 以上的债券，其余的债券保险公司可以承保投资级以上的债券。对债券保险公司所持有的资产种类也没有硬性的规定，但规定了债券保险公司的资本充足率必须得到满足。

债券保险运作模式见图 15－2。

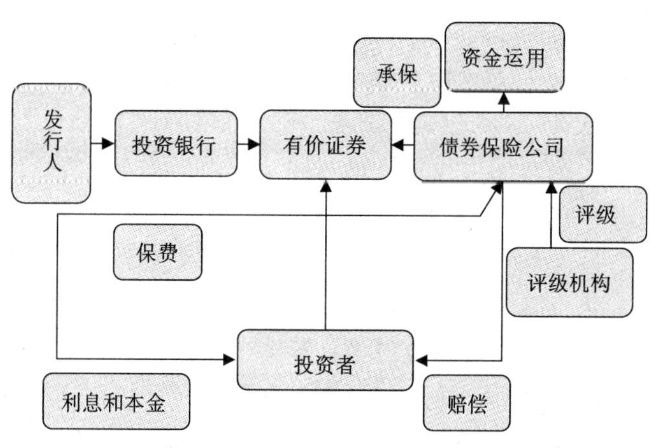

图 15－2 债券保险运作模式①

2. 债券保险在债券市场中的作用

在非完全市场中存在着由于投资者的有限理性和信息不对称造成的在风险规避及风险管理战略方面的一系列问题，债券保险的出现为这些问题的解决提供了一条有效途径。Thakor（1982）认为，债券保险的存在是因为在竞争的市

① 薛世容. 信用增级性质和定价研究. 复旦大学博士学位论文. 2009 年 5 月。

场中存在着信息不对称。总体上看，债券保险机构的出现，扩大了债券市场的容量，增加了市场的供给。同时也影响了债券市场的需求，从而促进了市场的流动性。债券保险公司的出现，使得较低级别的债券发行主体得以在支付了一定保费成本后，将其债券的信用予以增进。这在降低融资成本的同时，也提高了融资者发行债券的积极性。同时，产品质量水平的提高，不仅减少了投资风险，也吸引了大量投资者参与债市投资的热情，扩大了债券市场的需求。

Hsueh 和 Liu（1990）也对债券保险进行了研究，他们指出，在一个有效市场中，债券保险的保费应该等于由于此外部增信手段而节省下来的融资费用，从而为债券保险的定价提供了一种衡量的方法。

Dwight V. Denison（2001）商业保险在市政债发行过程中扮演越来越重要的角色，通过商业保险发行的市政债占比将近 50%。通过研究发现，这主要由于市政债市场的分割所致，即市政债由两个市场构成：一是追求低风险的信用品市场；二是追求高风险的信用品市场。进一步研究发现，一方面，每季市政债的发行量是由这两个市场收益率之差和金融机构市政债的持有量决定；另一方面，每季市政债发行量反过来影响两个市场的收益率之差。

Jonathan B. Justice、Stewart Simon（2003）市政债进行增信通常是通过不公开买卖债券保险实现。通过研究发现，债券保险降低了低评级长期债券的利息成本，这与不完全市场中投资者的风险厌恶和理性风险管理行为相一致。Nanda、R Singh（2004）将近 50% 的市政债在发行时都带有保险，这意味债券保险在债券发行过程中极为重要。作者为免税债券的保险提供方建立了一个基于赋税的合理解释，债券保险的存在增加了市政债的价值，因为它允许第三方在一定概率下成为免税债券的发行者。距离到期日越久，债券保险的价值越高。Robert L. Bland（2007）私人保险公司和一些政府机构均可以为市政债进行增信，这将会降低所发行债券的利率。文章同时还探讨了私人保险公司和政府机构通过债券保险进行增信时，哪个效果更好？

Bland 和 Yu（1987）比较了 1985 年美国债券市场新发行的 445 只有保险债券和 694 只无保险债券，利用回归分析，发现净利息成本（Net Interest Cost，NIC）与信用等级存在显著的负相关。在其他条件相同情况下，对于信用级别为 A 至 BBB + 的债券，通过保险获得 AAA 级别的市政债券要比无保险的 AAA 级别市政债券的净利息成本高出 20 个基点。Bland 和 Yu 利用回归方程分析保险的成本节约效应，得出结论：保险对于发行主体等级为 BBB + 或者未评级的债券，仅仅具有成本有效性，即净利息成本的节约补偿了保险的成本。

在美国债券市场上，从1971年引入债券保险以来，通过购买保险而获得AAA级别的市政债券利率往往高于同等级的无保险债券。Hsueh和Chandy（1989）对这种利差现象进行了研究，提出了两种理论解释，并进行了实证分析。第一种理论解释是债券评级差别，不同的评级机构对同一债券可能给出不同的信用级别，风险规避的投资者一般倾向于认同较低的信用级别，这就使得有不同信用等级的债券的融资成本要高于具有同样的较高的信用级别的债券。在1984年6月之前，与标准普尔不同的是，穆迪对于购买了保险的债券，仍给予发行人本身的信用等级。Hsueh和Chandy预测，随着穆迪改变评级方法，可比较的有保险和无保险的债券的利差应该消失，至少应该大幅缩小。第二种理论解释是与违约相关的风险。虽然有保险的债券发行人违约时，保险公司代为偿付本金及利息，但是债券保险仍不能完全消除与违约相关的风险：即使保险公司愿意偿付，但是相关的程序会导致偿付款到账时滞，从而使得投资者投资计划受耽误。由于保险并不能消除发行人自身的违约风险，而发行人信用质量越差，违约时发生的相关成本也越高，因此，相对于无保险的AAA级别的债券，有保险的AAA级别债券需要向投资者进行风险补偿，利率随之升高。Hsueh和Chandy从The Bond Buyer采集了美国1981～1985年按公开竞价方式发行的1 662只债券（其中254只由市政债券保险协会（MBIA）提供保险），并构造一个以发行净利息成本为因变量，以发行规模、期限、是否可以赎回、当前市场利率、违约风险升水、信用等级等为自变量的回归方程。实证结果显示，与发行净利息成本呈现负相关的有：发行规模、竞价激烈程度；正相关的有：市场利率波动性；可以赎回债券的融资成本往往高于不可赎回债券的融资成本，剩余期限几乎没有影响，违约风险升水对债券融资成本影响很小。对第一种解释的实证结果显示，对于（AAA级别的）保险债券，不管有无存在信用级别差异，其利率要高于通常的无保险AAA债券，这个理论部分地解释了利差存在的现象。对于第二种解释的实证结果显示，级别同为AAA的保险债券和无保险债券，发行人主体级别为BBB的其债券利率要比AAA的高103个基点，而发行主体为A的则高61个基点。Hsueh和Chandy认为这两种理论可以较好解释利差存在的现象，但还存在其他因素，比如大的机构投资者通常会对债券的信用风险有自己的研究。因此，信用级别差异及债券保险对于定价决策的影响可能不大。

（二）第三方担保

第三方担保是最常见的增信手段，目前美国的第三方担保增信方式主要应用在抵押支持证券和资产支持证券等结构性金融产品和公司债券上，提供担保的机构包括美国政府国民抵押贷款协会（Government National Mortgage Association，简称吉利美）、联邦国民抵押贷款协会（Federal National Mortgage Association，简称房利美）和联邦住宅抵押贷款公司（Federal Home Loan Mortgage Corporation，简称房地美）等政府机构、银行、多线保险公司以及一些专业的担保公司或经营保险企业等。但由于美国债券保险业发达，因此，这类增信方式的应用范围较小。

在美国，担保公司主要是为建筑行业发行的债券提供担保，这类债券的存续期较长，信用风险较大。此外，担保公司作为资产证券化过程中重要的参与方，还为资产证券化产品提供外部增信。

关于第三方担保的研究，Stover（1996）指出，信用证在股票市场上对公司价值的提升作用可以被拓展到债券市场，并解释了信用证作为一种第三方担保的手段，如何对被担保金融产品起到增信作用。

Mody 和 Patro（1996）针对政府保证（Government Guarantee）这一增信方法，提出了如何确定政府保证的价值，以及如何设计一套对政府保证进行会计记录的有效制度。

Su－Lien Lu 和 Chau－Jung Kuo（2006）一方面给出基于市场实际情况的风险中性方法，估计中国台湾债券市场通过第三方担保发行债券的信用风险。实证发现，回收率在担保发行债券的信用风险中扮演重要角色。另一方面，发现信用风险与行业和所处周期的不同也有关系，应当引起重视。

（三）债券信托

对于公司债券，美国巧妙地引入了信托，应用该种方式对公司债券进行增信。美国公司债信托的担保形式是受到了银行贷款担保的启发而发展起来的，至今已有 150 多年的历史。一开始它被称为公司抵押（Corporate Mortgage），后来才以信托契约（Trust Indenture）的形式出现。1830 年，为了担保荷兰贷款（Dutch Loan）交易中的 750 000 美元的贷款，Morris Canal & Banking 公司将它的财产信托给了一位阿姆斯特丹商人。在该公司不履行还款义务的情况下，受托人有权占有被抵押的财产，并有权收取该被抵押财产的租金和收益。鉴于此，到了1860年，受托人作为债券持有人代表的形式在美国得到快速发展。同期，铁路交通设施建设需要巨额的投资，为了吸引大众投资大型项目建设，信托被引入了这类公司债的发行程序，即将抵押物先转让给一个独立的个体，再由该个体为投资者保管该抵押物。到了19世纪末，出于保护投资者利益的考虑，受托人的权力和职责都大大提高。最初在美国的债券市场上，通常由两到三个自然人来担任受托人，1880年以后公司逐渐取代了自然人成为债券受托人。

1939年《信托契约法》的颁布规范了公司债信托的发展。该法案对受托人的资格、职责和义务进行了明确界定，要求受托人的资本和盈余相加不得低于150 000美元，受托人必须对其故意以及过失造成的损失承担责任。1990年对1939年的《信托契约法》进行了修改，目的在于解决受托人为发行人债权人时如何处理利益冲突问题。

可见，在债券市场蓬勃发展和相关金融制度演进的双重背景下，美国的公司债与信托同步发展，日益成熟和完善，已成为美国担保公司债的主要增信方式。

Steven L. Schwarcz和Gregory M. Sergi（2007）重新考虑了债券信托的问题，认为目前的标准比较模糊，导致债券市场成本较高、效率较低，债券持有者参与公司治理逐渐被当作是公司治理的一个重要部分。另外，超过80%的美国企业是通过发行债券在资本市场进行融资的。

Louis S. Posner（1937）对债券信托的设计规则和操作细节进行了充分讨论。Churchill Rodgers（1965）设计了公司债信托、抵押信托的模型，通过引用设计一个嵌入相关模型的方法。R. B. Smith、S. H. Case和F. J. Morison仔细分析了Campbell和Zack对1939年法案的攻击，并没有发现他们所声明的问题，目前的法案能够很好地保护投资者。

（四）信用违约互换

近年来，为实现信用风险的有效转移，发达国家金融市场上出现了一种更为有效的信用风险管理工具——信用违约互换。信用互换主要是借助第三方的信用实力来增加自身债券的偿付能力。但其设计机制更为巧妙，信用风险转移更为有效，充分体现了资产证券化产品收益分享、风险共担的精髓。

在信用违约互换交易中，参与互换协议的一方（A）定期向另一方（B）支付一定的费用，当标的债券出现偿付风险时，由 B 对 A 给予一定的补偿，该种补偿可以是固定价值，也可以是债券面值与现值的差额，也可以针对基差等风险予以补偿，形式各异，安排灵活，适合于不同结构的资产支持证券。该种安排的成本一般比银行担保、信用证等低，原因在于提供信用补偿的一方是专业化的风险管理机构，将采用较为精确的方法测算风险，在风险超过合意水平时，通过在国际市场同诸如 OECD 的机构再次进行风险互换。所以，该种安排可以控制国内市场的整体风险。在交易主体缺失的情况下，信用违约互换为投资者权利的有效实现提供了保障，保证了资产证券化产品的履行机制：在信用互换合同中规定“违约事件”的定义，在原始权益人出现“违约事件”的情况下，通过与其他主体的信用互换安排，为资产证券化产品提供一定条件下的偿付支持，这样既可以保证投资人权利、解决资产证券化产品的信用风险问题，又可以实现信用风险在不同交易主体间的转移，发挥不同金融机构的比较优势，有利于整个金融市场的平衡发展。

Sheri Markose、Simone Giansante、Mateusz Gatkowski 和 Ali Rais Shaghaghi（2009）认为，信用违约互换是实现债权产品增信的方式之一，其成交量占信用衍生品成交总量 90% 以上，美国银行间的互联互通使得信用风险在银行间扩散，任何一家银行的破产都会对其他银行产生较大影响。文章构建基于代理人的计算网络模型，量化分析了美国银行间 CDS 的关联程度，并进行了压力测试分析。

Kimball Stanley（2008）主要分析了使用信用违约互换所产生的道德风险问题，探讨是否可以将这些互换像通常的保险体系一样统一监管，对这个问题进行了详细讨论。

（五）全覆盖债券

全覆盖债券在德国发行，是欧洲最卓越的金融产品之一，它是由抵押贷款或公共部门贷款组成的资产池为其提供抵押，并且在发起人破产时，债券持有人对资产池有优先求偿权且可以向发行人追索的债务融资工具。全覆盖债券发起人一般为实力雄厚的银行等金融机构。

全覆盖债券的实质是资产抵押债券，但与一般债券的资产抵押增信方式有较大的区别，全覆盖债券的增信是通过法律框架和产品结构的设计将增信方式嵌入到全覆盖债券产品本身之中，从而使得投资者的权益受到双重保护（除对抵押资产池有优先求偿权外，还拥有对发行人的追索权），全覆盖债券在德国得到了良好的发展，因此，绝大多数的全覆盖债券信用级别为 AAA。全覆盖债已成为继政府债券之后的第二大债券品种。

要求始终保持抵押资产池对债券余额和利息的全覆盖，德国新的《抵押债券银行法》（2003 年生效）要求在净现值的基础上保持全覆盖。发行人在每周的压力测试后必须维持至少 2% 的超额担保。每个季度发布市场上债券的到期时间及固定利息支付时间的相关信息。每个季度，发行人根据净现值压力测试的结果，发布抵押资产池的超额担保情况的信息。压力测试的内容不仅包括利率风险，而且还包括汇率风险。

基于其抵押贷款提前偿还的规则，资产池与债券现金流的不匹配情况将大大减少。根据规则，在固定利率期间，只有当借款人具备充分的理由或借款达到 10 年以后才允许提前偿还。一旦提前偿还，借款人必须赔偿贷款人因此而形成的损失。由登记机构对抵押的资产进行登记。一旦发行人违约或破产，登记的资产将从破产程序中隔离出来。发行银行对资产池中的资产进行日常管理，监管人进行监管并定期向主管机构汇报。发行人破产程序开始后，也可能在破产程序开始之前，由法院应金融市场监管机构的要求指定资产池的特定监管人，并接管登记的资产。发行人破产不会导致全覆盖债券的提前到期，只要抵押资产具有相当的流动性，其当期利息的获取也不会受到影响。只有当资产池的资产价值低于负债或流动性不足时，才能由联邦德国金融监管局（BaFin）启动特别破产程序，这是全覆盖债券提前到期的唯一原因。目前还没有对在破产程序中超额担保处理的规定。破产清算人只能要求超额抵押的资产从资产池中释放出来（无法律依据做保障）。债券持有者除了对资产池的求偿优先权之外，也具备对发行人的追索权。①

综上可以看出，全覆盖债券增信是通过法律和产品设计将增信方式嵌入产品之中，通过严格规定合格抵押资产、覆盖比例要求、抵押资产监管及破产保护等各个环节对投资者的权益进行最大程度地保障，以达到增信的本质要求。

Orazio Mastroeni（2001）经研究发现，潘德布雷夫债券市场是欧洲以欧元为标价的私募债市场中最大的一个，其规模在各国国债市场上也是排在前列

---

① 薛世容. 信用增级性质和定价研究. 复旦大学博士学位论文. 2009 年 5 月。

的。20世纪90年代中叶之前，潘德布雷夫债券仅是德国国内产品，这阻碍了市场的增长，流动性较差。随着德国Jumbo债券的发行，潘德布雷夫债券得到迅速发展，欧洲的许多国家都为其建立了相关制度。

（六）偿债基金

日本偿债基金制度是专门针对地方公债而设立的一项增信制度。日本的政治体制与美国有所不同，属于中央集权程度较高的国家，形成了自身较为独特的市政债券增信体系。日本的市政债券统称为地方公债，可以划分为普通债和公用企业债两大类。普通债由日本政府直接发行；公用企业债由一些特殊的国营法人发行，例如公社（如“专卖公社”和“电信电话公社”）、公库（如住宅金融公库）和公团（如住宅公团）等公营企业。公用企业债一般由政府担保支付本息，故又称政府保证债券。

为保障地方政府发行及担保的公债按时还本付息，便设立了偿债基金制度，其操作原理为：政府每年都必须从国库中拨出一笔资金交由特定的机构管理，以专作公债偿付之用。有时政府也会在发行债券的时候以偿债基金作为担保，以此来提高公众对于政府的信任。日本政府规定，偿债基金可以通过三种方式获得资金：

第一，固定比率转入，即提取上年初公债余额的1.6%的资金转入偿债基金。

第二，将一般财务决算结余的一部分资金转入偿债基金，比例高低可根据具体情况确定，过去多为50%。

第三，在年度预算中安排一定款项的资金转入偿债基金。偿债基金主要用于债券本金的偿还，而利息则以每年财政的经常预算支付①。

通过统一运作和严格管理，日本建立了较为规范的公债偿还机制，风险得到了有效控制，有力地促进了地方公债的发展。

三、增信定价研究

程天富（Tien Foo Sing）等（2005）在对新加坡的资产支持证券化（ABS）债券进行定价研究中，全面讨论了两种定价方法：基于期权定价理论

---

① 薛世容．信用增级性质和定价研究．复旦大学博士学位论文．2009年5月。

的结构化方法和基于违约率预测的密度法。第一种方法假设发债主体在考察期间内信用质量不变，因而忽略增信的潜在影响。第二种方法则考虑了企业担保等增信方式的影响。在实证中，考察了关键参数，如不动产价格波动性、不动产价格与无风险利率的相关性、基于密度法的违约回收率等对 ABS 信用息差的影响，发现当变量控制在一定范围内时，两种方法估计的信用息差值具有一定可比性。当不考虑增信时，息差对于不动产价格波动率高度敏感，且信用息差绝对数额相当大；在不动产市场波动性很大的环境下，信用息差随着债券期限的增长而下降。通过对信用息差的深入分析，发现不动产价格收益与无风险利率相关性增强对信用息差有正的效应，但是是以边际增量的形式。而在考虑了增信的密度法中，这种正效应消失了。因此，得出结论：尽管增信对于不动产收入生成能力可能没有影响，但是作为一种外生因素，它可以改变违约期权的触发边界值（违约点），即不动产的价值只有较大幅度地小于未履行的债务额时才会引起违约，因而，第一种定价方法可能高估了 ABS 的信用风险。

Ammer 和 Clinton（2004）通过对穆迪及标准普尔 1 300 多个关于美国 ABS 产品信用级别调整样本的分析，研究了信用评级的变化对结构化金融产品定价的影响。发现信用级别下调一般会伴随着亏损（负收益）与更大的利差，平均而言，ABS 信用级别下调对利差的影响幅度比之前学者发现的级别下调对公司债利差的影响更大。ABS 信用级别下调的部分负面影响在级别下调之前已经被反映在价格变动之中，但这种负面影响要小于之前在公司债信用级别下调时发现的价格降幅。因此，ABS 市场的参与者似乎更多地依赖于信用评级下降得以确认风险。但是，由于 ABS 的信用级别下降案例较少，因此其对收益变动的影响较小。与此相反，平均而言，市场对信用级别上升却几乎没有反应。综合这些发现，Ammer 和 Clinton 认为 ABS 信用级别变动对于价值揭示的不对称性甚至要大于公司债的信用级别变动。

Brennan 和 Hein 等（2008）对增信在证券化产品分层（Traching）中的作用进行了实证分析，发现损失准备方案（Loss Allocation）的颁布及若干个储备金账户的设立可以显著影响层级产品（Tranches）的各种风险及其大小。当前的分析使得模型获得几种可能的扩展形势，Brennan 和 Hein 认为在现有的环境下，所选择的增信工具对于总体的交易价值没有影响，这是由于所分析的结构（Tranches）仅仅在损失的配置方面有差异，这些结果来自于关于不同策略的交易成本相等的假定。而在实际中，研究不同结构的交易成本具有重要意义。例如，人们可能会认为储备金账户的设置增加了行政成本，此外，人们可将建立优先获利地位（First Profit Position，FPP）的交易成本涵盖在有关发行人利益决策中，由此人们有可能研究增加（减少）那部分流向服务人员、管理者、掉期交易对手等的交易成本，以及所需要的 FPP 增加（减少）之间的取舍关系。因此，认为分析发行者在 FPP 中占有多大份额就显得尤为必要，即在支付开始之前，发行者可以撤回的金额。另一个值得商榷的假设是不同信用等级的层级产品发行利差相等。而在贷款抵押证券（Collaterized Loan Obligation，简称 CLO）市场上，实际上存在着同一信用等级的层级产品（Tranches）在不同的交易中出现发行利差不同的现象。Cuchra（2005）通过实证确认了尽管信用评级是发行利差的主要决定因素，但也存在其他的影响因素。尤其是所选择的增信的具体方案，也会对最优的结构产生影响。

Hsueh 和 Liu（1990）指出，在一个有效市场中，债券保险的保费应该等于由于此外部增信手段而节省下来的融资费用，从而为债券保险的定价提供了一种衡量的方法。Stover（1996）指出，信用证在股票市场上对于公司价值的提升作用可以被拓展到债券市场，并解释了信用证作为一种第三方担保的手段，如何对被担保金融产品起到增信作用。Mody 和 Patro（1996）针对政府保证这一增信方法，提出了如何确定政府保证的价值，以及如何设计一套对政府保证进行会计记录的有效制度。

第二节 国外增信实务

一、内部增信实务

（一）发行人：国际金融公司（IFC）

国际金融公司是一个国际组织，总部设在华盛顿地区。它是世界银行的成员之一，是一个信用级别为 3A 级的国际组织。它的政策和活动由提供它所有资本的 170 个成员国来决定。设立国际金融公司的目的是促进其发展中的成员国的经济增长。国际金融公司作为一个私人金融机构具有跨国银行的特征，主要是为私人企业进行融资，尤其是当以合理的条款可获得的私人资本发生短缺时。通常，国际金融公司只提供不超过项目总成本的 25%，私人投资者提供剩余的资金。它所起到的作用主要是，利用它的影响把投资机会、有经验的管理以及国内和国际私人资本结合在一起。除了项目融资、整合资源外，国际金融公司还提供顾问服务和技术援助。国际金融公司主要是在国际资本市场发行票据和债券来为它的贷款活动筹集资本。这个公司以市场利率提供贷款，在它的投资中寻找利润回报。

（二）证券化资产

国际金融公司为拉丁美洲和亚洲的各个国家的借款人提供贷款，这是一个极好的多样化的贷款组合，是证券化的合适资产。这些证券化贷款都是以美元为单位的，采用浮动利率，总价值为4亿美元。

（三）证券化目标

国际金融公司进行资产证券化是出于两个方面的动力：资本效率和风险暴露管理。

发行人：国际金融公司拉丁美洲和亚洲贷款信托1995－A。发行情况见表15－1。

表15－1

种类	数量（百万）	穆迪的评级/DCR	票面利率	平均寿命	法定寿命
A类证书	340	Aa2/AA	+40点*	3.65年	15年
B类证书	40	Aaa3/－	+225点*	3.65年	15年
C类证书	20	NR	所有余额	3.65年	15年

*伦敦同业拆借市场6个月的利率。

这些证书能够获得基础贷款的分期偿还。对于不同类别的证书，这个信托按照比例支付总的未清偿资产的利息，本金的偿还是根据证书的优先顺序进行的。

（四）发行结构

发行结构采用了优先和次级结构。A类证书和B类证书的投资级别是优先级别，它们部分地建立在次级结构上，这是由流动性辅助方和利率上限（Cap）所支持的。国际金融公司继续作为被记载的出借者，而且在每笔基础贷款中也保留一点利息。资产证券化产品结构见图15－3。

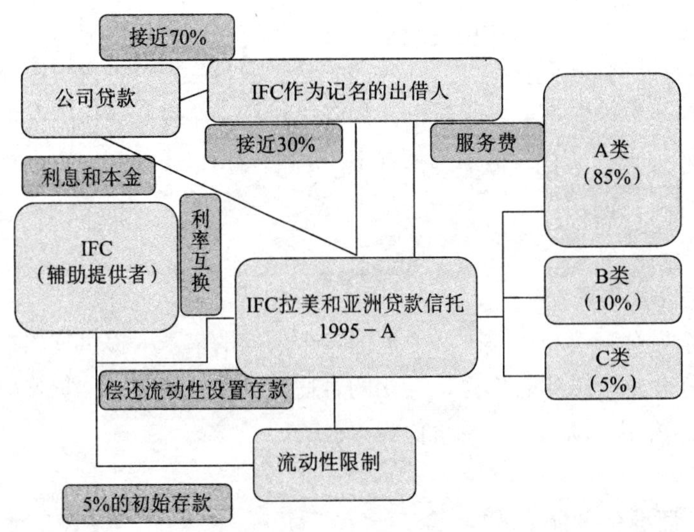

图 15－3 资产证券化产品结构①

二、外部增信实务

（一）发行人及担保人简介

BAA FUNDING LIMITED 为英国机场集团（BAA LIMITED）旗下子公司。英国机场集团成立于 1986 年，是在《英国机场法》生效之后，首批被私有化的企业。1987 年，BAA 在伦敦证券交易所上市。经过 19 年的发展，BAA 成为全球领先的机场管理集团，不仅在机场的运作管理方面独树一帜，同时还在零售、房地产等非航空领域积极拓展业务，非航空业务的营业收入几乎占到其总收入的一半。BAA 目前是全球最大的机场运营商，在英国拥有 7 个机场，既有伦敦希思罗国际机场这样的全球枢纽，又有把守工业重镇的阿伯丁机场。在海外如澳大利亚、意大利、美国，BAA 在 7 家机场拥有股份及租赁经营权，在 4 家机场拥有零售业管理合同。

（二）债券受托人

债券受托人为德意志信托有限责任公司。该公司成立于 1938 年，注册地为伦敦。

① 李子白. 投资银行学. 清华大学出版社 2013 年版。

（三）债券发行金额

债券发行金额为500亿英镑。

（四）增信方式

母公司为子公司担保，即 BAA LIMITED 为 BAA FUNDING LIMITED 做担保。

第十六章

国内增信理论与实践

目前我国增信行业才刚刚起步，相关理论研究较少，实践探索主要以担保为主。本章将首先介绍国内增信的理论研究现状；其次介绍国内增信实践现状；最后简介国内主要担保公司相关情况。

第一节　国内增信理论研究现状

一、一般债券增信研究现状

由于我国经济转轨过程中，社会信用基础很薄弱，企业凭借自身信用发行的债券的社会认可程度不高，因此国内发行的企业债券大多由银行特别是政策性银行或国有商业银行进行担保。由于国有银行的信用级别一般较高，因此银行担保一般会显著提高债券的信用等级。评级机构一般主要依据担保银行的信用等级来确定债券的等级，等级的确定相对比较容易，债券评级结果几乎为AAA。债券评级意义不是很大，评级的目的在更大程度上是为满足监管部门的要求。由于这段时期增信方式单一，评级结果也单一，因此，国内有关债券增信方面的研究几乎没有。中国银监会叫停银行担保之后，企业债券的增信方式呈现多样化，关于债券增信方面的研究也开始出现，但大部分是对具体增信方式的探讨。

另外，中小企业融资难一直是众多学者研究的问题，但之前的研究大部分集中于贷款融资。自2007年发行了第一只中小企业集合债以来，越来越多学者开始转向研究中小企业债券融资和中小企业集合债的融资，研究的核心是如何增信，因此，中小企业债券增信也成为部分学者研究的对象。

熊军、李雄、宋怀宇（2007）主要针对我国公司债券增信方式问题进行了探讨，认为我国公司债增信形式将呈现多样化，多种增信方式有利于提高债券信用等级，降低发行人融资成本，并有利于保护投资者利益。具体而言，他们认为公司债可以考虑抵押担保、质押担保、第三方担保、优先/次级分层等多种增信方式。同时，他们对于在各种增信方式下具体应当如何操作做了较详细的分析。就抵押担保和质押担保而言，他们认为公司债券可以借鉴银行抵押贷款关于抵押担保的要求，在担保物的选择、担保率的确定、担保物的管理等方面进行明确约定。第三方担保方面，他们认为目前我国专业担保公司普遍规模较小，绝大多数都不符合成为担保人的条件，因而公司债第三方担保人的选择，仍将集中于大型商业银行、中央大型企业（包括其财务公司）。而对于优先/次级分层增信方式的运用，他们认为涉及四个方面的问题，首先是分层方式问题，其次是分层比例的确定问题，再次是次级债券利率的确定方式问题，最后是次级品种的投资者选择问题。只有解决好这四大问题，优先/次级分层增信方式的作用才能真正体现。

周猛（2006）在对我国企业债券增信问题的研究中认为，近几年，我国企业债券的发行规模远远不能满足融资者和投资者的需求，无银行担保将成为扩充企业债券市场的关键之一。但在我国目前信用评级制度还不发达、社会信用较低、大规模发行无担保企业债券的条件还不成熟的条件下，对企业债券进行适当的增信包装，提高其信用级别，将是发展企业债券市场的有效办法。他认为可以通过保证担保、抵/质押担保、设备抵押担保、担保品信用担保、保险以及建立准备金或品种创新等方式来对企业债券进行增信。他认为这几种方式在我国目前条件下都是比较可行的增信措施，可以进行试点。并认为这些增信进措施既有助于取消企业债券强制银行担保，又可把企业债券的风险控制在一定范围内，对我国企业债券市场健康发展非常有利。此外，他还认为目前我国企业债券品种比较单一，票面利率大多数固定，期限多在 10 年及 10 年以上。因此，可以通过创新企业债券品种，如可回售债券、保底浮动债券等已有品种，附认股权证的公司债券等将要推出的新品种，还有以价格指数为基准利率的浮动债券、多空浮动利率债券等未来品种，以满足不同风险投资者的需求，从而弥补信用的不足，达到增信的效果。

有学者认为目前我国债券担保方式较为单一，我国应当借鉴发达市场的经验，适时推出新的增信方式，寻求更多地解决途径。为规避银行风险过于集中的现象，完善债券增信体系，他们认为应当将偿付风险转移到银行系统以外的体系，认为附担保公司债信托制度是目前可行性的方式之一。他们认为在我国开展债券信托业务，有利于发债公司顺利发行债券，从而达到筹资的目的，同时还可以为投资者规避部分或全部的偿付风险。对发行人来说，由于构成资产证券化的资产必须是有稳定现金流的资产，而附担保公司债信托则无此限制，因此，附担保公司债信托比资产证券化的应用范围要广，适合的行业和企业会更多。对投资者来说，由于构成资产证券化的资产的流动性好，风险隔离制度下违约的风险相对较小，而附担保公司债信托则取决于抵押资产的具体状况，其定价由资产的流动性、保值性和企业债券的期限决定。

李战杰（2009）对我国中小企业债券市场增信体系进行了研究，他认为2007年以前我国的企业债券发行主体多为国有大型企业，增信方式也非常单一，国有商业银行为企业债券提供担保是最主要的增信方式，属于典型的外部增信模式，内部增信模式基本没有应用。随着企业债券市场的不断发展，越来越多的企业，特别是中小企业希望通过债券市场融资，原有单一的增信方式不能满足市场的需求。《关于有效防范企业债担保风险的意见》的出台切断了企业债券银行单一担保增信的传统路径，使得中小企业发债难题进一步加剧。2008年以来，受全球金融危机的影响，我国出现了因融资难引发的大面积中小企业倒闭潮，备受各界关注。因此，作为资本市场直接融资渠道的重要组成部分，债券市场如何通过引入增信模式创新来解决我国中小企业发债融资难题，从而推动我国中小企业健康发展成为市场参与主体需要共同解决的难题。他认为中小企业由于风险高，信用等级低，在我国没有“垃圾债券”市场的情况下，单靠自身信用无法通过债券市场融资，引入外部担保增信则需要支付高额的担保成本，取消银行担保后，更是缺乏可替代的担保人。因此，他认为现阶段在我国仍依托外部担保增信模式发行中小企业集合债操作难度大、成本高、不经济。他比较了不同增信原理得出在国内外证券化分层结构内部增信原理发行企业债券，是一种有效的中小企业债券融资模式。在这种模式下，债券既不依赖第三方担保，也不增加额外的增信成本，完全依靠资产证券化分层结构的内部增信作用来实现风险与收益对等，以提高债券信用等级，降低发行成本。这是一种可行的市场化增信模式，符合中小企业发债的特点，具备可持续性。因此，他建议为有效解决中小企业发债融资难问题，我国应积极借鉴国外成熟经验，推动我国中小企业集合债券模式发展，并且鼓励借鉴韩国P-CBO

的交易结构，通过引入分层结构化内部增信模式创新，有效解决中小企业发债难问题。

二、资产支持证券增信研究现状

与企业（公司）债券不一样，资产证券化增信方式较为丰富。近几年随着我国资产证券化步伐的加快，有关资产证券化债券增信方面的研究也大量涌现，但研究的内容主要是局限于资产证券化中实现增信方式的介绍上。

何庆东（2003）对不良资产证券化增信方法进行了研究，认为金融资产管理公司持有的不良贷款证券化能否成功的关键在于增信后能否被投资者所接受认可。在一项不良资产的证券化案例中，其增信一般要经过如下三步：资产池设计、高级/从属参与结构和金融担保，前两者为内部增信，后一项为外部增信。

黄小彪（2005）认为可以通过建立担保投资基金来进行增信。担保投资基金是内部增信的一种较新的方式，在该种方式下，增信的提供者将以投资基金的方式投于交易的一部分，抵押资产的现金流一般先偿付优先级证券和从属级证券，再支付投资基金的收益，收益金额相当于现金储备账户贷款的利息或费用收入。

申蕙（2006）认为我国资产证券化内部增信和外部增信均遇到了一定的法律障碍，认为我国应当为传统的增信技术提供更好的发展平台，并且认为应当发挥政府在资产证券化增信中的作用。同时，申蕙还认为保险公司出具保单、设置抵押投资账户以及为资产出售方提供追索权等都是有效的资产证券化外部增信方式。

阌洁、董再英（2006）认为资产证券化过程中的增信是一个关键因素。增信有助于减轻发行证券的信用风险，减少信息不对称给投资者带来的损失，保护投资者的利益，增加该证券对投资者的吸引力，降低发行证券的成本。另外，增信还有利于稳定金融市场。他们还认为在我国目前环境下，可以通过优先/次级结构、国家担保和机构担保来对资产证券化进行增信。

李湛（2007）认为外部增信可分为第三者部分增信和第三者完全增信两种形式。第三者部分增信的目的是减少投资者承担组合资产的信用风险，一般是由等级较高的金融机构提供。他认为外部增信的主要技术方式有：相关方担保、备用信用证、单线保险和多线保险，每种技术都可以提供完全支持和部分支持。

许轶峰（2008）认为资产证券化增信能使证券避免与基础资产相联系的损失或其他风险，增信关系到投资者的利益能否得到有效保护，是资产证券化的重要环节。他对内外部增信进行了研究，认为内部增信的主要形式有：优先/次级证券结构、超额担保、直接追索权、差额账户、现金抵押等，而外部增信的主要技术方式有：相关方担保、备用信用证、单线保险和多线保险等。

白海洁、宋瑞敏（2008）认为由于不良资产现金流与正常现金流相比收回难度较大，在回收金额、时间、速度分布上不均匀，且易受不良资产构成、市场环境和借款人资信等因素影响，因此，不良资产证券化的信用风险和流动性风险较高，鉴别信用风险来源、运用包括破产隔离在内的增信手段是不良资产证券化的核心。

总体来看，国内关于债券市场增信体系研究的相关文献较少，针对债券增信方面的研究存在的主要问题是目前国内研究大多数集中在资产证券化的增信技术，对于一般债券增信的研究较为缺乏，缺少对我国企业债券增信深层次机理和未来制度设计和改革方案方面的研究，尚未见到完整系统的对债券市场增信体系方面的研究。

三、增信定价研究

国内关于增信定价研究的相关论文较少，刘少波、张霖（2006）探讨了增信中各参与主体的利益均衡问题，并构建了一个最优静态比较模型，对增信效用最大化的增进费率的最优定价进行了量化分析；薛世容从金融工程的角度出发，将外部增信看成是期权的组合，从而应用期权定价公式给出外部增信服务的定价方法。总体上看增信的定价理论还有待国内学者进一步的研究。

第二节 国内增信实务现状

一、准市政债券增信

（一）准市政债券增信简介

准市政债券是指那些由和地方政府有密切关系的企业发行，所募资金用于城市基础设施建设的债券。名义上虽是企业债券，但发行单位是政府直属企业（实际上相当于政府部门），政府也提供了事实上的隐性担保，具有相当程度的市政收益债券性质，属于“准市政债券”（见图16-1）。这一融资方式在一些城市已经得到了运用。

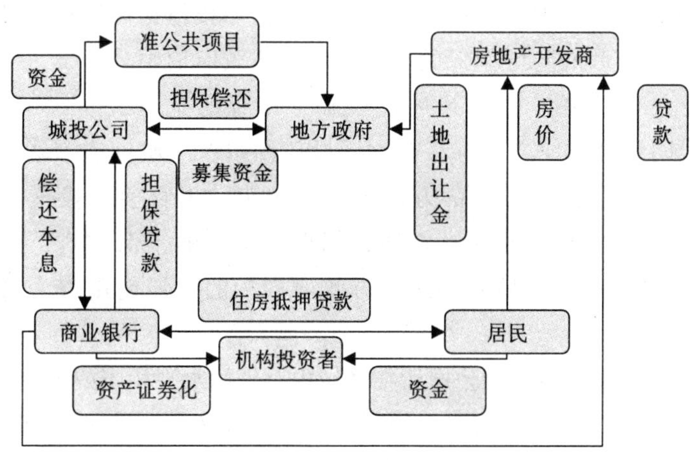

图16-1 准市政债券一般结构

这一融资方式在一些省市已经得到了运用。以上海为例，上海市在1992年先行一步进行了“准市政债券”的尝试。1992年7月22日，经上海市人民政府授权，成立了上海市城市建设投资开发总公司（简称上海城投）其基本性质为专门从事城市建设资金筹措、使用、管理的专业投资控股公司。通过设立隶属企业作为发债主体，申请发行用于城市基础设施建设的债券，其发行的债券属于“准市政债券”的范畴。截至2008年9月，上海城投共发行17期债券，累计发行总额188亿元。

（二）准市政债券增信方式

城投债作为准政府债券的主要形式，城投公司作为城市基础设施建设的投融资平台，本质上是代替政府承担部分公共管理功能。而其主营业务能力偏弱，难以产生稳定的现金流，因此偿债能力较差。根据国内评级公司的经验技术，评级框架由地方经济背景分析、项目风险评价、偿债资金来源分析以及保证方式的信用提升作用分析4个方面。即评级行业对城投公司评价时，注重的是当地政府财政收支及与城投公司的密切程度，因为城投债是由地方政府为之提供隐性担保，这种担保方式的增信效果在很大程度上取决于地方政府财政实力。然而国内地方政府信用缺失严重，因此对城投债进行增信势在必行，这也是金融行业环境安全的基础。

2007 年，中国银监会颁布《关于有效防范企业债担保风险的意见》后，城投债禁止以银行担保作为主要的担保手段。城投债是用于城市建设的城市债券，具有地方政府隐性担保的性质，以地方政府信用为基础，被称为“准市政债券”。一旦城投债遇到运行风险，政府则充当最终偿付人的角色。《担保法》明令禁止地方政府不得为城投债作担保。城投债市场一度陷入低迷，但之后又有新的担保增信方式被激发出来。由目前城投债主流的增信方式可知，第三方担保和资产抵质押担保是主要的担保方式，前者本质是地方政府的隐性担保，后者利用地方政府划拨的土地使用权为城投债提供质押担保。

第三方担保可以由城投公司所在区域内有信用水平相当或更高的国有企业提供担保或者进行互保，或由专业担保公司提供担保。资产抵质押担保即以地方政府应收账款质押担保和土地质押担保。

（三）准市政债券增信案例

发行人：黔南州国有资本营运有限责任公司。

债券名称：2013 年黔南州国有资本营运有限责任公司公司债券（简称 13 黔南债）。

发行总额：人民币 15 亿元。

债券期限和利率：本期债券为 7 年期固定利率债券，票面年利率根据 Shibor 基准利率加上基本利差确定，基本利差区间为 2.20% ~2.70%；Shibor 基准利率为簿记建档日前 5 个工作日全国银行间同业拆借中心在上海银行间同业拆放利率网上公布的 1 年期 Shibor（1Y）利率的算术平均数，基准利率保留两位小数，第三位小数四舍五入。本期债券的最终基本利差和最终票面利率将根据簿记建档结果，由发行人与簿记管理人按照国家有关规定协商一致确定，并报国家有关主管部门备案，在本期债券存续期内固定不变。本期债券设置提前还本条款，在债券存续期的第 3、4、5、6、7 年末分别按照债券发行总额 20%、20%、20%、20%、20% 的比例偿还债券本金。每年付息一次，每年付息时按债权登记日日终在托管机构托管名册上登记的各债券持有人所持债券面值所应获利息进行支付，不计复利，逾期不另计利息。

担保方式：发行人以其拥有的国有土地使用权为本期债券提供抵押担保。

二、企业债增信

（一）企业债及其增信方式简介

企业债是指从事生产、贸易、运输等经济活动的企业发行的债券。2012年1~9月份，企业债共发行306期，累计募集资金5 399.03亿元，发行期数同比上升了117.02%，发行规模同比增长了242.47%。就9月份而言，共发行44期，募集资金673.25亿元，和8月份相比，发行期数上升了7.32%，发行规模上升了7.59%。本轮企业债的发行中，城投债仍为主角，9月份共发行城投债39期，累计募集资金为439.50亿元，期数和规模总占比分别达88.64%和65.28%；产业债共发行5期，累计金额233.75亿元。

2012年1~9月份企业债券发行情况见图16－2。

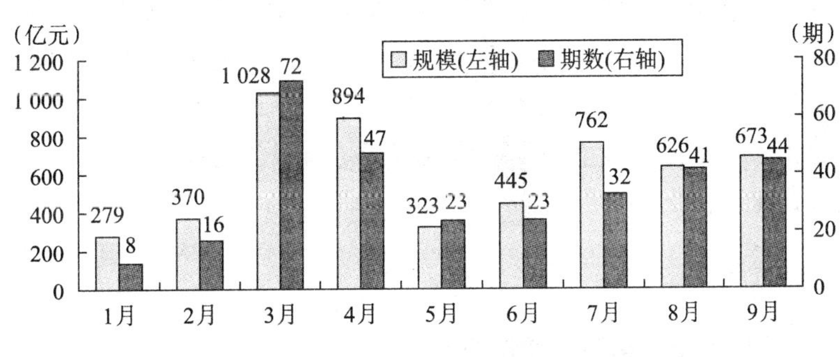

图16－2　2012年1~9月份企业债券发行情况

从增信方式来看，1~9月份发行的306期企业债中，有186期债券未采用增信方式，占比60.78%，其余120期债券则采取不同类型的增信措施。具体而言：有73期采取第三方担保，占总期数的23.86%；31期采取抵押担保方式，占比10.13%；8期采取银行流动性支持方式，占比2.61%；另外有8期分别采用抵押担保、偿债基金和流动性支持方式。就9月份而言，信用债券占比相对8月份明显增加，发行的44期企业债券中，有26期未采用增信方式，占比达59%；在采用了增信方式的18只债券中，采取第三方担保的有8期，占比18.18%；采取抵押担保的有5期，占比11.36%；采取银行流动性支持的有 3 期；采取质押担保和偿债基金的各有 1 期①。

（二）案例：2013 年天津房地产开发经营集团有限公司公司债券

发行人：天津市房地产开发经营集团有限公司。

债券名称：2013 年天津市房地产开发经营集团有限公司公司债券（简称 13 天房债）。

发行总额：人民币 7 亿元。

债券期限和利率：本期债券为 7 年期固定利率债券，附发行人上调票面利率选择权及投资者回售选择权。本期债券在存续期内前 5 年票面年利率根据上海银行间同业拆放利率基准利率加上基本利差确定，基本利差区间为0.60%～1.60%（上海银行间同业拆放利率基准利率为簿记建档日前 5 个工作日全国银行间同业拆借中心在上海银行间同业拆放利率网上公布的 1 年期（1Y）上海银行间同业拆放利率算术平均数的 4.40%，基准利率保留两位小数，第三位小数四舍五入），在债券存续期内前 5 年固定不变。在本期债券存续期的第 5 年末，发行人可选择上调本期债券票面利率 0 至 100 个基点（含本数），债券票面年利率为本期债券存续期前 5 年票面年利率加上上调基点，在债券存续期后 2 年固定不变。本期债券采用单利按年计息，不计复利。

债券担保：本期债券由中债增信投资股份有限公司提供全额无条件不可撤销连带责任保证担保。

三、公司债增信

（一）公司债及其增信方式简介

公司债是指上市公司依照法定程序发行、约定在 1 年以上期限内还本付息的有价证券。2012 年 1～9 月份，公司债共发行 122 期，累计金额为 1 570.60 亿元，发行期数和规模分别同比增长了 117.86% 和 61.22%，其中创业板私募债券共发行 4 期，募集资金 8.10 亿元。2012 年 9 月份，公司债发行与 8 月份相比大幅下降，只发行了 5 期，累计发行规模为 57.20 亿元，发行期数下降了 76.19%，发行规模下降了 82.09%。

---

① 研究发展部．中国债券市场报告．鹏元资信．2012 年 9 月。

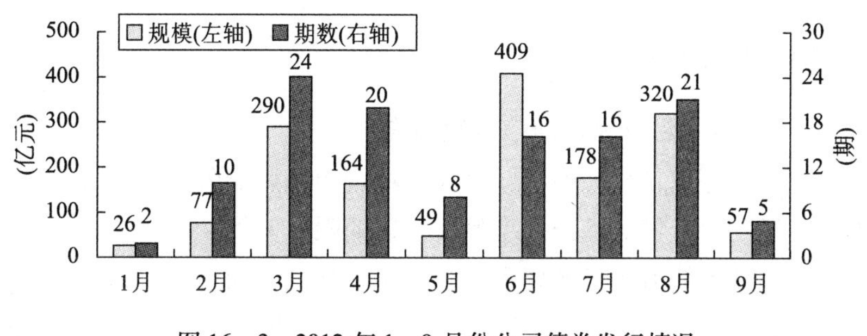

图 16-3　2012 年 1～9 月份公司债券发行情况

资料来源：鹏元整理。

就采取的增信方式来看，2012 年 1～9 月份总共发行的 122 期公司债券中有 85 期未采用增信方式，占 69.67%，其余 37 期债券则采取不同类型的增信方式。具体而言，有 33 期采取第三方担保方式，占比 27.05%；3 期采取质押担保，占比 2.46%；1 期采取抵押担保方式，占比 0.82%。而 9 月份发行的 5 期公司债中，有 2 期采用了第三方担保，其余 3 期未采用增信方式。①

（二）案例：安阳钢铁股份有限公司公司债券

发行人：安阳钢铁股份有限公司。

债券名称：安阳钢铁股份有限公司 2011 年公司债券（第 2 期）。

发行总额：人民币 8 亿元。

债券利率及其确定方式：本期公司债券票面利率询价区间为 6.60%～7.10%，最终票面年利率将根据网下询价簿记结果，由发行人与保荐人（主承销商）按照国家有关规定协商一致，并经监管部门备案后在上述利率询价区间内确定，在债券存续期限前 5 年保持不变；如公司行使上调票面利率选择权，未被回售部分债券存续期限后 2 年的票面年利率为债券存续期限前 5 年票面年利率加上调基点，在债券存续期限后 2 年固定不变。本期公司债券采用单利按年计息，不计复利，逾期不另计利息。

担保人及担保方式：本期公司债券为无担保债券。

① 研究发展部．中国债券市场报告．鹏元资信．2012 年 9 月。

四、中小企业私募债增信

（一）中小企业私募债及增信情况简介

中小企业私募债是我国中小微企业在境内市场以非公开方式发行的，发行利率不超过同期银行贷款基准利率的3倍，期限在1年（含）以上，对发行人没有净资产和盈利能力的门槛要求，完全市场化的公司债券，也被称作是中国版的“垃圾债券”。在中国，高收益债券市场是一块尚未开垦的处女地。人们将之称为是“一片资本的蓝海”。2012年5月下旬，随着沪深交易所与证券业协会先后发布针对中小企业私募债业务的相关试点办法，被称为中国版“垃圾债券”的中小企业私募债登上资本市场的舞台。

2012年6月18日，深圳证券交易所上市的9只中小企业私募债，发债企业来自北京、江苏、浙江、深圳4个省市的经济发达地区。这其中既有中型企业，也不乏股本规模在2 000万左右的小微型企业，行业主要分布在高科技制造、电子信息、节能、旅游、仓储物流等。发债中小企业以民营企业为主，有7家，其中有4家具有国家或省级高新技术企业资格。首批中小企业私募债期限均在1年以上，3年以内，票面利率在7%到13.5%之间。截至2012年7月31日，已经上市的中小企业私募债共有21只，发行总额18.58亿元，平均票面利率达到9.14%，平均期限为2.3年。下面就具体信息进行分析①。

1. 发行情况

21家发债企业总发行量为18.58亿元，其中最小发行量“12九恒星”共发行1 000万元，最大发行量“12锡物流”共发行2.5亿元。发行量为1亿元的企业数最多，占企业总数的1/3。发行量在1亿以上（含）的企业共11家，累计发行15亿元，占总发行量的80.73%。

2. 行业分布

上海证券交易所明确规定，金融、地产类企业不具备资格发行中小企业私募债。21只已经上市中小企业私募债的发债企业涉及材料、可选消费、工业、信息技术、公共事业、能源6大行业，分别占发行中小企业私募债企业总数的33.3%、23.8%、14.3%、14.3%、9.5%、4.8%。在中小企业私募债发展初期，发债企业所属行业将主要集中在通信、医药等高科技新兴产业，这是由于

① 研究发展部．中国债券市场报告．鹏元资信．2012年9月。

如农业等传统行业的利润率相对较低，高于10%的融资成本将对企业带来巨大的财务负担，因此很难通过发行中小企业私募债的方式进行融资。

私募债筹资总额18.58亿元，其中各行业筹资额所占总筹资额比例见图16－4。可选消费行业发债企业数量占比不到1/4，但该行业总筹资额达到总筹资额的1/3，工业总筹资额位列第二，接近总筹资额的1/4。

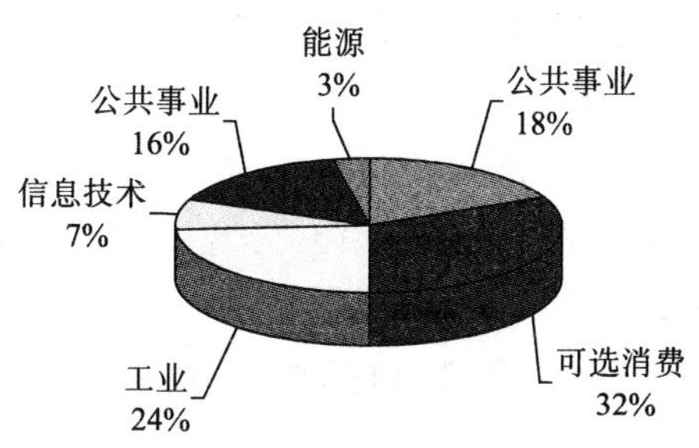

图16－4 中小企业私募债行业分布①

3. 发行主体性质及规模

目前已经成功发债的21家企业均为非上市中小微企业，发行人有中央国有企业、地方国有企业、中外合资企业、民营企业，但民营企业占绝对比重。由于信息披露不够全面，仅就公布注册资本的民营企业来看，其注册资本均在2 000万元至5 500万元之间。规模最大的一家地方国有企业——无锡高新物流中心有限公司（12锡物流）注册资本也不过3.18亿元。这也正顺应了中小企业私募债的出台意图，即拓宽中小微企业融资渠道，为中小微企业发展提供更多的平台。

4. 发行主体地区

中小企业私募债的发债主体大多是新兴的高新技术企业，地区分布集中度较高，均分布在京津、江浙、广东经济发达地区，其中浙江发债企业最多，达到7家，江苏其次达到5家。

5. 信用评级及增信状况

由于中小企业私募债的私募性质，其信息披露的程度与频率远远不及公开发行的债券。在21只中小企业私募债中，绝大多数发债企业都没有企业主体评级或债项评级，披露信用评级或担保情况的债券仅有4只。“12钱四桥”债

① 研究发展部．中国债券市场报告．鹏元资信．2012年9月。

项评级较高为AA级，“12新丽”债主体及债项评级均为A，“12苏镀膜”虽无主体及债项评级，但有企业承担担保责任。出于初期试点的风险控制需要，监管机构倡导并鼓励发债企业尽可能采取担保或者商业保险等增信手段，而未对评级做出硬性规定，这也是信用评级缺失的主要原因。

（二）案例分析：新丽传媒股份有限公司私募债

发行人：新丽传媒股份有限公司。

债券名称：新丽传媒股份有限公司非公开发行2012年中小企业私募债券。

发行总额：不超过人民币10 000万元（含10 000万元）。

债券利率及其确定方式：本期私募债券票面利率以非公开方式向具备相应风险识别和承担能力的合格投资者进行询价，由发行人和承销商协商确定。

增信情况：

（1）制定并严格执行资金管理计划。本期债券发行后，公司将根据债务结构情况进一步加强公司的资产负债管理、流动性管理、募集资金使用管理、资金管理等，并将根据债券本息未来到期应付情况制定年度、月度资金运用计划，保证资金按计划调度，及时、足额地准备偿债资金用于每年的利息支付以及到期本金的兑付，以充分保障投资者的利益。

（2）应收账款滚动质押。本期债券采用应收账款滚动报备、优先受偿的方式进行偿债保障。根据影视剧行业销售特点，公司主要客户为中央电视台及各省级卫视，应收账款质量较高。由于公司应收账款平均期限为6～9个月，低于本期债券24个月期限，因此采用应收账款滚动报备、优先受偿进行偿债保障。债券存续期内，本公司将以未来经营中不低于1.5亿元（含1.5亿元）的应收账款为本期债券进行偿债保障，接受债券受托管理人中信建投的持续监管。该等应收账款自销售合约签署日起本公司即向中信建投进行报备，放弃该等应收账款一切其他质押权利，并设立该等应收账款专用收款账户，在本公司无力偿还本期债券时，债券持有人就该等应收账款享有优先受偿权。

公司将以现有应收账款及在拍、拟拍摄影视剧未来销售形成的不少于1.5亿元（含1.5亿元）应收账款滚动为本期债券提供偿债保障，并由债券受托管理人中信建投进行持续监管，以保障债券持有人就该笔应收账款享有优先受偿权。

五、资产证券化增信

（一）我国资产证券化及增信方式简介

资产证券化是指发起人将缺乏流动性，但具有可预测现金流的资产或资产组合（基础资产）汇集起来，形成一个资产池，通过结构性重组，出售给特定的机构或载体（SPV），以该基础资产产生的现金流为支持，发行可以在金融市场上出售和流通的证券（资产支持证券），以获得融资并最大化提高资产流动性的一种结构性融资手段和过程。

在可预期现金流的基础上，资产证券化还包含三大基本原理，即资产重组、风险隔离、增信原理。任何成功的资产证券化，必须要对基础资产进行有效重组以形成资产池，并实现资产池和其他资产的风险隔离，同时还必须对资产池进行增信。

我国资产证券化产品结构见图 16－5。

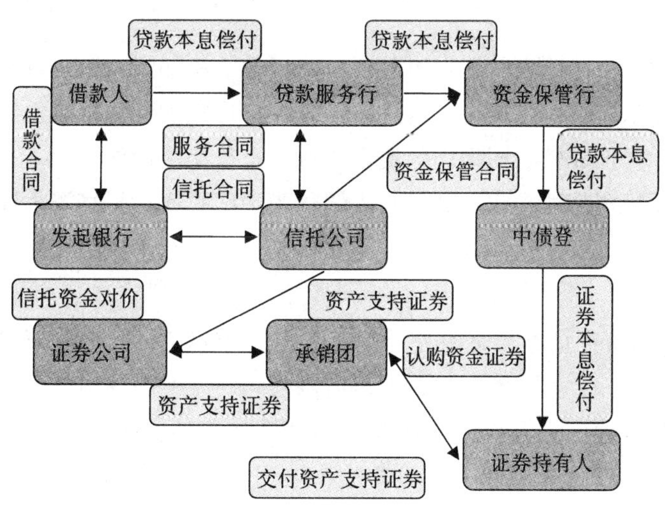

图 16－5　我国资产证券化产品结构

目前，我国正在开展的资产证券化业务主要有两类（受分业监管体制的影响，资产证券化被割裂为两块）：一是由银监会审批资质，中国人民银行主管发行的信贷资产证券化（国内又称之为 ABS）；二是由中国证监会主管，主要以专项资产管理计划为特殊目的载体的证券公司资产证券化。SPV 载体分别为信托机构和券商专项资产管理计划。此外，由中国银行间市场交易商协会主管的资产支持票据（ABN，Asset－Backed Note，无 SPV），由于它不具备真实出售、破产隔离等特征，并不是真正意义上的资产证券化工具，应该属于一种以发行人主体信用支持，以未来现金流作为还款来源的私募债。

2005 年银监会颁布《信贷资产证券化试点管理办法》，同年 12 月国家开发银行和中国建设银行的开元 ABS 和建元 MBS 发行。至 2008 年 12 月，经统计共发行了 594 亿元的信贷资产证券化。

2008 年金融危机后，次级 MBS、CDO 的风险引人注目，资产证券化的发行陷入停滞，直至 2012 年，三部委发布《中国人民银行、银监会、财政部关于进一步扩大信贷资产证券化试点有关事项的通知》，信贷资产证券化发行才得到重启，至 2013 年上半年，已发行 5 款产品，规模共计 289 亿元。

理论上，我国商业银行具有较强的发行资产证券化工具的动力，其动力主要来自于：

第一，资本监管要求大幅提升，银行有较强的将风险资产出表、减轻资本补充压力的动力。

第二，随着资本约束和追求风险资产回报的逐步加强，银行具有较强的通过资产证券化来进行风险资产结构调整动力，将风险加权回报较低的资产进行证券化转让，置换成较高回报率的资产；或者进行相反操作。

第三，通过资产证券化将利差收入转化为中间收入，提高资本周转率和资本回报。

（二）企业资产证券化案例分析：隧道股份 BOT 项目专项资产管理计划

发行人：上海大连路隧道建设发展有限公司。

专项计划名称：隧道股份 BOT 项目专项资产管理计划。

发行总额：人民币 4.84 亿。

债券利率及其确定方式：优先级资产支持证券 01 预期年收益率为 4.2%，优先级资产支持证券 02 预期年收益率为 4.1%，次级资产支持证券无预期年收益率。

担保人及担保方式：上海城建（集团）公司为隧道股份 BOT 项目专项计划将如约按照“标准条款”和“资产管理合同”的规定向优先级资产支持证券持有人分配每一期的优先级资产支持证券预期支付额提供连带保证担保。“保证承诺函”项下的担保为最高额保证，最高额保证的金额为人民币 7 000 万元。

第三节 国内主要增信公司简介

一、中债信用增进投资有限公司

（一）公司概况

中债信用增进投资股份有限公司成立于2009年9月，由中国银行间市场交易商协会（以下简称交易商协会）联合6家银行间市场成员单位共同发起设立。公司注册资本60亿元，均为货币出资，股东及持股情况见表16－1。该公司是国内首家专业债券增信机构，业务接受中国人民银行监管。

表16－1　　中债信用增进投资股份有限公司股本结构

序号	股　东	出资金额（亿元）	持股比例（%）
1	中国石油天然气集团公司	9.90	16.50
2	英大国际控股集团有限公司	9.90	16.50
3	中国中化股份有限公司	9.90	16.50
4	北京国有资本经营管理中心	9.90	16.50
5	首钢总公司	9.90	16.50
6	中银投资资产管理有限公司	9.90	16.50
7	中国银行间市场交易商协会	0.60	1.00
合　计		60.00	100.00

（二）组织架构及内部控制

该公司设立了业务营运部、投资部、风险管理部、综合部、计划财务部、法律合规部6个职能部门。公司本着“精简高效、突出业务、分清职责、各司其职”的原则，对部门职责进行梳理，并相应进行了人员调整。风险管理部负责统一管理公司运营过程中所面临的各种风险。为确保各项业务规范有序开展，公司出台了风险管理指引，针对业务种类制定了细化的管理办法，如《增信业务管理办法》、《投资管理办法》等；规定了涉及资金、经费、人力资源、薪酬、预算、法律、合同等方面的内控制度。公司内控及风险管理体系基本建立。

中债信用增进投资股份有限公司架构见图16-6。

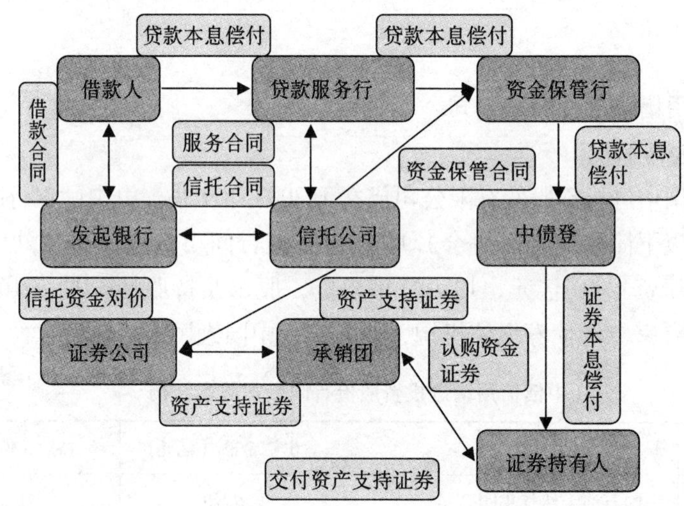

图16-6 中债信用增进投资股份有限公司架构

（三）业务经营分析

公司目前的增信业务可分为基础增信业务、境外业务、创新型增信业务3个板块。下面介绍基础增信业务和境外业务。

1. 基础增信业务

公司的基础增信业务主要包括对短期融资券、中期票据、中小企业集合票据、企业债、定向融资工具等债券类产品以及银行理财产品、信托计划等投资类产品的增信。结合规划，公司在业务发展初期以发展基础增信业务为主，近年来该类业务规模快速扩大。

2. 境外业务

在立足国内业务的同时，公司积极寻求境外业务机会，在信用衍生产品、境外融资担保、境外投资等领域探索开展离岸市场业务。目前，公司已获得国家外汇管理局核定的10亿美元的境外担保资格，为拓展海外市场业务开辟了空间。公司将选择试点适时启动海外担保业务。公司正着手加强市场推广力度，计划开展离岸人民币产品的设计工作，如跨境交易产品方案、信用联结定向票据交易等；与境内外机构合作开发QDII理财产品，公司将为理财产品提供本金到期偿还保证。

二、中国投资担保有限公司

（一）公司概况

中国投资担保有限公司（以下简称中投保）的前身为中国经济技术投资担保有限公司，是经国务院批准特例试办，于1993年12月4日在国家工商行政管理局注册成立的国内首家以信用担保为主要业务的全国性专业担保机构。中投保由财政部和原国家经贸委共同发起组建，初始注册资本金5亿元，2000年中投保注册资本增至6.65亿元。2006年，经国务院批准，中投保整体并入国家开发投资公司，注册资本增至30亿元。2010年9月2日，中投保通过引进知名投资者的方式，从国有法人独资的一人有限公司，变更为中外合资的有限责任公司，并通过向投资人增发注册资本，将中投保的注册资本金增至35.21亿元。

中国投资担保有限公司股本结构见表16－2。

表16－2　　　　中国投资担保有限公司股本结构

股东名称	持股比例（%）
国家开发投资公司	47.20
建银国际金鼎投资（天津）有限公司	17.30
CITIC Capital Guaranty investments Limited	11.23
CDH Guardian（China）Limited	10.63
Tetrad Ventures Pte Ltd	7.68
金石投资有限公司	4.23
国投创新（北京）投资基金有限公司	1.73
合　计	100

（二）组织结构

中国投资担保有限公司架构见图16－7。

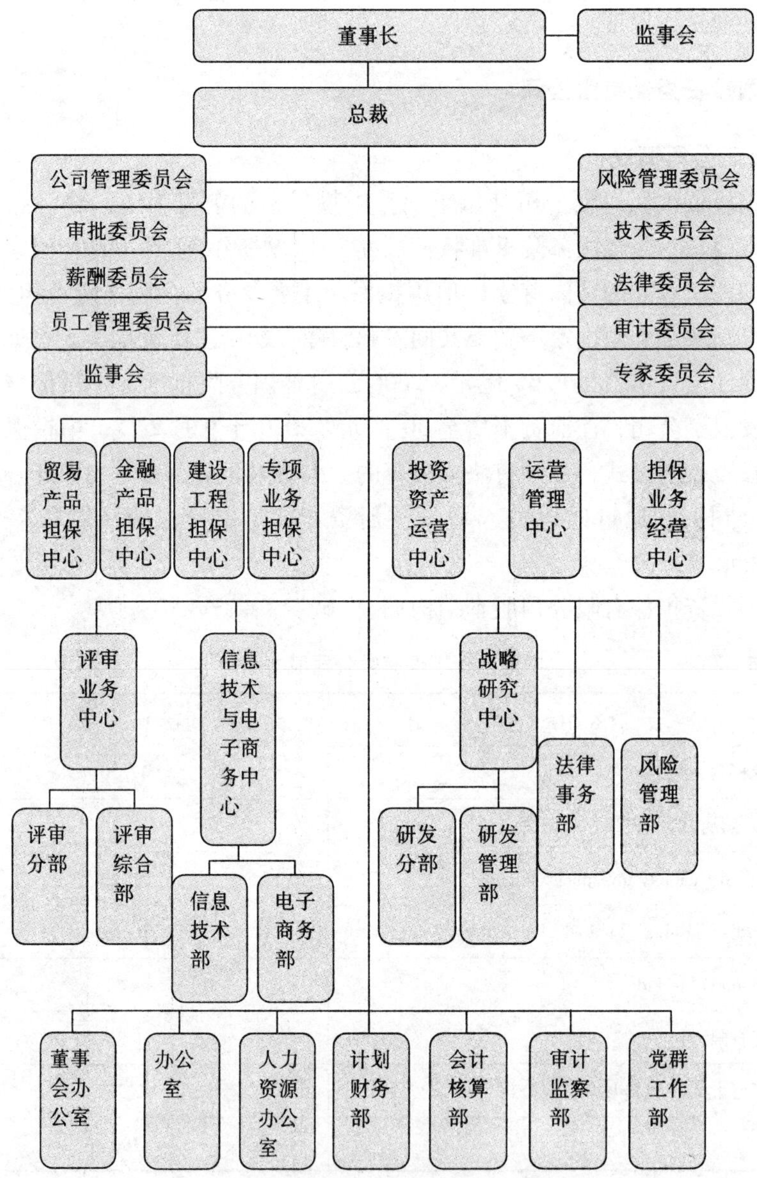

图 16－7 中国投资担保有限公司架构

（三）业务介绍

1. 担保业务

（1）金融产品担保。金融产品担保是指担保申请人在金融产品发行、销售、交易等资金募集活动中，担保机构为其向金融产品购买方或投资方提供的信用担保或增信服务，在担保申请人未能履行金融产品约定的相关义务时，按照保函/保证合同承担相应的担保责任。主要包括保本投资类担保、公共融资公募类和私募类担保、房地产类金融业务、股票定向增发担保、股票质押类业务等。

（2）物流金融担保。物流金融担保是指担保申请人在贸易项下进行资金融通时，担保机构为其向贷款方或融资方提供的信用担保，在担保申请人未能按照有关合同履行资金偿还等约定义务时，按照保函/保证合同承担相应的担保责任。主要包括汽车贸易融资担保、化肥经销融资担保、“1 + N”创新模式、保理以及综合授信担保等业务。

（3）工程建设类担保。工程建设类担保是指担保申请人在履行相关约定的过程中，担保机构为其向履约受益方提供的信用担保，在担保申请人未能按照有关合同履行相关义务或未能达到事先约定的标准时，按照保函/保证合同承担相应的担保责任。主要包括商业地产/工业地产支付履约担保、投标保证、履约保证、预付款保证、业主支付保证等。

（4）政府采购担保。政府采购担保是指担保申请人在政府采购订单项下进行资金融通或履行相关约定时，担保机构为其向融资方或履约受益方提供的信用担保，在担保申请人未能按照有关合同履行资金偿还或相关义务时，按照保函/保证合同承担相应的担保责任。主要品种包括政府采购的投标、融资和履约担保等。

（5）受托担保。受托担保是指担保机构根据委托方的委托，代其行使担保责任的担保产品。在担保申请人未能按照有关合同履行相关义务时，担保机构按照保函/保证合同约定，代委托人承担相应的担保责任。该产品的特点是不占用公司资本，由专项担保基金或风险补偿机制予以支撑，以公司的专业能力和市场品牌为平台。根据受托机构、专项担保基金和再保险合同的不同，主要包括上海小企业贷款担保、国际代理业务等。

（6）其他。除上述五类业务外，公司还承做其他担保业务，主要包括项目融资担保、流动资金贷款担保、节能减排贷款担保、电子商务担保等业务。

三、中合中小企业担保股份有限公司

中合中小企业担保股份有限公司（简称中合担保）于2012年7月19日在

国家工商行政管理总局注册设立。公司注册资本为51.26亿元人民币，是中外合资的跨区域融资担保机构，是国内目前投资规模最大的担保机构之一，也是国务院利用外资设立担保公司的试点项目。2010年，国务院《关于进一步做好利用外资工作的若干意见》中提出要求“加快推进利用外资设立中小企业担保公司试点工作”，国家发改委为落实国务院精神推动组织设立中合担保。公司的设立也是落实国务院《关于进一步支持小型微型企业健康发展的意见》，有效缓解中小企业融资难，发展多层次中小企业金融服务的重要举措。

公司由中方和外方共7家股东共同发起设立。中方股东包括中国进出口银行、海航资本控股有限公司、宝钢集团有限公司、海宁宏达股权投资管理有限公司、内蒙古鑫泰投资有限责任公司。外方股东包括美国摩根大通集团及西门子（中国）有限公司。公司业务范围包括：贷款担保；债券发行担保；票据承兑担保；贸易融资担保；项目融资担保；信用证担保；诉讼保全担保；投标担保；预付款担保；工程履约担保；尾付款如约偿付担保以及其他合同履约担保；与担保业务有关的融资咨询、财务顾问及其他中介服务；以自有资金进行投资；为其他融资性担保公司的担保责任提供再担保，以及符合法律、法规并由有关监管机构批准的其他融资性担保和其他业务。公司以支持中小企业发展为宗旨，秉持“允执其中，合作共赢”的经营理念，坚持“诚信规范、审慎精细、专业高效、开放创新”的经营原则，执行快速稳健的发展战略，全力搭建金融机构与中小企业的融资桥梁，成为专业化、规范化，具有核心竞争力的融资担保公司，并致力发展为中国融资担保行业的领军型企业。

四、三峡担保

（一）公司概况

重庆市三峡担保集团有限公司前身为重庆市三峡库区产业信用担保有限公司，是经国家发改委批准组建的市级担保公司，于2006年9月挂牌成立。2010年1月，公司正式更名为重庆市三峡担保集团有限公司。截至目前，该公司实收资本30亿元，股权结构见图16-8。

（二）公司治理与内部控制

公司股东会是公司的权力机构，负责决定公司的经营方针及投资计划、审议批准董事会、监事会报告、审议批准公司年度财务预算和决算方案等。公司

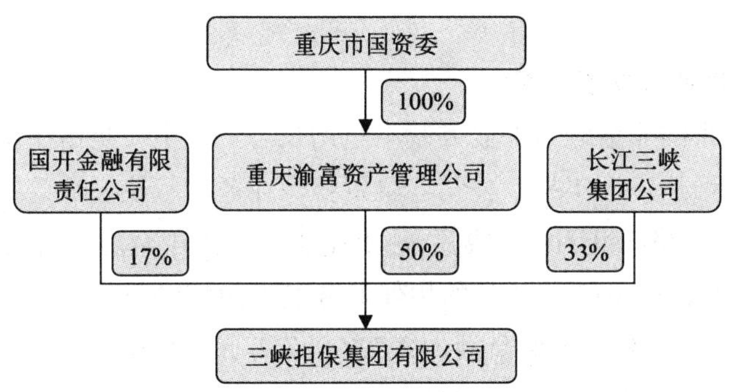

图 16－8　三峡担保集团有限公司股本结构

董事会由 7 名董事组成，其中股东单位各提名 2 名董事，独立董事 1 名。董事会对股东会负责，职责包括召集股东大会、执行股东会决议、决定公司的经营计划、制定公司年度财务预算和决算方案等。公司监事会由 5 名监事组成，其中股东单位各提名 1 名监事，公司职工代表大会选举 2 名职工监事。董事、经理及财务负责人不兼任监事。监事会对股东会负责，主要工作包括检查公司财务、对董事、高级管理层进行监督等。公司设总裁 1 名，由董事会聘任或解聘。总裁对董事会负责，主要负责主持公司的经营管理工作、组织实施董事会决议、组织实施公司年度经营计划和投资方案。公司高管具有较丰富的金融机构管理经验、良好的社会背景和丰富的社会资源。

三峡担保集团有限公司架构见图 16－9。

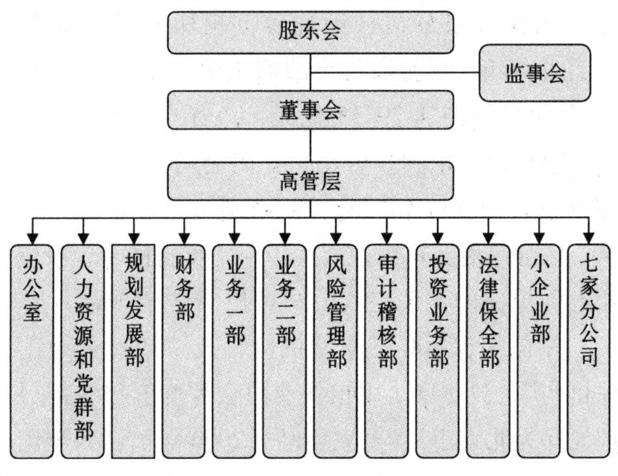

图 16－9　三峡担保集团有限公司架构

（三）担保业务发展情况

公司近年来的非金融担保业务基本呈增长态势，主要是由于融资担保业务发生额的逐年增加。近年来，公司非融资担保业务呈较快发展趋势，但业务占比仍较小。公司2011年开始开展金融担保业务，由于金融担保业务发生额较大，公司2011年至2012年9月的担保业务发生额较以前年度有大幅增长。截至2012年9月末，公司担保余额为3 727 987万元，其中融资担保余额和金融担保余额分别占49.26%和47.95%。

公司承做的融资担保业务均为银行贷款担保。贷款担保业务行业分布比较广泛，但业务主要集中于重庆市各区县工业园区基础设施建设贷款项目。公司还从事少量的非融资担保业务，主要是诉讼保全担保、投标担保以及履约担保等业务。公司非融资担保业务规模小，主要原因是公司的非融资担保业务处于探索阶段，同时重庆地区非融资担保业务市场相对于其他地区发展比较滞后。公司金融担保业务刚刚起步，业务笔数较少，但是担保额较大。未来，公司将继续增设分支机构，扩大跨区域经营。担保业务结构的调整以及跨区域经营的推进将有助于改善公司的客户结构，提升公司的影响力，增强业务增长动力，但同时对公司的风险管理水平提出更高要求。

五、首创担保公司

北京首创融资担保有限公司（简称首创担保公司）成立于1997年底，2003年7月1日经北京市人民政府批准战略重组，注册资本金为3.065亿元，截至2009年底，公司总资产达29.35亿元，净资产为16.13亿元。公司由北京首都创业集团有限公司、中国投资担保有限公司等6家股东共同出资组建，独创了“注册资本金+托管资金”的“双轨制”管理模式，是北京市成立最早暨北京市政府、区县政府及市财政局予以大力支持的专业投资担保公司，是北京市中小企业融资担保的主渠道。公司被授予“全国最具影响力中小企业信用担保机构”、“中国担保500亿上榜机构”及“应对金融危机支持中小企业表现突出担保机构”，被北京信用担保业协会评为五星级担保企业，被北京市工商行政管理局评为北京市“守信企业”，2009年被评为全国担保行业信用等级最高级——AAA级，成为北京市建委在市工程保证担保中推荐的首批专业担保机构。大公国际资信评估公司、上海新世纪资信评估投资服务有限公司先后给予公司资本市场主体评级 AA 级。

六、江苏担保

江苏省信用担保有限责任公司（简称江苏担保）是江苏省唯一经省政府批准成立的省级信用担保机构，是全国中小企业信用担保机构负责人联席会议的发起单位之一、江苏省信用担保协会常务副会长单位、江苏再担保体系主办机构。公司于2002 年10 月成立，2010 年7 月，根据省政府有关会议精神，公司划入江苏省再担保有限公司，成为其全资子公司，公司目前注册资本为3 亿元人民币。

江苏省信用再担保有限公司成立于2009 年12 月，首期注册资本为30 亿元，是江苏省委、省政府贯彻落实中央有关精神，以支持中小企业健康发展为目标而组建的大型国有控股企业，是迄今为止全国最大的一家省级再担保公司。江苏省信用再担保有限公司将支持江苏担保实施增资扩股和机构延伸，做江苏担保行业的“排头兵”和江苏省信用再担保有限公司的“试验田”。

自划转三年以来，江苏担保组建全新的经营管理团队，搭建全新的业务合作渠道，构建诚信、可信，敬业、专业的担保业务体系，致力于通过规范化、专业化、市场化运作，面向全省成长型中小企业，提供全方位的融资及非融资担保业务，以服务地方经济发展和中小企业成长为责任，累计为全省中小企业提供各类担保60 亿元，荣获“2011 年度江苏省融资性担保行业合规经营60佳”、“2012 年信用等级评级 AA +”。

七、各增信公司市场份额

2012 年信用债发行量超过万亿，目前国内规模最大的担保公司中债信用公司净资产为63 亿元，以10 倍的放大倍数计算，担保能力为630 亿元，相较之下仍存在较大差距。对于其他规模较大的担保公司，其担保额度相当一部分用于贷款担保、履约担保等业务，分配于债券的相对有限。

从资本市场的信用评级来看，主体评级最高的是中债信用公司，为 AAA 级。其次是中投保，主体评级 AA +，由于这两家担保机构信用评级较高，且资本金较为充足，在担保公司债券担保业务中占了很高比例。以目前担保公司担保债存量计算，中债信用担保余额为397. 62 亿元，份额为52%，中投保担保余额为185. 35 亿元，份额为24%。其他担保机构资本金相对不足，信用评级不高，增信作用有限，因此债券担保额较少。

各担保公司市场份额见图 16－10。

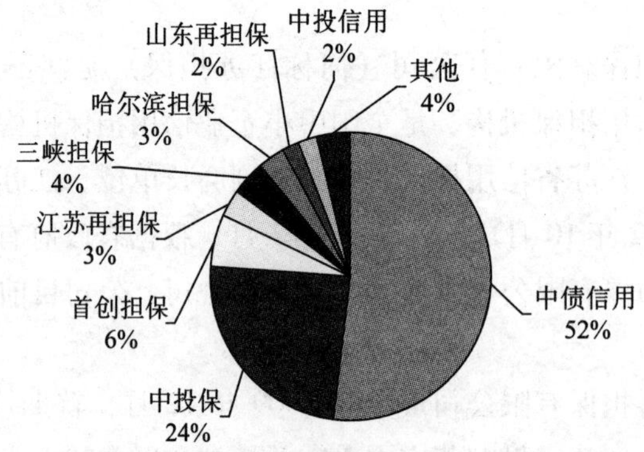

图 16－10 各担保公司市场份额①

① 何欣，覃圣尧．债市担保业素描．中投证券信用市场每周评论．2012 年 1 月 17 日。

第十七章

国内外增信对比分析

通过对国内外研究与实践情况进行对比分析，探究我国增信行业目前所处阶段，查找其中的不足之处，为我国增信行业的进一步发展提供决策参考和发展依据。

第一节　增信基础法律法规对比分析

一、国际市场情况

国外专家、学者对增信的研究历史比较久远，最早可以追溯到20世纪30年代，从深度和广度对增信市场进行了深入研究，在很多方面值得我们学习和借鉴。本节以美国、德国和日本为例，简介这些国家相关的法律法规。

在法律制度方面，美国债券市场监管形成了较完善的法律法规体系，主要由如下三个层次构成：一是联邦政府制定的法规；二是各州制定的法规；三是证券交易所和证券业协会制定的自律性规章。以美国联邦政府制定的法规为主干，相关的法律法规主要包括《蓝天法》（1911年生效），《1933年证券法》、《1934年证券交易法》和《1939年信托债券法案》等。针对债券增信，美国建立了较为完善的法律法规体系，包括《统一商法典》（1912年生效）、《信托契约法》（1939年生效）和《金融担保保险法》。对担保财产范围、担保物权体系、浮动担保制度和担保法律体系中担保权益等进行了合理、明确规定，为增信市场的健康发展打下了坚实的基础，因此其增信行业发展比较完善，能够有效服务于实体企业发展。

德国证券监管部门依据《证券交易法》（1995年生效）对证券市场进行

监管，关于债券增信的法律制度主要体现在《德国担保法》中，其对有关担保（包括第三方担保和抵、质押担保）所涉及的事项进行了具体规定。另外，《德国担保法》对各种质权设定的要件、质权的实现、质权的让与以及质权的消灭等方面进行了详细规定，对信托业务也进行了具体规定，为德国债券信托业务的开展奠定了法律基础。《德国民法典》（1896 年生效）对担保用益的规定为德国抵押担保增信方式的改进提供了制度环境，促进了抵押担保的发展。

日本证券法律制度借鉴了美国的经验，其债券市场的相关法律体系比较完善，有较为完备的《担保物权法》（2003 年生效）、《企业担保法》（1958 年生效）、《商法典》（1893 年生效）、《公司法》（2006 年生效）、《证券交易法》（1948 年）、《资产证券化法》（2001 年生效）和《信用保证协会法》（1958 年生效）。日本借鉴美国《1939 年信托契约法》，为附担保公司债券发行专门制定了《附担保公司债信托法》，此后附担保公司债在日本得到了长足发展，通过担保进行增信的方式成为日本公司债增信的主要手段。

二、我国增信相关法律法规及其缺陷简介

我国相关法律制度仍处于初步建设阶段，按法律层级分，目前主要适用的法律法规如下：一是法律。包括《民法通则》、《公司法》、《担保法》、《中小企业促进法》等。这些法律确立了我国担保法律制度，为担保法律行为提供了有效指导。二是部门规章。主要包括各部委出台的意见、通知和办法，最新的规章是银监会牵头七部委发布的《融资性担保公司管理暂行办法》及配套规定。这些规章是担保公司开展业务的具体指引。三是地方政府规章。在暂行办法出台后，各省区根据规章精神并结合地方实际，陆续制定了实施细则。

我国担保公司法律制度起步较晚、缺乏经验，法制建设中存在一些问题。加之担保公司数量迅速增加，担保风险不断显现，出现了许多现行法律法规无法应对的新情况、新问题，使得担保公司立法缺陷日益突出，主要表现为：一是立法严重滞后。自试点以来，政策性、商业性和互助性担保公司发展迅猛，但统一规制担保公司的法律迟迟未能出台，立法进程滞后于担保公司的发展实践。二是内容过于原则。由于担保公司是一个中介服务的机构，因此在诸多支持中小企业发展的法律及政策中，关于担保公司的往往只有几个原则性的条文，缺乏操作可行性。三是法律位阶较低。涉及担保公司风险管理的规定多为部门规章，存在着法律效力不足的危险。担保公司牵涉的利益群体越来越多，

对经济社会的影响力也不断增强，现有部门规章已经难以对担保公司进行全面的调整。

（一）担保法

信用担保制度是市场经济的产物，需要纳入政府宏观调控和法律法规规范和指引的范畴。而目前中小企业信用担保法律体系还不完善，缺乏专门的法律法规来加以确定。就《担保法》而言，其中没有针对中小企业信用担保机构的立法，也没有针对担保行业运作、补偿等规定，关注更多是企业、个人之间债权债务关系。而一些部门规章和政策性文件，立法层次不高，系统性也不强，出现冲突时很难去判断取舍。由于担保公司的资金来源日趋多元化，外资、民营、自然人等各种社会资源都纷纷进入，有必要对它们进行合理引导，使其顺应市场经济发展。对于互助性和反担保的有序开展，更需要进一步的法律法规来规范。

融资担保不同于一般的保证担保，是专业化的担保，而且在融资担保内部还包含三种不同性质的担保公司。《担保法》制定于 1994 年，当时尚未大规模设立融资担保公司，立法者也未能预见到这种局面，因此并没有对专业担保公司和一般保证担保者做出差别规定，更没有对政策性担保公司和商业性担保公司进行分类规范，担保公司没有得到有效保护。从某种意义上说，现行《担保法》规制的只是担保行为而非担保公司。设立担保公司遵循的是《公司法》，登记为普通法人，开展业务则依照《担保法》及《担保法解释》。这些法律未能从融资担保的本质特征出发，因而不利于担保公司的发展。从立法背景来看，制定《担保法》时我国刚刚确立市场经济体制改革目标，计划经济思维、所有制观念等对立法思想尚有深远影响，担保法律还背负着主要保护国有财产的重任，这些时代因素也决定了担保法律的指导思想必然侧重保护债权人即保护国有银行的利益。

在这种思想指导下，《担保法》给担保人设置了大量不公平规则，例如，没有明确约定或约定不明的，为特别保证，承担连带责任，担保公司受到极大影响。如果仅仅在一般民事活动中偶然承担此种保证责任，保证人还可勉强承受，但如果是专门从事保证担保的机构，其承受的业务风险可想而知。因此，《担保法》的某些立法理念已经不符合我国发展担保公司的要求，在某种程度上甚至制约了担保公司的健康发展。

（二）《中小企业促进法》

《中小企业促进法》是我国第一部关于中小企业的专门法律，也是直接涉及中小企业融资担保关系的立法。但是，由于该法的立法目的在于促进中小企业发展，所有条文以中小企业为中心，因此，关于担保公司的建设仅有原则性的规定，可操作性不强。就拿征信体系来说，一直没有对担保公司放开，实现信息共享。另外，这些条文大都是任意性和授权性规定，对于违反这些条文后所要承担的法律责任没有提及，缺乏刚性约束使法律的执行力大大下降。因此，《中小企业促进法》未能为担保公司法律制度建设提供充分的法律依据，其效能的发挥还依赖相关部门做出详细规定。

（三）《融资性担保公司管理暂行办法》

《融资性担保公司管理暂行办法》（简称《暂行办法》）是第一部担保公司的组织法规，它的出台使担保公司真正有了“归属感”。《暂行办法》以加强机构监督管理，防范和化解融资性担保风险为指导思想，确立了审慎监管原则。它主要包括三个方面的内容：一是融资性担保公司应当以安全性、流动性、收益性为经营原则，并建立市场化运作的可持续审慎经营模式。二是对融资性担保公司及其分支机构的市场准入、业务范围实行前置行政许可，推行许可证管理制度。三是对融资性担保机构的资本、放大倍数、拨备、公司治理、内部控制、风险集中度、关联交易、信息披露、高管及从业人员资格管理等方面实施审慎监管。

另外，还制定一系列配套规定，包括融资性担保公司高管任职资格、重大风险事件报告、经营许可证管理、公司治理、内部控制、行业统计、合作银行等内容。可以说，《暂行办法》及其配套规定为我国融资性担保公司风险控制构建了基本的制度框架，是一个历史性的进步。然而，随着《暂行办法》的实施，新的问题也随之产生。其一，法律位阶低。《暂行办法》在法律层次上属于部门规章，而现行其他规定也多是不同部门在各自监管领域内颁布的规章。这些规章内容多有交叉重复，有的甚至相互冲突，比如在政策性担保公司市场准入问题上，《暂行办法》和《政策性担保公司风险管理暂行办法》持有不同说法。但由于同为部门规章，《暂行办法》无法从法律层面加以协调，因而也就无力对整个担保业形成全面有效的约束。其二，监管主体不统一。根据

《暂行办法》的要求，中国银监会等部门组成的部级联席会议负责制定监管政策，协调监管中的重大事项，具体监管机构由各省级人民政府自行确定。从实践来看，部级联席会议是一个虚化的机构，且各部门都有自身利益诉求，所以很难真正发挥作用。实施属地管理后，有的由政府金融办负责监管，有的由中小企业局（经信委、经贸委或工信厅）负责监管，有的则由财政厅负责监管，监管主体可谓五花八门。虽然《暂行办法》为监管提供了统一标准，但是否可以经营其他业务等一些关键性问题却授权地方监管确定，这可能会导致实际监管标准的不统一。实践中，不同地区、不同监管部门可能会出现监管尺度不一的情况，这不利于整个行业的规范，并且给行业未来的规范带来了更大难度。而且对于跨省域的融资性担保公司，其不同的分支机构将面临不同的监管标准，增加了公司经营管理难度，也不利于担保行业的整合壮大。其三，一些规定过于原则。例如，《暂行办法》对融资性担保公司治理结构作了规定，但过于原则，没有反映融资性担保公司作为特殊金融机构的特点，实践中都按《公司法》的相关规定执行。但《公司法》只是对一般公司的最低要求，无法满足高风险的融资担保的需要。再如，《暂行办法》第 23 条的规定几乎涵盖所有风险点，但目前采用书面审批的方式，依据的是发起人提供的可行性研究报告，这种方式无法衡量未来融资性担保公司具备的风险控制能力。

综上所述，担保行业相关法律制度不健全，发展环境有待改善。就担保行业相关的法律制度而言，目前只有《担保法》和《中小企业促进法》，没有更加明细的法律法规，针对市场准入、业务经营等方面的各项规章制度尚不完善和健全。就担保行业发展的体制机制建设而言，管理主体不明确，业务监管不到位，操作规程不严格，这些都会导致担保业务操作不规范，担保风险增大，担保成本提高等问题的发生。

第二节 增信理论研究对比分析

从研究演变的发展路径来看，国际市场对增信的研究从初期的体系建设和制度设计，到相关的法律法规，再到增信的不同方式及其定价研究，再到实证分析不同增进方式的增信效果及对市场影响研究，目前处于如何分析相关研究阶段。这是一个由浅入深，理论指导实践、实践检验理论的过程。我国增信市场目前尚处于发展初期，从实际情况来看，我国增信几乎是通过第三方担保或抵、质押担保实现的，相关的研究主要集中于体系建设和法律法规方面，尽管增信是一个包含第三方担保和抵、质押担保，但又不局限于此的概念。因此，从国际经验来看，我国增信行业仍处于初级阶段，投资者和监管层刚刚意识到其与第三方担保和抵、质押担保之间的区别与联系，部分专家和学者也将国外先进的增信理论和方法，逐步引入到我国债券市场，特别是资产证券化重启之后，增信的方式呈现出多样化的趋势。在我国增信行业目前所处阶段，理论研究变得尤为重要，扎实深入的理论研究能够指导我国增信行业朝着健康、稳定的方向发展，有效地服务于实体经济和资本市场其他构成元素。

一、增信方式比较分析

从增信方式来看，国外专家学者对现有的不同增信方式进行了深入分析，不仅分析了不同增信方式的特点，还分析了不同增信方式的适用范围，同时还分析了不同增信方式的增信效果及市场接受程度。对于某一债券品种或资产证券化产品，国外专家、学者还分析了不同增信方式的增信效果，并且归纳出较为常见和效果较好的增信方式。为了配合本国债券市场的发展，促进其服务实体经济的能力，国外专家和学者专门设立了特定的债券品种及增信方式，比如德国的潘德布雷夫债券和韩国的 P－CBO 债券，这些券种巧妙地将增信方式嵌入到产品设计中，有效地满足了本国债券投资者的风险管理需求和风险偏好，因此取得了较大成功。另外，资产证券化发展较为迅速，国外学者不仅研究了与资产证券化密切相关的法律法规和制度建设，还研究了如何通过增信促进资产证券化的发展。

与国外成熟市场较多研究相比，目前我国信用债市场增信方式研究尚处于介绍阶段，主要简单介绍国外市场一些发展较为成熟的增信方式，并没有根据我国实际情况深入研究相关的增信方式如何与我国目前的法律法规体系相融合，促进我国信用债市场，尤其是公司债市场的发展，为我国资产证券化的健康发展提供理论和工具支撑。

二、增信定价比较分析

从产品定价来看，国外专家、学者对增信方式进行了理论定价分析，虽然实际操作时未必按照理论价格进行交易，但至少可以作为一个参考价格，实际成交价格一般不会偏离理论价格太远。研究方法比较丰富，有的学者从期权理论角度分析增信方式的理论定价，有的学者从估计违约概率的角度进行分析，也有的学者研究信用评级变化对结构化产品定价的影响等，从不同角度研究定价问题。与国外成熟市场相比，我国专家、学者尚未正式对增信方式的定价问题进行研究，目前在我国增信的定价研究较少，公开的渠道只能找到复旦大学薛世容写的硕士毕业论文——《信用增级性质和定价研究》，其从期权的角度探讨了增信的定价问题，但是无论从深度还是从广度来看，该理论定价模型距离实际使用还有很长一段距离要走。理论研究较少，主要与实践探索不足有关。目前，在我国增信几乎等同于融资担保，增信行业并没有脱离担保行业而独立存在，因此，其实际费用的确定沿用融资担保的确定方法，通过市场竞争实现。尽管融资担保在我国已经有较长历史，担保费用已经实现了市场化，但是并未将融资企业的信用作为主要参考目标，从某种意义上说也就不能反映市场价值。随着资产证券化和中小企业私募债的发展，市场对增信的需求越来越大，现有融资担保公司无法满足相应需求，因此理论应当为实践发展做好铺垫，加大对增信定价方法的研究力度，以指导实践发展需求。

三、增信研究广度比较分析

从研究的广度来看，国外开展增信研究的机构有高校、科研机构、信用评级机构、专业的增信机构等，研究范围不仅包括制度设计、理论的定价分析，还包括不同增信方法及其效果的实证分析、行业发展状况和趋势分析。国内仅有极少数高校和科研机构意识到进行相关研究的重要性，初步介绍了国外市场相关情况，市场机构仍然将工作重点放在融资担保上，其他增信方式尚处于探索阶段。国外市场建立了完善的信用风险管理市场，设计了场内外风险管理产品，对相关市场和产品开展深入研究，以指导市场建设和产品体系发展。我国几乎没有信用风险管理产品，银行间市场曾经发行过信用风险缓释工具，但发行量很小，目前处于停滞状态。

四、增信研究深度比较分析

从研究的深度来看，国外专家、学者从不同角度，运用不同模型对发行主体的信用情况进行建模，以估算违约概率，同时根据各国信用体系及投资者风险偏好，设计符合本国国情的增信方式、债券品种和资产证券化产品，例如德国的全覆盖债券和韩国的 P－CBO 债券。由于我国信用体系并不健全，信用记录缺失，因此，一方面，无法测试相关模型的合理性，“巧妇难为无米之炊”；另一方面，没有相关专业人才，进行相关深入研究。另外，国外专家、学者对每一种增信方式起源和产生背景、发展高峰以及相关政策推出对其的影响和没落时期均进行了详尽分析，总结出其迅速发展壮大和没落的原因，而我国市场目前以担保为主，其他增信方式仍处于探索阶段，并没有对其做过较为全面、完善的研究。

综上所述，与国外成熟市场的研究相比，我国增信研究不论从理论角度，还是从实证角度，都相差甚远，远不能满足我国目前正大力推行的资产证券化和中小企业私募债的增信需求，因此应当理论研究先行，实证研究紧随其后，支持我国相关政策的推进。

第三节　增信参与机构对比分析

一、债券保险参与机构对比分析

债券保险起源于美国，用于对市政债进行增信，促进其发行，而后在其他国家也普遍使用，目前其不仅仅被应用于市政债，还被广泛应用于结构化产品和资产支持证券进行增信。目前，国际上从事债券保险的公司主要由专门从事金融保险和担保的公司构成。以美国为例，目前有十几家债券保险公司开展债券保险业务，并组成美国金融担保保险协会，前三大公司分别为市政债券投资者保险公司（MBIA）、金融集团保险公司（AMBAC）和金融担保保险公司（FGIC），其市场份额之和超过 90%。

MBIA 是由 Municipal Issuers Service Corporation 在 1973 年发起成立的一家单线保险公司，出资方还包括美国四大保险公司：The Aetna Casualty and Surety Company、St. Paul Fire and Marine Insurance Company、Aetna Insurance Company（Then Part of Connecticut General and Now Part of CIGNA）和 United States Fire Insurance，于 1987 年在纽约证券交易所上市。MBIA 主要为市政债券、资产支持证券和抵押支持证券提供债券保险，除此之外，其还从事固定收益资产管理，目前管理 400 亿美元的固定收益产品。

AMBAC成立于1971年，为第一家为市政债券提供担保的专业债券担保公司，主要为债券和结构化产品提供担保和保险服务，其于1991年在纳斯达克上市。

FGIC成立于1983年，是专门为债券提供单线保险的专业保险公司，次债危机的发生使得该公司信用评级被下调，并出现财务危机。2011年6月11日，FGIC被纽约州政府接管。

我国目前没有专门从事债券保险业务的金融机构。

二、第三方担保参与机构对比分析

国际上从事担保的机构很多，从性质上来看，担保机构大致可分为两类：一是准政府机构或政府出资成立的社团法人等非营利性机构或组织；二是政府有关方面、商业银行、民间机构和个人等出资成立的股份公司和私营企业。在同一国家中通常既有政策性的担保机构，也有商业性的金融机构，二者并存，互为补充。

政策性担保以政府的政策为导向，以政府财政为后盾，是为了实现特定的政策目的而设立的。美国联邦中小企业管理局、韩国的担保基金组织、日本的中小企业信用保证协会和为之提供再保险配套服务的中小企业信用保险公库等，都是为支持中小企业发展而设立的。

（一）美国联邦中小企业管理局

美国联邦中小企业管理局（Small Business Administration，简称SBA）于1953年创建，1958年被美国国会确定为“永久性联邦机构”。局长由总统任命，直接向总统负责和汇报工作，全国10个地区局的负责人也全部由总统任命。中小企业管理局的主要任务是，听取中小企业的意见及需求，及时向总统报告，并就保护中小企业的权益向联邦政府提出政策建议，促进小企业的健康发展。美国中小企业管理局总部设在华盛顿，在美国十大城市设有分局，有69个地区办公室、17个分支办公室、960多个服务点，员工总人数超过4 000人。从20世纪40年代起，美国就开始设立扶持中小企业发展的官方机构。美国政府对中小企业的管理机构，主要由三个部门组成：一是参众两院设立的中小企业委员会，主要听取中小企业管理局和总统中小企业会议对有关小企业发展政策的建议和意见。二是美国联邦中小企业管理局。它是美国中小企业的最高政府管理机构，负责向小企业提供资助和支持，并维护小企业的利益。三是白宫总统中小企业会议。它主要就中小企业的法律制定、政策协调、资金融通、信息咨询和社会服务等问题进行讨论，以便总统决策。近年来，联邦中小企业管理局为中小企业提供超过900亿美元的贷款担保组合，还利用政府采购项目为100万户中小企业提供近100亿美元的免费咨询和技术援助。

美国联邦中小企业管理局主要职责如下：

第一，资金扶持。主要任务就是帮助中小企业创业者获得贷款。它很少提供直接贷款，而只是为中小企业向银行和私营贷方提供贷款担保，为此制定了许多贷款担保计划。中小企业管理局还向中小企业提供风险资金。此资金由中小企业公司提供。在纳税方面，美国政府还专门颁布有助于中小企业发展的税务计划，帮助中小企业推销产品，并简化为中小企业员工设立退休金计划的手续。国家税务局为中小企业提供6个月的纳税宽限期。在研究与开发方面，根据《中小企业创新发展法》，美国国会1982年建立了中小企业创新研究计划，规定凡拨给本部门以外研究与开发费用1亿美元以上的部门，都必须按一定的比例向该计划拨出经费（比例逐年加大），符合条件的中小企业均可向该计划申请经费，将其创新思想变为现实。

第二，咨询与管理培训服务。首先是咨询服务，中小企业管理局在全国有由1万多名经验丰富的退休人员组成的经理服务公司和960个中小企业服务点，通过自愿和合同的方式为中小企业服务，从创业准备、计划拟定、公司成立、行政管理、商业理财等多方面提供咨询。其次是管理培训，通过商会、大专院校、中等学校、贸易协会和成年教育小组等向小企业提供技术、经销及决策等管理方面的培训，开办讲座和讨论会，并配合发行各种出版物。

第三，获得政府采购合同。为帮助中小企业尽可能多地得到政府合同，在初级合同中，中小企业局主要集中于“搁置购买”、“拆散购买”和“颁发能力证书”这三个方面。搁置购买指中小企业局参与合同招标，事先选出适合于中小企业的合同搁置一边，待中小企业投标。拆散购买指从专项合同中分离出一般性合同，或将一个单一合同分成多个小合同，以使中小企业获得更多订货。颁发能力证书是指，如果合同招标方面对中小企业实现合同的能力或信用有怀疑而拒绝给予中小企业合同的话，中小企业可以请求中小企业局给予帮助。除此之外，中小企业局还积极推动政府机构和大企业在二级合同中向中小企业订货，为中小企业从联邦政府的采购计划中争得合理份额的货物和服务合同。

第四，促进小企业的进出口贸易。中小企业局制定了“中小企业出国流动资本项目”来帮助中小企业扩大出口，使多数商业银行可以利用这个项目为中小企业提供短期出口信贷。中小企业局还在中小企业集中的地区设立出口服务中心，帮助小企业寻找出口项目、设计出口战略、制订出口计划、评估出口可行性报告、帮助申请出口信贷等。

（二）日本东京信用保证协会和地方信用保证协会

日本是最早建立中小企业信用保证体系的国家，1937 年成立了第一家社团法人东京信用保证协会。1955 年，日本 52 家信用保证协会共同组建成立了全国信用保证协会联合会（以下简称联合会）。联合会类似行业管理协会，主要负责协调信用保证协会同中央政府及中小企业信用保险公库之间的关系，指导和监督信用保证协会业务的运作，汇总各协会上报的信用保证统计报表，帮助信用保证协会进行人才培训，组织国际信用保证业务的交流和合作等。联合会自身不开展信用保证业务，费用由 52 家信用保证协会承担。日本信用保证协会为中小企业向金融机构贷款提供信用保证，同时为减轻风险负担，求得代偿资金来源又由中小企业信用保险公库提供保险，信用保证制度和信用保险制度共同构成了日本信用补完制度，有力地促进了中小企业的发展。

日本信用保证协会相当于我国融资性担保机构，是独立的法人实体，通过信用保证提高中小企业的融资能力，贯彻国家支持中小企业融资的产业政策。日本地方信用保证协会资本金由地方政府出资、金融机构出捐的负担金和累计收入构成。日本各都道府县政府根据当地中小企业融资和发展的实际需要，将信用保证协会资本金列入政府预算，尽管日本各地信用保证协会出资结构不相同，但一般 50% 以上为地方政府出资。各金融机构为信用保证协会出捐负担金，直接列入成本费用开支。信用保证协会对外承担的中小企业信用保证法定最高限额为资本金的 60 倍，对象主要是工商业和服务业的中小企业。

我国目前尚未设立严格意义上的政策性融资担保公司，有两家较大具有政府背景，以债券担保为主营业务的公司：中债信用增进投资股份有限公司和中合中小企业担保股份有限公司。从公司规模、专业水平、功能发挥和存在历史上来看，这两家机构距离发达国家的信用担保机构相差甚远。

三、信用证参与机构对比分析

信用证需求方在付给金融机构（通常是银行）一笔费用后，金融机构承诺当信用证需求方无力偿还欠款时，支付给信用证需求方所欠金额，最高不超过协议约定的支持限额。在国际市场，信用证作为增信的手段如今使用已经越来越少，而更主要的是作为国际贸易中的支付手段而存在着，其主要原因是在20世纪90年代初期，几家为长期债券提供信用证服务的银行被评级机构一致降级，从而使用这些银行提供的信用证作为增信工具的许多证券也面临被降级的命运，使得投资者对信用证增信稳定性产生怀疑，因此债券发行人纷纷转而采用现金抵押账户来代替信用证，以增强其评级稳定性。

目前，我国市场并没有利用信用证为信用债进行增信，其主要被用来贸易往来。1997年中国人民银行借鉴《跟单信用证统一惯例》（UCP500）创设了国内信用证（D L/C，Domestic or Local Letter of Credit）。根据《国内信用证结算办法》，信用证是开证银行应申请人要求开出的、凭符合信用证条款的单据支付的付款承诺。与国际信用证庞大的家族不同，国内信用证为不可撤销、不可转让的跟单信用证。除遵循UCP500倡导的基本原则和国际惯例外，监管部门对其主要限制如下：只限于转账结算，不得支取现金；由于国内外汇管制，结算币种一般为人民币；申请人应提供不低于开证金额20%的保证金；未规定交单期时，交单期为15天；商业发票必须是国家税务部门统一印制的；延期付款信用证的付款期限为货物发送日后定期付款的，最长期限不得超过6个月。国内信用证与国际信用证一样具有保证付款、资金融通、保障交易安全的基本功能。与传统商业汇票等结算方式相比，国内信用证具有银行信用和商业信用有机结合的特点，它能够规避传统结算方式的信用风险问题，特别可有效解决陌生交易对手之间互不信任的矛盾，降低交易风险，提高交易效率，并满足交易双方的授信需求。信用证可以有效解决交易双方在交易空间上的单据控制风险和交易时间上的信息不对称风险，既适用于相互了解的双方，也适用于相互不了解的双方，既适合本地交易，又适合异地交易。即无论是否信任交易对手的履约能力或付款承诺，交易双方均可利用国内信用证从银行获得信用服务，控制交易风险。正是因为信用证的这些优点，发达国家国内贸易结算与国际贸易结算一样，信用证被普遍采用。与银行承兑汇票相比，国内信用证具有明显的优势。

到目前为止，仅中国银行和招商银行国内信用证业务形成了一定规模，其他银行基本上仍处于产品菜单状态。招商银行2001年将国内信用证与网上银行相结合，首创网上（电开）国内信用证，将国内信用证作为银行承兑汇票的替代品应用于企业供应链的支付结算，其安全、快捷、高效的特点得到许多拥有大量经销商的家电厂商和汽车厂商的认可。自从招商银行向青岛海尔开出全国第一张国内信用证后，其国内信用证业务迅速发展。2006年的开证金额超100亿元，取得了国内信用证市场的先发优势。中国银行利用国际信用证的优势，将国际信用证原理引入国内贸易结算，其在国内率先开办的信开国内信用证得到了三资企业的青睐，交易量逐年大幅增长。据了解，2006年，中国银行国内信用证开证量超300亿元人民币，仅广东分行业务量就达80亿元，在当地形成了比较竞争优势。中国银行试图与国内银行开展国内信用证业务合作以大力推广其应用范围，该业务目前一直在系统内循环。即开证行、通知行和议付行等相关银行均为该行分支机构，与其他银行合作没有取得很大进展。招商银行国内信用证也只在系统内循环。总体而言，与中央银行大力推广的、现已稳居国内贸易结算半壁江山的银行承兑汇票相比，国内信用证在国内贸易结算份额仍然较小，没有形成银行间的市场。

四、信用违约互换参与机构对比分析

国外主要进行CDS交易的机构包括银行、对冲基金、证券公司、保险公司等。交易商又称之为做市商，为诸如银行、保险公司、对冲基金等市场参与者提供信用衍生品买卖服务，并通过买卖价差赚取利润。他们既可以是花旗银行这样的商业银行，也可以是摩根斯坦利这样的投资银行。JP摩根和德意志银行这两家全能银行（提供商业银行和投资银行业务）曾经是最大的CDS交易商。近些年，信用衍生品交易业务不断增加，有多家公司在这一个业务上都已经成熟，如荷兰银行、高盛、汇丰银行、美洲银行、巴克莱银行、JP摩根、贝尔斯登、花旗银行、摩根斯坦利、美联证券、德意志银行等。

国内的信用风险缓释凭证（Credit Risk Mitigation Warrant，CRMW），类似国外的CDS，是指由标的实体以外的机构创设的，为凭证持有人就标的债务提供信用风险保护的、可交易流通的有价凭证。买入信用风险缓释凭证（CRMW）的银行的交易对手方需要买入信用风险缓释合约（CRMA）。对信用风险缓释凭证（CRMW）的创设机构是需要监管核准的，在国外的创设机构不但不需要监管核准，而且多数情况下是未能签署主协议的那些机构，基本上这类交易很少；指引中设计的 CRMW，卖掉它则能马上全部转移风险，能够避免多米诺骨牌效应，能降低像金融危机那样的系统性风险发生。目前已经有 17 家机构获准成为交易商，包括 8 家中资商业银行：中国银行、建设银行、交通银行、工商银行、光大银行、民生银行、兴业银行、浦发银行以及 5 家外资银行：汇丰银行（中国）、德意志银行（中国）、巴黎银行（中国）、花旗银行（中国）、巴克莱银行（上海分行）。从银行间市场的业务量来看，目前信用衍生品的发展处于停滞状态。

从机构主体来看，我国参与信用互换主体的范围较窄，目前主要为几家银行，数量较少，仅有 17 家机构；从实际业务量来看，我国尚处于初期的试验阶段，成交量较小，目前已经处于停滞状态。

五、组织增信参与机构对比分析

所谓组织增信，是指金融机构依托国家信用，运用国家和各级政府的组织优势和政治优势，通过体制、机制和制度建设，弥补市场不足，引导、规范市场行为，增强市场主体信用意识和信用能力。国际上组织增信的运用和发展由来已久，韩国政府的金融管制、菲律宾政府对 DBP 的改组和整顿以及欧洲空中客车的跨国金融支持，都是值得研究的经典案例。

韩国政府的金融管制：在韩国政府当时的金融管理体制下，开发性金融成为服从政府的“纯命令”金融，引起银行恶性债权增加，金融效率大大降低；同时，政府借助政策性金融机构干预企业经营活动，企业作为市场主体缺乏自主权。由于政府过多的行政干预，政策性金融不仅没有参与市场建设反而成为市场的包袱。这些弊端在 1997 年的亚洲金融危机中也充分暴露出来。

菲律宾政府对 DBP 进行改组和整顿：政府部门和一些政府官员对 DBP 业务插手，使 DBP 项目的立项和贷款随意性强；机构内部管理不善，贪污腐败严重；贷款对象还款意识淡薄，由于信息不对称和缺乏对贷款对象的信用考核，甚至把资金贷给了一些经营状况不佳，濒于倒闭的客户，使得贷款本息收回情况恶化，增大了银行经营风险。面对这种现实，政府不得不决定对 DBP 进行改组和整顿。

欧洲空中客车的跨国金融支持：欧洲空中客车是在法国、英国、德国、西班牙四国政府支持下成立的多国联合公司，通过跨国性运用组织增信和开发性金融的共同作用，以政府协调、政府承诺取代资产负债的存量管理，通过建设治理结构、法人、现金流和信用，实现由政府入口到市场出口之间的转化，2001年成为一家独立的公司。这是多个国家及政府联合运用组织增信使项目走向市场出口的孵化过程，通过政府主动建设市场、制度和信用，弥补体制缺损，最终取得项目建设和制度建设的双赢。

开发性金融机构是具有政府赋权法定政府信用的特殊金融机构，当前我国开发性金融的主要载体是国家开发银行。针对我国现阶段城市化进程加快、各地自身财力远不能满足建设的需要，国家开发银行积极发挥开发性金融的先锋作用，以自身融资优势与政府组织优势相结合，在与地方政府签订开发性金融合作协议基础上，对涉及城市基础设施多个行业的贷款项目实行打捆，通过推进组织增信整合资源，建立风险控制机制和信用体系，使双方尤其是地方政府真正站到风险控制和约束的角度上，从而减少风险和损失，使市场建设和项目建设双成功。在这个过程中，国家开发银行充分发挥政府组织优势，坚持规划先行，共筑信用和融资平台，着力推进治理结构、法人、现金流、信用四项建设，实行信用和债项的双重管理。通过集中整合地方财力、城市规划及各类资源，使政府能够系统、配套和集中地完成一些急需的城市基础设施建设，防止在土地批租过程中滋生腐败，加强了城市规划管理。

第四节 增信方式对比分析

从方式来看，国外专家、学者对各种不同的增信方式进行了研究。国际成熟市场增信方式较多，根据不同产品的实际情况，选择与之相适应的增信方法。美国债券市场是全球最发达的市场，通常的增信方式都会用到，经研究发现不同的债券，通常主要采用不同的增信方式，例如市政债主要采用债券保险进行增信，公司债主要采用抵/质押担保、第三方担保、债券信托和优先/次级结构进行增信，结构性金融产品主要采用债券保险、抵/质押担保、第三方担保、信用违约互换和优先/次级结构进行增信。德国债券市场是欧洲最大的债券市场之一，主要分为公共债券、以潘德布雷夫债券为主的金融债和公司债券，经研究发现，潘德布雷夫债券主要通过法律框架和产品结构设计将增信方式嵌入其中，公司债主要通过抵押担保、债券信托实现增信，资产证券化产品主要通过超额抵押、优先/次级结构实现增信。日本债券市场规模较大，仅次于美国，主要包括国债、地方政府债、金融机构债和公司债。经研究发现，地方公债主要通过偿债基金进行增信，公司债主要通过第三方担保和债券信托进行增信，少量使用抵押担保形式进行增信，资产证券化产品主要通过优先/次级结构和抵押担保进行增信。韩国债券市场主要由政府债券、金融债券和公司债券组成，金融债主要通过银行担保，公司债主要通过银行担保、第三方担保和债券信托，中小企业私募债主要通过 P－CBO 模式进行增信。

与国外丰富的增信方式相比，我国增信方式较为单一，主要以担保为主，包括第三方担保和抵/质押担保，其中第三方担保占主导地位。下文简要对比分析国内外担保机构的相关业务情况。

尽管各国经济体制、信用制度和经济政策的不同，使担保业表现出各自的特色，但从性质上看，担保机构大致可分为两类：一是准政府机构或政府出资成立的社团法人等非营利性机构，二是政府有关方面、商业银行、民间机构和个人等出资成立的股份公司和私营企业。与此相应的，担保机构的运行机制也呈现出两大类型：一类是政策性的，另一类是商业性的。通常上述两种不同性质的担保机构在一个国家中同时并存。

一、政策性担保业务对比分析

政策性担保以政府的政策为导向，以政府财政为后盾，其管理体制主要有三种类型：一是分散型，即地方政府各自设立信用担保机构，中央政府设立担保再保险机构；二是集中型，即由中央政府设立的担保机构对各地分支机构实行统一领导、统一管理；三是委托代理型，即由政府委托商业性机构代理政策性担保业务，通过代理机构自身的业务渠道和网点开展业务。

世界许多国家和地区的专业信用担保机构都是政府为了实现特定的政策目的而设立的，我国也设立了部分政策性担保机构，但其规模和专业水平距国外成熟机构仍有较大差异。如日本的中小企业信用保证协会和为之提供再保险配套服务的中小企业信用保险公库、韩国的担保基金组织、美国联邦政府的小企业局等，都是为支持中小企业发展而设立的；奥地利财政担保公司主要为工业转型和改组服务，并负责运作政府设立的东西方投资基金；英国出口信用保证局则是为支持本国资本、技术和商品输出而设立的。日本政府的中小企业信用保证计划与政府的产业政策配合，主要以每个时期的政府产业政策为依据，重点为符合产业政策的项目提供担保，日本全国信用保证协会现阶段的任务就是，从资金筹集方面积极支持富于灵活性和创造性的中小企业。

担保风险的分散和规避。国际上通常的做法，一是只进行比例担保。主要做法是规定担保比例，由担保机构和银行共担风险。二是政府和某些金融机构为担保公司提供再担保。三是对企业实行风险约束。美国的信贷保证计划要求主要股东和经理人提供个人财产抵押，还有许多国家的《民法》都对被担保人发生违约规定了十分严厉的惩罚条款。四是明确、规范的管理制度。政府主管部门依据有关法规对担保机构的内部管理、项目审批和担保程序均作了严格规定。我国目前主要以风险准备金为主要风险管理手段。

二、商业性担保业务对比分析

商业性担保是相对于政策性担保而言的，商业担保机构经营的担保业务一般以营利为目的。国外商业性担保公司的主营业务经历了一个世纪的演变。世界上第一家作为保证人而成立的公司出现于18世纪末的英国，向上流社会提供仆人忠诚担保。美国19世纪后半叶成立的早期担保公司也以公务员担保和忠诚担保为启动业务。20世纪初工程保证担保逐渐显示出成长力，第二次世界大战后的四五十年代建筑高峰使合同担保成为担保公司长久不衰的主业。

商业性担保机构与银行保持竞争与合作的关系，其通常做法是通过不断加强其担保品种与融资担保领域的密切联系，来扩大其保费基数。随着商业性担保公正程度与担保比例的提高，商业性担保机构得以获取更多的市场份额；商业性担保机构也通过其业务体系特别是其业务操作平台的建设，努力提高担保品种的优势和服务范围。一是更多地开展见索即付担保业务，二是提高担保比例。而银行的优势则在于贴近消费者和愿意提供见索即付担保。

与美国相比，在欧洲，主要风险并不是由一家担保公司承担的，一般都是由几家银行和几家担保公司共同承担，通常采取联合担保的形式，我国则通常采取独立担保的形式。国外商业性担保公司非常注重担保条件的总体变化，以及法律保障的必要性。在开发一个新的担保品种时，既考虑适当增加保费收入，同时也避免承担超比例担保所引起的风险。再担保在西方发达国家已经被广泛应用。

全球担保市场的划分。全球商业性担保市场可以分为两部分：一部分是美国与加拿大，另一部分是世界上其他国家。各地担保环境条件是由执政当局和法律条款决定的，同时也是引起结构差异的主要原因。在美国只允许保险商和担保机构承做保证担保业务，在欧洲，主要由银行提供类似的担保业务，而经营担保业务的保险商承做的保证担保占不到20% 的市场份额。在英国、西班牙和德国，保险商和银行承做保证担保的相对比例大约为1∶9；在法国，银行几乎垄断了整个担保市场；而在意大利，银行和保险商之间的担保业务比例基本相当。

第五节 增信主要应用领域现状对比

一、债券市场对比

我国债券市场规模在过去十几年增长显著，占全球债券市场的份额已由2002 年底的0.84% 上升至2012 年底的4.69%。但与美国、日本、法国、德国、英国、意大利等国家市场相比，我国债券市场规模尚小，主要体现在以下几个方面：（1）我国债券市场规模在全球市场中占比较小。截至2012 年底，我国债券市场存量占全球市场比重不足5%，美国、日本债券市场存量分别约占全球的39% 和16%。（2）我国债券市场规模在国内生产总值中占比较低，不能与国家经济总量相匹配。2012 年，我国债券市场存量在当年国内生产总值（GDP）的占比约为50%，美国、日本债券市场存量在本国GDP 的占比分别达到175% 和255%。由此可见，中国债券市场规模要达到与国家经济总量相匹配，仍存在巨大的发展空间。若基于债券存量和GDP 的比值预测，假设中国GDP 年增长率为7.5% ~8%，则预计2013 年债券存量约突破30 万亿，2014 年突破35 万亿元，2015 年突破40 万亿元。

我国公司债券和企业债券规模虽然出现快速上涨，但与国际成熟市场相比，规模仍相对较小，主要体现在以下几个方面：（1）我国企业债和公司债券发行量和存量均较小。2012 年，我国共发行187 期公司债券和426 期企业债券，其累计存量分别为5 289.43 亿元人民币和7 223.53 亿元人民币，合计为1.25 万亿元人民币，而美国、日本、德国、韩国市场公司债累计存量为20.89 万亿美元、4.04 万亿美元、2.18 万亿美元、0.87 万亿美元。（2）我国公司债券和企业债券在债券市场总量中占比较低。2012 年，我国公司债券和企业债券发行量在债券市场总发行量中占比为7.75% 和17.62%，其累计存量在债券市场存量中占比为9.22%和12.59%，合计为21.81%，而美国、日本、德国、韩国占比为59.41%、27.69%、49.99%、67.80%。

我国债券市场除与国际成熟市场还存在一定差距外，其在国内资本市场的发展大大落后于股票市场。长期以来，我国直接融资比例过低。尽管近年来各类公司债券有了一定发展，但发展规模总体上仍然较小，滞后于股票等其他金融市场的发展，当前我国证券市场仍存在“股市强、债市弱”的特征。另一方面，我国债券存量大大低于贷款规模，债券与贷款作为债权融资两个工具，应该具备合理的比例关系，美国、日本、德国、韩国的债券存量都能够达到贷款规模的67%左右，而中国占比仅为38%，有近30个百分点的提升空间。2011年底，美国贷款、债券和股票规模的比例为3∶2∶1，呈现稳定的“三角垒”平衡，而中国贷款、债券和股票规模的比例为3∶1∶1，债券规模明显偏低，有待于进一步发展。

二、资产证券化对比

自2005年正式启动资产证券化试点，由中国人民银行、中国银监会和中国证监会分别推进以银行为参与主体的信贷资产证券化和以证券公司为主导的企业资产证券化业务试点。2005～2008年试点期间，中国银监会共审批发行了17单信贷资产证券化业务，共计45只产品，规模达597亿元。中国证监会共试点了9个项目，累计融资263亿元。2008年美国金融危机突出了资产证券化产品的风险，受此影响，国内资产证券化也陷入停滞阶段。2011年9月，中国证监会重启了对企业资产证券化项目的审批。2012年5月，中国人民银行、中国银监会、财政部联合下发了《关于进一步扩大信贷资产证券化试点有关事项的通知》，时隔四年，信贷资产证券化试点重启。新规中对贷款资产的范围，银行类金融机构的准入条件进行了进一步放松。2013年3月15日，中国证监会发布《证券公司资产证券化业务管理规定》，标志着证券公司资产证券化业务由试点业务开始转为常规业务。

目前，国内资产证券化主要分为两个方向，即由中国证监会监管的企业资产证券化（专项资产管理计划）和中国银监会监管的银行信贷资产证券化和非金融企业的资产支持票据。我国债券市场上发行流通的资产支持证券包括4种：RMBS（个人住房抵押贷款支持证券）、CDO（担保债券凭证）、ABN（资产支持票据）和ABS（资产支持证券）。其中，前三种在银行间债券市场发行，ABS 在交易所债券市场发行。

我国资产证券化整体规模偏低，发展速度较慢。存量方面，截至 2012 年底，资产支持证券存量债券共 61 只，总金额为 320.79 亿元，仅占全部市场存量的 0.12%；发行方面，从 2005 年至 2012 年，资产支持证券累计发行 1 015.88亿元，其中，2012 年的发行额为 257.42 亿元，发行额占全年债券发行的比例为 0.35%；交易方面，仅 2009 年、2010 年两年的成交量超过 10 亿元，各年度资产支持证券的成交量占所有债券成交量的比例均低于 0.0035%。分类来看，资产支持证券在银行间市场的现券交割量在 2008 年达到峰值，之后一路萎缩；质押式回购交割量在 2008 年、2010 年均超过了 160 亿元，但之后鲜有交割。与美国相比，我国资产证券化市场只能算是刚刚起步，存在巨大的发展空间。美国资产证券化自 20 世纪 70 年代政府机构的住房抵押贷款证券化起始，此后在一系列立法的肯定和支持下蓬勃发展，2000 年之后大兴，直至金融危机爆发。至今，资产证券化产品仍然是美国债券市场的重要组成部分；MBS&ABS 产品在高峰时期，2001 年至 2007 年间，年发行量占据所有债券发行总量的 50% 左右。金融危机之后比例有所下降，但占比仍然在 30% 以上；其存量规模，则一直保持在 30% 左右的水平。

在我国，目前银行间市场占据主导地位，交易所市场相对边缘化。银行间市场一直是资产支持证券的主要发行场所。就存量来看，截至 2012 年底，资产支持证券存量债券共 61 只，票面金额为 320.79 亿元。其中，在银行间债券市场 40 只，票面金额为 254.15 元，分别全部市场存量的 65.57% 和 79.23%；而交易所债券市场存量仅 15 只，票面金额为 34.93 亿元，仅分别占 24.6% 和 10.89%。2012 年共发行资产支持证券 43 只，发行总量为 257.42 亿元，其中交易所债券市场上市 9 只，规模仅为 27.8 亿元，分别占比仅为 20% 和 10.8%；银行间债券市场上市 12 只，规模为 152.59 亿元，分别占比为 26.7% 和 59.3%。

第六节 信用风险管理市场对比分析

信用产品市场的存在使得投资者需要为自己所购买的信用产品进行风险管理，以有效规避信用风险，因此，信用产品市场需要信用风险管理市场为其作支撑。一个完善的信用风险管理市场对形成信用风险定价机制，帮助低信用级别企业解决融资问题，提高金融市场的流动性，促进金融稳定和金融监管预警等方面，也有重要意义，必然会刺激信用产品市场的发展。

在国际市场上，信用衍生品起步较晚，从20世纪90年代初期才开始发展，但发展速度惊人。在次贷危机爆发之前，信用衍生品一直被认为是金融机构转移信用风险、增加流动性的有效工具，它把信用风险变成可以交易的商品，使得商业银行或者房屋贷款机构能够在构建贷款的同时，不必持有相应的信用风险，从而方便地管理信用风险，使所持信用风险头寸多样化。2007年引发的次贷危机使得信用衍生品成为众矢之的，诸多专家、学者对其进行了批评，多数人认为对其监管不够严格，导致其泛滥发展，处在风头浪尖的是信用违约互换（CDS）。在20世纪90年代初期，CDS的雏形已经产生。1995年，CDS由JP摩根财务总监Blythe Master带领团队首创，将资产负债表上的公司债券和商业贷款的部分信用风险转移给第三方。摩根大通的第一份CDS合约成功地把安然的信贷风险转移给欧洲复兴开发银行。CDS的应用不仅转移了风险，还节省了JP摩根的资本金。它的成功得到了美国市场参与者和监管当局的认可，以参考公司为实体的CDS产品很快就出现在美国金融市场。在1996年，CDS在美国当地银行第一次使用，经OCC调查，当时CDS市场的规模为100亿美元。ISDA于1999年创立了标准化的CDS合约，规范场外交易秩序，CDS交易开始快速的发展。2012年，CDS累计存量为22.6万亿美元，在整个信用衍生品市场中占比为96%左右。经过次债危机之后，以CDS为主的美国信用衍生品市场发展较为完善，相关法律法规较为健全，风险管理功能发挥比较完善。

2010年10月29日，银行间市场交易商协会在其网站上，正式发布了《银行间市场信用风险缓释工具试点业务指引》，标志着经过艰苦努力，信用衍生市场终于在中国诞生。自此，市场参与者拥有了分散和转移信用风险的新工具：信用风险缓释合约（Credit Risk Mitigation Agreement，CRMA）和信用风险缓释凭证（Credit Risk Mitigation Warrant，CRMW）。截至2011年5月20日，CRMA交易仅23笔，名义本金合计仅为近20亿元；共有6家CRMW创设机构累计创设发行了9只CRMW，名义本金合计仅近8亿元。总体而言，我国信用风险管理尚处于起步阶段，相关的信用衍生产品成交并不活跃，目前处于停滞状态。

第十八章

加快推进我国增信行业发展必要性和可行性分析

本章主要从国家现阶段推行的相关政策以及我国交易所债券市场所处劣势角度，分析尽快开展增信的紧迫性和必要性，以及开展增信业务的可行性分析。

第一节　贯彻落实“金十条”的需要

2013 年 7 月 5 日，国务院下发《关于金融支持经济结构调整和转型升级的指导意见》（简称“金十条”）。增信在“金十条”中加快多层次资本市场建设、引导和推动重点领域与行业转型和调整、严密防控金融风险等方面均能发挥较大作用。本节主要分析增信在贯彻落实“金十条”方面所能起到的作用，进而阐述开展增信的必要性。

一、加快发展多层次资本市场的需要

周小川行长在 2013 年 9 月 9 日发表的《资本市场的多层次特性》署名文章中指出，资本市场的多层次性，体现在金融产品的多层次性，包括不同类型的金融产品和金融产品设计的多层次性、资本市场运行的分层次特性，包括银行业资本工具的多层次性、发行方式的多层次性、投资者的分层次性和交易机制的分层次性。本小节从这个角度出发，阐述增信在加快多层次资本市场建设方面所能发挥的积极作用，进而说明开展增信的重要性和必要性。

（一）金融产品的多层次性

增信本身是资本市场的一个构成部分，有效连接资本市场与实体经济，降低融资或交易成本。从国外市场经验来看，增信行业本身发展比较完善，作为资本市场一个独立的构成部分，其服务对象不仅涵盖企业法人，还包括普通居民。

目前我国资本市场现状来看，直接融资比例偏低是短板之一，股票和债券作为直接融资的主要方式目前发展并不均衡，交易所债券市场，特别是信用债市场，发展明显落后于股票市场，呈现出“股市强、债市弱”的特征。据国外学者统计，在美国市场，公司通过发行债券进行融资的总额约占全市场融资总额的80%，而在国内这个比例仅为50%。在债券市场，交易所的公司债市场远远落后于银行间企业债市场，交易所市场的规模不足银行间债券市场的5%。我国中小企业私募债刚刚起步，2012 年中小企业私募债共发行 68 期，金额为 70.63 亿元人民币。因此，从产品的多层次性来看，我国资本市场应大力发展债券市场，尤其是交易所上市的公司债市场，不仅有助于提高我国资本市场直接融资比例，使其更接近于成熟市场水平，而且有助于培养上市公司的债权融资氛围。

与银行间市场发行相比，交易所债券市场发行的公司债券和中小企业私募债发行量不大，信用评级略低，有的甚至没有信用评级，在没有保证的前提下，投资者在信息不对称的影响下并不愿意承担过多风险，因此市场发展较为缓慢。这一点在中小企业私募债市场表现得尤为明显。从国内外实践来看，解决这一问题的有效做法是，对将要发行的债券进行增信。2009 年，在人民银行的指导下，银行间市场建立第一个专业的增信机构，但是与庞大的实体经济需求相比，其远不“解渴”，而交易所市场并未对此给予足够重视，没有建立专业的增信机构，因此，解决债券市场发展不足的有效方法就是大力发展增信行业，建立不同层次的增信机构，以满足不同层次的实体企业的融资需求。

（二）资本市场运行的多层次性

在美国市场，不同公司债券采用不同的增信方式，增进效果也不尽相同，有 AAA 级别的公司债，也有“垃圾债券”，以满足投资者多层次的投资需求。美国市场“垃圾债券”的大规模发行不仅促进了实体经济的发展，培养出了像微软、苹果这样全球领先的科技公司，也让垃圾债券的投资者从中获得丰厚利润。从我国中小企业私募债的发行情况来看，我国投资者并不乐于购买纯粹的企业信用债，即没有担保的中小企业私募债。因此，从某种意义上说，我国投资者群体缺少一些愿意购买高风险债券的投资者，那么资本市场也就缺少来自于这些投资者的资金。这部分投资者的培育不能通过行政或政府担保的手段进行，而应该通过市场自然调节的形式，让投资者逐步认识和接受这些债券，即通过专门的市场增信机构对其进行增信，将其引入债券市场，逐渐引起投资者关注。随着对其了解的逐渐深入，投资者便可在风险可控的前提下进行购买，加深投资者认识的同时，也培育了信用债市场。

二、引导、推动重点领域与行业转型和调整的需要

（一）支持新兴产业，实现战略转型

国务院明确指出，"大力支持实施创新驱动发展战略。加大对有市场发展前景的先进制造业、战略性新兴产业、现代信息技术产业和信息消费、劳动密集型产业、服务业、传统产业改造升级以及绿色环保等领域的资金支持力度。"在战略转型期间，为支持相关新兴行业的发展，往往需要大量的资金支持，仅靠银行贷款不能满足实际需求，并且容易将风险向银行聚集，不利于资本市场的稳定。从国际经验来看，新兴产业的发展往往是通过发行债券来直接融资的，这必然需要市场中闲置资金向新兴行业聚集，但是新兴行业本身具有很大的不确定性，风险较大，不容易被投资者，特别是风险厌恶的投资者所接受。

增信有助于将资金从落后产业，特别是那些应该被淘汰的产业，引向战略新兴产业，推进产业结构调整和国家的战略转型，具体表现在：第一，增信有助于提高新兴产业债券的信用评级，降低企业债券信用风险；第二，增信有助于降低企业的融资成本，提高企业的融资效率，同时有助于债券市场的合理定价；第三，增信有利于满足低风险偏好投资者的投资需求；第四，增信有利于提高债券市场流动性，提高债券市场稳定性。

（二）我国企业债增信存在的问题

目前我国企业债信用增进仍存在一些问题，主要存在如下几个方面：

一是企业债券增信发展滞后。鉴于国际债券市场信用风险加剧、信用事件频现，国内对信用风险的关注也不断升温，尽快完善市场企业债券信用风险分散转移机制得到普遍认同。然而，由于起步晚、发展程度低，增信行业还存在诸多不足。（1）增进模式及发行流程创新不足。①增信模式单一。以中小企

业集合票据为例，以担保方式提供增信的比例达 57.2%，而外部增进在集合票据的增信中占比高达 85.7%，选择优先/次级结构、偿债风险准备金等内部增进模式的票据仅有 10 只。市场上单一外部增进模式为主，内部增进及混合增进模式滞后的现状较为突出。②信用产品发行效率低。企业债券增信产品发行和审批过程环节多、时间长等问题严重制约行业进一步发展。例如，中小企业集合票据发行需经过“统一设计、统一冠名、统一增进、统一注册”等多个环节，涉及八个以上中介服务机构，“捆绑式”发行的特点极易造成“短板效应”。（2）缺乏市场成员的广泛参与。当前市场对增信机构认可度不高，对部分增信产品购买意愿不强，导致了增信行业的功能难以有效发挥。以信用风险缓释工具为例，截至 2011 年末在银行间债券市场交易商协会注册的 43 家 CRM 交易商中有 32 家是商业银行，而 CRM 核心交易商则仅有两家为非银行金融机构，市场参与者高度单一化使信用风险再次积聚于银行体系，信用风险缓释工具并未有效起到缓释风险的功能。

二是企业债券增信风险管理及信息披露机制不健全。（1）增信机构风险管理体系不健全。债券增信的初衷是为提升债项信用等级、减缓市场风险，但当前增进机构内部风险管理与定价机制不健全，识别控制风险的能力依然不足。2012 年初银行间债券市场出现鞍钢中票 MTN1 未能及时兑付利息，造成乌龙违约事件，虽然债券最终避免了事实性违约，但给市场敲响了警钟。随着企业债券市场的扩大，信用风险不断加剧，我国债券市场信用风险随时可能爆发，因此健全信用风险管理体系尤为迫切。（2）增信机构信息披露不规范。我国长期以来形成了以担保为主的增进模式，而当前担保机构的信息披露很不规范。一方面，表现为相关信息披露太少，部分担保机构连完整报表都没有披露，仅仅披露较表面的财务信息；另一方面，互保信息披露不充分，互保可能增加发行人和担保机构之间违约的相关性，减弱增信效果。尤其对多方互保情况，不规范的信息披露极易导致投资者误估风险。

三是企业债券增信的外部环境建设不完善。监管机制方面。目前，中国人民银行、中国银行业监督管理委员会及银行间债券市场交易商协会等正在积极研究规范的行业监管体系，但增进行业涉及担保、银行及信托等多类机构，协调成本高难度较大。而且，我国当前债券市场监管主体不一，部分领域存在监管重叠与监管真空并存的现象。法律制度方面。作为一个新兴行业，《信用增进业务规范》和《信用增进机构风险管理》两项行业标准于 2012 年颁布，银行间债券市场交易商协会也正在起草《中国银行间债券市场信用增进业务自律管理规定》。总体来说，在现有的政策和法律框架下，增信业务尚缺乏相应的法律制度予以规范和明确，这在很大程度上制约了增信行业的发展。

综上所述，信用增进对“引导、推动重点领域与行业转型和调整”极为重要，但目前企业债信用增进并不完善，因此，应当大力发展信用增进行业，服务于国家发展战略。

三、严密防范金融风险的需要

（一）保本型基金和担保理财产品的风险防控与发展需求

保本基金是指通过一定的投资组合方法来实现投资收益，同时引入担保机制，以保证基金份额持有人在保本周期到期时，可以获得投资本金保证的基金。除了在投资过程中使用保本技术外，一般保本基金有信用良好的保证人。基金持有人在认购期购买并持有到期，如可赎回金额加上保本期间的累计分红金额低于其投资金额，保证人应保证向持有人承担上述差额部分的偿付；如基金持有人未持有到期而赎回的，则赎回部分不适用此担保条款。

保本基金是20世纪80年代面市于美国的金融创新产品，我国首支保本基金发行成立于2003年，在国内属起步较晚的基金品种。保本基金初入我国市场时，由于金融衍生产品缺乏和对担保人资质的严格要求，制约了保本基金发展，投资工具缺乏和担保资源难求成了保本基金发展的主要瓶颈，再加上我国有关保本基金的政策指导迟迟未能出台，致使保本基金在2010年前发展缓慢。直至2010年10月中国证监会正式发布了《关于保本基金的指导意见》，对保本基金发行运作进行了明确规范，投资范围和担保人资质要求得到明确，标志着国内保本基金由探索阶段步入真正的发展时期。

担保设置是保本基金较其他基金产品最显著的特点，也称为保本保障机制，是保本基金产品设计的核心。虽然近两年保本基金有所发展，但担保环境欠佳始终是我国保本基金发展中面临的根本性问题，导致我国保本基金发展缓慢。在国外，金融机构作为保本基金担保人是首选，也很普遍，而我国银行、保险和证券等金融机构虽被列为可选担保人，但实践中却面临诸多限制，难以成为保本基金和担保理财产品担保人。目前，国内保本基金担保人主要由两类构成，一类是基金管理公司大股东或关联方，另一类就是大型专业担保公司，其中由大型专业担保机构担保的保本基金占77%以上，大型企业集团占据了约23%的份额，这些担保人基本都与基金管理人存在关联关系。

增信机构是一种专门从事信用风险分散分担的金融中介机构，它的优势在于拥有一批具有相当水准的专业人才，在融通资金和企业信用管理等方面拥有独到的优势，信息来源广、信息量大，可以降低投资者面临的不确定性和信息不对称问题，提高市场运行效率。通过对保本基金进行增信，发挥其风险管理优势以及违约担保代偿特点，降低非系统性风险或系统性事件对该产品的影响。通过对保本基金进行增信，提升基金偿付能力，提高其流动性，满足债务支出需要，降低挤赎风险。通过增信，有效揭示内控风险，提升基金管理水平和风险抵抗能力。另外，担保作为增信方式之一，能够极大地促进保本基金的发展，促进多层次资本市场建设。因此，应大力发展增信，促进保本基金发展的同时，加强相应的风险防控。

（二）信托产品风险防控需求

信托财产是指受托人因承诺信托而取得的财产以及受托人因信托财产的管理运用、处分或者其他情形而取得的财产。原则上，凡是可以货币计算的财产，包括动产、不动产、股票、公司债、银行存单、现金、专利权、著作权和商标权等，都可以成为信托财产。

信托行业主要有周期性、信息不对称和道德风险难以把控等特点。根据中国信托业协会数据，2013 年第 1 季度末，信托公司全行业信托资产规模为 8. 73 万亿元，与 2012 年第 1 季度末 5. 30 万亿元相比，同比增长 64. 72%；与 2012 年第 4 季度末 7. 47 万亿元相比，环比增长 16. 87%。信托业超越保险业登上金融业第二把交椅，其风险防控不仅对其自身安全至关重要，而且对银行业的稳定也很关键，进而对整个金融系统的稳定异常重要。

增信是一个已在国外成熟市场发展较为完善的行业，其有效的风险分散分担机制已被公认具备解决信息不对称、保障市场流动性、增强信托业抗风险、降低银行系统受外部风险传染程度、提升资本市场抵御系统性风险的能力。增信在信托产品的应用尚处于起步阶段，还存在滥用政府公信力、保险介入程度低、信用评级缺失等多方面的问题，但增信缺失是尤为重要的一个原因。因此，从促进信托产品发展角度来看，应大力发展增信，促进其健康发展。

（三）信用风险管理发展需求

信用风险作为一种古老的风险形式，长期以来，人们采取了许多方法来规避，以期减少损失。传统的信用风险管理方法主要有专家制度、贷款内部评级分级模型以及Z评分模型等。但是，现代金融业的发展，使得这些方法有些显得过时，有些则显得不精确。随着现代科学技术的发展，以及对于市场风险等其他风险的管理水平的提高，现代信用风险的管理水平也得到了提升，出现了Creditmetrics、KMV、Creditrisk+等信用风险量化管理模型。

2007年爆发的次债危机，从本质上来说是信用风险爆发的结果，因此信用风险管理在资本市场意义重大，稍有不慎就会引发系统性风险。增信可以在一定程度上将信用风险进行分散化处理，不同的投资者根据各自的实际承受能力，分别承担一定比例的信用风险，将信用风险交于不同的投资者进行管理。多样化的风险管理机构使得风险管理策略也呈现出多样性，实际的风险承受能力也呈现出多样性，因此个体或小部分违约事件发生所产生的损失，会被不同的市场机构共同承担、消化，弱化了其对市场的影响，增强了整个市场的抗风险能力，在一定程度上避免“多米诺骨牌”现象的发生。

增信，尤其是外部增信，可以在一定程度上将信用风险从被动的信用风险承受方转移到专业的信用风险管理方——专业的增信机构，使得信用风险得到较好地管理，防范系统性信用风险的爆发。与个人投资者和普通机构投资者相比，专业的增信机构对信用风险有更深刻、更理性的认识，具有更专业的信用风险管理工具和信用风险管理策略，能够合理、有效地度量信用风险，并且制定有效的风险警示值，实时监控机构本身所承担的信用风险，能够在信用风险达到警示值时及时、有效地管理其所承担的信用风险。

第二节　发展交易所债券市场，提高直接融资比例的需要

一、交易所债券市场发展需求

公司债是指上市公司依照法定程序发行、约定在一年以上期限内还本付息的有价证券，是由中国证监会监管的中长期直接融资品种。公司债承诺于指定到期日向债权人无条件支付票面金额，并于固定期间按期依据约定利率支付利

息。2007 年 7 月 14 日，中国证监会正式颁布实施《公司债券发行试点办法》，全文共六章三十二条。这标志着我国酝酿多年的公司债券发行正式起航。公司债发行的启动，开辟了企业直接融资新渠道，对于发展我国的债券市场，丰富债券投资品种，完善金融市场体系，促进资本市场协调发展具有十分重要的意义。

我国债券交易和发行分为银行间市场和交易所市场，目前交易所市场大幅落后于银行间市场。2007 年以来，交易所市场发行额占比有所增长，2012 年占比最高，为 3.48%，远远落后于银行间市场的 96.52%（见图 18－1）。2012 年银行间市场债券发行额约为 7.76 万亿元，而交易所市场发行额仅为 0.28 万亿元。

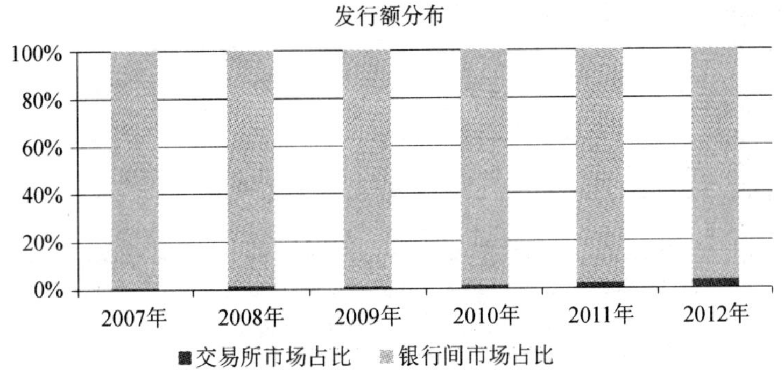

图 18－1　银行间市场和交易所市场债券发行额占比

2008 年以来，交易所债券市场成交额占比有所增长，2012 年占比最高，为 1.46%，但也远远落后于银行间市场的 98.54%（见图 18－2）。2012 年银行间市场成交额约为 216.91 万亿元，而交易所市场成交额约为 3.20 万亿元。

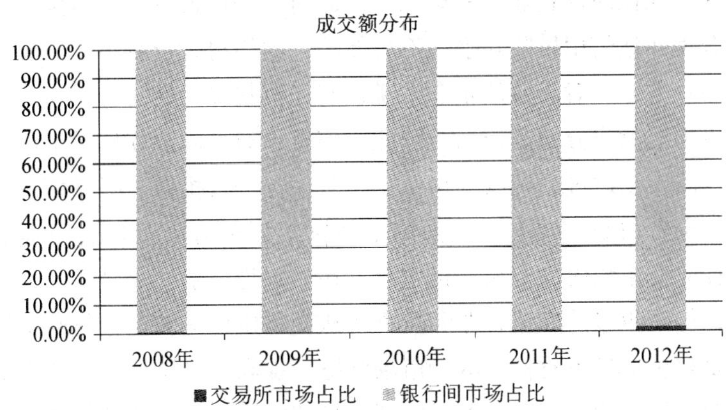

图 18－2　银行间市场和交易所市场债券成交额占比

目前，我国银行间市场债券在中央国债登记结算公司和上海清算所托管，而交易所市场债券全部在中国证券登记结算有限公司托管。2003 年以来，中国证券登记结算有限公司托管债券占比呈逐年下降趋势，2003 年占比为 10.86%，2012 年其占比下降为 4.75%（见图 18－3）。2012 年中央国债登记结算公司和上海清算所托管债券总额为 1.25 万亿元，而中国证券登记结算有限公司托管债券总额为 24.14 万亿元。

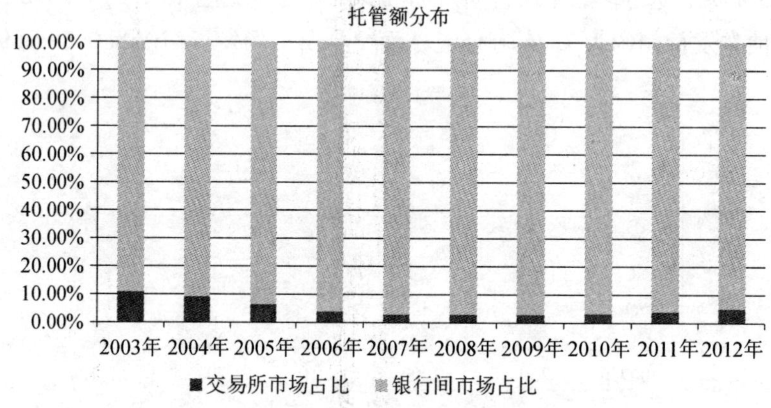

图 18－3 银行间市场和交易所市场债券托管额占比

交易所债券市场发展缓慢的原因在于缺乏专业机构，难以解决信息不对称问题。通常来说，债券收益不高，十几次履约的收益也抵不上一次违约的损失，因此，投资者对信用风险十分关注。在我国信用体系尚不健全情况下，信用风险的评估往往涉及企业私密信息，因此对于普通投资者，特别是个人投资者而言，合理评估信用风险几乎是不可能的，这使得投资者不太愿意购买纯粹信用债。另一方面，对于发债企业来说，其经营状况往往较好，违约可能性相对较低，也不愿意充分披露信息。因此，信息不对称问题在债券市场表现极为明显，银行间市场通过系统内的担保公司对债券进行担保，降低信息不对称程度，增强投资者信心，同时系统内的中债资信评估有限责任公司提供评级支持。中国证监会系统内没有相关机构，这在一定程度上使交易所债券市场发展较为困难，越来越多的发债企业和投资者从交易所市场转向银行间市场。

增信是解决信息不对称、减少市场摩擦、提高交易所债券市场份额的有效方式。专业增信机构，特别是不以营利为目的的机构，能够在保证不泄漏企业商业机密的前提下，对企业自身经营状况和盈利能力进行合理评估，进而合理度量企业信用风险，选择合适的方式为其增信。出于对增信机构（特别是带有国有性质机构）的信任，投资者较易接受该债券，例如目前有担保的中小企业私募债比较受青睐，因此，以增信机构为媒介，信息不对称问题得以解决，减少交易摩擦，可以有效促进交易所债券市场发展。

开展交易所市场债券增信业务，关乎交易所债券市场的发展壮大。在国际上，增信本身也是一个较为发达的行业，不仅可以对企业，而且还可以对个人进行增信。银行间市场已经开始重视增信，2009 年 9 月中债增信投资股份有限公司成立，2012 年由其担保而发行的债券在债券市场发行总额中占比约为 52%，大大促进了银行间债券市场的发展。与之相比，交易所债券市场缺乏专门的增信机构，长此以往，必然丢失在蓬勃发展的增信行业应有的市场份额和话语权。更为严重的是，随着银行间债券市场增信服务的越来越完善，越来越多的企业和投资者会被吸引到银行间市场，交易所市场的企业和投资者也不例外，必然导致交易所债券市场逐渐萎缩。

二、中小企业私募债发展需求

私募债券起源于美国，是向少数与发行者有特定关系投资者募集的债券，其发行和转让均有一定局限性。私募债发行人的规模较小、资产不佳、抵抗风险能力较弱和利息收益较高等原因，因此，私募债券在美国也被称为高收益债。国际上，高收益债券指的是资信等级低于投资级别的债券，因此又被称为垃圾债券或投机债券。根据标准普尔、穆迪等国际评级机构划分的债券信用等级，评级等级不高于 Baa 和 BBB 的债券定为高收益债券。

根据《上海证券交易所中小企业私募债券业务试点方法》和《深圳证券交易所中小企业私募债券业务试点方法》的相关表述，中小企业私募债券是指债券发行人符合工信部《中小企业划型标准规定》，目前未在上海证券交易所和深圳证券交易所上市的，在中国境内注册为有限责任公司和股份有限公司的非房地产企业和金融企业的中小微企业，在中国境内按照法定程序，以非公开方式发行和转让的，发行期限在 1 年（含）以上，利率不超过同期银行贷款基准利率的 3 倍，约定在一定期限内还本付息的公司债券，也被称为中国版的“垃圾债”。

我国中小企业私募债发展现状如下：

2012 年 5 月 22 日，上海证券交易所和深圳证券交易所发布《中小企业私募债券试点办法》，标志着中小企业私募债业务试点正式启动。

2012年6月7日，深圳证券交易所率先通过首批9家中小企业私募债券备案申请。6月11日，苏州华东镀膜玻璃有限公司中小企业私募债券在上海证券交易所挂牌，成为首只在交易所市场挂牌及第一笔非公开转让的中小企业私募债券。

截至2012年12月30日，共有86家企业发行了私募债，其中深圳证券交易所46家，上海证券交易所40家。一共发行96.73亿元，其中发行规模最大的“12常科试”为3亿元，规模最小的“12九恒星”为1 000万元，平均发行规模为1.2亿元，约半数小企业发行规模在1亿元以上。目前发行的私募债多数期限在2~3年，仅有8只发行期限为1年，期限1.5年的为2只，期限2年的为33只，期限2.5年的有2只，期限3年的有41只。86家中小企业私募债中，其中发行时票面利率最高的为“12金泰02”的11%，票面利率最低的为“12孚信债”和“12新丽债”的7%，平均发行利率为9.02%，绝大部分发行利率维持在8.5%~10%之间。担保条款在目前发行的企业中引入比例为32%，有27家企业在发行中引入了第三方担保方式，其中24家采用全额无条件不可撤销连带责任担保方式，仅有3家采用保证担保方式，其余均为无担保债券。由于试点办法对中小企业私募债的评级未作明确要求，因此外部评级在中小企业私募债中很少见。目前发行的86支私募债中，仅有15只由评级机构给出了信用评级，其中“12绩丰债”是唯一信用评级为AAA的优质债券，信用级别为AA的有5家，分别为“12钱四桥”、“12武广债”、“12淹城债”、“12金建设”和“12锡物流”，信用级别为AA-的有5家，分别为“12天楹01”、“12东钢构”、“12德福莱”、“12诗旅债”和“12森德债”，信用级别为A的是“12新丽债”，信用级别为A-的是“12同捷01”和“12拓奇债”，而“12巨龙债”是唯一信用级别为BBB+的债券。中小企业私募债的发债主体受负债规模和融资环境影响，往往信用评级较低，这也是外部评级极少被运用的一个原因。

我国中小企业私募债存在如下问题：

第一，违约风险较大。一方面，我国中小企业家法律意识淡薄，对其所承担的法律责任认识往往不足，对于企业未来发展缺乏战略眼光，同时中小企业通常盈利能力较差，生命周期较短。这都加大中小企业私募债违约可能性。另一方面，监管层已明确表示，市场必须正视中小企业私募债未来发生违约的必然性，如果中小企业私募债发生风险，政府机构不可能为其兜底，投资者将因违约受到相应的损失。

第二，发行成本过高。中小企业私募债作为一种低信用等级的债券，发行利率较高，实践中的综合发行成本一般在12%左右，相比中小企业信托产品一般的15%融资成本和中小企业贷款10%～13%的综合成本，这对中小企业私募债发行人而言并没有太大的优势，企业发行的热情也不高。

第三，券商对中小企业发行主体的资质要求较高，且积极性不高。中小企业私募债对发行主体无财务指标要求，发行门槛较低，风险相对较高，因此券商对发行主体和发行条款等会有较高的要求，降低了中小企业私募债的违约风险，但是不利于中小企业私募债市场的发展和利率水平的真正体现。与企业债、公司债相比，私募债承销规模较小，承销费用较低，风险较高，券商需花费更多精力于调研和材料制作等方面，这使得收益性价比远低于企业债或者公司债。此外，销售也是一大难题，目前投资者对私募债还处于观望状态，券商销售压力较大。综合上述因素，券商对中小企业私募债的热情度不高。

第四，流动性较差。一方面，投资者对中小企业经营状况以及盈利能力无法合理评估，对其未来偿付能力所知甚少，因此不愿意进行投资；另一方面，沪深交易所的《中小企业私募债券业务试点办法》对中小企业私募债的投资者范围、个数等方面均有严格要求，一定程度上限制投资者进入私募债市场，制约市场流动性。此外，中小企业私募债二级市场也不活跃，其只能通过上海证券交易所固定收益证券综合电子平台或深圳证券交易所综合协议平台，或证券公司进行转让，在一定程度上增加了投资者隐性持有成本。

增信是解决上述问题的有效方式，专业的增信机构对中小企业私募债增信后，其本身的风险被分散化处理，增强了债券到期偿付能力，降低其违约风险，提高其流动性，降低券商销售成本，缩短销售周期。另外，进行增信后的中小企业私募债券，其信用评级往往得到提升，企业的融资成本大大降低。这些都能促进中小企业私募债市场发展，近期经过担保的中小企业私募债较受欢迎就是一个很好的例证。综上所述，应当大力发展增信行业，促进中小企业私募债市场发展，解决实体企业的融资需求，促进国民经济的发展。

第三节 盘活存量的需要

李克强总理多次提出"盘活存量"，资产证券化已被公认为是"盘活存量"的有效方式，在国际市场发展较为成熟。本节将分别介绍资产证券化的机理和探讨信用增进在资产证券化过程中的积极作用，进而阐述信用增进在资产证券化过程中的必要性，因此从贯彻执行国家相关政策的角度出发，应当大力发展信用增进，以服务于国家发展战略。

一、资产证券化的机理

资产证券化是近40年来出现的最重大的金融创新，它一方面降低了信贷中介机构的金融风险和融资成本，改善了其资产负债结构，从而提高了其经营效益；另一方面，它又通过对初级金融产品的深加工来发行新的证券，从而提高了贷款组合的质量和分散了风险，使证券的担保人和证券投资者等众多市场参与者也可从中获得可观的收益。最重要的是资产证券化中增信的创新对金融风险的分散起到了非常有效的作用，它可以把金融风险从单一的金融机构转移到了全体投资者的手中，从而大大提高了整个金融体系抗击风险的能力；而其增信的种种方式又可以提升整个金融市场的专业化程度，提高整个金融市场的效率。

（一）风险分散机理

单个经济主体所能承受的风险是有限度的，如果将风险化解、分散，由多个经济主体共同承担，使每个主体都能把风险控制在与收益对称的可接受范围内，就会实现安全与盈利的统一，这就是风险分散机理。资产证券化运作中，资产证券化发起人正是基于风险分散机理，为转移和分散发放贷款所带来的信用、利率等借贷风险，而积极推动贷款证券化运作，成为资产证券化的发起人。资产证券化运作在实现融资的同时，就起到了分散借贷风险的双重作用。

（二）资产组合机理

资产组合机理是依据大数定律，将具有共同特征的资产汇集成资产池，抑制单笔资产风险，整合总体收益。在资产组合机理作用下，单个贷款才能经组合后成为市场化投资产品。

（三）资金配置机理

资金配置机理是指从平衡全社会资金供求的角度，使资金的供给方与需求方在更广阔的范围内联结起来，从而使分散、闲置的资金更有效地运用。在资金配置机理的作用下，拥有雄厚资本的投资者在积极寻找具有较高信用级别的投资对象，而发放贷款的银行在积极寻找筹资对象。资金配置机理也进一步推动了资产证券化运作，使间接融资与直接融资联系起来，凸现了资本市场的融资及配置功能。

（四）信用分工机理

信用分工机理是指通过对整个信用贷放过程进行分工，使各个专业性金融机构能够专注于信用过程的某一具体部分，从而形成竞争优势。在信用分工的情形下，有利于提高银行等金融机构的运营效率，并通过扩大融资范围提高资金运用效率，从而带动整个金融市场效率的提高。

（五）利益驱动机理

利益驱动机理是指通过利益刺激来激发微观经济单位参与市场经济的活力和积极性。

二、增信是资产证券化点睛之笔

资产证券化过程中蕴含着较大风险，因此需对其风险进行分析，之后还要对一定的资产组合进行风险结构的重组，并通过额外的现金流对可预见的损失进行弥补，以降低可预见的信用风险。几乎所有公开发行的资产证券化交易都使用了某种形式的增信措施来提高证券化资产的信用等级，否则可能导致发行失败。

（一）增信有利于保护投资者利益

资产证券化的最终目的是使资产以证券化形式在市场上流通，进行交易，使证券化过程中的参与各方获得利益。但投资者在参与各方中处于信息不对称的一方，其利益很容易被信息掌握方所侵蚀，而增信有助于减轻发行证券的信用风险，减少信息不对称给投资者带来的损失，从而更好地保护投资者利益。

（二）增信有利于证券化资产交易的更快实现

增信能提高发行债券的信用等级，使证券的信用质量和现金流的时间及确定性能更好地满足投资者的需求，从而增加该证券对投资者的吸引力，降低发行成本。这对投资者和销售方来说都是最佳的安排，可以促进二者进行交易。

（三）增信有利于稳定金融市场

资产证券化将金融机构的资产进行组合，然后通过对其证券化进行销售，在这一过程中加强资产组合信用能加大资产的流动性，利于金融机构迅速回收资金，提高资产使用率，促使金融机构健康发展。另一方面，增信能减少发行证券的信用风险，提高证券的流动性，这有助于提高整个金融市场的稳定性。

（四）增信为发行人提供了一种资产负债管理方法

当市场出现波动时，会影响潜在发行人的某些资产质量，有时就会连累发行人的整体信用，使得该潜在发行人在资本市场上筹集资金时会遇到很大困难。需要强调的是，如果该潜在发行人还拥有其他未受影响的优质资产，通过增信措施，可以不用把资产负债表中处于危险境地的资产情况披露于市场的同时，以可以接受的融资成本在市场上筹资，进而实现潜在发行人资产负债的有效管理。

综上所述，我国资产证券化业务的发展在很大程度上依赖于增信行业服务的数量和质量。因此从长远角度来看，增信是资产证券化的催化剂，急需大力发展。

第四节 增信行业尚处于发展初期，远不能满足实际需求

一、目前增信以担保为主

随着资本市场的不断发展，融资主体的类型不断增多。由于不同的发行主

体在对抗外部冲击、融资活动等方面存在显著差异，因此，有必要根据发行主体的情况提供专门化、定制化的增信手段。从发达国家资本市场增信体系来看，针对不同市场主体需求，均建立了专门风险分担机制，如针对公司债、结构性金融产品等信用债券，公司债信托已成为主导的信用增进手段；日本专门针对地方公债设立了偿债基金。德国有专门针对大型金融机构发行债券设计的全覆盖债券增信。我国当前增信方式主要是抵押质押、母公司或关联公司担保、第三方担保，增信方式较为单一，远远不能满足市场需求，也应当建立精细化的增信体系。

随着债券市场发行规模不断扩大、品种不断丰富、信用类产品比例不断提高，对于增信产品需求也随之逐渐扩大。但是，从总体上来看，我国增信行业目前尚处于发展初期，这主要表现在如下几个方面：增信机构匮乏；信用体系建设不完备限制增信业务发展；增信定价理论研究不够；以及各类机构认识不够。

2012 年 8 月，中国人民银行针对增信业务制定了《信用增进机构业务规范》和《信用增进机构风险管理规范》，这在一定程度上为增信行业的发展奠定了一定基础，但是增信距离自身大规模发展，不断提升专业水平，拓宽服务实体经济的广度和深度，为国家战略发展和经济转型提供强力支撑等方面还存在很大的差距。

我国债券增信主要是以担保为主，截至 2013 年 10 月 20 日，企业债和公司债中有担保的债券占比分别为 32.91% 和 51.56%，增信公司数量较少，能真正在债券市场承担风险的优质增信企业更少，而具有信用级别较高的增信企业更是少之又少。这使得现在企业债、公司债、短期融资和中期票据过于依赖信用度较高、实力较强的几家担保公司，风险的集中度相对较高（截至 2012 年底，在资本市场从事进行增信的信用评级为 AA 及其以上的公司仅有 20 家，前 5 家担保公司担保的债券只数占 80%，其中第一名中债增信投资股份有限公司占 38%）。

二、优质融资担保机构较少，服务能力有限

担保公司资产规模较小，服务能力相当有限。截至 2012 年末，全国融资性担保行业共有法人机构 8 590 家，注册资本 10 亿元（含）以上的法人机构有 54 家，1 亿元（含）至 10 亿元的有 4 150 家，2 000 万元至 1 亿元的有 3

673 家（见表 18－1）；注册资本 2 000 万元（含）以上的融资性担保机构占比 91.7%。行业担保准备金合计 701 亿元，同比增加 141 亿元，增长 25.2%。目前，仅有一家担保公司信用评级为 AAA 级——成立于 2012 年 7 月的中合中小企业融资担保股份有限公司。在从事增信的公司中仅有中债信用增进投资股份有限公司，成立于 2009 年 9 月，信用评级为 AAA；评级为 AA + 的有 8 家，信用等级为 AA 的有 25 家（见表 18－2）。新增担保公司规模依然偏小，担保资本金规模过小，缺乏规模效应。从这个角度来看，我国目前担保行业所提供的融资性担保质量仍需大幅提高，应该大力发展信用评级较高的融资担保公司，成立一些具有政府背景、注册资本较高的融资性担保公司，解决目前中小企业的融资需求。另外，担保公司数量也需要进一步提高，与广大的中小企业相比，其数量微乎其微，仍有较大提升空间。

表 18－1　　担保公司按注册资本分布

	担保公司总数	10 亿元以上	1 亿元～10 亿元	0.2 亿元～1 亿元
数量	8 590	54	4 150	3 673
占比	100%	0.63%	48.13%	42.75%

表 18－2　　担保公司按评级分布

	AAA	AA +	AA	AA－及以下
数量	1	8	25	8 556
占比	0.01%	0.08%	0.25%	99.60%

现有担保公司远不能满足实体企业的融资担保需求。据统计，目前全国共有 1 445 万家中小企业，计入个体经营户、个体工商户后数量达到 4 000 余万户，而融资性担保公司仅有 8 000 多家。2012 年，非金融企业共发行债券 3 048只，规模为 2.25 万亿元，其中担保公司担保的债券仅为 118 只，占比仅为 3.9%；金额为 717 亿元，占比为 3.2%。从 2007 年到 2012 年只有合计 231 只债券通过担保公司担保发行。对于中小企业来说，当原始积累、亲友借款、再生产周转已经无法满足资金需求时，中小企业主不得不将希望寄托于银行贷款、债券市场和资产证券化。与迅速扩大的债券市场和实体企业庞大的融资需求相比，担保行业发展缓慢，担保效应难以发挥。

随着相关政策的出台，政府部门、银行不能再为企业债、公司债、信托计划、保险公司收益计划、券商专项资产管理计划等其他融资性项目进行担保。

目前能够提供增信服务（不包括母公司为子公司提供担保）的公司主要是担保机构和专业的增信机构，保险公司涉足较少。实力的薄弱和偏低的放大倍率导致担保公司的担保能力有限，且目前国内担保公司自身信用级别不高，远不能满足实体企业的增信需求。

三、基础条件不完善制约增信行业发展

（一）信用体系建设不完备限制增信业务发展

与国际成熟市场相比，首先，我国个人和企业信用体系历史积累较少，企业信用信息基础数据库始于1997年，在2006年7月份才实现全国联网查询。截至2012年底，该数据库收录企业及其他组织共计1 000多万户，其中600多万户有信贷记录。个人信用信息基础数据库建设最早始于1999年，2005年8月底完成与全国所有商业银行和部分有条件的农信社的联网运行，2006年1月，个人信用信息基础数据库正式运行。截至2012年底，该数据库收录自然人数共计6亿多人，其中1亿多人有信贷记录。其次，我国现有征信数据仍然分散在不同的市场主体，并没有实现真正意义上的全国统一，特别是企业信用信息。最后，我国信用信息的采集方法落后，大量个人和企业信用信息并没有被采集入库。信用体系本身建设的不完备，导致专业化的增信机构无法对企业违约的可能性进行科学、合理评估，因此也难以确定增信服务的价格，严重阻碍了增信业务的发展。

（二）我国对增信定价理论研究和实践探索不够

增信的定价方法在国外已经研究非常深入，而在国内理论探索较少，并且不成体系，难以在实践中使用。在国内能够找到最早的文献是2005年的一篇文献，截至目前，专门研究增信定价理论和方法的文献不超过5篇，并且定价方法假设过于严格，不太适用于中国市场。专门研究担保定价方法的文献最早发表于2000年，相关文献不超过50篇，作者提出的定价方法也存在很大局限性。目前，增信专业机构或担保机构主要为一些信用比较好、违约可能性非常低的公司提供担保服务（事实上，我国债券市场目前无真正意义上的违约案例），增信或担保的价格是在参与者之间的讨价还价中形成。对于那些根本无信用记录或者信用记录较少的企业来说，担保服务机构要价较高，实体企业融资成本较高；而对于那些稍有违约记录的企业，担保服务机构几乎不为其提供

相关担保服务。因此，由于科学、有效的定价方法的缺乏，使得市场参与主体很难在实践中达成一致，其他行业也不愿提供相关服务，这极大限制了增信行业和担保行业的发展。

（三）市场监管者和市场主体对增信这项服务认识不够充分，没有给予其足够重视

增信是解决信息不对称的主要手段，也是解决市场摩擦、活跃市场的有效方法。在国际市场增信是一个十分发达的行业，不仅企业法人可以进行增信，个人投资者也可以购买增信服务。我国目前信用体系建设并不完善，信用流失现象非常严重，增信在市场中发挥的作用就显得尤为重要。目前，政府正在推行资产证券化，而增信是证券化后的资产是否能被投资者接受的关键，在我国市场这个“关键作用”就更加明显，目前监管层并未新成立专门增信机构，以支持相关创新业务的开展。政府也尝试解决中小企业融资难困境，但中小企业信用评级均较低，其发行的债券必然评级较低，因此，增信也是解决这个问题的可选方法。目前，我国债券市场增信以外部增进为主，市场主体对增信认识不充分，错误地将增信与融资担保划等号，当发行债券不能达到预期信用评级时，便联系担保公司，购买信用担保服务。实际上，融资担保只是外部增信的方法之一，投资者还可以选择内部增信，或者选择其他的外部增信方式。

（四）缺少行业标准、行业组织和专业人才

2012 年 8 月，中国人民银行针对增信业务制定了《信用增进机构业务规范》和《信用增进机构风险管理规范》，但是相关标准比较笼统，并没有细化。目前，增信行业尚未得到官方重视，也未成立相关行业组织，专业人才更是匮乏。在制度不完善、人才匮乏的条件下，能提供专业增信服务的机构较少，服务质量也有待商榷。

第五节 资本市场开展增信可行性分析

对于开展增信业务的可行性，下面从信用体系、市场需求和国内外管理经

验四个方面分析。

一、国内信用体系初步建成

增信业务的开展依赖于国内信用体系的完备程度。从目前发展状况来看，我国信用体系建设已经初具规模，能够满足开展增信业务的要求。

2002 年，根据国务院指示，中国人民银行牵头成立了“建立企业和个人征信体系专题工作小组”，2003 年中国人民银行征信局成立，主要工作之一是实现各商业银行间有关个人信用信息的共享。2008 年 5 月 9 日，中国人民银行征信中心在上海成立，统一负责企业和个人征信系统的建设、运行和管理，制定征信业务技术标准和规范，采集企业和个人信用信息，开发征信增值产品，提供征信服务。由中国人民银行组建的个人信用信息基础数据库 2004 年底试运行，2006 年 1 月正式宣布在全国运行，经过几年努力，数据库已经建成并已成为我国防范信用风险、改善社会信用环境的一项重要金融基础设施，为社会提供了较好的服务。

截至 2012 年底，个人信用数据库已经收录了近 8.2 亿自然人的信息并为他们建立了信用档案，其中 2.9 亿人有信贷记录，全年累计查询分别约 2.7 亿次。此外，各类型信用服务机构初具规模——从资本构成看，一是民营信用服务机构，如金诚信用管理公司、新华信公司、华夏国际信用咨询公司等；二是外资、合资信用服务机构，如邓白氏公司、Trans Union 公司等；三是国家有关部门和地方政府推动建立的有关信用服务机构，如上海资信有限公司。这些信用服务机构通过有偿采集个人信用信息，进行个人资信评估，向社会提供有偿服务，以自收自支的模式运作，为完备社会信用体系提供了另一个支撑。

经过十余年的积累和沉淀，目前我国信用体系建设已取得初步成效，能够满足增信行业平稳起步需要，也能支撑其健康、稳定发展。

二、市场需求旺盛

目前，我国整体缺少诚信环境，人与人之间、企业与企业之间以及投资者与企业之间均缺乏诚信，这种互不信赖导致了市场交易成本上升、摩擦不断。因此，从大的市场环境来看，亟须解决增信市场经济发展过程中遇到的棘手问题，提高市场运行效率。

从政策面来看，我国正努力开展多层次资本市场建设，开展资产证券化以盘活存量，引导、推动重点领域与行业转型和调整，支持企业海外融资，这些政策的执行需要增信来助推，加快其发展进程。

从实体经济的需求来看，目前我国交易所市场债券发展明显落后于银行间市场，直接融资比例偏低，中小企业融资比较困难。在没有增信存在的条件下，解决这些问题往往需要花费较长时间；增信的发展会加快交易所债券市场的发展进程，提高直接融资比例，一定程度上缓解中小企业的融资困难。

从发展公共事业的角度来看，2008 年以来，政府部门和银行均不能为债券进行担保，这在一定程度上限制了原来依赖于这些担保的准市政债券的发行，阻碍了公共事业的发展。从债券性质来看，准市政债券信用较好，违约率极低，因此增信行业可以为其进行增信，促进其发行。

目前，我国担保行业的发展落后于实体经济的需求，资本雄厚、评级较高的担保公司数量较少，专业程度较高、风险防控能力较好的公司也较少。在我国目前经济所处关键时期，担保行业远不能满足实体经济和国家战略转型的需求，迫切需要发展专业的增信机构，填补市场空白，促进国民经济的转型和发展。

三、国内外均具有可借鉴经验

国外资本市场已经具有较为成熟的增信理论和实践经验值得借鉴，国内也有一定的担保和初期的增信经验值得借鉴。

国外增信业务起步早，运作比较成熟。以美国的主要增信方式——债券保险为例，目前，美国已有十几家债券保险公司，并组成了美国金融担保保险协会（Association of Financial Guaranty Insurance），这些债券保险公司主要为市政债券、结构性金融产品和国际债券提供保险服务，但债券保险不涉及公司债券业务。从市场份额来看，前三大债券保险公司（MBIA Insurance Corporation；Ambac Financial Group Insurance Corporation；Financial Guaranty Insurance Corporation）包揽了整个市场 90% 以上的业务。同时，美国也形成了比较规范的和完善的法律法规体系。

2009 年，我国银行间市场成立中债信用增进投资股份有限公司，为银行间债券市场提供增信服务，促进了银行间债券市场的发展。我国传统担保业已经有十几年的发展历史，债券担保业务也有几年历史，积累了一定的担保经验，同时监管机构也制定了相关的法律法规，规范其相关业务。

第十九章

资本市场开展增信路径和方式选择

从成熟资本市场经验来看，不同市场增信行业发展方向与重点各不相同，本章结合我国市场发展现状及自身特点，旨在探讨我国资本市场增信行业的发展路径以及模式选择，促进多层次资本市场。

第一节　资本市场开展增信业务发展路径

作为外部增信的重要载体，专业债券增信公司利用其风险管理技术，在对信用风险准确定价基础上，为低信用等级的市政债券、公司债券和结构性金融产品提供增信，通过向投资人承诺被增进债券违约时的还本付息职责而获得相应费用收入。

从国际经验来看，专业增信公司在发展初期主营业务主要为通过承诺本息代偿为债券发行人提供债券增信，随着衍生产品市场的发展，专业债券增信公司主营业务范围中又增加了出售衍生产品为债券发行人或投资人提供债券增信。专业增信公司的发展与债券市场的发展是相辅相成的，增信公司是固定收益市场信用风险定价和信用风险转移的重要中枢，也是推动信用衍生产品发展的平台。

我国资本市场增信业务应充分借鉴国际先进经验，结合中国金融市场的现状和自身发展规律，遵循从基础产品到衍生产品，从简单产品到结构化产品的思路，循序渐进。

第一阶段，主要是为交易所发行的公司债和企业债提供增信服务，大力发展交易所债券市场，提升资本市场服务实体经济能力，做大做强资本市场。

第二阶段，主要为资产证券化产品提供增信服务，助推资产证券化在资本市场发展进程，落实国务院相关政策。

第三阶段，主要为保本基金和券商担保理财产品提供增信服务，促进多层次资本市场发展。

第四阶段，主要为中小企业私募债提供增信服务，解决中小企业融资难问题，促进国民经济稳定发展。

第五阶段，探索建立信用风险管理市场，提高增信服务的数量和质量，全面提升市场抵御信用风险能力。

一、开展针对交易所债券市场中公司债、企业债等的增信服务

随着我国资本市场的逐渐成熟，多层次资本市场的逐步完善，债券融资将是实体企业主要的融资方式，在激发大量发债融资需求的同时，公司债和企业债对增信的刚性需求将不断增强。作为外部增信的重要载体，专业债券增信公司利用其风险管理技术，在对信用风险准确定价基础上，为低信用等级的公司债券、企业债等产品提供增信服务，降低发债主体融资成本，增强投资者信心，推动交易所债券市场快速发展。

二、开展针对资产证券化产品的增信服务

资产证券化是“盘活存量”的有效方式，也是解决企业融资问题的有效方式。国务院已经提出加快推进资产证券化进程，进一步扩大信贷资产证券化试点，并明确提出，优质信贷资产支持证券可在交易所上市。资产证券化不是一个简单的资产打包和分拆，其产品不仅需要与本国的法律法规相契合，还要与投资者的认知与风险承受能力相匹配，因此这不是一个简单照搬西方成熟市场的经验，而是应将其与我国法律法规、会计准则、市场现状、投资者偏好及国家政策导向相融合，这样才能制定出适合我国的资产证券化之路。

目前我国资产证券化正处于初级阶段，对于多数投资者来说，还是一个比较陌生的概念，因此对其本身所蕴含的风险更是知之甚少。信息不对称使得资产证券化的发行难度加大，发行效率有待提高，此时增信的作用变得尤为突出，不仅可以降低信息不对称程度，而且可以降低资产证券化实体的融资成本。为了进一步扩大资产证券化规模，提高资产证券化产品的流动性，必须对

该产品进行增信，这在资产证券化初期尤为重要。资产证券化本身也是一把双刃剑，成功的资产证券化能够激发企业活力，加快企业发展，促进经济结构转型；失败的资产证券化会放大市场信用风险，波及其他企业，加大发生系统性风险的可能。

三、开展针对保本基金和券商担保理财产品的增信服务

从防控风险和保护投资者角度，中国证监会出台《关于保本基金的指导意见》，要求保本型基金引入保本保障机制，同时对担保人资质和义务等进行了规范说明，同时也规定，担保人承担连带责任后，不能向基金管理人追偿。另外，基金管理人在与担保人签订保证合同后，不得以自有资产对担保人设定担保物权。总体来看，对担保人资质要求较高，这在一定程度上限制了部分保本基金的发售。券商担保理财产品满足了投资者的风险和收益需求，但发展比较缓慢，资本市场上此类产品数量较少，这与资本市场优质担保机构较少、增信服务跟不上，有较大相关性。因此，从完善多层次资本市场建设，做大做强资本市场角度出发，应当开展对保本基金和券商担保理财产品的增信服务。

四、开展针对中小微企业债的增信服务

中小微企业贡献大部分国内生产总值和税收，并创造了大部分城镇就业岗位，其在我国国民经济发展过程中起着举足轻重的作用。目前中小微企业融资困难是一个比较突出的问题，“金十条”明确提出要“整合金融资源支持小微企业发展”。因此，资本市场应将支持中小微企业发展作为重要工作，助推我国经济战略转型。

我国中小微企业数量众多，信用缺失，未来发展面临诸多不确定性，风险相对较大，其发行债券信用级别往往较低，相当一部分不能达到投资级别，即使能达到，也属于“垃圾债券”。因此，支持中小企业发展最直接的切入方法就是对其所发行的债券进行增信，将达不到投资级别的债券增信到投资级，帮助企业融资；将低信用级别的债券增信到较高级别，降低企业融资成本。

五、推进信用风险管理市场建设

随着企业债、公司债的不断发展，以及资产证券化进程的不断加快，信用债存量将越来越大，其本身所蕴含的风险也越来越大，如何有效管理信用风

险，防止系统性风险事件发生，是我国债券市场发展过程中一个必须要考虑的问题。

在信用风险管理方式中，信用风险对冲逐步被市场接受。长期以来，信用风险管理模式局限于传统的管理和控制手段，与日新月异的市场风险管理模式相比缺乏创新和发展，尤其缺乏有效的风险对冲管理手段。传统的管理方法只能在一定程度上降低信用风险的水平，很难使投资者完全摆脱信用风险；而且，这种传统的管理方式需要投入大量的人力和物力，这种投入还会随着授信对象的增加而迅速上升。这一局限性对以经营存贷业务和承担信用风险为核心业务的商业银行而言并无多大影响，但随着信用风险越来越多地进入证券交易领域，传统信用风险管理的局限性变得愈发突出。在市场力量的推动下，以信用衍生产品为代表的新一代的信用风险对冲管理手段开始走到风险管理发展的最前沿，并开始推动整个风险管理体系不断向前发展。

次债危机的爆发使得监管层和市场对信用衍生品有了进一步认识，尽管对其起因众说纷纭、观点不一，但对于信用衍生产品的双面性基本达成一致，因此我国在发展信用衍生产品的同时，应当对其进行严密监控，实时测量风险累积和集中程度。因此，我国发展信用衍生品市场需要遵循的几项原则：

一是信用衍生品的创设应当满足实体经济的真实需要，回归其分离、转移信用风险的本质，保证风险可控。自金融危机爆发以来，以套利、投机为主要目的的信用衍生品发行和交易量骤减，这就是因为一旦信用衍生品的创设脱离了实体经济的真实需要，不仅不能分散转移信用风险，还将可能导致金融泡沫的产生与破灭。

二是加强对信用衍生品市场的政府监管。从国外信用衍生品市场在金融危机中的教训来看，在缺乏政府对市场监管的情况下，信用衍生品市场增长的速度与规模远远超过全球的实体经济，资产泡沫化严重。虽然信用衍生品能通过交易分散单个市场主体承担的信用风险，但是它并不能消除信用风险，如果缺乏政府对市场的法律监管，如杠杆比率不作限定，产品的创设发行得不到审查，将可能导致市场的投机气氛加剧，从而引发系统性风险的累积与扩大。

三是通过健全信用衍生品的信息披露制度，增加信用衍生品市场的透明度。整个信用衍生品市场缺乏市场透明度，是全球金融危机爆发的原因之一，金融危机以前，国际信用衍生产品市场没有专门机构负责交易信息的集中收集与发布，市场信息透明度极低。完善的信息披露制度是信用衍生品市场健康发展的基础，市场透明度越高，市场的流动性就越好，同时市场参与者也能在信用衍生品市场中获得更优的价格与更低的风险。

四是严格信用衍生品市场参与者的资质认定，对不同级别的市场参与者划定不同的市场参与度。可以预见，信用衍生品市场的市场参与者会涉及各个金融与经济领域，他们的风险管理能力应该说参差不齐，通过对其准入市场资质的严格认定与市场参与度的划定，有利于提高监管效率和交易效率并防范市场风险。

首先，我国信用衍生品市场应该借鉴国际掉期与衍生品协会发布的 ISDA 主协议和《中国银行间市场金融衍生产品交易主协议》（简称《NAFMII 主协议》），制定符合资本市场的信用衍生品交易协议，规范信用衍生品交易；其次，建立信用风险监控中心；再次，以信用违约互换为试点，在资本市场开展信用衍生品交易；最后，逐渐丰富信用衍生产品品种，并逐步将其标准化，在交易所上市交易。

我国信用风险管理市场发展路径见图 19－1。

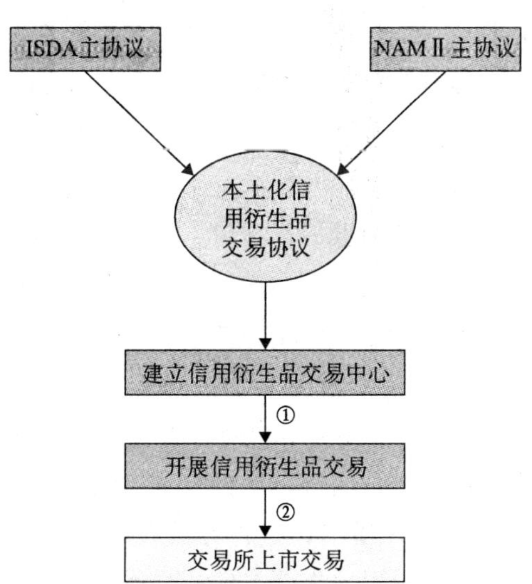

图 19－1　我国信用风险管理市场发展路径

第二节 增信方式选择

与债券市场的蓬勃发展相比，增信体系发展缓慢，第三方担保和抵质押担保仍是我国债券市场增信的主要方式。结合我国市场目前实际情况，针对不同的债券品种，应制定不同的增信方式。

对于公司债和企业债，除担保增信外，根据我国市场实际情况，首先可以开展类附担保公司债信托进行增信，这不仅有利于企业债的投资主体（保险公司和商业银行）参与公司债市场，也有利于防控违约风险。其次，可以开展可交换债券，即隐性股权质押业务。最后，可以采用优先/次级结构设计，将公司债券分为优先级和次级，优先级债券持有人，相对于次级债券的持有人，拥有债券本金（利息）的优先求偿权，只有在优先级债券兑付或清偿后，才进行次级债券的兑付或清偿。

对于中小企业私募债，除担保增信外，结合我国中小企业目前状况，首先可以发展抵/质押担保和超额抵押，将投资者的最大损失限制在某一个特定范围内，提升其信用评级，降低融资成本。其次，可以对其进行结构化设计，将其打包成具有不同风险特征的产品，以满足不同风险喜好的投资者。第三，可以通过建立资产池对所发行的债券进行增信，将进行债券发行的中小企业部分资产组成资产池，对其正在发行的债券进行担保增信。第四，可以采用韩国P-CBO模式，因为这个模式旨在为解决韩国中小企业融资难问题而设计，并且取得巨大成功。

对于资产证券化产品，根据我国市场实际情况，首先可以采用由信用评级较高的第三方通过类信用证进行增信，这种方式比较直接，增信效果较好。其次，可以继续加大第三方担保增信，这种方法在我国运用较多，接受程度较高，市场基础较好。第三，可以以类债券信托方式进行增信，这种方式在成熟市场运用较多，能够满足投资者的风险控制要求。第四，可以采用抵/质押担保的形式进行增信，这种方法在国内已有一定市场基础，易被投资者接受。第五，对于信贷资产证券化，可以采用德国全覆盖债券形式，进行增信。这种方式在德国市场取得较大成功，增信效果较明显，风险防控效果较好。

对于准市政债券，除担保增信外，根据我国市场实际情况，首先可以引入类债券保险制度，这样不仅可以有效降低风险，解决信息不对称，还可以合理分散风险，促进其合理定价。其次，可以设定担保分层制度，比如可以将准市政债券分为三个层次：第一层次为一些投资项目所获得的营业收入；第二层次为地方政府所拥有的征税能力；第三层次为地方政府所拥有的资源或资产（未开发的资源、国有资产等）。第三，可以对本身信用级别较高的政府债券，通过发行信用证进行增信，以缩减信用评级时间，提高信用等级，降低发行成本。第四，可以借鉴美国市政债券和日本地方公债制度经验，推行全国性偿债基金制度，提升准市政债券信用评级。

对于政策性金融债，除担保增信外，根据我国市场实际情况，首先可以借鉴德国发行较为成功的全覆盖债券经验；其次，可以由信用级别较高的增信机构发行类信用证产品，提升其信用评级；最后，可以采取类债券保险或偿债基金担保形式，进行增信。

附录

附录1 我国信用体系建设的相关行业标准和规范

一、社会信用标准规范

1.《信用基本术语》

2008 年由全国信用标准化技术工作组提出并归口的标准《信用基本术语》规定了有关信用领域中基本概念的术语及其简明定义，并确立了不同概念之间的关系，重点精选了内涵或外延比较明确的基本信用专业术语，并结合中国实际和信用行业的发展趋势和特点，对这些基本术语的内涵或外延上做了适当的完善和发展。

具体地，本标准涉及信用基础、信用形式、征信、信用评级、信用管理、其他信用服务以及信用监管等方面的基本术语，适用于信用服务、管理、科研、教学和出版等工作，其他涉及信用工作的相关领域也可参照使用。

2.《企业信用等级表示方法》

2008 年由中国标准化研究院提出，全国信用标准化技术工作组归口的《企业信用等级表示方法》对企业的信用等级划分及表示方法做出了通用的规定。其依照信用程度，将企业信用等级原则上从高到低分为 A、B、C、D 四等。每等可进一步细分为级。每个信用等级的细分差别，可用表示字母的数量来区分。

3.《企业质量信用等级划分》

2009 年由中国标准化研究院提出并归口的《企业质量信用等级划分通则》给出了质量信用的含义，规定了企业质量信用等级的划分要求和依据。

4.《信用管理技术规范》

2007 年商务部提出并归口的《商贸企业信用管理技术规范》是商贸企

业信用管理技术的行业标准。它按照企业销售工作流程和采购工作流程设计企业的信用管理流程，把企业的信用管理流程分为前期管理、中期管理和后期管理。而且该标准还强调企业在信用管理过程中应不断进行信用管理考评，并依据考评结果分析和改进信用管理流程，使企业信用管理保持高效运转。

5.《信用标准化工作指南》

2009 年由全国信用标准化技术工作组提出并归口的《信用标准化工作指南》规定了信用标准的制定以及喜用标准的实施等要求，适用于各类主体所开展的信用活动。具体地，该指南中规定了信用标准的分类、信用标准的基本内容、信用标准的制定过程、信用标准的实施，利于规范信用标准的制定并提高适用性。

二、征信标准和规范

1.《个人信用信息基础数据库管理暂行办法》

2005 年中国人民银行出台的《个人信用信息基础数据库管理暂行办法》对个人信用信息涵盖的范围、信息的报送与整理、信息的查询、异议处理以及安全管理等方面都做了详细的规定。

2.《个人信用信息基础数据库数据报送管理规程（暂行)》

2012 年 6 月中国人民银行专门关于数据报送方面制订了《个人信用信息基础数据库数据报送管理规程（暂行)》，对数据报送机构的数据报送流程做出明确的规范。

3.《个人信用信息基础数据库数据金融机构用户管理办法（暂行)》

2012 年 7 月中国人民银行制定《个人信用信息基础数据库数据金融机构用户管理办法（暂行)》，规定负责数据报送的金融机构应该指定专人负责系统用户的管理、信息数据的报送、信息查询、用户的创建、权限划分、具体职责以及用户管理等内容。

4.《企业信用信息基础数据库管理暂行办法》

2011 年中国人民银行制定并实施《企业信用信息基础数据库管理暂行办法》、《企业信用信息基础数据库管理暂行办法》，对企业信用信息涵盖的范围、信用信息的报送、查询、使用、异议处理和安全管理等活动进行全面的监管，保证数据库的顺利运行。

5. 征信数据元的系列标准

2006年11月21日，中国人民银行发布了《征信数据元数据元设计与管理》与《征信数据元个人征信数据元》。

其中《征信数据元数据元设计与管理》是指导性标准，对征信数据元的基本概念和结构、征信数据元的表示规范以及特定属性的设计规则和方法进行规定，明确了征信数据元的动态维护管理机制，为指导征信机构或其他相关信用信息报送或使用机构编制征信数据元目录提供了统一的方法和指南。

《征信数据元个人征信数据元》按照《征信数据元数据元设计与管理》的基本原则和方法，对个人征信市场所涉及的基础性、通用性数据元的定义、计量单位、表示等18个属性进行了统一规定。

2007年中国人民银行又发布的《征信数据元注册与管理办法》作为配套管理办法，对金融机构、征信机构、政府部门或企业等数据元的使用用户向注册机构（人民银行征信管理局）提出对征信数据元标准中的数据元进行增加、修改或废止申请的注册手续、流程等内容进行了明确和规范。

6.《企业信用数据项规范》

2008年由全国信用标准化技术工作组提出并归口的标准《企业信用数据项规范》，规定了基本的企业信用信息数据项，包括基本信息、经营管理信息、财务信息、银行往来信息、提示信息和其他信息，适用于企业信用信息系统的建立，企业信用信息的共享与交换，其他相关活动可参照使用。

7.《企业信用信息采集、处理和提供规范》

2008年由全国信用标准化技术工作组提出并归口的标准《企业信用信息采集、处理和提供规范》，规定了企业信用信息采集、处理和提供的基本原则和要求，适用于从事企业信用信息采集、处理和提供的机构。

8.《融资性担保公司接入征信系统管理暂行规定》

2010年中国人民银行与银监会联合制定《融资性担保公司接入征信系统管理暂行规定》，对接入方式、接入程序、使用及退出等进行了严格的规定，以维护征信系统的安全、稳健运行。

三、评级业标准和规范

1.《信贷市场与银行间债券市场信用评级规范》

2006年中国人民银行制定《信贷市场与银行间债券市场信用评级规范》，

这是我国国内第一部信用评级行业标准，是具有强制性或指导性功能的行业从业规范。

《信贷市场与银行间债券市场信用评级规范》分为主体规范、业务规范与业务管理规范三个部分。其中主体规范规定了信贷市场与银行间债券市场信用评级市场的主体进入和退出市场的程序从事信用评级业务的基本原则及要求。业务规范规定了评级机构信用评级程序、信用等级符号及含义、信用评级报告内容等。业务管理规范规定了评级机构开展信用评级业务准则、信用评级的跟踪与检验、信用评级业务的质量检查和信用评级业务数据的管理与统计等内容。

2. 《信用中介组织评级服务规范信用评级机构》

2008 年由全国信用标准化技术工作组提出并归口的《信用中介组织评级服务规范信用评级机构》规定了信用评级机构评级服务的基本原则、组织、从业人员、信用评级程序、信用评级数据和信息的管理，主要适用于信用评级机构提供的评级服务，其他相关领域也可参照使用。

3. 《企业信用评级指标体系分类机代码规范》

2009 年全国信用标准化技术工作组提出并归口的《企业信用评级指标体系分类机代码规范》规定了企业信用评级指标体系、分类及其代码，适用于企业信用评级活动，其他相关评级活动也可参照使用。

四、增信业标准和规范

1. 《信用增进机构业务规范》

2012 年中国人民银行发布《信用增进机构业务规范》对信用增进参与者、信用增进方式以及信用增进机构的经营管理、执业规范、从业人员的行为准则等作了详细的规定。

2. 《信用增进机构风险管理规范》

中国人民银行于 2012 年发布《信用增进机构风险管理规范》详细规定了信用增进机构承担的风险类型、风险偏好、风险管理原则、风险管理组织架构、风险管理流程等方面。

3. 《全国投资担保机构资质认证及管理办法（初稿）》

全国担保委于 2010 年 4 月发布《全国投资担保机构资质认证及管理办法（初稿）》，对担保机构的设立、资质等级、资质等级认定管理、变更与终止做出了详细的规定。

4.《中国担保业协会关于开展民间资金担保工作的指导意见（试行)》

中国担保业协会于2012年8月出台《中国担保业协会关于开展民间资金担保工作的指导意见（试行)》，详细规定了对民间资金担保性质的界定，业务准则、业务范围、收费标准等。

附录2 资本市场参与主体及业务种类归纳表

筹资者及业务种类

市场参与主体	主体细分	业务种类	业务细分	
筹资者	上市公司	募集资金	股票	首次公开发行股票
				股票再融资（增发、配股）
				非公开发行股票
			债券	可转债、公司债、分离债、可交换债、中期票据、短期融资券等
			资产证券化	
			银行借贷	各类贷款
		信息披露	证券发行文件	招股说明书、募集说明书或者上市公告书
			定期报告	年度报告、中期报告、季度报告和月度报告
			临时报告	
			特别规定	
		并购重组		
		证券投资业务	可投资股票、债券、衍生品等，但是上市公司不得把发行股票所募集的资金和银行信贷资金用于证券投资	
	非上市公司	募集资金	股权融资	定向增发
			债券融资	私募债
				中小企业集合票据
				区域集优票据
				短期融资券
				债务融资工具非公开定向发行
			资产证券化	
			银行借贷	
		三板市场挂牌转让		
		并购重组		
		证券投资业务	可投资于股票、债券或者衍生品。	
		信息披露		
	政府与政府机构	筹集资金	发行债券	国债、地方政府债券（财政部代理发行）
			银行信贷	

投资者及业务种类

市场参与主体	主体细分	业务种类	业务细分	
投资者	机构投资者	投资信托公司	信托业务	资金信托、公益信托、及其他财产信托等
			投资基金业务	
			中介业务	资产并购重组、项目融资、财务顾问业务、公司理财等
			证券承销业务	股票或者债券
			其他业务	资信调查、经济咨询、以固有财产为他人提供担保等
		证券投资基金管理公司	证券投资基金业务	开放式基金、封闭式基金
			特定客户资产管理	
			企业年金管理	
			QDII 业务	
			投资咨询	
		私募股权投资公司与风险投资公司	定向资金募集	
			项目投资	
			资金退出	并购退出、IPO、股权转让退出、回购退出、解散或者破产清算退出
		四大金融资产管理公司	收购处置国有银行不良贷款	综合运用出售、置换、资产重组、债转股、证券化等方法对贷款及其抵押物进行处置
			投资、信托、证券、金融租赁、基金、期货等	
		保险资产管理公司	保险资金的运营管理	银行存款、政府债券、金融债券、资产证券化产品、理财产品等
			公募资产管理业务	
		证券公司资产管理公司	证券资产管理业务	
		社保基金理事会	境内证券投资或实业投资	
			境外投资	
		QFII	投资业务	证券交易所交易或转让的股票、权证和债券
				银行间债券市场交易的固定收益产品
				证券投资基金
				股指期货
			信息披露	

续表

市场参与主体	主体细分	业务种类	业务细分	
投资者	个人投资者	投资业务	股票	股票买卖、股票分红
			债券	债券买卖、收取利息
			期货	期货产品买卖、缴纳保证金
			基金	买卖基金份额、基金分红
			融资融券业务	借入资金或者借入证券、缴纳保证金
		银行贷款	住房贷款、汽车贷款等	

融资类金融中介及业务种类

融资类金融中介	增信担保公司	担保业务	金融担保	保本投资类产品担保、公共融资类担保等
			融资性担保	物流金融担保①和其他融资性担保②
			履约担保	工程（供货）保证、国际代理担保及其他
			担保客户的信用管理	资信评估
		投资业务		
		其他业务	项目评估、信用评价等	
	商业银行	募集资金	吸收存款、股票、债券、同业拆借、向中央银行借款等	
		证券投资	政府债券、金融债券、中央银行票据	
		其他业务	信贷业务、中间业务、表外业务	
	小额贷款公司	募集资金	股东出资、增资、商业银行借款、发行私募债等	
		发放贷款	小额信贷、银行委托贷款等	
		咨询业务	中小企业管理、财务方面的咨询	
	典当行	典当业务	动产质押、财产权利质押、房地产抵押典当等	
		绝当物品变卖		
		鉴定评估与咨询服务		
	融资租赁公司	租赁业务	经营租赁、融资租赁、杠杆租赁、委托租赁等业务	
		融资业务		
		吸收股东定期存款③		
		经济咨询		

①包括综合授信担保、政府采购融资担保、汽车贸易融资担保等。

②其他融资性担保包括流动资金贷款担保、银行承兑汇票担保、项目融资担保、信用证开证及押汇担保等。

③该项定期存款必须1年以上。

服务类金融中介及业务种类

<table>
<tr><th>市场参与主体</th><th>主体细分</th><th>业务种类</th><th>业务细分</th><th>市场参与主体</th></tr>
<tr><td rowspan="20">服务类金融中介</td><td rowspan="5">证券投资咨询机构</td><td rowspan="4">日常业务</td><td rowspan="2">投资咨询</td><td>证券投资顾问①</td></tr>
<tr><td>发布证券研究报告</td></tr>
<tr><td>委托理财</td><td></td></tr>
<tr><td>财务顾问</td><td></td></tr>
<tr><td>信息报送与披露</td><td colspan="2">定期报告、临时报告以及监管部门要求报送的其他信息和资料</td></tr>
<tr><td rowspan="6">期货公司</td><td rowspan="2">期货经纪</td><td>境内期货经纪</td><td></td></tr>
<tr><td>境外期货经纪</td><td></td></tr>
<tr><td rowspan="3">期货投资咨询</td><td>风险管理顾问</td><td>协助客户建立风险管理制度、提供风险管理咨询或者培训服务</td></tr>
<tr><td>研究分析服务</td><td>收集相关信息，分析期货市场及相关现货市场价格及其影响因素</td></tr>
<tr><td>交易咨询服务</td><td>为客户设计投资方案、拟定交易策略</td></tr>
<tr><td>期货资产管理业务（试点）</td><td colspan="2">期货资产管理业务的投资范围包括：期货、期权及其他金融衍生品；股票、债券、证券投资基金、集合资产管理计划、中央银行票据、短期融资券、资产支持证券等，以及中国证监会认可的其他投资品种</td></tr>
<tr><td rowspan="4">律师事务所</td><td rowspan="4">法律顾问</td><td>企业改制</td><td></td></tr>
<tr><td>融资上市</td><td></td></tr>
<tr><td>并购重组</td><td></td></tr>
<tr><td>其他业务</td><td>包括私募股权投资、股权激励等</td></tr>
<tr><td>会计师事务所</td><td>财务审计</td><td colspan="2"></td></tr>
<tr><td rowspan="4">资产评估机构</td><td>资产评估</td><td colspan="2">单项资产评估、整体资产评估</td></tr>
<tr><td>企业价值评估</td><td colspan="2">并购、重组、股权转让业务下的企业价值评估</td></tr>
<tr><td>股权评估</td><td colspan="2"></td></tr>
<tr><td>其他资产评估</td><td colspan="2">如服务于财务报告的资产评估</td></tr>
</table>

① 证券投资顾问业务的细分：（1）不与特定的证券公司合作，与客户签订协议，由服务人员向客户提供证券投资顾问服务；（2）与特定证券公司开展合作，由服务人员向签约客户提供证券投资顾问服务，签约客户通过该证券公司的特定营业部进行证券交易；（3）与特定证券公司开展合作，为该证券公司的资产管理产品提供证券投资顾问服务；（4）向客户销售软件工具、终端设备等产品，并以相关产品为载体向客户提供证券资讯和投资顾问服务。

续表

市场参与主体	主体细分	业务种类	业务细分		
服务类金融中介	证券评级机构	评级业务	金融工具评级	个人信用评级	信用卡、购房按揭贷款、分期付款消费等
				企业信用评级	商业票据、优先股、债券、担保单位资信企业之间的赊销信用等
				银行信用评级	银行承兑汇票、金融债券、大额存单等
				结构性融资工具评级	租赁收入项目融资、公共设施规基收入项目融资等
			机构评级	证券发行人、商业银行、证券公司、基金管理公司等机构	
		信息披露	定期报告、临时报告或中国证监会规定报送披露的其他材料		

市场功能机构及业务种类

市场主体	主体细分	业务种类	业务细分	
市场功能机构	中央结算公司	登记、托管、结算	银行间市场上交易的债券或者其他固定收益证券	
			债券基金、货币市场基金	
			外币固定收益证券	
		代理还本付息	国债、金融债、企业债券和其他固定收益证券	
		监督债券次级托管		
		研究、咨询服务	市场运行状况或走势等咨询服务	
	中国证券登记结算公司	证券账户		
		证券登记		
		证券存管		
		证券结算		
		资产管理		
	中国证券金融股份有限公司	转融通服务	融资融券业务提供资金和证券的转融通服务	
		监督服务	监控证券公司融资融券业务运行情况	
			监测分析全市场融资融券业务交易情况	
	代办股份转让系统	股份挂牌转让		
		信息披露	发布报价、发布成交信息	

政府监管机构及监管行为

监督主体	主体细分	具体监管行为	
政府监管机构	中国证监会	机构监管部	证券公司、证券投资咨询机构、评级机构等
		上市部	
		期货监管部	
		基金部	
		市场监管	
		发行监管	
		会计监管	
	中国人民银行	发行央票	
		公开市场操作	
		银行间市场监管	
	国家发改委	企业债监管	

自律性监管组织及业务种类

市场主体	主体细分	业务种类	业务细分
自律性监管组织	上海证券交易所、深圳证券交易所、上海期货交易所、中国金融期货交易所、大连商品交易所、郑州商品交易所	集中证券过户	
		组织安排金融衍生品上市交易、结算与交割	
		制订业务管理规则	
		实施自律管理	
		发布交易信息	
		提供技术、场所、设施服务	
		制订交易细则或者规范	
		市场监察	
		交易、交割和结算	
		自律处罚	
		科研管理	
	区域产权交易所	融资功能	“两高两非”公司股权融资
			私募基金融资
		投资功能	
		交易功能	提供交易平台，开发了交易软件系统、交易清算系统、交易专用网站等
		自律管理功能	制定交易规范
			监督市场动态
			监督市场主体

续表

市场主体	主体细分	业务种类	业务细分
自律性监管组织	证券业协会	收集整理证券信息	
		调解证券业务纠纷	
		违法、违规或者违背协会章程的会员给予纪律处分	
		制定证券业执业规范，对会员与从业人员进行自律管理	
		组织执业考试与特定从业人员的资质测试	
	期货业协会	从业人员培训、资格认定	
		制定行业准则、业务规范	
		参与开展行业资信评级	
		搜集整理期货信息	
		对期货业的方针政策、法律规范提出建议	
		对违反规则或章程的会员及从业人员给予纪律惩戒	
		向中国证监会报告会员及从业人员的执业状况	
	基金业协会	向监管机构反映会员的建议与要求	
		制定施行自律规则、执业标准、业务规范	
		对违反法律法规或协会章程的给予纪律处分	
		组织培训、资格考试与资格管理	
	上市公司协会	对首次公开发行股票询价对象及其管理的股票配售对象进行登记备案	
		制定各种自律规范	
		为会员上市公司提供咨询服务	
		上市公司工作人员的培训	
		协助国家的政策落实	
	全国银行间交易商协会	制定业务规范、自律规则、职业道德规范	
		协助国家政策落实	
		组织从业人员培训	
		组织、管理银行间市场的产品研发	
		收集发布市场信息	
	中国信托业协会	制定行业标准与业务规范并监督执行	
		健全信托公司及从业人员信用信息体系	
		区域信用环境评级	
		发布诚实守信客户或违约客户名单	
		组织会员行业维权调查，并进行风险提示	
		向相关监管部门提出发展改革建议	
		建立会员信息沟通机制	
		协调组织会员共同开展新业务、新政策宣传与咨询	
		向公众普及金融知识	

参考文献

IFC. Step by Step Corporate Governance Models in China, 2005

Asian Development Bank. ASEAN Corporate Governance Scorecard. Country Reports and Assessments, 2012 - 2013

Andreas D. Grimminger and Pasquale Di Benedetta (IFC) . Raising the Bar on Corporate Governance: A Study of Eight Stock Exchange Indices , June 2013

KLD Research & Analytics, Inc. Getting Started With KLD STATS and KLD's Ratings Definitions, 2006

A/P Mak Yuen Teen. Nus Business School National University of Singapore. Corporate Governance: What's Ahead for Asia? June 2012

Matt Orsagh. Corporate Governance Roundup: ASEAN Scorecard, Transparency in Brazil, Majority Voting in the U. S. , July 2013

Luo Lei, Mak Yuen Teen. The Determinants of Corporate Governance and the Link between Corporate Governance and Performance: Evidence from the U. K. Using a Corporate Governance Scorecard

Lawrence D. Brown, Marcus L. Caylor. Corporate Governance and Firm Performance, Aug 2004

Becht M. , Bolton, Roell. Corporate Governance and Control. ECGI Working paper Series in Finance, No. 02/2002, 2005

Bhagat S. , Bolton, Romano. The Promise and Peril of Corporate Governance Indices. Columbia Law Review, 2008, 108 (8): 1803 - 1882

Jiang, G. H. , Lee, C. M. C. , Yue. Tunneling through Intercorporate Loans: The China Experience. Journal of Financial Economics, 2010, 98 (1): 1 - 20

Robert von Rekowsky. The Importance of Assessing Corporate Governance in Emerging - Market Investing, June 2013

ISS. ISS Governance Quick Score Overwiew, Jan 2013

Holly J. Gregory, Weil, Gotshal & Manges. International Comparison of Corporate Governance Guidelines and Codes of Best Practice, Fall 2002

Oliver Ortan. IFC ECA Corporate Governance Program, IFC's Role in Supporting Development of Corporate Governance Scorecards, May 2012

ISS, FTSE. FTSE ISS Corporate Governance Index Series Overviews, April 2005

MSCI, MSCI ESG STATS User Guide & ESG Ratings Definition, June 2012

BM&FBOVESPA. Brazil IGC Methodology

ICGN Global Corporate Governance Principles: Revised, 2009, ICGN

Corporate Governance in the Wake of the Financial Crisis, United Nations Conference on Trade and Development, 2010

Parkinsonj, Kellyg. The Combined Code on Corporate Governance. The Polical Quarterly, 1999, 70 (1): 101 - 107

The Six Principles: Principles for Responsible Investment, 2006, United Nations

EFAMA Code for External Governance, 2011, EFAMA

Corporate Governance Success Stories: IFC Advisory Services in the Middle East and North Africa. IFC. 2010

Mason, Joseph R. and Rosner, Josh. Where Did the Risk Go? How Misapplied Bond Ratings Cause Mortgage Backed Securities and Collateralized Debt Obligation Market Disruptions, May 3, 2007

Nicolae Garleanu Darrell Duffie. Risk and Valuation of Collateralized Debt Obligations. Financial Analysts Journal. Vol. 57, No. 1, January/February 2001

Boudoukh, Jacob and Richardson, Matthew P. and Stanton, Richard and Whitelaw, Robert. Pricing Mortgage - Backed Securities in a Multifactor Interest Rate Environment: A Multivariate Density Estimation Approach. Review of Financial Studies, Vol. 10, No. 2

Kose John, Anthony W. Lynch. Manju Puri Credit Ratings, Collateral, and Loan Characteristics: Implications for Yield, The Journal of Business 01/2003

Ammann, Manuel and Fehr, Martin and Seiz, Ralf. New Evidence on the

Announcement Effect of Convertible and Exchangeable Bonds (January 2004)

Dwight V. Denisonond: Insurance Utilization and Yield Spreads in the Municipal Bond Market Public Finance Review: PFR. - Thousand Oaks, Calif: Sage, ISSN 0048-5853, ZDB-ID 13584005. - Vol. 29. 2001, 5, p. 394-411

Justice, Jonathan B. and Simon, Stewart. Municipal Bond Insurance: Trends and Prospects. Public Budgeting and Finance, Vol. 22, pp. 114-137, 2002

Singh, Rajdeep and Nanda, Vikram. Bond Insurance: What is Special about Munis? Journal of Finance, Forthcoming

Robert L. Bland. The Interest Cost Savings from Municipal Bond Insurance: The implications for privatization Journal of Policy Analysis and Management Volume 6, Issue 2, Pages 207-219, Winter 1987

Municipal Bond Insurance: An Assessment of Its Effectiveness at Lowering Interest Costs, Government Finance Review, 1987, (3): 23-26

L Paul Hsueh and P R Chandy. An Examination of the Yield Spread between Insured and Uninsured Debt. Journal of Financial Research, 1989, vol. 12, issue 3, Pages 235-44

Su-Lien Lu. How to Gauge the Credit Risk of Guarantee Issues in a Taiwanese Bills Finance Company: An Empirical Investigation Using a Market-Based Approach. Applied Financial Economics Volume 15, Issue 16, 2005

Schwarcz, Steven L. and Sergi, Gregory. Bond Defaults and the Dilemma of the Indenture Trustee (August 19, 2010). Alabama Law Review, Vol. 59, No. 4, p. 1037, 2008; Duke Law School Legal Studies Paper No. 159

Louis S. Posner. The Trustee and the Trust Indenture: A Further Study. The Yale Law Journal Vol. 46, No. 5 (Mar 1937), pp. 737-800

Richarl B. Smith, Stephen H. Case, Francis J. Morison. The Trust Indenture Act of 1939 Needs No Conflict of Interest Revision Business Lawyer, Bus Lawyer 01/1979; 35 (1): 161-171

Rodgers, Churchill. The Corporate Trust Indenture. Project Business Lawyer, Apr 65, Vol. 20 Issue 3, p551

Sheri Markose & Simone Giansante & Mateusz Gatkowski & Ali Rais Shaghaghi. Too Interconnected To Fail: Financial Contagion and Systemic Risk In Network Model of CDS and Other Credit Enhancement Obligations of US Banks. Working Papers 033, COMISE

Kimball – Stanley. Insurance and Credit Default Swaps: Should Like Things Be Treated Alike. Connecticut Insurance Law Journal, 2008

Orazio Mastroenifandbrief – Style Products in Europe. The Changing Shape of Fixed Income Markets: a Collection of Studies by Central Bank Economists, 2001, Vol. 05, pp 44 – 66 from Bank for International Settlements

Tien Foo Sing, Seow Eng Ong, Gang – Zhi Fan, Kian Guan Li Mricing Credit Risk of Asset – Backed Securitization. Bonds in Singapore International Journal of Theoretical and Applied Finance (IJTAF) 01/2005; 08 (03): 321 – 338

Tranching and Rating, Unpublished Paper, 2008

L. Paul Hsueh and Y. Angela Liu. The Effeetiveness of Debt Insurance as a Valid Signal of Bond. Quality Vol. 59, No. 3 (Sep. , 1992), pp. 504 – 506

Roger D. Stover. Third – Party Certifieation in New Issues of Corporate Tax – Exempt Bonds: Standby Letter of Credit and Bond Rating Interaetion. Financial Management Vol. 25, No. 1 (Spring, 1996), pp. 62 – 70

Ashoka Mody and Dilip K. Patro. Valuing and Accounting for Loan Guarantees. Vol. 11, No. 1 (Feb. , 1996), pp. 119 – 142

杨桦．公司治理再造：中国上市公司治理的新路径．北京：中信出版社，2011

李维安主编．中国公司治理与发展报告（2012）．北京：北京大学出版社，2012

仲继银主编．董事会与公司治理．北京：中国发展出版社，2009

李维安，陈小洪，袁庆宏．中国公司治理转型与完善之路．北京：机械工业出版社，2013

罗伯特·蒙克斯，尼尔·米诺．监督监督人：21 世纪的公司治理．杨介棒译．北京：中国人民大学出版社

中国社会科学院世界经济与政治所公司治理研究中心．甫瀚咨询：2012 年中国上市公司 100 强公司治理评价报告

中国社会科学院世界经济与政治所公司治理研究中心．甫瀚咨询：2011 年中国上市公司 100 强公司治理评价报告

中国社会科学院世界经济与政治所公司治理研究中心．甫瀚咨询：2010 年中国上市公司 100 强公司治理评价报告

胡汝银，司徒大年．公司治理评价研究．2002

德勤．2010 年中国上市公司治理调查报告．2010

张大力．国内外公司治理评价的回顾与再评价．现代商贸工业．2008，20（2）

周娜．国内外公司治理评价体系比较．商业时代．2011（35）

牛建波，李胜楠．对公司治理评价的评价，财经科学．2004，2（203）

骆蕾．公司治理变动与现金持有量价值关系研究——基于英国上市公司治理指数的证据．公司治理评价．2010，2（4）

金晓斌，吴淑琨．行业竞争态势、治理指数与公司可持续发展——对上海本地上市公司治理与竞争力的实证分析

郑定封，余想柏．上市公司治理评价体系的国际比较．现代商贸工业．2007（12）

李维安，南开大学公司治理评价课题组．中国上市公司治理状况评价研究．2008

中证指数公司，上证 180 公司治理指数编制方案，上证 180 红利指数，上证 380 红利指数编制方案，上证成分指数编制方案，上证红利回报指数编制方案，上证红利指数编制方案，上证社会责任指数编制方案，中证红利指数编制方案

深证指数，深证治理指数编制方案，深圳企业社会责任指数编制方案，深证红利指数编制方案，巨潮红利指数编制方案，央视财经 50 指数编制方案，央视治理指数编制方案

刘雪荣，林曦．《英国公司治理综合准则》述评．河北大学学报（哲学社会科学版）．2009，6（34）

林朝雯．机构投资者推进公司治理变革．证券时报．2012 年 11 月 16 日，第 4 版

经济合作与发展组织．《OECD 公司治理原则》．张政军译．北京：中国财政经济出版社

黄新平．对股权质押贷款业务的实践与探讨．武汉金融．2013（1）

蒋启宝．对组织增信原理的制度经济学分析．政策性金融．2005（10）

何兆．服务于中小微企业融资的社会信用体系建设研究．云南大学硕士学

位论文.2012

徐宪平.关于美国信用体系的研究与思考.管理世界.2006(5)

黄小彪.关于我国住房抵押贷款证券化信用增级的思考.中国房地产金融.2005(2)

许轶峰.关于资产证券化信用增级的分析.科技广场.2008(2)

张伟.国家及政府组织增信开发性金融的实践与探索.福建金融.2004(9)

郭羽诞.国外信用管理体系及其启示.上海经济管理干部学院学报.2008(6)

陈颖.国外住房抵押贷款支持证券定价理论的方法研究.中国房地产金融.2004(9)

邹炜.韩国企业集合债券信用增级模式及其借鉴.上海金融学院学报.2011(2)

孙杰.后金融危机的金融发展趋势——从资产证券化和信用违约掉期分析.国际经济评论.2009(4)

陈元燮.建立我国企业债券信用评级制度问题研究.财经研究.1999(8)

何欣,覃圣尧.债券担保公司风险可控债券.中投证券市场专题报告.2013-01-07

何欣,覃圣尧,黄伟平.信用市场再现担保代偿.中投证券信用市场每周评论.2012-10-23

何欣,覃圣尧,王纯.担保增信,市场更“信”谁?中投证券信用市场每周评论.2012-02-21

何欣,覃圣尧.债市担保业素描.中投证券信用市场每周评论.2012-01-17

何欣,覃圣尧.剖析首例担保代偿.中投证券信用市场每周评论.2012-01-09

周丽.利率衍生品定价研究.北京理工大学博士学位论文.2006年1月

袁野.我国保本基金发展中保本机制研究.安徽大学硕士学位论文.2012年4月

汪思冰.我国不良资产证券化信用增级方法研究.经济论坛.2004(4)

胡玉梅.我国巨灾债券发行信用增级问题研究.保险职业学院学报.2010(1)

陈卫灵.我国企业债券信用增级的现状与对策研究

陈科.我国中小企业贷款证券化研究.西南财经大学硕士学位论文.2009年

5 月

蒋平．我国中小企业融资担保市场结构研究．中央财经大学学报．2011（6）

王强．我国资产证券化的信用增级研究．西南财经大学硕士学位论文．2009 年 11 月

张长全．我国资产证券化信用增级模式研究．学术界．2010（7）

李湛．信贷资产证券化中的信用增级方法．农村金融研究．2007（7）

王婷．信用违约互换在我国公司债市场的应用研究．浙江大学硕士学位论文．2009 年 6 月

韩铁．信用违约互换组合定价方法研究．天津大学博士学位论文．2009 年 2 月

谢迟鸣．信用衍生产品定价理论概述．经济研究导刊．2009（15）

史永东．信用衍生产品定价理论文献综述．世界经济．2007（11）

刘琼．信用衍生品定价理论回顾．现代商业．2010（26）

魏明．信用衍生品对我国信用风险管理的作用及其实施策略．管理世界．2003（10）

李祖兵．信用衍生品市场——理论及在中国的发展研究．重庆大学硕士学位论文．2003 年 5 月

薛世容．信用增级性质和定价研究．复旦大学博士学位论文．2009 年 5 月

蒋恒波．信用制度及其经济增长效应研究．湖南大学博士学位论文．2010 年 6 月

唐明琴．征信机构建设的国际经验及其启示．重庆社会科学．2012（10）

曾江波．中国银行间债券市场企业债券信用增进研究．海南金融．2012（11）

陈小梅．中小企业集合债券信用增级机制研究．金融与经济．2010（9）

赵丹宁．中小企业私募债信用风险研究．吉林大学硕士学位论文．2013 年 4 月

陈佳．中小企业信用担保体系研究．华中师范大学硕士学位论文．2012 年 5 月

肖鹏．住房抵押贷款支持证券信用增级研究．郑州大学硕士学位论文．2012 年 11 月

李芳．资产证券化过程中的信用增级技术应用与案例研究．华中科技大学硕士学位论文．2009 年 10 月

丁童．资产证券化中的信用增级．企业改革与管理．2009（6）

蔡宇飞．资产证券化中的信用增级方式．经济与管理．2012（10）

李竹薇．组合信用衍生品定价理论综述．经济学动态．2011（12）

林勇．组织增信原理——制度与实践．当代经济管理．2006（6）

黄灵洁．对我国发展信用衍生品市场相关问题的认识．金融与经济．2011（6）

天凯民．对我国政府公共政策执行力问题的思考．企业导报．2011（9）

彭晓燕．对信用流失的思考．时代金融．2006（4）

赵卿．发行市政债券的定价问题研究．浙江金融．2009（12）

夏德东．仿生金融学视角下的中小企业融资研究．山东大学硕士学位论文．2008 年 3 月

肖钢．什么是中国影子银行体系？

张筱悦．公共政策执行力与政策效能研究．行政事业资产与财务．2011（22）

闫屹．公司债券市场发展的制度因素分析．河北大学博士学位论文．2010（5）

曾震．资产证券化研究及其风险防范．江西财经大学硕士学位论文．2012（6）

李军．股票质押探析．山东大学学报．1998（1）

谢玉磊．股指期货套利机制的实证研究．复旦大学硕士学位论文．2012（5）

许洁萍．关于个人住房抵押贷款证券化运作方式的研究．西安理工大学硕士学位论文．2000 年 3 月

张炯．关于我国房地产信用体系建设的思考——美国信用制度借鉴．扬州大学学报．2009（1）

袁振华．国家开发银行核心竞争力研究．福建金融．2004（9）

张辉．国外住房抵押贷款证券化模式及我国的选择．现代管理科学．2006（5）

杨柳．国外住房抵押贷款证券化模式研究．哈尔滨工业大学硕士学位论文．2007 年 7 月

王安乐．国有企业集团资产证券化研究．华中科技大学博士学位论文．2008 年 10 月

胡新华．含交易对手风险的公司债券和信用衍生品的定价问题研究．上海交通大学博士学位论文．2007 年 6 月

易雪辉．基于供应链金融的存货质押融资信贷决策研究．电子科技大学博士学位论文．2012 年 5 月

刘少波．金融创新中的信用增级及其定价问题——以资产证券化为例．金

融研究．2006 年 3 月

中国经济增长与宏观稳定课题组．金融发展与经济增长——从动员性扩张向市场配置的转变．经济研究．2007（4）

白云峰．金融领域信用信息服务体系构建与运行机制研究．吉林大学博士学位论文．2011（6）

林毅夫．经济结构银行业结构与经济发展——基于分省面板数据的实证分析．金融研究．2006（1）

宫婧．论国内信用证在我国的发展．西南财经大学硕士学位论文．2009 年 12 月

周传．论社会信用缺失对市场经济的消极影响．商场现代化．2007（1）

毛程连．论我国股票质押融资制度及其模式选择．河南财政税务高等专科学校学报．2000（4）

杨兰．论我国中小企业信用体系建设．延安大学硕士学位论文．2012 年 6 月

臧旻．论信用违约掉期．中国外资．2011（1）

曾小平．美德日信用体系比较分析．吉林大学硕士学位论文．2004 年 4 月

于长秋．美国、英国、日本住房抵押贷款证券化的比较及启示．海南金融．2002（11）

周小川．资本市场的多层次特性